NCS 국가직무능력표준적용
National Competency Standards

iCUBE-핵심 ERP

— 2025 —

ERP 정보관리사

회계

2급

김혜숙 · 김진우 · 임상종 지음

SAMIL | 삼일회계법인
삼일인포마인

머리말

우리나라 대부분의 기업들이 ERP 시스템을 도입하였거나, 도입을 검토하고 있는 현실에서 한국생산성본부(KPC)에서는 ERP 시스템의 운용과 정보관리에 필요한 인력을 확충하기 위하여 국가공인 ERP 정보관리사 자격시험, ERP Master 제도 및 ERP 공인강사 PTE (Professional Trainer for ERP) 제도를 시행하고 있다.

ERP 정보관리사 자격시험은 국내 최초로 국가가 인정한 비즈니스 전문 자격시험으로 공기업 및 민간기업의 취업에서 가산점이 부여될 만큼 '실무와 취업에 강한 자격증'으로 자리매김하고 있다.

본 교재는 산업현장에서 다년간 ERP를 구축한 사례와 오랜 강의 경험을 바탕으로 집필하였기에 실무자에게는 ERP 실무 적응에 도움을 주며, ERP 정보관리사 자격시험을 준비하는 수험생들에게는 합격을 보장하는 지침서가 될 것이다.

본 교재의 특징은

첫째, 최근 기출문제 분석을 통한 다양한 신규출제 문제 반영!

기출문제를 철저히 분석한 유형별 연습문제와 신규출제 문제를 충실히 반영하였기에 모든 수험생들이 이론 및 실무영역 모두 완벽하게 시험에 대비하도록 구성하였으며, 혼자 공부하는 수험생을 위해서 해설과 풀이를 충실하게 하였다.

둘째, 다양한 사례를 통해 실무 적응 및 응용력 상승!

더존 ICT그룹이 개발하여 보급하고 있는 핵심ERP 실습을 교육현장에서도 쉽게 접근할 수 있도록 다양한 사례를 제공하였으며, 사례실습을 통해 ERP 시스템의 핵심적인 기능과 프로세스를 익혀 실무에서의 적응 및 응용력을 높일 수 있도록 하였다.

셋째, 국가직무능력표준(NCS, National Competency Standards)으로 교재 구성!

NCS에 맞추어 산업현장에서 직무를 성공적으로 수행하기 위해 요구되는 능력을 갖출 수 있도록 내용을 구성하였다.

넷째, 교재 핵심ERP 실무 부분의 백데이터를 장별로 제공하여 원하는 곳부터 실습이 가능!

수험생과 강의하는 분들의 편의를 위해 수강을 못한 경우에도 큰 무리가 없도록 핵심ERP 실무 부분의 내용 중 원하는 곳부터 실습할 수 있도록 백데이터를 구분 제공하였다.

본 교재를 통해 산업현장의 실무자의 실무적응 능력을 높임과 동시에, ERP 정보관리사 자격시험을 준비하는 수험생들이 자격증 취득을 바탕으로 ERP 전문인력으로 거듭날 수 있기를 바란다.

끝으로 본 교재를 출간하도록 도와주신 삼일피더블유씨솔루션 이희태 대표이사님을 비롯한 관계자와 바쁘신 일정속에서 시간을 내어 꼼꼼한 감수작업을 해주신 감수자분들께 깊은 감사를 드리고, 앞으로도 계속 노력하여 보다 충실한 교재로 거듭날 것을 약속드리며, 독자들의 충고와 질책을 바라는 바이다.

저자 일동

ERP 정보관리사 자격시험 안내

1. ERP 정보관리사란?

ERP 정보관리사 자격시험은 한국생산성본부가 주관하여 시행하고 있으며, 기업정보화의 핵심인 ERP 시스템을 효율적으로 운용하기 위해 필요한 이론과 실무적 지식을 습득하여 ERP 전문인력 양성을 목적으로 하는 국가공인 자격시험이다.

2. 시험일정

2025년 ERP 정보관리사 자격시험 일정표					
회차	시험일	온라인접수	방문접수	수험표공고	성적공고
제1회	01.25.	24.12.26.~25.01.02.	01.02.	01.16.~01.25.	02.11.~02.18.
제2회	03.22.	02.19.~02.26.	02.26.	03.13.~03.22.	04.08.~04.15.
제3회	05.24.	04.23.~04.30.	04.30.	05.15.~05.24.	06.10.~06.17.
제4회	07.26.	06.25.~07.02.	07.02.	07.17.~07.26.	08.12.~08.19.
제5회	09.27.	08.27.~09.03.	09.03.	09.18.~09.27.	10.14.~10.21.
제6회	11.22.	10.22.~10.29.	10.29.	11.13.~11.22.	12.09.~12.16.

3. 시험시간 및 종목

교시	구분	시험시간	과목	응시자격
1교시	이론	09:00 ~ 09:40 (40분)	회계 1급, 회계 2급 생산 1급, 생산 2급 (위 과목 중 택1)	응시제한 없음
	실무	09:45 ~ 10:25 (40분)		
2교시	이론	11:00 ~ 11:40 (40분)	인사 1급, 인사 2급 물류 1급, 물류 2급 (위 과목 중 택1)	
	실무	11:45 ~ 12:25 (40분)		

- 시험방식: CBT(Computer Based Testing) 및 IBT(Internet Based Testing) 방식
- 같은 교시의 응시과목은 동시신청 불가(예: 회계, 생산모듈은 동시 응시 불가)

4. 합격기준

구분	합격점수	문항 수
1급	평균 70점 이상(단, 이론 및 실무 각 60점 이상 시)	이론 32문항, 실무 25문항 (인사모듈 이론은 33문항)
2급	평균 60점 이상(단, 이론 및 실무 각 40점 이상 시)	이론 20문항, 실무 20문항

5. 응시료 및 납부방법

구분	1과목	2과목	응시료 납부방법
1급	40,000원	70,000원	전자결제
2급	28,000원	50,000원	

- 동일 등급 2과목 응시 시 응시료 할인(단, 등급이 다를 경우 개별적인 응시료 적용)

6. ERP 회계 2급 출제기준(이론 20문항, 실무 20문항)

영역	구분	배점	객관식배점	문항수
이론	경영혁신과 ERP	20점	5	4
	재무회계의 이해	80점	5	16
	소 계	100점	-	20
실무	ERP 회계 기본정보관리	15점	5	3
	ERP 재무회계 프로세스의 이해	55점	5	11
	ERP 세무회계 프로세스의 이해	30점	5	6
	소 계	100점	-	20

차 례

제 1 부 경영혁신과 ERP

제1장 경영혁신과 ERP / 11

01 ERP 개념과 등장 / 12

02 ERP 발전과정과 특징 / 15

03 ERP 도입과 구축 / 18

04 확장형 ERP / 24

05 4차 산업혁명과 스마트 ERP / 28

제 2 부 재무회계와 부가가치세의 이해

제1장 재무회계 기초 / 43

01 회계의 기본개념 / 45

02 재무제표의 이해 / 51

03 회계의 순환과정 / 58

제2장 핵심 재무회계 / 67

01 당좌자산 / 69

02 재고자산 / 79

03 투자자산 / 87

04 유형자산 / 91

05 무형자산 / 98

06 기타비유동자산 / 101

07 유동부채 / 102

08 비유동부채 / 106

09 자본 / 111

10 수익과 비용 / 115

제3장 부가가치세의 이해 / 121

01 부가가치세 기본이론 / 123

02 과세대상 / 127

03 영세율과 면세 / 129

04 과세표준과 세액계산 / 132

차 례

제 3 부 핵심ERP 이해와 활용

핵심ERP 설치와 DB 관리 / 141

제1장 회계정보시스템 운용(0203020105_20v4) / 151

01 회계 관련 DB마스터 관리하기(NCS 능력단위요소명) / 152

02 회계프로그램 운용하기(NCS 능력단위요소명) / 184

제2장 전표관리(0203020101_20v4) / 195

01 회계상 거래 인식하기(NCS 능력단위요소명) / 199

02 전표 작성하기(NCS 능력단위요소명) / 202

제3장 자금관리(0203020102_20v4) / 225

01 현금 시재 관리하기(NCS 능력단위요소명) / 228

02 어음 · 수표 관리하기(NCS 능력단위요소명) / 244

제4장 부가가치세 신고(0203020205_23v6) / 257

01 세금계산서 발급 · 수취하기(NCS 능력단위요소명) / 260

02 부가가치세 신고하기(NCS 능력단위요소명) / 279

03 부가가치세 부속서류 작성하기(NCS 능력단위요소명) / 285

제5장 결산처리(0203020104_23v5) / 311

01 결산분개하기(NCS 능력단위요소명) / 314

02 장부마감하기(NCS 능력단위요소명) / 335

03 재무제표 작성하기 / 336

제4부 합격 문제풀이

제1장 유형별 연습문제 / 349

01 ERP 시스템의 이해 / 351

02 재무회계 이론 / 366

제2장 최신 기출문제 / 399

01 2025년 1회 (2025년 1월 25일 시행) / 401

02 2024년 6회 (2024년 11월 23일 시행) / 410

03 2024년 5회 (2024년 9월 28일 시행) / 420

04 2024년 4회 (2024년 7월 27일 시행) / 429

05 2024년 3회 (2024년 5월 25일 시행) / 438

06 2024년 2회 (2024년 3월 23일 시행) / 447

제3장 합격문제 답안 / 457

01 유형별 연습문제 / 459

02 최신 기출문제 / 478

경영혁신과 ERP

경영혁신과 ERP

01 ERP 개념과 등장

1.1 ERP의 개념

ERP(Enterprise Resource Planning)란 우리말로 '전사적 자원관리', '기업 자원관리', '통합정보시스템' 등 다양한 명칭으로 불리우고 있다. ERP는 선진 업무프로세스(Best Practice)를 기반으로 최신의 IT(Information Technology)기술을 활용하여 영업, 구매, 자재, 생산, 회계, 인사 등 기업 내 모든 업무를 실시간 및 통합적으로 관리할 수 있는 통합정보시스템이다.

ERP라는 용어를 처음으로 사용한 미국의 정보기술 컨설팅회사인 가트너그룹은 ERP를 '제조, 물류, 회계 등 기업 내의 모든 업무기능이 조화롭게 운영될 수 있도록 지원하는 애플리케이션의 집합'이라고 정의하였다. 또한 미국생산관리협회에서는 '기존의 MRP Ⅱ 시스템과는 차별화된 것이며, 최신의 정보기술을 수용하고 고객 주문에서부터 제품 출하까지의 모든 자원을 효율적으로 관리하는 회계지향적인 정보시스템'으로 정의하고 있다.

1.2 ERP의 구성

ERP는 기업에서 영업, 구매/자재, 생산, 품질, 원가, 회계, 인사 등 정보생성의 단위업무 시스템이 하나의 통합시스템으로 구성되어 있다. 각 모듈에서 발생된 거래내역은 최종적으로 회계모듈로 전송되어 재무제표 작성까지 연결된다.

대부분의 ERP 시스템은 환경설정과 기준정보관리 등을 담당하는 시스템관리 모듈과 영업, 구매, 생산, 회계, 인사 등의 단위업무별 모듈과 경영진 및 관리자들을 위한 경영정보 모듈로 구성되는 것이 일반적이다. ERP의 주요 구성은 다음과 같이 나타낼 수 있다.

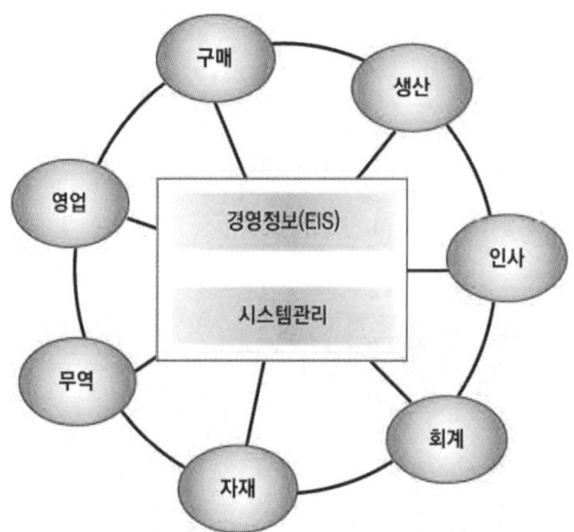

 경영혁신과 ERP의 등장

20세기 후반부터 세계 각국의 본격적인 경제개방으로 인해 기업의 경영환경은 급변하게 되었다. 시장은 세계화되고 경쟁이 심화되면서 기업은 생존을 위해 혁신이 필수적인 것으로 이해되고 있으며, 실제로 대부분의 기업 경영자들은 경영혁신을 핵심적인 경쟁전략으로 채택하고 있다.

기업들은 경영혁신을 위해 BPR(Business Process Re-engineering), 다운사이징(Downsizing), JIT(Just in Time), TQM(Total Quality Management) 등 다양한 혁신 기법들을 도입하여 실행하고 있다. 그러나 BPR(업무프로세스 재설계)을 실행한 상당수의 기업들이 혁신에 실패하거나 그 성과에 대해 만족하지 못하였다.

그 이유는 업무효율성을 극대화할 수 있도록 업무프로세스를 재설계하였으나, 여전히 부서 간의 커뮤니케이션이 단절되고 일부 반복적인 중복업무의 발생 등으로 인해 큰 성과를 내지 못한 것이다.

이러한 결과를 초래한 가장 큰 이유는 기존의 전통적인 정보시스템은 생산, 물류, 회계, 인사 등 각 시스템이 기능별 단위업무에 초점을 두어 기능별 최적화는 가능하였으나 데이터의 통합성이 결여되어 기업 전체적인 차원에서의 최적화는 어려웠던 것이다. 따라서 이러한 전통적인 정보시스템이 내포하고 있는 한계점을 극복하고 경영혁신의 성과를 극대화하는데 필요한 통합정보시스템 ERP가 등장하게 되었다.

전통적인 정보시스템(MIS)과 ERP는 목표와 업무처리 방식 등 다양한 측면에서 다음과 같은 큰 차이를 보이고 있다.

구 분	전통적인 정보시스템(MIS)	E R P
목 표	부분 최적화	전체 최적화
업무범위	단위업무	통합업무
업무처리	기능 및 일 중심(수직적 처리)	프로세스 중심(수평적 처리)
접근방식	전산화, 자동화	경영혁신 수단
전산화 형태	중앙집중 방식	분산처리 방식
의사결정방식	Bottom-Up(상향식), 상사	Top-Down(하향식), 담당자
설계기술	3GL, 프로그램 코딩에 의존	4GL, 객체지향기술
시스템구조	폐쇄성	개방성, 확장성, 유연성
저장구조	파일시스템	관계형데이터베이스(RDBMS)

개념 익히기

■ 업무프로세스 재설계(BPR: Business Process Re-engineering)

비용, 품질, 서비스, 속도와 같은 핵심적 부분에서 극적인 성과를 이루기 위해 기업의 업무프로세스를 기본적으로 다시 생각하고 근본적으로 재설계하는 것으로, BPR은 모든 부분에 걸쳐 개혁을 하는 것이 아니라 중요한 비즈니스 프로세스, 즉 핵심프로세스를 선택하여 그것들을 중점적으로 개혁해 나가는 것이다.

■ 프로세스 혁신(PI: Process Innovation)

PI는 정보기술을 활용한 리엔지니어링을 의미하며, ERP 시스템이 주요도구로 활용될 수 있다. 기업의 업무처리 방식, 정보기술, 조직 등에서 불필요한 요소들을 제거하고 효과적으로 재설계함으로써 기업의 가치를 극대화하기 위한 경영기법이라 할 수 있다.

■ 업무프로세스 개선(BPI: Business Process Improvement)

ERP 구축 전에 수행되는 것으로, 단계적인 시간의 흐름에 따라 비즈니스 프로세스를 개선해가는 점증적 방법

02 ERP 발전과정과 특징

2.1 ERP의 발전과정

ERP는 1970년대에 등장한 MRP(Material Requirement Planning: 자재소요계획)가 시초가 되어 경영 및 IT 환경의 변화에 따라 지속적으로 발전하게 되었다.

① 1970년대의 MRP Ⅰ(Material Requirement Planning: 자재소요계획)은 기준생산계획과 부품구성표, 재고정보 등을 근거로 재고감소를 목적으로 개발된 단순한 자재수급관리 정보시스템이다. MRP Ⅰ은 종속적인 수요를 가지는 품목의 재고관리시스템으로 구성 품목의 수요를 산출하고 필요한 시기를 추적하며, 품목의 생산 혹은 구매에 사용되는 리드타임을 고려하여 작업지시 혹은 구매주문을 하기 위한 재고통제시스템으로 개발된 것이다.

② 1980년대에 등장한 MRP Ⅱ(Manufacturing Resource Planning: 제조자원계획)는 MRP Ⅰ의 자재수급관리뿐만 아니라 제조에 필요한 자원을 효율적으로 관리하기 위한 것으로 확대되었다. MRP Ⅱ는 생산에 필요한 모든 자원을 효율적으로 관리하기 위하여 이전 단계의 개념이 확대된 개념으로서 시스템이 보다 확장되어 생산능력이나 마케팅, 재무 등의 영역과 다양한 모듈과 특징들이 추가된 새로운 개념이다.

③ 1990년대 ERP(Enterprise Resource Planning: 전사적 자원관리)는 MRP Ⅱ의 제조자원뿐만 아니라 영업, 회계, 인사 등 전사적인 차원의 관리를 위한 시스템이다.

④ 2000년대 이후에는 확장형 ERP(EERP – Extended ERP)라는 이름으로 기존 ERP의 고유기능 확장뿐만 아니라 e-business 등 다양한 분야의 정보시스템과 연결하는 등 협업체제의 시스템으로 확장되었다.

ERP의 발전과정과 각 연대별 정보시스템이 추구하는 목표와 관리범위를 요약하면 다음과 같다.

[ERP의 발전과정과 특징]

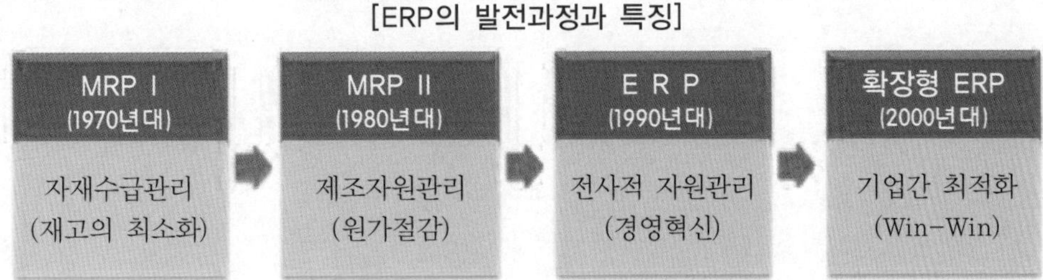

2.2 ERP의 기능적 특징

구분	세부내용
글로벌 대응(다국적, 다통화, 다언어)	글로벌 기업이 사용하는 ERP는 국가별로 해당 언어와 통화 등 각국의 상거래 관습, 법률 등을 지원한다.
중복업무의 배제 및 실시간 정보처리체계 구축	조직 내에서 공통적으로 사용하는 거래처, 품목정보 등 마스터데이터는 한 번만 입력하면 되고, 입력된 데이터는 실시간 서로 공유한다.
선진 비즈니스 프로세스 모델에 의한 BPR 지원	선진 업무프로세스(Best Practice)가 채택되어 있기 때문에, ERP의 선진 업무프로세스를 적용함으로써 자동적으로 경영혁신(BPR) 효과를 볼 수 있다.
파라미터 지정에 의한 프로세스 정의	자사의 업무처리 프로세스에 맞도록 옵션설정 등을 할 수 있으며, 조직 변경이나 프로세스 변경이 있을 시에 유연하게 대처할 수 있다.
경영정보 제공 및 경영 조기경보체계 구축	실시간(Real Time) 처리되는 기업의 경영현황을 파악할 수 있으며, 리스크관리를 통해 위험을 사전에 감지할 수 있다.
투명 경영의 수단으로 활용	조직을 분권화하고 상호견제 및 내부통제제도를 강화하여 부정의 발생을 사전에 예방할 수 있다.
오픈-멀티벤더 시스템	특정 하드웨어나 운영체제에만 의존하지 않고 다양한 애플리케이션과 연계가 가능한 개방형 시스템이다.

개념 익히기

▣ 선진 업무프로세스(Best Practice)

Best Practice란 업무처리에 있어 여러 방법들이 있을 수 있으나 그 어떤 다른 방법으로 처리한 결과보다 더 좋은 결과를 얻어낼 수 있는 표준 업무처리 프로세스를 의미한다.

▣ 파라미터(Parameter)

프로그램 소스에 코딩하는 것이 아니라 프로그램상의 특정 기능을 사용하여 조직의 변경이나 프로세스 변경에 유연하게 대응하기 위한 것이다.

 ERP의 기술적 특징

구분	세부내용
4세대 언어로 개발	Visual Basic, C++, Power Builder, Delphi, Java 등과 같은 4세대 언어로 개발되었다.
관계형 데이터베이스 시스템(RDBMS) 채택	원장형 통합데이터베이스 구조를 가지며, 관계형 데이터베이스시스템(RDBMS: Relational DataBase Management System)이라는 소프트웨어를 사용하여 데이터의 생성과 수정 및 삭제 등의 모든 관리를 한다. 대표적으로 MS SQL, Oracle, Sybase 등이 있다.
객체지향기술 사용	객체지향기술(OOT: Object Oriented Technology)은 공통된 속성과 형태를 가진 데이터와 프로그램을 결합하여 모듈화한 후 이를 다시 결합하여 소프트웨어를 개발하는 기술이다. 시스템 업그레이드, 교체 등의 경우에 전체적으로 변경하지 않고 필요한 모듈만 변경이 가능하다.
인터넷 환경의 e-비즈니스를 수용할 수 있는 Multi-Tier 환경 구성	클라이언트서버(C/S) 시스템을 통하여 업무의 분산처리가 가능하며, 웹과의 연동으로 e-비즈니스를 수용한다. 웹서버, ERP 서버 등의 Multi-Tier 환경을 구성하여 운영할 수 있다.

03 ERP 도입과 구축

ERP 도입의 성공여부는 BPR을 통한 업무개선이 중요하며 BPR은 원가, 품질, 서비스, 속도와 같은 주요 성과측정치의 극적인 개선을 위해 업무프로세스를 급진적으로 재설계하는 것이라고 정의할 수 있다. 따라서 ERP를 도입하여 구축 시에는 BPR이 선행되어 있거나 BPR과 ERP 시스템 구축을 병행하는 것이 바람직하며, 기업 내 ERP 시스템 도입의 최종 목적은 고객만족과 이윤의 극대화 이다.

3.1 ERP 도입 시 고려사항

ERP 도입을 원하는 회사에서는 일반적으로 ERP 시스템을 회사의 업무에 적합하도록 자체 또는 외주의뢰를 통해 직접 개발하거나, 시중에서 유통되고 있는 ERP 패키지를 구입하여 도입할 수 있다.

최근에는 ERP 패키지를 도입하는 경우가 대부분을 차지하는데, 그 이유는 ERP 패키지 내에는 선진 비즈니스 프로세스가 내장되어 있어 BPR을 자동적으로 수행하는 효과를 볼 수 있으며, 시간과 비용적인 측면에서도 효율적이기 때문이다. 하지만 ERP 패키지를 도입하는 경우, 다음의 사항들은 반드시 고려되어야 한다.

① 자사에 맞는 패키지 선정(기업의 요구에 부합하는 시스템)
② TFT(Task Force Team)는 최고 엘리트 사원으로 구성
③ 경험이 많은 유능한 컨설턴트를 활용
④ 경영진의 확고한 의지
⑤ 전사적인 참여 유도
⑥ 현업 중심의 프로젝트 진행
⑦ 구축방법론에 의한 체계적인 프로젝트 진행
⑧ 커스터마이징(Customizing)을 최소화 및 시스템 보안성
⑨ 가시적인 성과를 거둘 수 있는 부분에 집중
⑩ 지속적인 교육 및 워크숍을 통해 직원들의 변화 유도

개념 익히기

■ 커스터마이징(Customizing)

'주문제작하다'라는 뜻의 Customize에서 나온 말이다. 사용자가 사용방법과 기호에 맞춰 하드웨어나 소프트웨어를 설정 및 수정하거나 기능을 변경하는 것을 의미한다. ERP 패키지를 도입할 때, 자사의 업무 프로세스와 기능에 부합되도록 ERP 시스템을 회사 실정에 맞게 조정할 수도 있다.

3.2 ERP 도입효과

ERP의 성공적인 구축과 운영은 기업의 다양한 측면에서 그 효과를 찾아볼 수 있다.

1) 통합업무시스템 구축

ERP는 영업, 구매/자재, 생산, 회계, 인사 등 모든 부문에서 발생되는 정보를 서로 공유하여 의사소통이 원활해지며, 실시간 경영체제를 실현하여 신속한 의사결정을 지원한다.

2) 기준정보 표준체계(표준화, 단순화, 코드화) 정립

업무의 표준화는 ERP 구축의 선행요건이다. 예컨대 ERP 시스템 내에서 제품판매를 처리하기 위해서는 거래처와 품목정보 등이 필수적으로 등록되어야 한다. 이러한 거래처와 품목정보 등은 항상 코드화해서 운용되며, 복잡하게 정의하지 않고 단순화하여 정의하는 것이 효율적이다.

3) 투명한 경영

ERP를 사용하면 각 업무영역의 분리와 연계성 등에 의해 자동적으로 조직이 분권화되고, 상호견제 및 내부통제가 강화되어 부정의 발생을 사전에 예방할 수 있다.

4) 고객만족도 향상

ERP를 사용함으로써 실시간 정보를 파악할 수 있기 때문에 고객 피드백 및 응답시간 등의 단축으로 인해 고객만족도가 향상될 수 있다.

5) BPR 수행을 통한 경영혁신 효과

ERP 내에는 다양한 산업에 대한 최적의 업무관행인 베스트 프랙티스(Best Practices)가 채택되어 있기 때문에, ERP의 선진 업무프로세스를 적용함으로써 자동적으로 경영혁신(BPR) 효과를 볼 수 있다.

6) 차세대 기술과의 융합

차세대 ERP는 인공지능 및 빅데이터 분석 기술과의 융합으로 분석도구가 추가되어 선제적 예측과 실시간 의사결정지원이 가능하다.

7) 각종 경영지표의 개선

① 재고 및 물류비용 감소(재고감소, 장부재고와 실물재고의 일치)
② 부서별 및 사업장별 손익관리를 통한 수익성 개선
③ 생산성 향상을 통한 원가절감 및 종업원 1인당 매출액 증대
④ 업무의 정확도 증대와 업무시간 단축(생산계획 수립, 결산작업 등)
⑤ 리드타임(Lead Time) 감소 및 사이클타임(Cycle Time) 단축

개념 익히기

■ 리드타임(Lead Time)

시작부터 종료까지의 소요된 시간을 의미한다. 일반적으로 제품생산의 시작부터 완성품생산까지 걸리는 시간을 생산리드타임, 구매발주에서부터 입고완료까지 걸리는 시간을 구매리드타임, 주문접수에서부터 고객에게 인도하기까지의 걸리는 시간을 영업리드타임이라고 한다. 리드타임을 단축시킴으로써 납기단축, 원가절감, 생산 및 구매 효율성 증대 등의 효과를 얻어 기업의 경쟁력을 향상시킬 수 있다.

■ 사이클타임(Cycle Time)

어떤 상황이 발생한 후 동일한 상황이 다음에 다시 발생할 때까지의 시간적 간격을 의미한다.

■ 총소유비용(Total Cost of Ownership)

ERP 시스템에 대한 투자비용에 관한 개념으로 시스템의 전체 라이프사이클(life-cycle)을 통해 발생하는 전체 비용을 계량화하는 것을 말한다.

■ ERP 아웃소싱(Outsourcing)

ERP 시스템의 자체개발은 구축에서 운영 및 유지보수까지 많은 시간과 노력이 필요하므로, 아웃소싱을 통한 개발이 바람직하다. 아웃소싱을 통해서 ERP의 개발과 구축, 운영, 유지보수 등에 필요한 인적 자원을 절약할 수 있고, 기업이 가지고 있지 못한 지식 획득은 물론 자체개발에서 발생할 수 있는 기술력 부족의 위험요소를 제거할 수 있다.

3.3 ERP 구축 방법

ERP 시스템은 일반적으로 다음과 같이 분석(Analysis), 설계(Design), 구축(Construction), 구현(Implementation) 등의 단계를 거쳐 구축되며, ERP를 성공적으로 구축하기 위해서는 ERP 구축 모든 단계에서 전 직원의 교육훈련은 필수적이다.

(1) 분석단계

분석단계에서의 핵심은 현재 업무상태(AS-IS)를 분석하는 것이다. 기준프로세스 설정을 위해 현재의 업무 및 프로세스를 파악하고, 문제점이 무엇인지를 분석하는 단계이다.

분석단계에서 이루어지는 주요 업무범위는 다음과 같다.

① TFT 구성(Kick-off)

② 현재업무(AS-IS) 및 시스템 문제 파악

③ 현업 요구 분석

④ 경영전략 및 비전 도출

⑤ 목표와 범위 설정

⑥ 주요 성공요인 도출

⑦ 세부추진일정 계획 수립

⑧ 시스템 설치(하드웨어, 소프트웨어)

(2) 설계단계

설계단계에서는 이전 단계인 분석단계에서 AS-IS 분석을 통해 파악된 문제점이나 개선사항을 반영하여 개선방안(TO-BE)을 도출하는 것이 핵심이다. 이때 TO-BE 프로세스와 ERP 시스템의 표준 프로세스 간의 차이를 분석하여야 한다. 이를 차이(GAP)분석이라고 한다. GAP 분석의 결과를 토대로 ERP 패키지의 커스터마이징 여부를 결정짓는다.

설계단계에서 이루어지는 주요 업무범위는 다음과 같다.

① TO-BE 프로세스 도출

② GAP 분석(패키지 기능과 TO-BE 프로세스와의 차이)

③ 패키지 설치 및 파라미터 설정

④ 추가 개발 및 수정보완 문제 논의

⑤ 인터페이스 문제 논의

⑥ 사용자 요구 대상 선정(커스터마이징 대상 선정)

(3) 구축단계

구축단계는 이전의 분석 및 설계단계에서 도출된 결과를 시스템으로 구축하여 검증하는 단계이다. 분석 및 설계단계에서 회사의 핵심 업무에 대한 업무프로세스 재설계(BPR) 결과를 ERP 패키지의 각 모듈과 비교하여 필요한 모듈을 조합하여 시스템으로 구축한 후 테스트를 진행한다.

구축단계에서 이루어지는 주요 업무범위는 다음과 같다.

① 모듈 조합화(TO-BE 프로세스에 맞게 모듈을 조합)
② 테스트(각 모듈별 테스트 후 통합 테스트)
③ 추가개발 또는 수정기능 확정
④ 인터페이스 프로그램 연계 테스트
⑤ 출력물 제시

(4) 구현단계

구현단계는 시스템 구축이 완료된 후 본격적인 시스템 가동에 앞서 시험적으로 운영하는 단계이다. 이 단계에서는 실 데이터 입력을 통해 충분한 테스트를 거쳐 발견된 문제점들을 보완하여야 시스템의 완성도를 높일 수 있다. 또한 기존의 데이터를 ERP 시스템으로 전환(Conversion)하는 작업과 추후 시스템 운영에 필요한 유지보수 계획 등을 수립하게 된다.

구현단계에서 이루어지는 주요 업무범위는 다음과 같다.

① 프로토타이핑(Prototyping): 실 데이터 입력 후 시스템을 시험적으로 운영하는 과정
② 데이터 전환(Data Conversion): 기존 시스템 또는 데이터를 ERP 시스템으로 전환
③ 시스템 평가
④ 유지보수
⑤ 추후 일정 수립

개념 익히기

■ ERP 구축절차

분석(Analysis) → 설계(Design) → 구축(Construction) → 구현(Implementation)

① 분석	② 설계	③ 구축	④ 구현
• AS-IS 파악 • TFT 결성 • 현재 업무 및 시스템 문제파악 • 주요 성공요인 도출 • 목표와 범위설정 • 경영전략 및 비전도출 • 현업요구분석 • 세부추진일정 계획수립 • 시스템 설치 • 교육	• TO-BE Process 도출 • 패키지 기능과 TO-BE Process 와의 차이 분석 • 패키지 설치 • 파라미터 설정 • 추가개발 및 수정 보완 문제 논의 • 인터페이스 문제논의 • 사용자요구 대상선정 • 커스터마이징 • 교육	• 모듈조합화 • 테스트(각 모듈별 테스트 후 통합 테스트) • 추가개발 또는 수정 기능 확정 • 출력물 제시 • 인터페이스 프로그램 연계 • 교육	• 시스템운영(실데이터 입력 후 테스트) • 시험가동 • 데이터전환 • 시스템 평가 • 유지보수 • 향후 일정수립 • 교육

■ ERP 구축 및 실행의 성공을 위한 제언

- 현재의 업무방식을 그대로 고수하지 말라.
- 업무상의 효과보다 소프트웨어 기능성 위주로 적용대상을 판단하지 말라.
- 단기간의 효과 위주로 구현하지 말라.
- IT 중심의 프로젝트로 추진하지 말라.
- 커스터마이징은 가급적 최소화 한다.
- 업무단위별로 추진하지 않는다.
- BPR을 통한 업무프로세스 표준화가 선행 또는 동시에 진행되어야 한다.

■ 효과적인 ERP 교육 시 고려사항

- 다양한 교육도구를 이용하여야 한다.
- 교육에 충분한 시간을 배정하여야 한다.
- 논리적 작업단위인 트랜잭션이 아닌 비즈니스 프로세스에 초점을 맞추어야 한다.
- 사용자에게 시스템 사용법과 업무처리 방식을 모두 교육하여야 한다.
- 조직차원의 변화관리 활동을 잘 이해하도록 교육을 강화하여야 한다.

04 확장형 ERP

4.1 확장형 ERP란

(1) 확장형 ERP의 개념

확장형 ERP(Extended ERP)란 EERP 또는 ERP Ⅱ라고도 불리며, 기존의 ERP 시스템에서 좀 더 발전된 개념이다. 기존의 ERP 시스템은 기업내부 프로세스의 최적화가 목표였지만, 확장형 ERP는 기업외부의 프로세스까지 운영 범위를 확산하여 다양한 애플리케이션과의 인터페이스, e-비즈니스 등이 가능한 시스템이다.

확장형 ERP는 다음과 같이 전통적인 ERP 시스템의 기능뿐만 아니라 확장에 따른 고유기능의 추가, 경영혁신 지원, 최신 IT 기술 도입 등으로 기업 내·외부의 최적화를 포괄적으로 지원하는 시스템이라 할 수 있다.

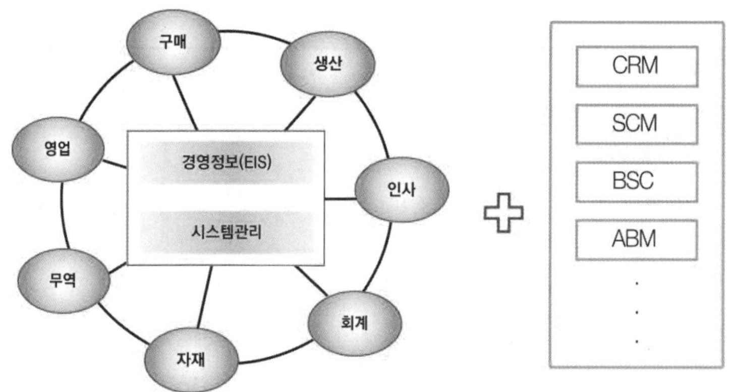

(2) 확장형 ERP의 등장배경과 특징

등장배경	특징
• 기업의 비즈니스 환경의 변화 • 기업 외부 프로세스와의 유연한 통합에 대한 요구 • 협업(Co-work) 상거래의 필요성 • 기존 ERP와 타 솔루션 간의 연계에 대한 요구	• 기업외부 프로세스까지도 웹 환경을 이용하여 지원 • 상거래 지향적인 프로세스로 통합 • 더욱 향상된 의사결정을 지원 • e-비즈니스에 대비할 수 있는 기능 지원

(3) 확장형 ERP에 포함되어야 할 내용

1) 고유기능의 추가

POS(Point of Sales) 시스템, SCM(Supply Chain Management), CRM(Customer Relationship Management) 등 ERP 시스템의 기본적인 기능 이외의 추가기능이 지원되어야 한다.

2) 경영혁신 지원

지식경영, 전략적 의사결정 지원, 전략계획 수립 및 시뮬레이션 기능 등으로 경영혁신을 확대 지원하는 기능이 추가되어야 한다.

3) 선진 정보화 지원기술 추가

IT 기술의 개발 및 도입 시에는 국내·국제적인 표준을 반드시 지원하여야 한다. 그 이유는 추후 무역거래, 기업 간 상거래 및 유사업종 간의 공동구매 등이 더욱 활발해질 것이며, 개방성향이 강한 개방형 시스템의 요구가 늘어나 이종 간의 시스템을 통합하고 지원하는 시스템을 필요로 할 것이다. 기업이 전 세계를 시장으로 삼을 경우 표준을 지향하는 e-비즈니스는 필수적인 부분이다.

4) 전문화 확대 적용

컴퓨터 시스템에 대해 인간 수준의 판단까지 기대하는 것은 아직 어려울 수도 있지만, 인공지능 분야의 발전으로 점차 인간 판단의 역할을 대행할 수 있는 기능이 추가되고, 이러한 기능이 미래의 ERP에도 보완될 것이다. 예컨대 음성인식 기술을 사용하여 거래자료 입력 등을 음성으로 입력할 수도 있다.

5) 산업유형 지원확대

제조업은 ERP를 가장 활발하게 사용하고 있는 업종 중의 하나이다. 금융업, 건설업 등 다양한 분야에서 ERP가 활용되고 있지만, 아직도 일부 산업의 특성은 전혀 고려하지 못하고 있다. 정보기술의 발달과 더불어 산업별로 특화된 전문기능을 추가적으로 개발하여 그 수요에 부응하여야 할 것이다.

4.2 확장형 ERP의 구성요소

(1) 기본 ERP 시스템

기본형 ERP 시스템은 기업에서 반복적이고 일상적으로 발생되는 업무를 처리하기 위해 영업관리, 물류관리, 생산관리, 구매 및 자재관리, 회계 및 재무관리, 인사관리 등의 모듈별 단위시스템으로 구성되어 있다.

(2) e-비즈니스 지원 시스템

e-비즈니스 지원 시스템은 인터넷 환경을 기반으로 기업 및 국가 간의 정보교환은 물론 기술이전, 시장분석, 거래촉진 등의 역할을 담당하고 있다. 주요 e-비즈니스 지원 시스템의 종류는 다음과 같다.

명 칭	주 요 내 용
지식관리시스템(KMS) (Knowledge Management System)	기업의 인적자원들이 축적하고 있는 조직 및 단위 지식을 체계화하여 공유함으로써 핵심사업 추진 역량을 강화하기 위한 정보시스템
의사결정지원시스템(DSS) (Decision Support System)	기업 경영에 당면하는 여러 가지 문제를 해결하기 위해 복수의 대안을 개발하고, 비교 평가하여 최적안을 선택하는 의사결정 과정을 지원하는 정보시스템
경영자정보시스템(EIS) (Executive Information System)	기업 경영관리자의 전략 수립 및 의사결정 지원을 목적으로 주요 항목에 대한 핵심정보만 별도로 구성한 정보시스템
고객관계관리(CRM) (Customer Relationship Management)	기업이 소비자들을 자신의 고객으로 만들고, 이를 장기간 유지하고자 고객과의 관계를 지속적으로 유지・관리하는 광범위한 개념으로 마케팅, 판매 및 고객서비스를 자동화하는 시스템
공급망관리(SCM) (Supply Chain Management)	부품 공급업자로부터 생산자, 판매자, 고객에 이르는 물류의 흐름을 하나의 가치사슬 관점에서 파악하고 필요한 정보가 원활히 흐르도록 지원하는 시스템으로, 수요변화에 대한 신속한 대응 및 재고수준의 감소 및 재고회전율 증가를 위해 공급사슬에서의 계획, 조달, 제조 및 배송 활동 등 통합 프로세스를 지원
전자상거래(EC) (Electronic Commerce)	재화 또는 용역을 거래함에 있어서 그 전부 또는 일부가 전자문서에 의하여 처리되는 방법으로, 상행위를 하는 것을 의미

(3) 전략적 기업경영 시스템

기업의 가치창출과 주주 이익의 증대를 목표로 한 주요 관리 프로세스의 운영을 통해 신속한 성과측정 및 대안 수립을 가능하게 하는 전략적 기업경영(SEM: Strategic Enterprise Management)은 경영자의 전략적 의사결정을 위해 기업운영을 위한 전략적 부분을 지원하고 경영정보를 제공해 준다.

전략적 기업경영 시스템에 속하는 대표적인 단위시스템은 다음과 같다.

명 칭	주 요 내 용
성과측정관리 또는 균형성과표(BSC) (Balanced Scorecard)	기업의 성과를 지속적으로 향상시키기 위해서 재무적인 측정지표뿐만 아니라 고객만족 등 비재무적인 측정지표도 성과평가에 반영시켜 미래가치를 창출하도록 관리하는 시스템
가치중심경영(VBM) (Value-based Management)	주주 가치의 극대화를 위해 지속적으로 가치를 창출하는 고객중심의 시스템이며, 포괄적인 경영철학이자 경영기법
전략계획 수립 및 시뮬레이션(SFS) (Strategy Formulation & Simulation)	조직의 목표를 달성하고 비전에 도달하기 위해 최선의 전략을 수립하고 선택된 전략을 실행하는 것을 의미함
활동기준경영(ABM) (Activity-based Management)	프로세스 관점에 입각하여 활동을 분석하고 원가동인 및 성과측정을 통해 고객가치 증대와 원가절감을 도모한다. 궁극적으로는 이익을 개선하고자 하는 경영기법

개념 익히기

■ ERP와 확정형 ERP 차이

구 분	E R P	확장형 ERP
목표	기업 내부 최적화	기업 내·외부 최적화
기능	기본 ERP (영업, 구매/자재, 생산, 회계, 인사 등)	기본 ERP + e-비즈니스 지원시스템 또는 SEM 시스템
프로세스	기업내부 통합프로세스	기업 내·외부 통합프로세스
시스템 구조	웹지향, 폐쇄성	웹기반, 개방성
데이터	기업내부 생성 및 활용	기업 내·외부 생성 및 활용

05 4차 산업혁명과 스마트 ERP

5.1 4차 산업혁명

4차 산업혁명은 인공지능(AI: Artificial Intelligence), 사물인터넷(IoT: Internet of Things), 빅데이터(BigData), 클라우드 컴퓨팅(Cloud Computing) 등 첨단 정보통신기술이 경제 및 사회 전반에 융합되어 혁신적인 변화가 나타나는 차세대 산업혁명을 말한다.

4차 산업혁명의 산업생태계는 사물인터넷을 통해 방대한 빅데이터를 생성하고, 이를 인공지능이 분석 및 해석하여 적절한 판단과 자율제어를 수행하여 초지능적인 제품을 생산하고 서비스를 제공한다.

4차 산업혁명의 주요 기술적 특징에는 초연결성(hyper-connectivity), 초지능화(super-intelligence), 융합화(convergence)를 들 수 있다.

구 분	주 요 내 용
초연결성 (hyper-connectivity)	사물인터넷(IoT)과 정보통신기술(ICT)의 진화를 통해 인간과 인간, 인간과 사물, 사물과 사물 간의 연결과정을 의미한다.
초지능화 (super-intelligence)	다양한 분야에서 인간의 두뇌를 뛰어넘는 총명한 지적 능력을 말한다. 초지능화는 인공지능과 빅데이터의 연계·융합으로 기술과 산업구조를 지능화, 스마트화시키고 있다.
융합화 (convergence)	초연결성과 초지능화의 결합으로 인해 수반되는 특성으로 4차 산업혁명 시대의 산업 간 융합화와 기술 간 융합화를 말한다. • 산업 간 융합화: IT 활용범위가 보다 확대되고 타 산업 분야 기술과의 접목이 활발해지면서 산업 간 경계가 무너지고 산업지도 재편 및 이종 산업 간 경쟁이 격화되는 현상 • 기술 간 융합화: 서로 다른 기술 요소들이 결합되어 개별 기술 요소들의 특성이 상실되고 새로운 특성을 갖는 기술과 제품이 탄생되는 현상

 4차 산업혁명 시대의 스마트 ERP

(1) 스마트 ERP와 비즈니스 애널리틱스

최근의 스마트 ERP 시스템은 인공지능(AI), 빅데이터(BigData), 사물인터넷(IoT), 블록체인(Blockchain) 등의 신기술과 융합하여 보다 지능화된 기업경영이 가능하게 하는 통합정보시스템으로 진화하고 있다.

기업경영 분석에 있어 비즈니스 인텔리전스를 넘어 비즈니스 애널리틱스(Business Analytics)가 회자되고 있다. 비즈니스 인텔리전스가 과거 데이터 및 정형 데이터를 기반으로 무엇이 발생했는지를 분석하여 비즈니스 의사결정을 돕는 도구라면, 비즈니스 애널리틱스는 과거뿐만 아니라 현재 실시간으로 발생하는 데이터에 대하여 연속적이고 반복적인 분석을 통해 미래를 예측하는 통찰력을 제공하는 데 활용된다.

스마트 ERP와 ERP 시스템 내의 빅데이터 분석을 위한 비즈니스 애널리틱스의 특징은 다음과 같다.

① 인공지능 기반의 빅데이터 분석을 통해 최적화와 예측분석이 가능하여 과학적이고 합리적인 의사결정지원이 가능하다.

② 제조업에서는 빅데이터 처리 및 분석기술을 기반으로 생산 자동화를 구현하고 ERP 시스템과 연계하여 생산계획의 선제적 예측과 실시간 의사결정이 가능해진다.

③ 과거 데이터 분석뿐만 아니라, 이를 바탕으로 새로운 통찰력 제안과 미래 사업을 위한 시나리오를 제공할 수 있다.

④ 비즈니스 애널리틱스는 질의 및 보고와 같은 기본적인 분석기술과 예측 모델링과 같은 수학적으로 정교한 수준의 분석까지 지원한다.

⑤ 파일이나 스프레드시트와 데이터베이스를 포함하는 구조화된 데이터와 전자메일, 문서, 소셜미디어 포스트, 영상자료 등의 비구조화된 데이터를 동시에 활용이 가능하다.

⑥ 미래 예측을 지원해주는 데이터 패턴 분석과 예측 모델을 위한 데이터마이닝(Data Mining)을 통해 고차원 분석기능을 포함하고 있다.

⑦ 리포트, 쿼리, 알림, 대시보드, 스코어카드뿐만 아니라 예측 모델링과 같은 진보된 형태의 분석기능도 제공한다.

개념 익히기

■ 스마트 ERP의 특징

- 인공지능, 빅데이터, 블록체인 등의 신기술과 융합하여 지능화된 기업경영 실현이 가능
- 제조실행시스템(MES), 제품수명주기관리(PLM) 등을 통한 생산과정의 최적화와 예측 분석을 통해 합리적인 의사결정지원
- 제조업에서의 생산자동화 구현은 물론 생산계획의 선제적 예측과 실시간 정보공유
- 다양한 비즈니스 간 융합을 지원하는 시스템으로 확대 가능
- 전략경영 등의 분석 도구가 추가되어 상위계층의 의사결정을 지원하는 스마트시스템 구축 가능

5.3 4차 산업혁명의 핵심 원천기술

(1) 인공지능

인공지능(AI)은 인간의 학습능력, 추론능력, 지각능력, 자연어 이해능력 등을 컴퓨터 프로그램으로 실현한 기술이다. 인공지능은 기억, 지각, 이해, 학습, 연상, 추론 등 인간의 지성을 필요로 하는 행위를 기계를 통해 실현하고자 하는 학문 또는 기술의 총칭으로 정의되고 있다.

1) 인공지능 기술의 발전

인공지능 기술의 발전은 계산주의 시대, 연결주의 시대, 딥러닝 시대로 구분된다.

① 계산주의 시대

인공지능 초창기 시대는 계산주의(computationalism) 시대이다. 계산주의는 인간이 보유한 지식을 컴퓨터로 표현하고 이를 활용해 현상을 분석하거나 문제를 해결하는 지식기반시스템을 말한다. 컴퓨팅 성능 제약으로 인한 계산기능(연산기능)과 논리체계의 한계, 데이터 부족 등의 근본적인 문제로 기대에 부응하지 못하였다.

② 연결주의 시대

계산주의로 인공지능 발전에 제약이 생기면서 1980년대에 연결주의(connectionism)가 새롭게 대두되었다. 연결주의는 지식을 직접 제공하기보다 지식과 정보가 포함된 데이터를 제공하고 컴퓨터가 스스로 필요한 정보를 학습한다.

연결주의는 인간의 두뇌를 묘사하는 인공신경망(Artificial Neural Network)을 기반으로 한 모델이다. 연결주의 시대의 인공지능은 인간과 유사한 방식으로 데이터를 학습하여 스스로 지능을 고도화한다.

연결주의는 막대한 컴퓨팅 성능과 방대한 학습데이터가 필수적이나 학습에 필요한 빅데이터와 컴퓨팅 파워의 부족이라는 한계를 극복하지 못해 비즈니스 활용 측면에서 제약이 있었다.

③ 딥러닝의 시대

2010년 이후 GPU(Graphic Processing Unit)의 등장과 분산처리기술의 발전으로 계산주의와 연결주의 시대의 문제점인 방대한 양의 계산문제를 대부분 해결하게 되었다. 사물인터넷과 클라우드 컴퓨팅 기술의 발전으로 빅데이터가 생성 및 수집되면서 인공지능 연구는 새로운 전환점을 맞이하였다.

최근의 인공지능은 딥러닝(deep learning)의 시대이다. 연결주의 시대와 동일하게 신경망을 학습의 주요 방식으로 사용한다. 입력층(input layer)과 출력층(output layer) 사이에 다수의 숨겨진 은닉층(hidden layer)으로 구성된 심층신경망(Deep Neural Networks)을 활용한다. 심층신경망은 인간의 두뇌 구조와 학습방식이 동일하여 뇌 과학과 인공지능 기술의 융합이 가능해지고 있다.

2) 인공지능 규범 원칙

최근에는 인공지능 개발과 사용과정에서 발생하는 위험요소와 오용의 문제에 대해 윤리원칙을 검토 및 채택해야 한다는 움직임이 활발해지고 있다.

2018년 9월 세계경제포럼(World Economic Forum)에서 인공지능 규범(AI code)의 5개 원칙을 발표하였다.

코드명	주 요 내 용
Code 1	인공지능은 인류의 공동 이익과 이익을 위해 개발되어야 한다.
Code 2	인공지능은 투명성과 공정성의 원칙에 따라 작동해야 한다.
Code 3	인공지능이 개인, 가족, 지역 사회의 데이터 권리 또는 개인정보를 감소시켜서는 안 된다.
Code 4	모든 시민은 인공지능을 통해서 정신적, 정서적, 경제적 번영을 누리도록 교육받을 권리를 가져야 한다.
Code 5	인간을 해치거나 파괴하거나 속이는 자율적 힘을 인공지능에 절대로 부여하지 않는다.

(2) 사물인터넷

사물인터넷(IoT)은 인터넷을 통해서 모두 사물을 서로 연결하여 정보를 상호 소통하는 지능형 정보기술 및 서비스를 말한다. 수 많은 사물인터넷 기기들이 내장된 센서를 통해 데이터를 수집하고 인터넷을 통해 서로 연결되어 통신하며, 수집된 정보를 기반으로 자동화된 프로세스나 제어기능을 수행할 수 있으므로 스마트가전, 스마트홈, 의료, 원격검침, 교통 분야 등 다양한 산업분야에 적용되고 있다.

사물인터넷의 미래인 만물인터넷(IoE: Internet of Everything)은 사물, 사람, 데이터, 프로세스 등 세상에서 연결 가능한 모든 것(만물)이 인터넷에 연결되어 서로 소통하며 새로운 가치를 창출하는 기술이다.

(3) 빅데이터

빅데이터(BigData)의 사전적 의미는 디지털 환경에서 생성되는 데이터로 그 규모가 방대하고, 형태도 수치데이터뿐만 아니라 문자와 영상데이터를 포함한 다양하고 거대한 데이터의 집합을 말한다.

IT시장조사기관 가트너(Gartner)는 향상된 의사결정을 위해 사용되는 비용 효율적이며 혁신적인 거대한 용량의 정형 및 비정형의 다양한 형태로 엄청나게 빠른 속도로 쏟아져 나와 축적되는 특성을 지닌 정보 자산이라고 정의하였다. 또한 가트너는 빅데이터의 특성으로 규모(volume), 속도(velocity), 다양성(variety), 정확성(veracity), 가치(value)의 5V를 제시하였다.

구 분	주 요 내 용
규모 (Volume)	• 데이터 양이 급격하게 증가(대용량화) • 기존 데이터관리시스템의 성능적 한계 도달
다양성 (Variety)	• 데이터의 종류와 근원 확대(다양화) • 로그 기록, 소셜, 위치, 센서 데이터 등 데이터 종류의 증가(반정형, 비정형 데이터의 증가)
속도 (Velocity)	• 소셜 데이터, IoT 데이터, 스트리밍 데이터 등 실시간성 데이터 증가 • 대용량 데이터의 신속하고 즉각적인 분석 요구
정확성 (Veracity)	• 데이터의 신뢰성, 정확성, 타당성 보장이 필수 • 데이터 분석에서 고품질 데이터를 활용하는 것이 분석 정확도에 영향을 줌
가치 (Value)	• 빅데이터가 추구하는 것은 가치 창출 • 빅데이터 분석 통해 도출된 최종 결과물은 기업이 당면하고 있는 문제를 해결하는데 통찰력 있는 정보 제공

■ 빅데이터 처리과정

데이터(생성) → 수집 → 저장(공유) → 처리 → 분석 → 시각화

(4) 클라우드 컴퓨팅

클라우드 컴퓨팅(Cloud Computing)은 인터넷을 통하여 외부사용자에게 IT자원을 제공하고 사용하게 하는 기술 및 서비스를 의미한다. 사용자들은 클라우드 컴퓨팅 사업자가 제공하는 IT자원(소프트웨어, 스토리지, 서버, 네트워크)을 필요한 만큼 사용하고, 사용한 만큼 비용을 지불할 수 있다.

클라우드 서비스는 필요한만큼의 IT자원을 빠르게 확장하거나 축소할 수 있고, 어디에서나 접속할 수 있으며, 기술적인 관리부담이 없다는 장점을 갖고 있다.

1) 클라우드 서비스의 유형

구 분	주 요 내 용
SaaS (Software as a Service)	응용소프트웨어를 인터넷을 통해 제공하여 사용자들이 웹 브라우즈를 통해 접속하여 사용할 수 있도록 서비스로 제공
PaaS (Platform as a Service)	업무용 또는 비즈니스용 응용소프트웨어를 개발하는데 필요한 플랫폼과 도구를 서비스로 제공하여 개발자들이 응용소프트웨어를 개발, 테스트, 배포할 수 있게 지원
IaaS (Infrastructure as a Service)	업무나 비즈니스 처리에 필요한 서버, 스토리지, 데이터베이스 등의 IT 인프라 자원을 클라우드 서비스로 제공하는 형태

2) 클라우드 서비스의 비즈니스 모델

구 분	주 요 내 용
퍼블릭(공개형)	• 전 세계의 소비자, 기업고객, 공공기관 및 정부 등 모든 주체가 클라우드 컴퓨팅을 사용할 수 있음 • 사용량에 따라 사용료를 지불하며 규모의 경제를 통해 경쟁력 있는 서비스 단가를 제공한다는 장점
사설(폐쇄형)	• 특정한 기업의 구성원만 접근할 수 있는 전용 클라우드서비스 • 초기 투자비용이 높으며, 주로 데이터의 보안 확보와 프라이버시 보장이 필요한 경우 사용
하이브리드(혼합형)	• 특정 업무 또는 데이터 저장은 폐쇄형 클라우드 방식을 이용하고 중요도가 낮은 부분은 공개형 클라우드 방식을 이용

5.4 인공지능과 빅데이터 분석기법

(1) 기계학습(머신러닝)

기계학습(machine learning, 머신러닝)이란 방대한 데이터를 분석해 미래를 예측하는 기술로 일반적으로 생성된 데이터를 정보와 지식(규칙)으로 변환하는 컴퓨터 알고리즘을 의미한다.

1) 기계학습의 유형

구 분	주 요 내 용
지도학습	• 학습 데이터로부터 하나의 함수를 유추해내기 위한 방법, 즉 학습 데이터로부터 주어진 데이터의 예측 값을 추측한다. • 지도학습 방법에는 분류모형과 회귀모형이 있다.
비지도학습	• 데이터가 어떻게 구성되었는지를 알아내는 문제의 범주에 속한다. • 지도학습 및 강화학습과 달리 입력값에 대한 목표치가 주어지지 않는다. • 비지도학습 방법에는 군집분석, 오토인코더, 생성적 적대신경망(GAN)이 있다.
강화학습	• 선택 가능한 행동 중 보상을 최대화하는 행동 혹은 순서를 선택하는 방법이다. • 강화학습에는 게임 플레이어 생성, 로봇 학습 알고리즘, 공급망 최적화 등의 응용영역이 있다.

2) 기계학습 워크플로우(6단계)

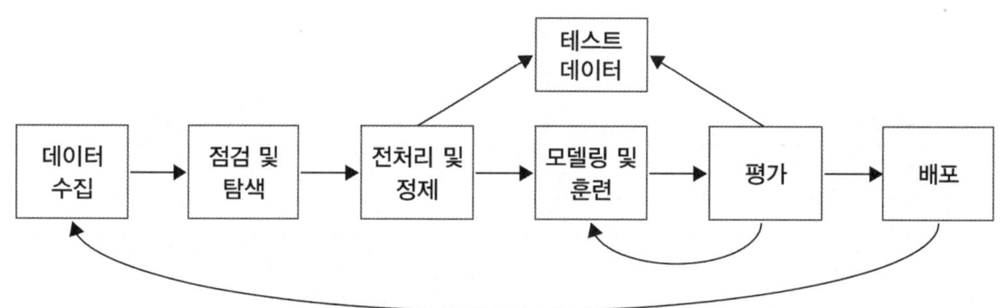

구 분	주 요 내 용
(1단계) 데이터 수집	인공지능 구현을 위해서는 머신러닝 · 딥러닝 등의 학습방법과 이것을 학습할 수 있는 방대한 양의 데이터가 필요하다.
(2단계) 점검 및 탐색	• 데이터를 점검하고 탐색하는 탐색적 데이터 분석을 수행한다. • 데이터의 구조와 결측치 및 극단치 데이터를 정제하는 방법을 탐색한다. • 독립변수, 종속변수, 변수 유형, 변수의 데이터 유형 등 데이터 특징을 파악한다.

구 분	주 요 내 용
(3단계) 전처리 및 정제	다양한 소스로부터 획득한 데이터 중 분석하기에 부적합하거나 수정이 필요한 경우 데이터를 전처리하거나 정제하는 과정이다.
(4단계) 모델링 및 훈련	• 머신러닝 코드를 작성하는 모델링 단계를 말한다. • 적절한 머신러닝 알고리즘을 선택하여 모델링을 수행하고, 해당 머신러닝 알고리즘에 전처리가 완료된 데이터를 학습(훈련)시킨다. • 전처리 완료된 데이터 셋(data set)은 학습용 데이터와 평가용 데이터로 구성한다.
(5단계) 평가	• 머신러닝 기법을 이용한 분석모델(연구모형)을 실행하고 성능(예측정확도)을 평가하는 단계이다. • 모형평가에는 연구모형이 얼마나 정확한가, 연구모형이 관찰된 데이터를 얼마나 잘 설명하는가, 연구모형의 예측에 대해 얼마나 자신할 수 있는가(신뢰성, 타당성), 모형이 얼마나 이해하기 좋은가 등을 평가하고 만족하지 못한 결과가 나온다면 모델링 및 훈련 단계를 반복 수행한다.
(6단계) 배포	• 평가 단계에서 머신러닝 기법을 이용한 연구모형이 성공적으로 학습된 것으로 판단되면 완성된 모델을 배포한다. • 분석모델을 실행하여 도출된 최종결과물을 점검하고, 사업적 측면에서 결과의 가치를 재평가한다. • 분석모델을 파일럿 테스트(시험작동)를 통해 운영한 다음 안정적으로 확대하여 운영계 시스템에 구축한다.

(2) 데이터마이닝

데이터마이닝(Data Mining)은 축적된 대용량 데이터를 통계기법 및 인공지능기법을 이용하여 분석하고, 이에 대한 평가를 거쳐 일반화시킴으로써 새로운 자료에 대해 예측 및 추측할 수 있는 의사결정을 지원한다.

대규모로 저장된 데이터 안에서 다양한 분석기법을 활용하여 전통적인 통계학 이론으로는 설명이 힘든 패턴과 규칙을 발견한다.

1) 데이터마이닝의 단계

데이터마이닝은 분류, 추정, 예측, 유사집단화, 군집화 등의 다섯 가지 단계로 구분한다.

구 분	주 요 내 용
분류	어떤 새로운 사물이나 대상의 특징을 파악하여 미리 정의된 분류코드에 따라 어느 한 범주에 할당하거나 나누는 것을 의미한다.
추정	결과가 연속형 값을 갖는 연속형 변수를 주로 다루며 주어진 입력변수로부터 수입, 은행잔고, 배당금과 같은 미지의 연속형 변수에 대한 값을 추정(산출)한다.

구 분	주 요 내 용
예측	과거와 현재의 자료를 이용하여 미래를 예측하는 모형을 만드는 것이다.
유사집단화	유사한 성격을 갖는 사물이나 물건들을 함께 묶어주는 작업을 말한다.
군집화	이질적인 사람들의 모집단으로부터 다수의 동질적인 하위 집단 혹은 군집들로 세분화하는 작업이다.

(3) 텍스트마이닝

최근 텍스트, 이미지, 음성데이터 등의 비정형데이터를 다루는 기술이 빠르게 발전하고 있다. 기업에서 생산되는 데이터의 80% 이상은 비정형데이터로 이루어져 있으며, 그 중 텍스트데이터는 가장 대표적인 비정형데이터이다.

온라인 쇼핑몰 이용자는 구매자가 남긴 제품리뷰 텍스트(구매후기)로부터 제품에 대한 정보를 수집한다. 이들 텍스트데이터를 분석하여 구매자의 행동예측과 제품선호도를 분석할 수 있다.

텍스트마이닝(Text Mining)은 자연어 형태로 구성된 비정형 또는 반정형 텍스트데이터에서 패턴 또는 관계를 추출하여 의미 있는 정보를 찾아내는 기법으로 자연어처리(natural language processing, NLP)가 핵심기술이다.

자연어처리(NPL)는 컴퓨터를 이용해 사람의 자연어를 분석하고 처리하는 기술로 자연어 분석, 자연어 이해, 자연어 생성의 기술이 사용된다.

텍스트마이닝 분석을 실시하기 위해서는 불필요한 정보를 제거하고, 비정형데이터를 정형데이터로 구조화하는 작업이 필요한데 이를 위해 데이터 전처리(data preprocessing) 과정이 필수적이다.

5.5 인공지능과 비즈니스 혁신

(1) RPA(로봇 프로세스 자동화)

RPA(Robotic Process Automation, 로봇 프로세스 자동화)는 소프트웨어 프로그램이 사람을 대신해 반복적인 업무를 자동 처리하는 기술을 말한다. 인공지능과 머신러닝을 사용하여 가능한 많은 반복적 업무를 자동화할 수 있는 소프트웨어 로봇 기술이다.

RPA는 반복적인 규칙기반 작업에 특화되어 있으며, RPA와 AI를 통합하는 경우에 RPA로 구현된 로봇은 AI 알고리즘을 사용하여 의사결정을 내릴 수 있고, 기계학습을 통해 작업을 최적화하는 등의 지능적인 자동화가 가능할 수 있다.

RPA는 기초프로세스 자동화, 데이터 기반의 머신러닝(기계학습) 활용, 인지자동화의 세 단계 활동으로 구성된다.

구 분	주 요 내 용
(1단계) 기초프로세스 자동화	정형화된 데이터 기반의 자료 작성, 단순 반복 업무 처리, 고정된 프로세스 단위 업무 수행 등이 해당된다.
(2단계) 데이터 기반의 머신러닝 활용	이미지에서 텍스트 데이터 추출, 자연어 처리로 정확도와 기능성을 향상시키는 단계이다.
(3단계) 인지자동화	RPA가 업무 프로세스를 스스로 학습하면서 자동화하는 단계이며, 빅데이터 분석을 통해 사람이 수행하는 더 복잡한 작업과 의사결정을 내리는 수준이다.

(2) 챗봇

채팅(Chatting)과 로봇(Robot)의 합성어인 챗봇(ChatBot)은 로봇의 인공지능을 대화형 인터페이스에 접목한 기술로 인공지능을 기반으로 사람과 상호작용하는 대화형 시스템을 지칭한다.

챗봇은 기업에서 사용하는 메신저에서 채팅을 하듯이 질문을 입력하면 인공지능이 빅데이터 분석을 통해 일상 언어로 사람과 소통하는 대화형 메신저이다.

(3) 블록체인

블록체인(Block Chain)이란 분산형 데이터베이스의 형태로 데이터를 저장하는 연결구조체이며, 모든 구성원이 네트워크를 통해 데이터를 검증 및 저장하여 특정인의 임의적인 조작이 어렵도록 설계된 저장플랫폼이다.

블록(Block)은 거래 건별 정보가 기록되는 단위이며, 이것이 시간의 순서에 따라 체인(chain) 형태로 연결된 데이터베이스를 블록체인이라고 한다.

블록체인은 블록의 정보와 거래내용(거래정보)을 기록하고 이를 네트워크 참여자들에게 분산 및 공유하는 분산원장 또는 공공거래장부이다.

1) 블록체인 기술의 특징

구 분	주 요 내 용
탈중개성	공인된 제3자의 공증 없이 개인 간 거래가 가능하며 불필요한 수수료를 절감할 수 있다.
보안성	정보를 다수가 공동으로 소유하므로 해킹이 불가능하여 보안비용을 절감할 수 있다.
신속성	거래의 승인 · 기록은 다수의 참여에 의해 자동 실행되므로 신속성이 극대화된다.
확장성	공개된 소스에 의해 쉽게 구축, 연결, 확장이 가능하므로 IT 구축비용을 절감할 수 있다.
투명성	모든 거래기록에 공개적 접근이 가능하여 거래 양성화 및 규제비용을 절감할 수 있다.

개념 익히기

■ 인공지능 비즈니스 적용 프로세스

비즈니스 영역 탐색 → 비즈니스 목표 수립 → 데이터 수집 및 적재 → 인공지능 모델 개발 → 인공지능 배포 및 프로세스 정비

5.6 스마트팩토리

(1) 스마트팩토리

스마트팩토리(smart factory)란 설계 · 개발, 제조 및 유통 · 물류 등 생산 과정에 4차 산업의 핵심기술이 결합된 정보통신기술(ICT: Information and Communications Technology)을 적용하여 생산성, 품질, 고객만족도를 획기적으로 향상시키는 지능형 생산공장을 말한다.

스마트팩토리는 사물인터넷(IoT)을 결합하여 공장의 설비(장비) 및 공정에서 발생하는 모든 데이터 및 정보가 센서를 통해 네트워크으로 서로 연결되어 공유되고 실시간으로 데이터를 분석하여 필요한 의사결정을 내릴 수 있도록 지원하여 생산 및 운영이 최적화된 공장이다.

1) 스마트팩토리의 등장배경

세계 각국은 국가경제의 핵심인 제조기업의 경쟁력을 향상시키기 위하여 스마트팩토리 구축을 적극 지원하고 있다. 과거에는 생산원가 절감을 위하여 기업의 제조시설을 해외로 이전하는 경향이 많았으나, 최근에는 국가경쟁력 회복을 위하여 제조시설의 리쇼어링

(reshoring) 경향이 두드러지게 나타나고 있다.

스마트팩토리의 주요 구축목적은 생산성 향상, 유연성 향상을 위하여 생산시스템의 지능화, 유연화, 최적화, 효율화 구현에 있다. 세부적으로는 고객서비스 향상, 비용절감, 납기향상, 품질향상, 인력효율화, 맞춤형제품생산, 통합된 협업생산시스템, 최적화된 동적 생산시스템, 새로운 비즈니스 창출, 제품 및 서비스의 생산통합, 제조의 신뢰성 확보 등의 목적을 갖는다고 할 수 있다.

2) 스마트팩토리의 구성영역과 기술요소

스마트팩토리는 제품개발, 현장자동화, 공장운영관리, 기업자원관리, 공급사슬관리영역으로 구성된다.

구 분	주 요 기 술 요 소
제품개발	제품수명주기관리(PLM: Product Lifecycle Management)시스템을 이용하여 제품의 개발, 생산, 유지보수, 폐기까지의 전 과정을 체계적으로 관리
현장자동화	인간과 협업하거나 독자적으로 제조작업을 수행하는 시스템으로 공정자동화, IoT, 설비제어장치(PLC), 산업로봇, 머신비전 등의 기술이 이용
공장운영관리	자동화된 생산설비로부터 실시간으로 가동정보를 수집하여 효율적으로 공장운영에 필요한 생산계획 수립, 재고관리, 제조자원관리, 품질관리, 공정관리, 설비제어 등을 담당하며, 제조실행시스템(MES), 창고관리시스템(WMS), 품질관리시스템(QMS) 등의 기술이 이용
기업자원관리	고객주문, 생산실적정보 등을 실시간으로 수집하여 효율적인 기업운영에 필요한 원가, 재무, 영업, 생산, 구매, 물류관리 등을 담당하며, ERP 등의 기술이 이용
공급사슬관리	제품생산에 필요한 원자재 조달에서부터 고객에게 제품을 전달하는 전체 과정의 정보를 실시간으로 수집하여 효율적인 물류시스템 운영, 고객만족을 목적으로 하며, 공급망관리(SCM) 등의 기술이 이용

(2) 스마트팩토리와 ERP

1) 사이버물리시스템(CPS)과 ERP

사이버물리시스템(CPS: Cyber Physical System)은 실제의 물리적인 제품, 생산설비, 공정, 공장을 사이버 공간에 그대로 구현하고 서로 긴밀하게 통합되어 동작하는 통합시스템이다.

이러한 사이버물리시스템(CPS)은 사물인터넷(IoT) 기술을 활용하여 공장운영 전반의 데이터를 실시간으로 수집하여 공장운영 현황을 모니터링하고 제조 빅데이터를 분석하여 설비와 공정을 제어함으로써 공장운영의 최적화를 수행한다.

사이버물리시스템(CPS)의 데이터를 ERP시스템으로 통합하여 주문처리, 생산계획, 구매관리, 재고관리와 같은 업무프로세스를 지원하는 상호작용이 가능하다.

2) 제품수명주기관리(PLM)와 ERP

제품수명주기관리(PLM: Product Lifecycle Management)는 제품 기획, 설계, 생산, 출시, 유통, 유지보수, 폐기까지의 제품수명주기의 모든 단계에 관련된 프로세스와 관련정보를 통합관리하는 응용시스템이다.

PLM은 제품의 설계, 속성, 관련 문서 등의 정보를 관리하고 제품수명주기에 따른 프로세스를 계획하고 효과적으로 관리하는 제품 중심의 수명주기 관리에 초점을 둔다.

또한 ERP는 기업 전반의 자원 및 프로세스를 통합적으로 관리하는 데 중점을 두고 있으므로 제품의 생산, 유통, 재무프로세스를 효율화 하는데 PLM과 ERP가 상호작용이 가능하다.

재무회계와 부가가치세의 이해

재무회계 기초

01 회계의 기본개념

1.1 회계의 정의

회계는 기업의 경영활동에 관련된 모든 계산을 말하며, 경제활동을 전반적으로 해석·설명하거나 의사 결정을 위한 여러 가지 정보를 제공하는 일도 포함되므로, 회계를 기업에서 이루어지는 수많은 경영활동을 숫자로 표현하는 기업의 언어라고 말한다.

오늘날의 회계는 "회계정보이용자가 합리적인 판단이나 의사결정을 할 수 있도록 기업실체에 관한 유용한 경제적 정보를 식별, 인식, 측정, 기록 및 전달하는 과정"이라고 말한다.

1.2 회계의 목적

회계의 목적은 광범위한 회계정보이용자의 경제적 의사결정에 유용한 기업의 재무상태, 경영성과 및 재무상태변동에 관한 정보를 제공하는 것이다. 또한 회계는 위탁받은 자원에 대한 경영진의 수탁책임이나 회계책임(경영진이 기업에 투자한 투자자나 채권자 등을 대신하여 기업을 경영하는 책임)의 결과를 보여준다.

1.3 회계정보이용자와 정보수요

회계는 다양한 이해관계자들인 현재 및 잠재적 투자자, 채권자, 거래처, 정부와 유관기관, 일반대중, 경영자, 근로자 등의 정보수요에 유용한 정보 제공을 목적으로 한다.

외부정보 이용자	주주, 투자자	투자위험을 감수하는 자본제공자는 투자위험·수익에 대한 정보에 관심
	채권자	대여금과 대여금에 대한 이자가 지급기일에 적절히 지급되는지에 관심
	거래처	지급기일 내에 지급할 수 있는 능력이 있나 판단하기 위한 정보에 관심
	정부, 유관기관	기업 활동을 규제하고 조세정책을 결정하며, 국민 소득이나 이와 유사한 통계자료의 근거로 사용하기 위한 정보에 관심
	일반대중	재무제표에서 기업의 성장과 활동범위의 추세와 현황에 대한 정보에 관심
내부정보 이용자	경영자	경영의사결정에 필요한 정보에 관심
	근로자	고용주인 기업의 안정성, 수익성, 연봉, 고용기회 등의 정보에 관심

1.4 회계의 분류

회계정보이용자의 정보요구에 따른 회계분야를 크게 분류해보면 다음과 같다.

구분	재무회계 Financial Accounting	원가(관리)회계 Cost(Management) Accounting	세무회계 Tax Accounting
목적	일반목적 재무제표 작성	경영자가 경영활동에 필요한 재무정보 생성, 분석	법인세, 소득세, 부가가치세 등의 세무보고서를 작성
정보이용자	외부정보이용자, 주주, 투자자, 채권자 등	내부정보이용자, 경영자, 근로자 등	과세관청, 국세청 등
작성기준	일반적으로 인정된 회계원칙에 따라 작성	특별한 기준이나 일정한 원칙없이 작성	법인세법, 소득세법, 부가가치세법에 따라 작성

1.5 회계의 기본가정(전제조건)

회계는 일정한 가정 하에 이루어지는데, 이 기본가정 중 가장 중요한 것은 다음과 같다.

기업실체의 가정	• 기업을 소유주와는 독립적으로 존재하는 회계단위로 간주 • 하나의 기업을 하나의 회계단위의 관점에서 재무정보를 측정, 보고 • 소유주와 별도의 회계단위로서 기업실체를 인정하는 것 주의 회계단위: 기업의 경영활동을 기록 계산하기 위한 장소적 범위(본점, 지점) ex) 회계처리는 주주 등의 입장이 아닌 기업실체 (주)삼일 입장에서 하자.
계속기업의 가정	• 일반적으로 기업이 예상 가능한 기간 동안 영업을 계속할 것이라는 가정 • 기업은 그 경영활동을 청산하거나 중요하게 축소할 의도나 필요성을 갖고 있지 않다는 가정을 적용 주의 건물의 내용연수를 20년 등으로 하여 감가상각을 할 수 있는 것은 계속기업의 가정이며, 자산의 가치를 역사적 원가에 따라 평가하는 기본 전제이다.
기간별 보고의 가정	• 기업실체의 존속기간을 일정한 기간 단위로 분할하여 각 기간별로 재무제표를 작성하는 것 • 기업의 경영활동을 영업이 시작되는 날부터 폐업하는 날까지 전체적으로 파악하기는 어려우므로, 인위적으로 6개월 또는 1년 등으로 구분하여 재무제표를 작성 주의 회계연도는 1년을 넘지 않는 범위 내에서 기업의 임의대로 설정할 수 있다.

개념 익히기

■ 기본용어

- 기　　초: 보고기간의 시작시점
- 기　　말: 보고기간의 종료시점
- 당　　기: 현재의 보고기간
- 전　　기: 이전의 보고기간
- 차　　기: 다음의 보고기간
- 이　　월: 다음 보고기간으로 넘기는 것
- 전기이월: 전기에서 당기로 이월된 것
- 차기이월: 당기에서 차기로 이월된 것

■ 회계연도가 1년이고, 1월 1일이 기초인 경우

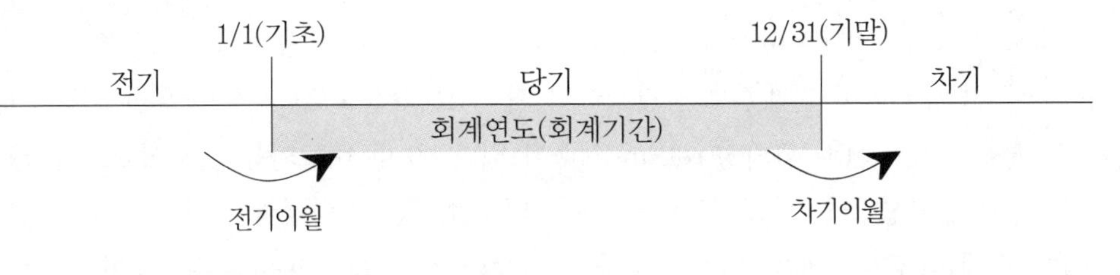

1.6 발생주의와 보수주의

발생주의는 현금의 수수에 관계없이 거래가 발생된 시점에 인식하는 기준으로, 현금거래 이외의 비현금거래에 대하여도 거래로 인식하여 회계처리하게 된다. 이에 따라 거래는 발생하였으나 현금의 유입과 유출이 이루어지기 전에 인식되는 매출채권, 매입채무 등의 발생주의 계정이 사용된다.

사례	20X1년 1월 1일 향후 2년간의 자동차보험료 200,000원을 일시에 현금 지급했을 경우, 20X1년 자동차 보험료로 기록해야 할 금액은 얼마일까?		
회계연도	20X1년 보험료	20X2년 보험료	판단내용
현금주의	200,000원	–	20X1년도에 현금 200,000원을 지급했으므로 20X1년도 보험료는 200,000원이다.
발생주의	100,000원	100,000원	20X1년도의 보험혜택을 위하여 발생한 금액은 100,000원이고, 20X2년도의 보험혜택을 위하여 발생한 금액은 100,000원이다.

보수주의는 회계상의 특정 거래나 경제적 사건에 대하여 두 가지 이상의 대체적인 회계처리 방법이 선택 가능한 경우, 재무적 기초를 견고히 하는 관점에서 이익을 낮게 보고하는 방법을 선택하는 속성을 의미한다.

사례	• 비용발생에 대하여 발생주의 대신 현금주의 채택 • 저가주의에 의한 재고자산의 평가 및 초기 감가상각방법을 정액법 대신 정률법의 적용 • 우발이익은 실현될 때까지 인식하지 않지만, 우발손실은 당기에 인식 • 장기할부 매출 시 수익인식을 인도기준법이 아닌 회수기준법 적용

1.7 회계정보의 질적특성

회계정보의 질적특성(qualitative characteristics)이란 정보이용자의 의사결정에 유용한 정보를 제공하기 위하여 회계정보가 갖추어야 할 주요 속성으로, 가장 중요한 질적특성은 목적적합성(relevance)과 신뢰성(reliability)이 있다. 또한 비교가능성(comparability)은 목적적합성과 신뢰성만큼 중요한 질적특성은 아니지만, 목적적합성과 신뢰성을 갖춘 정보가 기업실체 간에 비교가능하며, 기간별 비교가 가능할 경우 회계정보의 유용성이 제고될 수 있다.

목적적합성	예측가치	• 회계정보이용자가 기업의 미래 재무상태, 경영성과, 순현금흐름 등을 예측하는데에 그 정보가 활용될 수 있는 능력 예 반기 재무제표에 의한 반기 이익은 연간 이익을 예측하는데 활용
	피드백 가치	• 제공되는 회계정보가 정보이용자의 당초 기대치(예측치)를 확인 또는 수정되게 함으로써 의사결정에 영향을 미칠 수 있는 능력 예 어떤 기업의 투자자가 특정 회계연도의 재무제표가 발표되기 전에 그 해와 그 다음 해의 이익을 예측하였으나 재무제표가 발표된 결과 당해 연도의 이익이 자신의 이익 예측치에 미달하는 경우, 투자자는 그다음 해의 이익 예측치를 하향 수정 예측가치 6.30. 12.30. 예측가치 예측가치 실적 피드백가치 예측가치
	적시성	• 의사결정시점에서 정보이용자에게 필요한 회계정보가 제공되지 않는다면, 동 정보는 의사결정에 이용될 수 이용될 수 없게 되어 목적적합성을 상실하게 된다. 예 A기업이 2분기 손익계산서를 공시하기 전까지 1분기 손익계산서를 공시하지 않았다면 이는 적시성을 훼손한 것임.

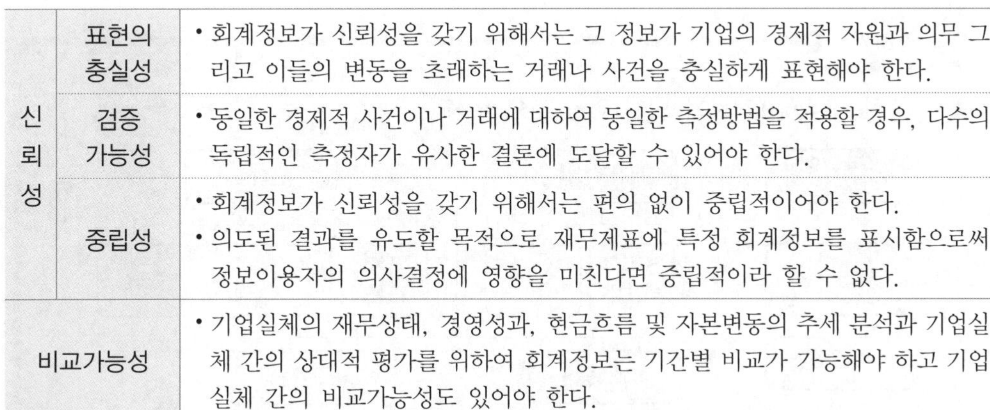

신뢰성	표현의 충실성	• 회계정보가 신뢰성을 갖기 위해서는 그 정보가 기업의 경제적 자원과 의무 그리고 이들의 변동을 초래하는 거래나 사건을 충실하게 표현해야 한다.
	검증 가능성	• 동일한 경제적 사건이나 거래에 대하여 동일한 측정방법을 적용할 경우, 다수의 독립적인 측정자가 유사한 결론에 도달할 수 있어야 한다.
	중립성	• 회계정보가 신뢰성을 갖기 위해서는 편의 없이 중립적이어야 한다. • 의도된 결과를 유도할 목적으로 재무제표에 특정 회계정보를 표시함으로써 정보이용자의 의사결정에 영향을 미친다면 중립적이라 할 수 없다.
비교가능성		• 기업실체의 재무상태, 경영성과, 현금흐름 및 자본변동의 추세 분석과 기업실체 간의 상대적 평가를 위하여 회계정보는 기간별 비교가 가능해야 하고 기업실체 간의 비교가능성도 있어야 한다.

주의 목적적합성과 신뢰성 중 하나가 완전히 상실된 경우, 그 정보는 유용한 정보가 될 수 없다.

1.8 회계정보의 제약요인

비용과 효익 간의 균형	• 질적특성을 갖춘 정보라도 정보제공 및 이용에 소요될 사회적 비용이 사회적 효익을 초과한다면, 그러한 정보의 제공은 정당화될 수 없다.
중요성	• 목적적합성과 신뢰성을 갖춘 항목이라도 중요하지 않다면, 반드시 재무제표에 표시되는 것은 아니다.(중요성은 정보가 제공되기 위한 최소한의 요건) • 특정 정보가 생략되거나 잘못 표시된 재무제표가 정보이용자의 판단이나 의사결정에 영향을 미칠 수 있다면, 그 정보는 중요한 정보라 할 수 있다. **예** • 재무제표를 공시할 때 회사규모가 크고 재무제표 이용자의 오해를 줄 염려가 없다면, 천 원 또는 백만 원 미만 금액은 생략할 수 있다. • 기업에서 사무용 소모성 물품을 구입 시에 소모품 계정이 아닌 소모품비 계정으로 회계처리할 수 있다.
질적특성 간의 상충관계	• 목적적합성 있는 정보를 위해 신뢰성이 희생하는 경우가 있고, 신뢰성 있는 정보 제공을 위해서 목적적합성이 희생해야 하는 경우가 있다. 즉, 정보의 적시성과 신뢰성 간의 균형을 고려하여야 한다.

구분	목적적합성	신뢰성
자산의 평가	공정가치법(시가법)	원가법
수익의 인식	진행기준	완성기준
손익의 인식	발생주의	현금주의
재무제표 보고	반기 재무제표	연차 재무제표
유가증권 투자	지분법	원가법

개념 익히기

▣ 유용한 재무제표정보가 되기 위한 주요 속성

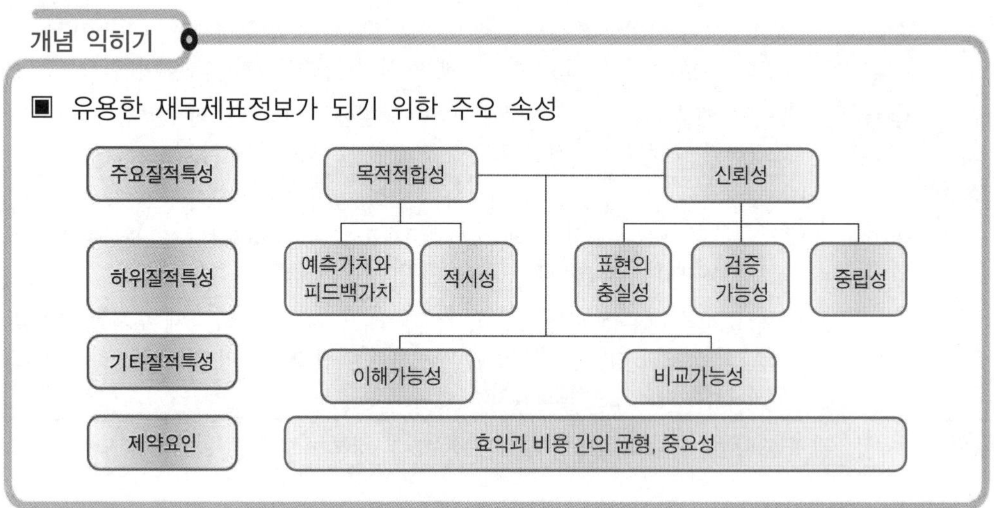

02 재무제표의 이해

재무제표는 기업의 외부 정보이용자에게 재무정보를 전달하는 핵심적인 재무보고 수단으로, 다양한 정보이용자의 공통요구를 위해 작성되는 일반목적의 재무보고서를 의미한다.

2.1 재무제표 작성과 표시의 일반원칙

계속기업	• 경영진은 재무제표 작성 시 계속기업으로서의 존속가능성을 평가해야 한다. • 경영진이 기업을 청산하거나 경영활동을 중단할 의도를 가지고 있지 않거나, 청산 또는 경영활동의 중단 외에 다른 현실적 대안이 없는 경우가 아니면 계속기업을 전제로 재무제표를 작성하여야 한다.
재무제표의 작성책임과 공정한 표시	• 재무제표의 작성과 표시에 대한 책임은 경영진에게 있다. • 재무제표는 경제적 사실과 거래의 실질을 반영하여 기업의 재무상태, 경영성과, 현금흐름 및 자본변동을 공정하게 표시하여야 한다. • 일반기업회계기준에 따라 적정하게 작성된 재무제표는 공정하게 표시된 재무제표로 본다.
자산과 부채의 총액표시	• 자산과 부채는 원칙적으로 상계하여 표시하지 않는다. 다만, 기업이 채권과 채무를 상계할 수 있는 법적 구속력 있는 권리를 가지고 있고, 채권과 채무를 순액기준으로 결제하거나 채권과 채무를 동시에 결제할 의도가 있다면 상계하여 표시할 수 있다. • 매출채권에 대한 대손충당금 등은 해당 자산이나 부채에서 직접 가감하여 표시할 수 있으며, 이는 상계에 해당하지 않는다.
재무제표 항목의 구분과 통합표시	• 재무제표의 중요한 항목은 본문이나 주석에 그 내용을 가장 잘 나타낼 수 있도록 구분하여 표시한다. • 중요하지 않은 항목은 성격과 기능이 유사한 항목과 통합하여 표시할 수 있다.
비교재무제표의 작성	• 재무제표의 기간별 비교가능성을 제고하기 위하여 전기 재무제표의 모든 계량정보를 당기와 비교하는 형식으로 표시한다.
재무제표 항목의 표시와 분류의 계속성	• 재무제표의 기간별 비교가능성을 제고하기 위하여 재무제표 항목의 표시와 분류는 다음의 경우를 제외하고는 매기 동일하여야 한다. ① 일반기업회계기준에 의해 재무제표 항목의 표시, 분류 변경이 요구되는 경우 ② 사업결합 또는 사업중단 등에 의해 영업의 내용이 유의적으로 변경된 경우 ③ 재무제표 항목의 표시와 분류를 변경함으로써 기업의 재무정보를 더욱 적절하게 전달할 수 있는 경우 • 재무제표 항목의 표시나 분류방법이 변경되는 경우에는 당기와 비교하기 위하여 전기의 항목을 재분류하고, 재분류 항목의 내용 및 금액, 재분류가 필요한 이유를 주석으로 기재한다.

재무제표의 보고양식	• 재무제표는 이해하기 쉽도록 간단하고 명료하게 표시하여야 한다. • 재무제표는 재무상태표, 손익계산서, 현금흐름표, 자본변동표 및 주석으로 구분하여 작성하며, 다음의 사항을 각 재무제표의 명칭과 함께 기재한다. ① 기업명 ② 보고기간종료일 또는 회계기간 ③ 보고통화 및 금액단위

2.2 재무제표의 종류

(1) 재무상태표

재무상태표는 일정 시점의 기업의 재무상태를 보여주는 보고서이다. 재무상태라는 것은 기업이 소유하고 있는 자산(현금, 상품, 건물 등)과 타인에게 갚아야 하는 부채(외상매입금, 차입금 등) 그리고 자산에서 부채를 차감한 자본(순자산)으로 나누어진다.

■ 재무상태표 작성기준과 등식

- 자산과 부채는 1년 기준이나 정상적인 영업주기 기준으로 유동과 비유동으로 분류
- 자산과 부채는 유동성이 큰 항목부터 배열하는 것이 원칙
- 자산과 부채는 총액으로 표시(원칙적으로 상계하여 표시하지 않는다.)
- 주주와의 거래로 발생하는 자본잉여금과 영업활동에서의 이익잉여금으로 구분표시

■ 재무상태표 등식

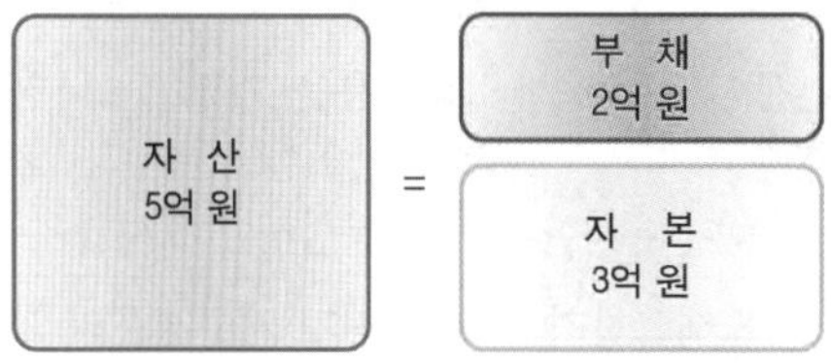

■ 자본등식

개념 익히기

■ 재무상태표 계정

구분표시			계정과목
자산	유동자산	당좌자산	현금및현금성자산(당좌예금, 보통예금, 현금성자산), 현금과부족, 단기금융상품(정기예금과 적금, 기타단기금융상품), 단기매매증권, 매출채권(외상매출금, 받을어음), 단기대여금, 주·임·종단기채권, 미수금, 선급금, 선급비용, 가지급금
		재고자산	상품, 원재료, 재공품, 반제품, 제품, 미착품, 소모품
	비유동자산	투자자산	장기성예금, 장기금융상품, 특정현금과예금, 매도가능증권, 만기보유증권, 장기대여금, 투자부동산
		유형자산	토지, 건물, 구축물, 기계장치, 차량운반구, 비품, 건설중인자산
		무형자산	영업권, 산업재산권(특허권, 실용신안권, 디자인권, 상표권), 광업권, 개발비, 소프트웨어
		기타 비유동자산	임차보증금, 장기외상매출금, 장기미수금
부채	유동부채		매입채무(외상매입금, 지급어음), 미지급금, 미지급비용, 선수금, 선수수익, 예수금, 단기차입금, 가수금, 유동성장기부채
	비유동부채		사채, 장기차입금, 임대보증금, 퇴직급여충당부채, 장기미지급금
자본	자본금		보통주자본금, 우선주자본금
	자본잉여금		주식발행초과금, 감자차익, 자기주식처분이익
	자본조정		주식할인발행차금, 감자차손, 자기주식처분손실, 자기주식, 미교부주식배당금
	기타포괄손익누계액		매도가능증권평가손익, 해외사업환산손익, 현금흐름위험회피 파생상품평가손익, 재평가잉여금
	이익잉여금		이익준비금(법정적립금), 임의적립금, 미처분이익잉여금

■ 유동성 배열법

유동성 배열법이란, 자산, 부채의 배열을 현금화가 빠른 것부터 먼저 표시하는 것이다. 재무상태표는 유동자산(당좌자산, 재고자산), 비유동자산(투자자산, 유형자산, 무형자산, 기타비유동자산) 순으로 배열한다는 의미이다.

(2) 손익계산서

손익계산서는 일정 기간 기업의 경영성과를 보여주는 보고서이다. 경영성과는 일정 기간 동안 벌어들인 수익(상품매출, 임대료, 이자수익 등)에서 일정 기간 동안 지출한 비용(급여, 복리후생비, 임차료, 이자비용 등)을 차감하여 계산된 이익이나 손실을 말한다.

▣ 손익계산서 작성기준

- 수익과 비용은 그것이 발생한 기간에 정당하게 배분되도록 처리하여야 한다.
  (수익은 실현주의, 비용은 발생주의에 따름)
- 수익과 비용은 총액에 의해 기재됨을 원칙(총액주의)으로 한다.
- 모든 수익과 비용은 발생한 시기에 정당하게 배분되어야 하며, 미실현 수익은 당기의 손익계산서에 산입하지 않아야 한다.

▣ 손익계산서 등식(손익법)

개념 익히기

▣ 손익계산서 계정

구분표시	계정과목
매출액	상품매출, 제품매출 (상품매출과 제품매출의 차감계정: 매출에누리와 환입, 매출할인)
(−) 매출원가	상품매출원가, 제품매출원가
매출총이익	
(−) 판매비와관리비	급여, 퇴직급여, 복리후생비, 여비교통비, 접대비(기업업무추진비), 통신비, 수도광열비, 세금과공과금, 감가상각비, 임차료, 수선비, 보험료, 차량유지비, 운반비, 도서인쇄비, 소모품비, 수수료비용, 광고선전비, 대손상각비 등
영업손익	
(+) 영업외수익	이자수익, 단기매매증권평가이익, 단기매매증권처분이익, 외환차익, 수수료수익, 외화환산이익, 유형자산처분이익, 투자자산처분이익, 자산수증이익, 채무면제이익, 잡이익 등
(−) 영업외비용	이자비용, 외환차손, 기부금, 외화환산손실, 매출채권처분손실, 단기매매증권평가손실, 단기매매증권처분손실, 재해손실, 유형자산처분손실, 투자자산처분손실, 잡손실 등
법인세차감전순손익	
(−) 법인세비용	법인세등
당기순손익	

■ 기업의 당기순손익 계산

(1) 재산법: 기업의 재무상태 중 회계연도 초의 기초자본과 회계연도 말의 기말자본의 증감변화를 비교하여 기업의 순손익(순이익과 손실)을 계산할 수 있는데, 이러한 계산방법을 재산법이라고 한다.

→

① 기말자본 〉 기초자본 = 당기순이익
② 기초자본 〈 기말자본 = 당기순손실

(2) 손익법: 기업의 일정 기간의 경영성과인 비용과 수익의 발생액을 비교하여 기업의 순손익을 계산할 수 있는데, 이러한 방법을 손익법이라 하며, 재산법과 손익법에서 계산된 당기순손익은 반드시 일치하여야 한다.

→

① 총수익 〉 총비용 = 당기순이익
② 총수익 〈 총비용 = 당기순손실

■ 다음의 빈칸에 알맞은 금액을 채워 넣으시오.(당기순손익계산)

구분	기초			기말			총수익	총비용	당기순이익
	자산	부채	자본	자산	부채	자본			
1	600,000	400,000	(①)	900,000	300,000	(②)	(③)	100,000	(④)
2	(⑤)	800,000	300,000	(⑥)	700,000	200,000	200,000	(⑦)	(⑧)
3	600,000	(⑨)	200,000	700,000	(⑩)	400,000	(⑪)	100,000	(⑫)

[답안]

① 200,000 ② 600,000 ③ 500,000 ④ 400,000 ⑤ 1,100,000 ⑥ 900,000
⑦ 300,000 ⑧ −100,000 ⑨ 400,000 ⑩ 300,000 ⑪ 300,000 ⑫ 200,000

(3) 현금흐름표

현금흐름표는 일정 기간 기업의 현금유입과 유출에 대한 정보를 제공하는 재무제표로 영업활동, 투자활동, 재무활동에 대한 현금흐름 정보를 제공하는 동태적 보고서이다.

<table>
<tr><td rowspan="3">영업활동</td><td colspan="2">영업활동이란 재고자산의 판매 등 주요 수익창출활동뿐만 아니라 투자활동이나 재무활동에 속하지 아니하는 거래나 사건을 모두 포함한 활동</td></tr>
<tr><td>영업활동으로 인한 현금유입</td><td>영업활동으로 인한 현금유출</td></tr>
<tr><td>• 재고자산의 판매와 용역제공
• 로열티, 수수료 및 중개료
• 이자수익과 배당금수입
• 기타영업활동</td><td>• 재고자산과 용역 등의 구입
• 종업원에 대한 현금유출(퇴직금 포함)
• 이자지급
• 법인세, 기타 세금과 공과금의 납부</td></tr>
<tr><td rowspan="3">투자활동</td><td colspan="2">투자활동이란 유형자산 등 영업활동과 관련이 없는 자산의 증가와 감소거래</td></tr>
<tr><td>투자활동으로 인한 현금유입</td><td>투자활동으로 인한 현금유출</td></tr>
<tr><td>• 금융상품, 단기매매증권 처분
• 대여금의 회수
• 투자자산과 유형자산의 처분</td><td>• 금융상품, 단기매매증권 취득
• 대여금의 지급
• 투자자산, 유형자산, 무형자산의 취득</td></tr>
<tr><td rowspan="3">재무활동</td><td colspan="2">재무활동이란 영업활동과 관련이 없는 부채 및 자본의 증가와 감소거래</td></tr>
<tr><td>재무활동으로 인한 현금유입</td><td>재무활동으로 인한 현금유출</td></tr>
<tr><td>• 장기 차입, 단기 차입, 사채발행
• 주식발행, 자기주식 처분</td><td>• 차입금과 사채의 상환
• 유상감자, 배당금 지급, 자기주식 취득</td></tr>
</table>

⊙ 직접법: 현금을 수반하여 발생한 수익 또는 비용 항목을 총액으로 표시하되, 현금유입액은 원천별로 현금유출액은 용도별로 분류하여 표시한다.

⊙ 간접법: 당기순이익 또는 당기순손실에 현금의 유출이 없는 비용 등을 가산하고, 현금의 유입이 없는 수익 등을 차감하며, 영업활동으로 인한 자산, 부채의 변동을 가감하여 표시하며, 수익과 비용항목에서 직접 조정하는 것이 아니라, 발생주의 당기순이익에서 일괄하여 조정하는 방법이기 때문에 전환이 이루어진 후의 현금주의 수익과 비용을 파악할 수 없고, 단지 현금주의 이익만을 파악할 수 있으므로 실무적 편의성 때문에 많이 사용한다.

(4) 자본변동표

자본변동표는 일정 기간 기업의 자본 크기와 그 변동에 관한 정보를 제공하는 재무제표이다. 자본을 구성하고 있는 자본금, 자본잉여금, 자본조정, 기타포괄손익누계액, 이익잉여금(또는 결손금)의 변동에 대한 포괄적인 정보를 제공한다.

(5) 주석

주석은 재무제표의 본문에 표시되는 정보를 이해하는데 도움이 되는 추가적 정보를 설명하는 것을 말하며, 재무제표 본문에 관련 주석번호를 표시하여 별지에 기록한 것이다.

주의 이익잉여금처분계산서는 상법 등 관련 법규에서 작성을 요구하는 경우 재무상태표의 이익잉여금에 대한 보충정보로서, 이익잉여금처분계산서를 주석으로 공시한다.

개념 익히기

■ 재무제표 요소의 측정

재무제표의 측정은 재무상태표와 손익계산서에 인식되고 평가되어야 할 재무제표 요소의 금액을 결정하는 과정을 의미하며, 측정속성은 다음과 같다.

측정속성	내용
취득원가	역사적원가라고 하며, 자산을 취득하였을 때 그 대가로 지불한 금액이나 공정가치
공정가치	독립된 당사자간의 현행거래에서 자산이 매각 또는 구입되거나 부채가 결제 또는 이전될 수 있는 교환가치
기업특유가치	사용가치라고 하며, 기업실체가 자산을 사용함에 따라 당해 기업실체의 입장에서 인식되는 현재의 가치
순실현가능가치	정상적인 기업활동 과정에서 미래에 당해 자산이 현금 또는 현금성자산으로 전환될 때 수취할 것으로 예상되는 금액에서 직접 소요된 비용을 차감한 금액

03 회계의 순환과정

3.1 회계상 거래의 식별

거래란 일반적인 의미로는 '주고받음' 또는 '사고팖'이란 뜻이다. 그런데 회계상 거래는 이와는 달리 사용된다. 회계상 거래는 기업의 경영활동에서 자산, 부채, 자본, 비용, 수익의 증가와 감소 등의 변화를 가져오는 것을 말한다. 즉, 회계에서는 재무상태표와 손익계산서에 영향을 미치는 것만 거래라고 본다.

따라서 일상생활에서는 거래이지만 회계상 거래가 아닌 경우도 있으며, 회계상 거래이지만 일상생활에서는 거래에 해당하지 않는 경우도 있다.

개념 익히기

회계상의 거래		회계상의 거래가 아님
• 화재, 도난, 파손, 분실, 감가상각, 대손상각 등	• 자산의 구입과 판매, 채권·채무의 발생과 소멸 • 유형자산 매각 등 실거래 • 손익(비용/수익)의 발생	• 건물의 임대차계약 • 상품의 매매계약, 주문서 발송 • 일정급여를 주기로 한 후 직원채용 • 건물·토지 등의 담보설정
일상생활상 거래가 아님	일상생활(사회통념)상의 거래	

▣ 다음 중 회계상 거래인 것은 (○), 거래가 아닌 것은 (×)를 표기하시오.

① 현금 500,000원을 출자하여 영업을 개시하다. (   )
② 회계상사에 상품을 판매하기로 하고 계약을 체결하였다. (   )
③ 화재로 인하여 창고건물이 소실되다. (   )
④ 급여 2,000,000원을 주기로 하고 종업원을 채용하였다. (   )
⑤ 합격상사에 상품 300,000원을 매입하기 위하여 주문을 하였다. (   )
⑥ 종업원의 실수로 금고에 보관중이던 현금 500,000원을 도난당하였다. (   )
⑦ 2년 뒤에 상환하기로 하고, 대출은행에서 현금을 차입하였다. (   )

[답안]

① (O) ② (X) ③ (O) ④ (X) ⑤ (X) ⑥ (O) ⑦ (O)

3.2 분개(분개장)

(1) 거래의 8요소

재무상태표와 손익계산서 요소에서 차변(왼쪽)에 위치하는 것은 자산과 비용이며, 대변(오른쪽)에 위치하는 것은 부채, 자본 및 수익이다.

회계상 모든 거래는 차변(왼쪽) 요소와 대변(오른쪽) 요소가 결합되어 발생하는데, 차변 요소는 자산의 증가・부채의 감소・자본의 감소・비용의 발생이며, 대변 요소는 자산의 감소・부채의 증가・자본의 증가・수익의 발생이다.

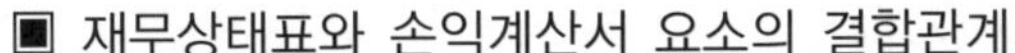

■ 재무상태표와 손익계산서 요소의 결합관계

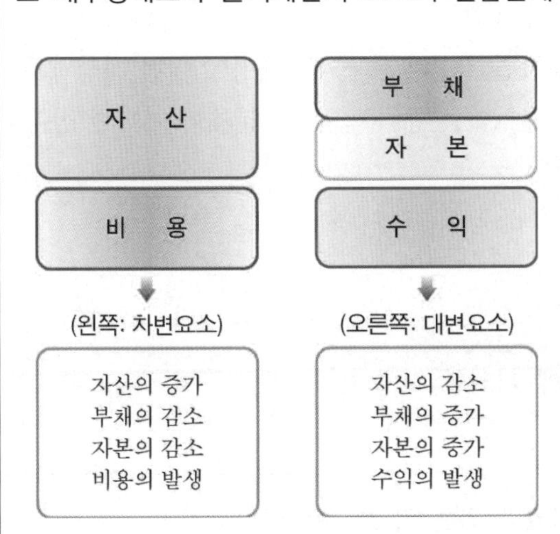

※ 증가와 감소
재무상태표 요소와 손익계산서 요소가 같은 방향에 기록이 되면 증가(+)로 표시되며, 반대 방향에 기록이 되면 감소(−)로 표시된다.

※ 거래의 이중성(복식부기의 원리)
모든 거래를 원인과 결과의 인과관계를 파악하여 이중으로 기록하기 때문에, 오류에 대한 자가검증 기능이 있다.

※ 대차평균의 원리
거래의 이중성에 의해 기록하기 때문에 차변합계와 대변합계는 항상 일치한다.

(2) 계정(account: A/C)

기업의 경영활동에서 회계상 거래가 발생하면 자산의 증가와 감소, 부채의 증가와 감소, 자본의 증가와 감소, 수익과 비용이 발생하는데, 이때 각 항목별로 설정된 기록 및 계산 단위를 계정이라고 하며, 현금, 보통예금, 상품 등과 같이 계정에 붙이는 이름을 계정과목 이라고 한다.

회계이론

개념 익히기

■ 계정과목

회계처리를 할 때, 각각의 내용을 모두 풀어서 쓰면 나중에 의미 있는 정보로 집계하기 어려우므로, 비슷한 형태의 거래들은 모아서 계정과목이라는 이름으로 나누어 정리한다. 예를 들어, 버스요금과 택시비 등은 동일하게 교통비라고 하는 것이다. 이와 같이 하게 되면 어떤 교통수단(버스, 택시, 항공기 등)을 이용하더라도 모두 교통비라는 계정과목으로 모여 나중에 교통비라는 계정을 확인하면, 일정 기간 동안 교통비로 얼마를 지출하였는지를 알게 되는 장점이 있다.

(3) 분개(전표작성)와 분개장

기업의 경영활동에서 회계상 거래가 발생하면 차변계정과 대변계정에 어떤 계정과목으로 얼마의 금액을 기록할 것인지 결정하는 절차를 분개라고 하며, 분개를 기록한 장부를 분개장이라 한다.

분개절차

① 어떤 '계정과목'에 기입할 것인가?
② 그 계정의 '차변', '대변' 중 어느 쪽에 기입할 것인가?
③ '금액'은 얼마를 기입할 것인가?

예제 '상품 200,000원을 현금으로 구입하였다.'라는 거래의 분개

① 상품과 현금 계정과목을 찾아낼 수 있다.
② 상품이라는 자산이 증가하였으며, 자산의 증가는 차변에 기입한다.
현금이라는 자산이 감소하였으며, 자산의 감소는 대변에 기입한다.
③ 상품의 금액은 200,000원이며, 현금의 금액도 200,000원이다.
따라서 분개는

차변	상품(자산의 증가)	200,000	대변	현금(자산의 감소)	200,000

개념 익히기

■ 분개원리 및 계정과목

- 재무상태표 계정
  자산계정은 차변에서 증가하고 대변으로 감소하며 잔액은 차변에 남는다.
  부채계정은 대변에서 증가하고 차변으로 감소하며 잔액은 대변에 남는다.
  자본계정은 대변에서 증가하고 차변으로 감소하며 잔액은 대변에 남는다.
- 손익계산서 계정
  비용계정은 차변에서 발생하고 대변으로 소멸하며 잔액은 차변에 남는다.
  수익계정은 대변에서 발생하고 차변으로 소멸하며 잔액은 대변에 남는다.

(4) 거래의 종류

구분	내용
교환거래	자산, 부채, 자본의 증가와 감소만 있고, 수익과 비용의 발생은 없는 거래 예 '상품 200,000원을 현금으로 구입하다.' (차) 상품(자산의증가) 200,000원 (대) 현금(자산의감소) 200,000원
손익거래	거래 총액이 수익 또는 비용의 발생으로 이루어진 거래 예 '예금에 대한 이자 100,000원을 현금으로 받다.' (차) 현금(자산의증가) 100,000원 (대) 이자수익(수익의발생) 100,000원
혼합거래	자산, 부채, 자본의 증감과 수익과 비용의 발생이 혼합되어 이루어진 거래 예 '대여금 200,000원과 그에 대한 이자 20,000원을 현금으로 받다.' (차) 현금(자산의증가) 220,000원 (대) 대여금(자산의감소) 200,000원 이자수익(수익의발생) 20,000원

3.3 전기

기업의 경영활동에서 회계상 거래가 발생하여 분개한 내용을 해당 계정에 옮겨 적는 것을 전기라고 하며, 해당 계정이 설정되어 있는 장부를 총계정원장이라 한다.

전기절차

① 분개할 때 기록된 분개이 해당 계정을 찾는다.

② 차변계정에 분개된 금액을 총계정원장의 해당 계정 차변에 기입한다.

③ 대변계정에 분개된 금액을 총계정원장의 해당 계정 대변에 기입한다.

④ 금액 앞에 상대 계정과목을 기입한다.(상대 계정과목 두 개 이상 '제좌')

예 '상품 200,000원을 현금으로 구입하였다.'의 분개와 전기는 다음과 같다.

분개

차변	상품(자산의 증가)	200,000	대변	현금(자산의 감소)	200,000

전기

상품			현금		
현금 (상대계정)	200,000			상품 (상대계정)	200,000

3.4 결산

(1) 결산의 의의

기업은 경영활동에서 발생한 거래를 분개장에 분개하고 총계정원장에 전기하는 행위를 기중에 반복하게 되고, 보고기간 말에는 기중에 기록된 내용을 토대로 기업의 재무상태와 경영성과를 파악하여야 한다. 이와 같이 일정 시점에 자산, 부채, 자본의 재무상태를 파악하고 일정 기간 동안 발생한 수익과 비용을 통해 경영성과를 파악하는 절차를 결산이라 한다.

자산, 부채, 자본의 재무상태는 재무상태표에 표시되고, 수익과 비용을 통한 경영성과는 손익계산서에 표시되므로 결산 절차는 기중에 기록된 내용을 토대로 재무상태표와 손익계산서라는 재무제표를 작성하는 과정이라고 할 수 있다.

(2) 결산의 절차

1) 수정전시산표 작성

기업의 경영활동에서 발생한 모든 거래를 분개장에 분개한 후 총계정원장에 전기를 하게 되는데, 분개를 토대로 전기가 정확하게 되었는지 조사하기 위하여 작성하는 장부가 '수정전시산표'이다. 전기가 정확히 되었다면 대차평균의 원리에 의해 모든 계정의 차변합계와 대변의 합계는 반드시 일치한다.

시산표의 종류에는 합계시산표, 잔액시산표, 합계잔액시산표가 있으며, 현재 실무에서는 합계잔액시산표를 주로 사용하고 있다.

개념 익히기

■ 시산표등식

기말자산 + 총비용 = 기말부채 + 기초자본 + 총수익

■ 시산표의 또다른 이름 일계표, 월계표이다.

시산표는 회계연도 말에만 작성하는 것은 아니다. 필요할 때마다 작성할 수 있는데, 매일 작성하면 일계표, 월단위로 작성하면 월계표라고 한다.

■ 합계잔액시산표의 오류 원인

- 거래의 누락이나 중복, 분개의 누락이나 중복, 전기의 누락이나 중복
- 전기한 금액의 잘못 기입, 다른 계정으로 잘못 전기, 서로 반대로 전기 등

■ 합계잔액시산표에서 발견할 수 없는 오류

분개 혹은 전기 시에 계정과목이 잘못되었거나, 차변/대변 서로 반대로 전기하거나 양변을 누락하거나 중복한 경우

2) 기말 결산사항에 대한 수정분개

기말 결산시점에서 자산, 부채, 자본의 현재액과 당기에 발생한 수익과 비용을 정확하게 파악하기 위해 자산, 부채, 자본, 수익, 비용에 대한 수정분개를 하여야 한다. 이러한 기말수정사항을 분개장에 분개하고, 그 내용을 총계정원장에 전기한 뒤 기말수정사항을 반영한 수정후시산표를 작성하게 된다.

3) 수정후시산표 작성

기말수정분개를 하면 그 분개내용을 총계정원장에 전기하게 되는데, 기말수정분개가 정확히 전기되었는지 확인하기 위하여 수정후시산표를 작성한다.

4) 손익계산서 계정의 장부마감

손익계산서 계정인 수익과 비용계정은 당기의 경영성과를 보여주는 것으로, 차기의 경영활동에 영향을 미치지 않는다. 따라서 수익과 비용계정 잔액은 손익(집합손익)계정을 설정하여 '0'으로 만들어 마감하게 되며, 그 절차는 다음과 같다.

① 총계정원장에 손익계정을 설정한다.

② 수익계정의 잔액을 손익(집합손익)계정의 대변에 대체한다.

차변	수익계정	×××	대변	손익계정	×××

③ 비용계정의 잔액을 손익계정의 차변에 대체한다.

차변	손익계정	×××	대변	비용계정	×××

④ 손익계정의 잔액을 자본계정에 대체한다.

➡ 당기순이익이 발생한 경우

차변	손익계정	×××	대변	미처분이익잉여금	×××

➡ 당기순손실이 발생한 경우

차변	미처리결손금	×××	대변	손익계정	×××

⑤ 수익과 비용계정의 총계정원장을 마감한다.
차변과 대변의 합계를 확인한 후 두 줄을 긋고 마감한다.

5) 재무상태표 계정의 장부마감

재무상태표 계정인 자산, 부채, 자본계정은 당기의 재무상태가 보고된 이후에도 잔액이 '0'으로 되지 않고 계속해서 이월되어 차기의 재무상태에 영향을 미치게 된다. 따라서 자산, 부채, 자본계정은 다음과 같은 절차로 마감한다.

> ① 자산계정은 차변에 잔액이 남게 되므로 대변에 차변잔액만큼 차기이월로 기입하여 일치시킨 후, 다시 차변에 그 금액만큼 전기이월로 기입한다.
> ② 부채와 자본계정은 대변에 잔액이 남게 되므로 차변에 대변잔액만큼 차기이월로 기입하여 일치시킨 후, 다시 대변에 그 금액만큼 전기이월로 기입한다.

자산, 부채, 자본계정의 잔액을 이용하여 재무상태표를 작성하고, 수익과 비용계정을 이용하여 손익계산서를 작성한다.

개념 익히기

■ 회계의 순환과정

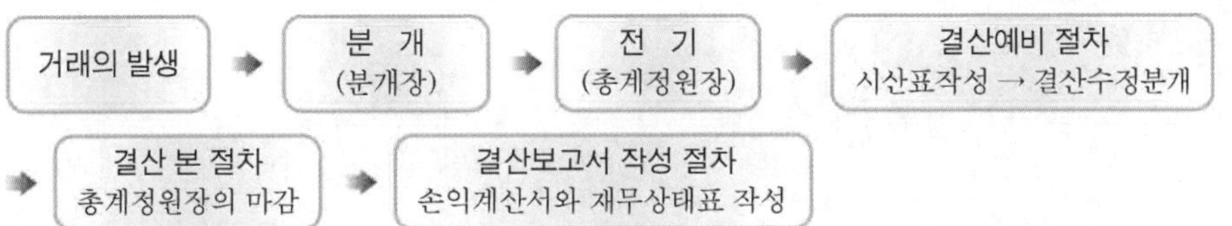

■ 재무제표의 종류

① 재무상태표: 일정 시점의 기업의 재무상태(자산・부채・자본)를 파악하기 위한 보고서
② 손익계산서: 일정기간 기업의 경영성과(비용・수익)를 파악하기 위한 보고서
③ 현금흐름표: 일정기간 기업의 현금유입과 현금유출에 관한 보고서
④ 자본변동표: 일정기간 기업의 자본크기와 자본의 변동에 관한 보고서
⑤ 주석: 재무제표의 해당과목과 금액에 기호를 붙여 별지에 추가적 정보를 보여주는 보고서

핵심 재무회계

01 당좌자산

유동자산 중에서 판매과정을 거치지 않고 1년 이내에 현금화가 가능한 자산을 말한다.

1.1 현금 및 현금성자산

(1) 현금

현금은 재화나 용역 구입 시 사용하는 가장 대표적인 수단으로, 유동성이 가장 높은 자산이다. 일상생활에서는 지폐나 동전 등 화폐성통화만을 현금으로 생각하지만, 회계에서는 통화가 아니지만 통화와 같은 효력으로 사용되는 통화대용증권을 포함한다.

- 통화: 지폐와 주화
- 통화대용증권: 은행발행 자기앞수표, 타인발행 당좌수표, 송금수표, 우편환증서, 배당금지급통지표, 만기도래 국공채 및 회사채 이자표 등

(2) 당좌예금과 당좌차월

기업에서는 현금거래의 번거로움과 위험을 막기 위해 거래대금을 수표를 발행하여 지급하게 되는데, 이때 발행되는 수표가 당좌수표이다.

- 당좌예금: 기업이 은행과 당좌거래의 약정을 맺고 일정한 현금을 입금한 후 당좌수표를 통해서만 인출되는 예금이다.
- 당좌차월: 이미 발행한 수표와 어음에 대해 예금 잔액이 부족해도 부도처리 하지 않고 정상적으로 지급하도록 은행과 약정을 맺은 경우 처리되는 부채계정으로 일시적 가계정에 해당하며, 결산 시 단기차입금으로 대체되어 유동부채로 표기된다.

개념 익히기

- 우리기업(당점)이 당좌수표를 발행하여 지급하는 경우: 당좌예금(대변)
- 우리기업(당점)이 발행하여 지급한 당좌수표를 수취하는 경우: 당좌예금(차변)
- 타인(동점)이 발행한 당좌수표를 지급하는 경우: 현금(대변)
- 타인(동점)이 발행한 당좌수표를 수취하는 경우: 현금(차변)

(3) 보통예금

은행예금 중 만기가 정해져 있지 않고 입출금이 자유로운(요구불예금) 예금을 말한다.

(4) 현금성자산

취득당시 만기가 3개월 이내인 유동성이 매우 높은 단기금융상품으로, 다음과 같은 특징을 가진다.

- 큰 거래비용 없이 현금으로 전환이 용이할 것
- 가치변동의 위험이 중요하지 않을 것

개념 익히기

■ 현금 및 현금성자산

통화 및 통화대용증권, 은행예금 중 요구불예금, 취득당시 만기 3개월 이내의 유가증권 및 단기금유상품을 현금 및 현금성자산으로 분류한다.

■ 현금성자산(통화대용증권)에 포함되지 않는 것

- 차용증서: 단기대여금 혹은 장기대여금으로 처리
- 우표, 엽서: 통신비(비용) 혹은 소모품(자산) 처리
- 타인이 발행한 약속어음 & 선일자수표를 수취한 경우: 받을어음으로 처리
- 당점이 발행한 약속어음 & 선일자수표: 지급어음으로 처리
- 급여 지급 시 처리되는 가불금: 주·임·종 단기채권으로 처리

■ 다음 자료를 토대로 기업회계기준상 현금및현금성자산을 계산하면 얼마인가?

- 지폐와 동전: 20,000원
- 당좌개설보증금: 80,000원
- 우편환증서: 50,000원
- 배당금지급통지표: 120,000원
- 자기앞수표: 150,000원
- 정기적금(만기 1년 도래): 300,000원
- 단기대여금: 150,000원
- 선일자 수표: 500,000원
- 양도성예금증서(취득당시 만기 120일): 500,000원
- 취득당시 만기일이 3개월 이내 환매채: 300,000원

[답안]

640,000원(당좌거래 개설보증금, 정기적금, 단기대여금, 선일자수표, 양도성예금증서 제외)

현금과부족

장부의 현금계정 잔액이 실제의 현금잔액과 일치하여야 하지만, 계산이나 기록상 오류, 분실, 도난 등의 이유로 일치하지 않을 수 있는데, 이러한 경우에 일시적으로 사용하는 계정이다.

구 분		분 개
장부상 현금잔액 < 실제 현금잔액	현금 과잉 시	(차) 현금 ××× (대) 현금과부족 ×××
	결산 시	(차) 현금과부족 ××× (대) 잡이익 ×××
장부상 현금잔액 > 실제 현금잔액	현금 부족 시	(차) 현금과부족 ××× (대) 현금 ×××
	결산 시	(차) 잡손실 ××× (대) 현금과부족 ×××

개념 익히기

■ 실제 현금 보유액 부족 시 처리방법

구 분	차 변	대 변
현금의 오차발견 (장부 80,000원 / 실제 60,000원)	현금과부족 20,000원	현금 20,000원
전화요금(10,000) 지급의 기장 누락 판명	통신비 10,000원	현금과부족 10,000원
결산일까지 원인 불명	잡손실 10,000원	현금과부족 10,000원
기간 중이 아닌 결산 당일 실제잔액 부족	잡손실 20,000원	현금 20,000원

■ 실제 현금 보유액 초과 시 처리방법

구 분	차 변	대 변
현금의 오차발견 (장부 70,000원 / 실제 85,000원)	현금 15,000원	현금과부족 15,000원
집세수입(10,000)의 기장 누락 판명	현금과부족 10,000원	임대료 10,000원
결산일까지 원인 불명	현금과부족 5,000원	잡이익 5,000원
기간 중이 아닌 결산 당일 장부잔액 부족	현금 15,000원	잡이익 15,000원

1.3 단기금융상품

만기가 1년 이내에 도래하는 금융상품으로, 현금성자산이 아닌 것을 말한다.

(1) 정기예금과 적금

만기가 1년 이내에 도래하는 정기예금과 정기적금을 말한다.

(2) 기타단기금융상품

만기가 1년 이내에 도래하는 금융기관에서 판매하고 있는 기타의 금융상품들로 양도성예금증서(CD), 종합자산관리계좌(CMA), 머니마켓펀드(MMF), 환매채(RP), 기업어음(CP) 등이 있다.

(3) 단기매매증권

단기간 내에 매매차익을 얻기 위한 목적으로 시장성 있는(매수와 매도가 적극적이고 빈번함) 유가증권(주식, 사채, 공채 등)을 구입하는 경우 단기매매증권으로 분류한다.

구분	내용
취득	• 구입금액(액면금액×, 구입금액○)으로 회계처리 • 취득 시 발생하는 매입수수료는 당기비용(영업외비용)으로 처리 (차) 단기매매증권 ××× (대) 현금 ××× 수수료비용(영업외비용) ×××
결산시 평가	• 결산 시 장부금액과 공정가치를 비교하여 공정가치로 평가 • 차액은 단기매매증권평가손익(단기투자자산평가손익)으로 처리 • 장부금액 〈 공정가치: 단기매매증권평가이익(단기투자자산평가이익) (차) 단기매매증권 ××× (대) 단기매매증권평가이익 ××× • 장부금액 〉 공정가치: 단기매매증권평가손실(단기투자자산평가손실) (차) 단기매매증권평가손실 ××× (대) 단기매매증권 ×××
처분	• 장부금액과 처분금액의 차액은 단기매매증권처분손익(단기투자자산처분손익)으로 처리 • 처분 시 수수료 등의 비용은 단기매매증권처분손익에서 가(+)감(−) • 장부금액 〈 처분금액: 단기매매증권처분이익(단기투자자산처분이익) (차) 현금(처분금액) ××× (대) 단기매매증권 ××× 단기매매증권처분이익 ××× • 장부금액 〉 처분금액: 단기매매증권처분손실(단기투자자산처분손실) (차) 현금(처분금액) ××× (대) 단기매매증권 ××× 단기매매증권처분손실 ×××

 매출채권과 매출채권의 대손

(1) 매출채권(외상매출금, 받을어음)

1) 외상매출금

상품이나 제품을 매출하고 대금을 나중에 받기로 하면 외상매출금으로 기입한다.

구분	내용
매출 시	• 상품이나 제품 등을 외상으로 매출하면 외상매출금계정 차변으로 회계처리 (차) **외상매출금** ××× (대) 상품매출(또는 제품매출) ×××
외상대금 회수 시	• 외상매출금을 회수하게 되면 외상매출금계정 대변으로 회계처리 (차) 보통예금 ××× (대) **외상매출금** ×××

2) 받을어음

약속어음은 발행인(채무자)이 수취인(채권자)에게 자기의 채무를 갚기 위하여 일정한 금액(외상대금)을 약정기일(만기일)에 약정한 장소(은행)에서 지급할 것을 약속한 증권이다. 상품이나 제품을 매출하고 대금을 약속어음으로 받으면 받을어음으로 기입한다.

구분	내용
보관	• 상품이나 제품을 매출하고 약속어음을 수령하면 받을어음계정 차변으로 회계처리 (차) **받을어음** ××× (대) 상품매출(제품매출) ×××
만기 (추심)	• 받을어음의 만기가 도래하면 거래은행에 어음대금을 받아 줄 것을 의뢰(추심의뢰) • 어음대금을 받게 되면(추심) 받을어음계정 대변으로 회계처리 • 추심관련 수수료는 당기비용(판매비와관리비)으로 처리 (차) 당 좌 예 금 ××× (대) **받을어음** ××× 수수료비용(판관비) ×××
배서 양도	• 받을어음 뒷면에 배서하고 양도하면 받을어음계정 대변으로 회계처리 (차) 외상매입금 ××× (대) **받을어음** ×××
할인 (매각거래)	• 받을어음의 만기가 되기 전에 은행에 배서양도하고 자금을 조달하는 것 • 할인료는 매출채권처분손실로 처리하고 받을어음계정 대변으로 회계처리 (차) 당좌예금 ××× (대) **받을어음** ××× 매출채권처분손실 ×××
부도	• 받을어음의 만기가 되기 전에 거래처의 부도가 확정된 경우 (차) 부도어음과수표 ××× (대) **받을어음** ×××

개념 익히기

<table>
<tr><th colspan="2">구 분</th><th>차 변</th><th>대 변</th></tr>
<tr><td colspan="2">거래처로부터 물품대금으로 받은 약속어음 1,000,000원을 만기일에 은행에 추심의뢰하고, 추심수수료 20,000원을 현금으로 지급하다.</td><td>수수료비용 20,000원</td><td>현금 20,000원</td></tr>
<tr><td colspan="2">거래처로부터 물품대금으로 받은 약속어음 1,000,000원을 만기일에 은행에 추심의뢰하여, 추심수수료 20,000원 제외한 금액이 보통예금 통장에 입금되었다.</td><td>수수료비용 20,000원
보통예금 980,000원</td><td>받을어음 1,000,000원</td></tr>
<tr><td colspan="2">울산상사에 상품 800,000원을 매입하고 대금은 부산상사로부터 받은 약속어음을 배서양도하였다.</td><td>상품 800,000원</td><td>받을어음 800,000원</td></tr>
<tr><td rowspan="2">물품대금으로 받은 약속어음(2,000,000)을 만기일 전에 거래은행에서 할인받고, 할인료 100,000원을 제외한 금액이 보통예금 통장으로 이체되었다.</td><td>매각거래</td><td>매출채권처분손실 100,000원
보통예금 1,900,000원</td><td>받을어음 2,000,000원</td></tr>
<tr><td>차입거래</td><td>이자비용 100,000원
보통예금 1,900,000원</td><td>단기차입금 2,000,000원</td></tr>
<tr><td colspan="2">소유중인 받을어음 800,000원이 만기되어 은행에 추심의뢰 하였으나 지급거절로 인해 부도처리되어, 발행인에게 상환청구 하였으며, 지급거절증서 작성비용 30,000원을 현금으로 지급하였다.</td><td>부도어음 830,000원</td><td>받을어음 800,000원
현금 30,000원</td></tr>
<tr><td colspan="2">전기에 부도처리한 약속어음에 대해 법정이자 20,000과 함께 850,000원을 보통예금 통장으로 수취하였다.</td><td>보통예금 850,000원</td><td>부도어음 830,000원
이자수익 20,000원</td></tr>
</table>

(2) 매출채권의 대손과 대손충당금

- 대손: 매출채권(외상매출금, 받을어음)이 채무자의 파산 등의 이유로 받지 못하게 되는 상황을 의미한다.
- 대손충당금: 보고기간 말에 외상매출금, 받을어음 등의 채권에 대한 회수가능성을 검토하여 대손예상액을 대손충당금으로 설정한다.

• 대손상각비: 매출채권의 대손발생시 처리되는 비용(판매관리비)계정에 해당한다.
• 기타의 대손상각비: 매출채권 이외의 계정(대여금, 미수금, 선급금 등)에서 대손발생시 처리되는 비용(영업외비용)계정에 해당한다.

<table>
<tr><td rowspan="2">기말</td><td>• 보고기간 말 대손예상액을 대손상각비로 계상
• 매출채권에서 직접 차감(직접상각법)하거나 대손충당금(충당금설정법)을 설정</td></tr>
<tr><td>• 직접상각법: (차) 대손상각비 ××× (대) 외상매출금 ×××
• 충당금설정법: 대손충당금추가설정액 = 대손예상액 − 기설정대손충당금

① 대손예상액 〉 기설정대손충당금
(차) 대손상각비 ××× (대) 대손충당금 ×××
② 대손예상액 〈 기설정대손충당금
(차) 대손충당금 ××× (대) 대손충당금환입 ×××
주의 대손충당금환입 → 판매비와관리비의 차감(−) 항목이다.</td></tr>
<tr><td rowspan="2">대손</td><td>• 매출채권이 채무자의 파산 등의 사유로 회수불가능이 확정(대손확정)되었을 경우 대손충당금 잔액이 충분하면 대손충당금과 상계하고, 잔액이 없으면 대손상각비로 회계처리</td></tr>
<tr><td>(차) 대손충당금(매출채권차감항목) ××× (대) 매출채권 ×××
대손상각비 ×××</td></tr>
<tr><td rowspan="2">대손금 회수</td><td>• 매출채권의 대손이 확정되어 대손처리를 하였는데, 다시 회수하게 되었을 경우 대손충당금계정 대변으로 회계처리한다.</td></tr>
<tr><td>(차) 현금 ××× (대) 대손충당금 ×××</td></tr>
</table>

• 대손충당금설정법

① 매출채권 잔액비례법(보충법): 보고기간 말에 매출채권 총액에 일정률을 곱하여 계산

대손예상액 = 기말매출채권 × 대손 설정률

② 연령분석법: 매출채권의 발생기간(연령)에 따라 다른 대손율을 곱하여 계산 (오래된 매출채권일수록 대손률이 높음)

대손예상액 = 기간별 기말매출채권 × 기간별 대손 설정률

개념 익히기

■ 기말잔액비율법에 의한 대손충당금

기말잔액비율법(보충법)은 매출채권의 잔액에 대하여 대손률을 적용하여 대손추산액을 계산하는 방법이다.

결산일의 합계잔액시산표가 아래와 같고, 당기말 매출채권(외상매출금, 받을어음)의 잔액에 대하여 1%를 보충법으로 설정하는 경우의 회계처리는 다음과 같다.

차 변		계정과목	대 변	
잔액	합계		합계	잔액
33,400,000	611,150,000	외 상 매 출 금	577,750,000	
		대 손 충 당 금	126,000	126,000
10,100,000	40,600,000	받 을 어 음	30,500,000	
		대 손 충 당 금	30,000	30,000

※ 외상매출금의 대손충당금 = 33,400,000원 × 1% − 126,000원

※ 받을어음의 대손충당금 = 10,100,000원 × 1% − 30,000원

※ 결산 시 회계처리:

(차) 대손상각비	279,000원	(대)	대손충당금(외상매출금)	208,000원
			대손충당금(받을어음)	71,000원

■ 연령분석법에 의한 대손충당금

연령분석법은 각각의 매출채권을 경과일수에 따라 몇 개의 집단으로 분류하여 연령분석표를 만들고, 각각의 집단에 대한 과거 경험률 등에 대한 별도의 대손추정률을 적용하여 대손충당금을 계상하는 방법이다.

경과일수	매출채권잔액	추정 대손율	대손충당금 계상액
1일~30일	20,000,000원	1%	20,000,000원 × 1% = 200,000원
31일~60일	10,000,000원	5%	10,000,000원 × 5% = 500,000원
61일~180일	8,000,000원	10%	8,000,000원 × 10% = 800,000원
181일 이상	7,000,000원	30%	7,000,000원 × 50% = 2,100,000원
계	45,000,000원		3,600,000원

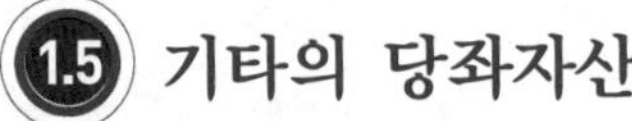

1.5 기타의 당좌자산

(1) 단기대여금

자금을 대여하고 그 회수기간이 1년 이내인 대여금을 말한다.

주의 회수기간이 1년 이상인 대여금에 대한 회계처리: 장기대여금

(2) 주 · 임 · 종단기채권

주주, 임원, 종업원에게 급여 지급 시 공제하기로 하고, 자금을 대여(가불)해준 회수기간이 1년 이내인 금품을 말한다.

(3) 미수금

주요 상거래인 상품매출, 제품매출 이외의 외상거래(비품, 기계장치 등의 매각)에서 대금을 나중에 받기로 하면 미수금으로 기입한다.

주의 상품과 제품을 외상으로 매출에 대한 회계처리: 외상매출금

(4) 선급금과 선급비용

① 선급금: 계약금 성격으로 대금의 일부를 미리 지급하는 경우에 처리하며, 지급한 대금만큼 자산을 청구할 권리가 발생하므로 자산계정에 해당한다.

<table>
<tr><td rowspan="2">계약금 지급</td><td colspan="4">• 계약금을 지급하면 선급금계정 차변으로 회계처리</td></tr>
<tr><td>(차) 선급금</td><td>×××</td><td>(대) 보통예금</td><td>×××</td></tr>
<tr><td rowspan="2">상품 원재료 인수</td><td colspan="4">• 과거 계약금과 관련된 상품, 원재료 등을 인수하면 선급금계정 대변으로 회계처리</td></tr>
<tr><td>(차) 상품(또는 원재료)</td><td>×××</td><td>(대) 선급금
외상매입금</td><td>×××
×××</td></tr>
</table>

② 선급비용: 당기에 이미 지급한 비용 중에서 차기에 속하는 부분을 계산하여 차기로 이연시키기 위하여 처리하는 자산계정이며, 차변에는 '선급비용(자산)'으로, 대변에는 당기의 비용에서 차감하는 비용계정과목으로 분개한다.

구분	내용			
비용 지급 시	• 당기와 차기에 해당하는 비용을 선지급 했을 경우			
	(차) 비용계정(임차료, 보험료 등)	×××	(대) 보통예금	×××
결산 시	• 차기에 해당하는 비용을 비용계정 대변으로 회계처리			
	(차) 선급비용	×××	(대) 비용계정(임차료, 보험료 등)	×××

(5) 가지급금

금전의 지급이 있었으나 그 계정과목이나 금액이 확정되지 않을 경우 사용하는 일시적인 계정과목이며, 그 내용이 확정되면 본래의 계정으로 대체한다.

구분	내용			
출장비 지급	• 출장 시 여비개산액 등을 지급하면 가지급금계정 차변으로 회계처리			
	(차) 가지급금	×××	(대) 보통예금	×××
출장비 정산	• 출장을 다녀와서 증빙을 받고 여비개산액을 정산하면 가지급금계정 대변 회계처리			
	(차) 여비교통비	×××	(대) 가지급금	×××
	현금	×××		
	또는			
	(차) 여비교통비	×××	(대) 가지급금	×××
			현금	×××

02 재고자산

재고자산은 정상적인 영업과정에서 판매를 위하여 보유하거나 생산 중에 있는 자산 및 생산 또는 서비스 제공과정에 투입될 원재료나 소모품 등을 의미한다.

2.1 재고자산의 종류와 포함 여부

(1) 재고자산의 종류

계정과목	내 용
상품	완성품을 외부에서 구입하여 추가 가공 없이 재판매하는 것을 말한다.
제품	판매를 목적으로 원재료, 노무비, 경비를 투입하여 완성된 것을 말한다.
반제품	현재 상태로 판매 가능한 재공품을 말한다.
재공품	제품이 완성되기 전의 상태인 제조과정 중에 있는 재고자산을 말한다.
원재료	제품 생산과정이나 서비스를 제공하는데 투입되는 원료 및 재료를 말한다.
미착품	상품이나 원재료 등을 주문하였으나 아직 회사에 입고되지 않은 것을 말한다.
소모품	소모성 물품 중 아직 사용하지 않은 자산상태의 소모품을 말한다.

주의 상품매매기업은 상품, 미착상품이 주요 재고자산이며, 제조기업은 원재료, 미착원재료, 재공품, 반제품, 제품이 주요재고자산이다. 부동산매매업을 주업으로 하는 기업이 보유하고 있는 부동산은 판매를 목적으로 하므로 재고자산이다.

개념 익히기

▣ 건물 구입 시 발생할 수 있는 계정과목의 종류

- 기업이 영업에 사용할 목적으로 구입한 건물 ⇨ 건물(유형자산)
- 일반기업이 투자를 목적으로 구입한 건물 ⇨ 투자부동산(투자자산)
- 업종코드가 부동산매매업인 기업이 판매를 목적으로 구입한 건물 ⇨ 상품(재고자산)

(2) 재고자산의 포함 여부

기말 결산시점에 기업의 재고자산 포함여부를 판단하여 금액을 보고한다.

① 미착상품, 미착원재료: 매입하였으나 운송 중에 있어 아직 도착하지 않은 자산으로, 판매조건에 따라 재고자산의 귀속 시점이 달라질 수 있다.

- 선적지인도조건: 선적하는 시점에 매입자의 재고자산이므로, 기말 결산시점에 선적이 완료되었으면 매입자의 재고자산으로 본다.
- 도착지 인도조건: 도착하는 시점에 매입자의 재고자산이므로 기말 결산시섬에 노착이 완료되었으면 매입자의 재고자산으로, 아직 운송 중이라면 판매자의 재고자산으로 본다.

② 위탁상품(적송품): 판매를 위탁하여 수탁자에게 적송한 재고자산으로 수탁자가 판매하기 전까지는 위탁자의 재고자산으로 보며, 수탁자의 판매 시 위탁자의 수익으로 인식하게 된다.

③ 시송품: 시용매출로 매입자에게 인도한 재고자산으로, 매입자가 구입의사 표시를 하기 전까지는 판매자의 재고자산으로 본다.

2.2 재고자산의 취득원가

(1) 재고자산의 매입

재고자산 매입대금 및 매입과 관련하여 지불한 운반비, 매입수수료, 하역비, 보험료, 취득세, 등록세 등의 구입 부대비용을 취득원가에 포함한다.

차변	재고자산(상품, 원재료 등)	×××	대변	외상매입금(또는 현금)	×××

주의 재고자산 구입 시 발생하는 운반비 등은 재고자산의 취득원가에 가산하지만, 재고자산의 매출 시 발생하는 운반비 등은 별도 비용계정으로 처리함.

(2) 매입에누리와 환출

매입에누리는 매입한 재고자산 중 파손이나 이상이 있는 자산에 대해 가격을 인하받는 것을 말하며, 매입환출은 매입한 재고자산 중 파손이나 이상이 있는 자산을 반품하는 것을 말한다.

차변	외상매입금(또는 현금)	×××	대변	매입에누리(자산 차감계정) 매입환출(자산 차감계정)	××× ×××

(3) 매입할인

재고자산의 구매자가 판매대금을 정해진 일자보다 조기에 지급하는 경우, 약정에 의해 일정 금액을 할인받는 것을 말한다.

차변	외상매입금(또는 현금)	×××	대변	매입할인(자산 차감계정)	×××

(4) 자산의 순매입액

순매입액 = 총매입액(상품매입금액+매입 부대비용) - 매입에누리와 환출 - 매입할인

2.3 매출원가

(1) 매출원가의 의의

기업이 주된 영업활동을 통하여 수익을 창출하는 것을 매출이라고 한다면, 매출원가는 매출이 이루어지기 위하여 투입한 비용(원가)을 말한다.

개념 익히기

▣ 상품매출원가 = 기초상품재고액 + 당기상품(순)매입액 - 기말상품재고액

- 당기상품(순)매입액 = 당기상품(총)매입액 - 매입에누리 및 환출 - 매입할인

▣ 제품매출원가 = 기초제품재고액 + 당기제품제조원가 - 기말제품재고액

- 당기제품제조원가 = 기초재공품재고액 + 당기총제조비용 - 기말재공품재고액
- 당기총제조비용 = 직접재료비 + 직접노무비 + 제조간접비
- 제조간접비 = 간접재료비 + 간접노무비 + 간접제조경비

▣ 매출총이익률(%) = 매출총이익 / 매출액 × 100

매출이란 기업이 재고자산을 판매함으로써 벌어들이는 수익이며, 매출원가는 해당 자산을 구입하거나 만드는 비용을 의미한다. 매출액에서 매출원가를 차감한 금액인 매출총이익은 기업이 판매한 재고자산에서 어느 정도의 이윤을 남기는지를 나타내며, 수치가 높을수록 수익성이 높으며, 이윤이 높음을 의미한다.

 기말재고자산의 평가

(1) 수량결정방법

계속기록법	• 상품의 입고, 출고를 모두 기록하여 장부에 의하여 수량을 파악
실지재고조사법	• 상품의 입고만 기록하고 출고는 기록하지 않는다. • 입고란에 기록된 수량에서 직접 조사한 상품의 실제 수량을 차감하여 판매된 수량을 파악한다.
혼합법	• 계속기록법과 실지재고조사법을 병행하여 파악한다.

(2) 단가결정방법

상품을 매입할 때마다 단가가 계속하여 변동하는 경우가 대부분이므로, 판매되는 재고자산의 단가흐름을 어떻게 가정할 것인지를 정해야 한다.

개별법	• 개별 상품 각각에 단가표를 붙여서 개별적 단가를 결정 – 장점: 실제 물량의 흐름과 동일하여 가장 정확 수익비용대응의 원칙에 가장 가까운 방법 – 단점: 거래가 많을 경우 적용하기 어려움
선입선출법	• 먼저 입고된 상품을 먼저 출고한다는 가정 하에 출고단가를 결정 – 장점: 실제 물량의 흐름과 일치 재고자산금액이 현재의 공정가치를 나타냄 – 단점: 현재 수익과 과거 원가가 대응하여 수익비용대응의 원칙에 부적합 물가상승 시 이익이 과대가 되어 법인세 부담이 큼
후입선출법	• 나중에 입고된 상품을 먼저 출고한다는 가정 하에 출고단가를 결정 – 장점: 현재 수익에 현재 원가가 대응되어 수익비용대응의 원칙에 부합 – 단점: 실제 물량의 흐름과 동일하지 않음 재고자산금액이 현재의 공정가치를 나타내지 못함
이동평균법	• 매입할 때마다 이동평균단가를 구하여 이동평균단가로 출고 단가를 결정 – 장점: 변동하는 화폐가치를 단가에 반영함 – 단점: 매입이 자주 발생하는 경우 매번 새로운 단가를 계산해야 함
총평균법	• 기말에 총 입고금액을 총 입고수량으로 나누어 총 평균단가로 출고단가 결정 – 장점: 가장 간편하고 이익조작의 가능성이 낮음 – 단점: 기초재고가 기말재고의 단가에 영향을 줌

※ 총평균법과 이동평균법을 가중평균법이라고도 함.

개념 익히기

■ 재고자산의 평가 = 수량 × 단가

[수량 파악방법]		[단가 산정방법]
• 계속기록법: 입고와 출고 모두 기록 • 실지재고조사법: 입고만 기록하고 재고는 실지조사 • 혼합법: 계속기록법과 실지재고조사법을 병행하는 방법	×	• 개별법: 각각 가격표 붙여 개별산정 • 선입선출법: 먼저 입고된 상품 먼저 출고 • 후입선출법: 나중 입고된 상품 먼저 출고 • 가중평균법 ┌ 이동평균법: 구입시마다 평균단가 산정 └ 총평균법: 구입한 총액의 평균단가 산정

■ 재고자산의 평가시 인플레이션(물가상승)시 인식되는 자산의 단가비교

- 기말재고금액, 매출총이익, 당기순이익
  선입선출법 〉 이동평균법 ≥ 총평균법 〉 후입선출법
- 매출원가
  선입선출법 〈 이동평균법 ≤ 총평균법 〈 후입선출법

■ 기말재고액의 과다계상: 매출원가가 과소계상되어 매출총이익이 과다계상

■ 기말재고액의 과소계상: 매출원가가 과다계상되어 매출총이익이 과소계상

2.5 재고자산의 감모손실과 평가손실

(1) 재고자산감모손실(수량차이)

재고자산의 감모손실은 재고자산의 장부상 재고수량과 실제의 재고수량과의 차이에서 발생하는 것으로, 정상적인 조업 과정에서 발생한 감모손실은 매출원가에 가산하고 비정상적으로 발생한 감모손실은 영업외비용으로 처리한다.

정상적 감모	(차) 재고자산감모손실 (매출원가)	×××	(대) 재고자산	×××
비정상적 감모	(차) 재고자산감모손실 (영업외비용)	×××	(대) 재고자산	×××

주의 재고자산 감모손손실은 재고자산의 수량결정 방법에서 계속기록법과 실지재고조사법을 혼용하여 사용하는 경우에만 확인 가능하다.

(2) 재고자산의평가손실(금액차이)

재고자산은 저가법으로 평가하는데, 저가법(Lower of Cost or Market)이란 취득원가와 시가를 비교하여 낮은 금액으로 표시하는 방법이다.

다음과 같은 사유가 발생하면 재고자산의 시가가 원가 이하로 하락할 수 있다.

- 손상을 입은 경우
- 보고기간 말로부터 1년 또는 정상영업주기 내에 판매되지 않았거나 생산에 투입할 수 없어 장기체화된 경우
- 진부화하여 정상적인 판매시장이 사라지거나 기술 및 시장 여건 등의 변화에 의해서 판매가치가 하락한 경우
- 완성하거나 판매하는데 필요한 원가가 상승한 경우

① 재고자산평가손실

재고자산의 시가가 장부금액 이하로 하락하여 발생한 평가손실은 매출원가에 가산하며, 재고자산의 차감계정인 재고자산평가충당금으로 회계처리한다.

재고자산의 기말재고 금액(저가법): Min(취득원가, 순실현가치)

차변	재고자산평가손실 (매출원가가산)	×××	대변	재고자산평가충당금 (재고자산 차감계정)	×××

주의 재고자산을 저가법으로 평가하는 경우 재고자산의 시가는 순실현가능가치를 의미하며, 공정가치(판매하면 받을 수 있는 금액)에서 판매에 소요되는 비용을 차감한 금액을 말한다.
단, 원재료의 경우에는 현행대체원가(동등한 자산을 현재시점에서 취득할 경우 그 대가)를 말한다.

② 재고자산평가손실환입

저가법의 적용에 따른 평가손실을 초래했던 상황이 해소되어 새로운 시가가 장부금액보다 상승한 경우에는, 최초의 장부금액을 초과하지 않는 범위 내에서 평가손실을 환입한다.

재고자산평가손실의 환입은 매출원가에서 차감한다.

차변	재고자산평가충당금	×××	대변	재고자산평가충당금환입 (매출원가에서 차감)	×××

주의 최초의 장부금액을 초과하지 않는 범위 내에서 환입

개념 익히기

■ 재고자산평가 순서

재고자산의 감모(수량차이) 파악	→	감모분에 대한 회계처리
(장부상수량과 실제수량의 차이) 예 장부수량 10개 〉 실제수량 8개		(정상감모 – 매출원가에 가산) (비정상감모 – 영업외비용으로 처리)
재고자산의 저가평가(가격차이)	→	평가손실에 대한 회계처리
(실제금액과 순실현가능가치의 차이)		(평가손실 – 매출원가에 가산)

예 실제수량 8개 × 단가@20원 〉 실제수량 8개 × 저가단가@15원

2.6 소모품의 정리

소모성 물품은 구입 시 자산(소모품)으로 처리할 수도 있고 비용(소모품비)으로 처리할 수도 있는데, 소모품의 당기 사용분을 비용으로 처리하여야 한다.

(1) 자산처리법

구입 시 자산계정인 '소모품'으로 처리하며, 기말에 당기 사용분을 비용으로 처리하기 위하여 차변에는 '소모품비' 계정으로 대변에는 '소모품' 계정으로 분개한다.

차변	소 모 품 비	×××	대변	소 모 품	×××

사례 **(구입 시)** 소모품 100,000원을 현금으로 구입하다.

(차) 소모품 100,000원 (대) 현금 100,000원

(결산 시) 소모품 미사용액이 30,000원이다.

(차) 소모품비 70,000원 (대) 소모품 70,000원

(2) 비용처리법

구입 시 비용계정인 '소모품비'로 처리하며, 기말에 당기 미사용분을 자산으로 처리하기 위하여 차변에는 '소모품' 계정으로 대변에는 '소모품비' 계정으로 분개한다.

차변	소 모 품	×××	대변	소 모 품 비	×××

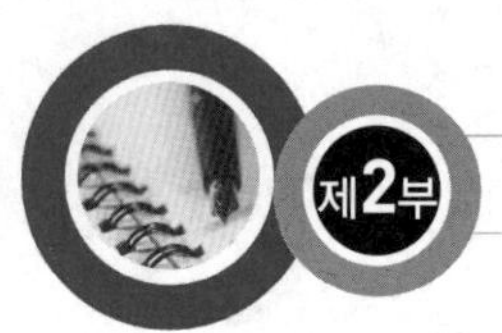

사례

(구입 시) 소모품 100,000원을 현금으로 구입하다.

(차) 소모품비	100,000원	(대) 현금	100,000원

(결산 시) 소모품 사용액이 70,000원이다.

(차) 소모품	30,000원	(대) 소모품비	30,000원

(다음해) 전기에 자산 처리한 소모품을 소모품비로 대체한다.

(차) 소모품비	30,000원	(대) 소모품	30,000원

03 투자자산

투자자산이란 비유동자산 중에서 기업의 판매활동 이외의 장기간에 걸쳐 투자이익을 얻을 목적으로 보유하고 있는 자산을 말한다.

3.1 투자자산의 종류

(1) 장기성예금과 장기금융상품

만기가 1년 이후에 도래하는 예금을 장기성예금이라고 하며, 금융기관에서 판매하고 있는 양도성예금증서(CD), 종합자산관리계좌(CMA), 머니마켓펀드(MMF), 환매채(RP), 기업어음(CP) 등 금융상품의 만기가 1년 이후에 도래하면 장기금융상품이라 한다.

(2) 특정현금과예금

만기가 1년 이후에 도래하는 사용이 제한되어 있는 금융상품을 말한다.

주의 은행과 당좌거래 체결 시 당좌개설보증금을 예치하는 경우의 회계처리: 특정현금과예금

(3) 장기대여금

자금을 대여하고 그 회수기간이 1년 이상인 대여금을 말한다.

(4) 투자부동산

기업의 고유의 영업활동과 직접적인 관련이 없는 부동산으로, 투자를 목적으로 보유하고 있으면 투자부동산이다.

3.2 유가증권의 회계처리

(1) 유가증권

투자수익을 얻을 목적으로 보유하고 있는 지분증권(equity securities)과 채무증권(debt securities)으로, 재산권을 나타내는 증권이다.

① 지분증권: 보통주, 우선주, 수익증권 등이 해당하며, 배당수익을 목적으로 한다.

② 채무증권: 국채, 공채(지방채), 사채 등이 해당하며, 이자수익을 목적으로 한다.

(2) 유가증권의 분류

유가증권은 취득시점에 보유목적에 따라 단기매매증권, 매도가능증권 또는 만기보유증권 등으로 분류한다.

보유목적	지분증권(주식)	채무증권(국공채, 사채)
1) 단기간 내에 매매차익	단기매매증권	단기매매증권
2) 만기보유 적극적 의도와 능력	-	만기보유증권
3) 1), 2)의 목적이 아닌 경우로 매각시점이 결정되지 않은 경우	매도가능증권	매도가능증권

주의 단기매매증권 취득 시 발생하는 매입수수료: 당기비용(수수료비용-영업외비용)으로 처리
매도가능증권, 만기보유증권 취득 시 매입수수료: 취득원가에 가산(+)

(3) 매도가능증권

기업이 여유자금으로 유가증권(주식, 사채, 공채 등)을 구입하는 경우 단기매매증권이나, 만기보유증권으로 분류되지 아니하는 경우 매도가능증권으로 분류된다. 즉, 만기까지 보유할 것도 아니고 단기에 매각할 목적도 아닌, 언제 매각할지를 결정하지 않은 유가증권을 말한다.

<table>
<tr><td rowspan="2">취득</td><td>• 구입금액(액면금액×, 구입금액○)으로 회계처리
• 취득 시 매입수수료 취득원가에 가산</td></tr>
<tr><td>(차) 매도가능증권(매입수수료 포함) ××× (대) 현금 ×××</td></tr>
<tr><td rowspan="2">결산시 평가</td><td>• 시장성이 있는 매도가능증권은 결산시 장부금액과 공정가치를 비교하여 공정가치로 평가
• 차액은 매도가능증권평가손익(자본항목: 기타포괄손익누계액)으로 처리</td></tr>
<tr><td>• 장부금액 〈 공정가치: 매도가능증권평가이익
(차) 매도가능증권 ××× (대) 매도가능증권평가이익 ×××
• 장부금액 〉 공정가치: 매도가능증권평가손실
(차) 매도가능증권평가손실 ××× (대) 매도가능증권 ×××</td></tr>
</table>

<table>
<tr><td rowspan="3">처분</td><td>• 장부금액과 처분금액을 비교하여 매도가능증권처분손익(당기손익)으로 처리
• 처분시 매도가능증권평가손익을 상계처리 후 매도가능증권처분손익(당기손익)으로 처리</td></tr>
<tr><td>• 장부금액 〈 처분금액: 매도가능증권평가이익(자본항목: 기타포괄손익누계액)이 존재하는 경우
(차) 현금(처분금액) ××× (대) 매도가능증권 ×××
매도가능증권평가이익 ××× 매도가능증권처분이익 ×××</td></tr>
<tr><td>• 장부금액 〉 처분금액: 매도가능증권평가이익(자본항목: 기타포괄손익누계액)이 존재하는 경우
(차) 현금(처분금액) ××× (대) 매도가능증권 ×××
매도가능증권평가이익 ×××
매도가능증권처분손실 ×××</td></tr>
</table>

(4) 만기보유증권

기업이 여유자금으로 사채, 공채 등의 채무증권을 만기까지 보유할 적극적인 의도와 능력을 가지고 구입하는 경우 만기보유증권으로 분류한다.

<table>
<tr><td rowspan="2">취득</td><td>• 구입금액(액면금액×, 구입금액○)으로 회계처리
• 취득 시 매입수수료 취득원가에 가산</td></tr>
<tr><td>(차) 만기보유증권(매입수수료 포함) ××× (대) 현금 ×××</td></tr>
<tr><td>평가</td><td>• 원가법으로 평가하므로 기말 평가 시 회계처리는 하지 않음</td></tr>
<tr><td>만기</td><td>(차) 현금 ××× (대) 만기보유증권 ×××
이자수익 ×××</td></tr>
</table>

(5) 유가증권보유에 따른 수익의 인식

지분증권인 주식을 보유하고 있는 경우, 피투자회사가 현금배당을 선언하면 영업외수익항목의 배당금수익으로 회계처리한다.

채무증권인 국·공채와 사채는 약정한 기일에 이자를 수령하면 영업외수익의 이자수익으로 회계처리한다.

구 분	회계처리
지분증권(주식)	(차) 현금 ××× (대) 배당금수익(현금배당) ××× 주의 주식배당을 받은 경우: 회계처리는 하지 않고 주식수를 증가시키고 취득단가를 조정하는 내용을 주석으로 표시한다.
채무증권(국·공채, 사채)	(차) 현금 ××× (대) 이자수익 ×××

개념 익히기

■ 유가증권의 기말결산시 평가

(주)삼일의 주식 10주를 1주당 2,000원에 구입하였는데 결산일 공정가치가 1주당 1,500원이라면, 무엇으로 분류하느냐에 따라 공정가치 변동분을 아래와 같이 분개한다.

구 분	차 변	대 변
단기매매증권	단기매매증권평가손실 (당기손익) 5,000원	단기매매증권 5,000원
매도가능증권	매도가능증권평가손실 (기타포괄손익) 5,000원	매도가능증권 5,000원
만기보유증권	지분증권은 만기보유증권으로 분류할 수 없다.	

■ 유가증권의 평가비교

계정과목	기말평가	회계처리
단기매매증권	공정가치로 평가	단기매매증권평가손익 (영업외손익 ➜ 손익계산서)
만기보유증권	공정가치로 평가없이 상각후 취득원가로 계상	–
매도가능증권	시장성이 있는 경우 (공정가치로 평가)	매도가능증권평가손익 (기타포괄손익누계액 ➜ 재무상태표)
	시장성이 없는 경우 (공정가치로 평가하지 않음)	–

04 유형자산

비유동자산 중 기업의 영업활동과정에서 장기간에 걸쳐 사용되어 미래의 경제적 효익이 기대되는 유형의 자산을 말한다.

4.1 유형자산의 종류

계정과목	내 용
토 지	영업목적을 위하여 영업활동에 사용할 대지, 임야, 전답 등을 말한다. 토지라고 해서 모두 유형자산으로 분류하는 것은 아니며, 지가상승을 목적으로 하면 투자자산(투자부동산), 판매를 목적으로 하면 재고자산이다.
건 물	건물과 냉난방, 조명, 통풍 및 건물의 기타 건물부속설비(전기설비, 급배수설비, 위생설비, 가스설비, 냉난방설비, 통풍설비, 보일러설비 및 승강기설비, 차고, 창고 등), 토지 위에 건설된 공작물로서 지붕이나 벽을 갖추고 있는 사무소, 점포, 공장, 사택, 기숙사 등을 말한다.
구축물	기업이 영업에 사용할 목적으로 소유·사용하고 있는 토지 위에 정착된 건물 이외의 토목설비, 공작물 및 이들의 부속설비 등을 말한다.
기계장치	기계장치와 콘베어, 기중기 등의 설비 및 기타 부속설비 등을 말한다.
차량운반구	육상운송수단으로 사용되는 승용차, 화물차, 오토바이 등을 말한다.
비품	사무용 집기비품으로 냉장고, 에어컨, 책상, 컴퓨터, 복사기 등을 말한다.
건설중인자산	유형자산의 건설을 위해 지출한 금액으로 건설완료 전까지 처리하는 임시계정으로, 건설이 완료되면 본래의 계정과목으로 대체한다. **사례** ① 매장 신축도급 계약을 맺고 계약금 2,000,000원을 현금으로 지급하였다. (차) <u>건설중인자산</u> 2,000,000원 (대) 현금 2,000,000원 ↳ 건설에 관련된 계약금, 중도금 등은 선급금 계정을 사용할 수 없음. ② 매장 신축이 완료되어 계약금 2,000,000원을 제외한 8,000,000원을 보통예금에서 이체하여 지급하였다. (차) 건물 10,000,000원 (대) 건설중인자산 2,000,000원 보통예금 8,000,000원

4.2 유형자산의 취득원가

(1) 유형자산의 취득원가

유형자산은 최초 취득시 취득원가로 측정한다. 단, 유형자산을 현물출자, 증여, 기타 무상으로 취득하는 경우 그 공정가치를 취득원가로 한다.

취득원가는 구입원가 또는 제작원가 및 경영진이 의도하는 방식으로, 자산을 가동하는데 필요한 장소와 상태에 이르게 하는데 직접 관련되는 원가인 다음의 지출 등으로 구성된다.

유형자산의 취득원가 = 매입금액 + 구입 시 취득원가에 가산하는 지출

유형자산 구입 시 취득원가에 가산하는 지출

① 설치장소 준비를 위한 지출
② 외부 운송 및 취급비
③ 설치비
④ 설계와 관련하여 전문가에게 지급하는 수수료
⑤ 유형자산의 취득과 관련하여 국·공채 등을 불가피하게 매입하는 경우 당해 채권의 매입금액과 일반기업회계기준에 따라 평가한 차액
⑥ 자본화대상인 차입원가(자본화 금융비용)
⑦ 취득세 등 유형자산의 취득과 직접 관련된 제세공과금
⑧ 해당 유형자산의 경제적 사용이 종료된 후 원상회복을 위하여 그 자산을 제거, 해체하거나 또는 부지를 복원하는 데 소요될 것으로 추정되는 원가가 충당부채의 인식요건을 충족하는 경우 그 지출의 현재가치(이하 '복구원가'라 한다)
⑨ 유형자산이 정상적으로 작동되는지 여부를 시험하는 과정에서 발생하는 원가
단, 시험과정에서 생산된 재화(예: 장비의 시험과정에서 생산된 시제품)의 순매각금액은 당해 원가에서 차감한다.
⑩ 매입할인 등이 있는 경우에는 이를 차감하여 취득원가를 산출한다.

(2) 유형자산의 무상취득

주주 등으로부터 유형자산을 무상으로 취득하는 경우에는 그 공정가치와 구입시 취득원가에 가산하는 지출을 포함하여 취득원가로 한다.

차변	건물(공정가치)	×××	대변	자산수증이익	×××

(3) 유형자산의 현물출자

현물출자로 인해 유형자산을 취득하는 경우에는 그 공정가치와 구입시 취득원가에 가산하는 지출을 포함하여 취득원가로 한다.

차변	건물(공정가치)	×××	대변	자본금(주식액면금액) 주식발행초과금	××× ×××

(4) 유형자산의 일괄구입

두 가지 이상의 유형자산을 일괄 취득한 경우에는 개별 자산의 공정가치로 안분하여 계산한 금액을 개별자산별 취득원가로 한다.

차변	건물(공정가치로 안분) 토지(공정가치로 안분)	××× ×××	대변	보통예금	×××

개념 익히기

▣ 유형자산의 교환으로 인한 취득

이종자산의 교환

- 다른 종류의 자산과의 교환으로 유형자산을 취득하는 경우, 유형자산의 취득원가는 교환을 위하여 제공한 자산의 공정가치로 인식
- 제공한 자산에 대해서는 처분손익(공정가치 - 장부금액)을 인식한다.

(차)	감가상각누계액(기계장치A)	×××	(대)	기계장치A	×××
	기계장치B	×××		유형자산처분이익	×××
	↳ 제공한 자산(A)의 공정가치			(또는 차변의 유형자산처분손실)	

동종자산의 교환

- 동종자산과의 교환에서는 제공한 자산의 이익획득과정이 완료되지 않은 것으로 보아 교환으로 취득한 유형자산의 취득원가는 교환을 위하여 제공된 자산의 장부금액을 기초로 인식
- 처분손익(유형자산처분손익)을 인식하지 않는다.

(차)	감가상각누계액(기계장치A)	×××	(대)	기계장치A	×××
	기계장치B	×××			
	↳ 제공한 자산(A)의 장부금액				

4.3 유형자산의 취득 후의 지출

(1) 자본적 지출

유형자산을 취득한 후에 발생하는 지출이 내용연수의 증가, 생산능력의 증대, 원가절감, 품질향상 등의 경우로 미래의 경제적 효익을 증가시키면 해당자산으로 처리한다.

주의 자본적 지출: 에스컬레이터 및 냉·난방장치 설치, 증축 등

(2) 수익적 지출

유형자산을 취득한 후에 발생하는 지출이 원상회복, 능률유지 등 수선유지를 위한 성격이면 당기비용(수선비)으로 처리한다.

주의 수익적 지출: 건물의 도색, 파손유리의 교체, 소모된 부품의 교체 등

개념 익히기

▣ 수익적 지출과 자본적 지출을 구분해야 하는 이유

어떤 특정한 지출을 수익적 지출로 처리하느냐, 아니면 자본적 지출로 처리하느냐에 따라 기업의 재무상태와 경영성과가 크게 달라진다.
즉, 수익적 지출로 처리하여야 할 것을 자본적 지출로 처리하게 되면 그 사업연도의 이익이 과대계상(비용의 과소계상)될 뿐만 아니라 유형자산이 과대계상된 부분이 발생하게 되며, 반대로 자본적 지출로 처리하여야 할 것을 수익적 지출로 처리하게 되면 이익의 과소계상(비용의 과대계상)과 유형자산이 과소평가되는 결과를 초래하게 된다.

오류의 유형	자 산	비 용	당기순이익
수익적 지출을 자본적 지출로 잘못 처리한 경우	과대계상	과소계상	과대계상
자본적 지출을 수익적 지출로 잘못 처리한 경우	과소계상	과대계상	과소계상

4.4 유형자산의 감가상각

유형자산은 사용하거나 시간의 경과에 따라 물리적 혹은 경제적으로 그 가치가 점차 감소되는데 이를 감가라고 하며, 이러한 현상을 측정하여 유형자산의 사용기간 동안 비용으로 배분하는 절차를 감가상각이라고 한다.

감가상각비를 계산하기 위해서는 감가상각대상금액, 감가상각기간, 감가상각방법을 알아야 한다.

주의 토지와 건설중인 자산은 감가상각을 하지 않는다.

(1) 감가상각 대상금액(취득원가 - 잔존가치)

취득원가에서 잔존가치를 차감한 금액을 말한다. 여기서 취득원가는 자산의 구입대금에 구입시 부대비용을 가산한 금액이며, 잔존가치는 자산을 내용연수가 종료하는 시점까지 사용한다는 가정하에 처분시 받을 금액을 말한다.

(2) 감가상각기간(내용연수)

자산이 사용가능할 것으로 기대되는 기간을 말한다.

(3) 감가상각의 방법

유형자산의 감가상각방법에는 정액법, 체감잔액법(정률법, 연수합계법), 생산량비례법 등이 있다.

① 정액법: 감가상각대상금액(취득원가 - 잔존가치)을 내용연수 동안 균등하게 배분하는 것을 말한다.

$$감가상각비 = 감가상각대상금액(취득원가 - 잔존가치) \times \frac{1}{내용연수}$$

② 정률법: 기초의 미상각잔액(취득원가 - 감가상각누계액)에 매기 일정률(정률)을 곱해서 계산한다. 정률법을 적용하면 감가상각비를 초기에는 많이 인식하고 후기로 갈수록 적게 인식하게 된다.

$$감가상각비 = 미상각잔액(취득원가 - 감가상각누계액) \times 정률$$

③ 연수합계법: 감가상각대상금액(취득원가 - 잔존가치)에 상각률을 곱하는데, 여기서 상각률은 분모에는 내용연수의 합을 분자에는 내용연수의 역순의 금액을 사용하여 계산한 비율을 말한다.

$$감가상각비 = 감가상각대상금액(취득원가 - 잔존가치) \times \frac{내용연수의\ 역순}{내용연수의\ 합계}$$

④ 생산량비례법: 예정조업도나 예상생산량에 근거하여 그 기간의 감가상각비를 계산하는 것을 말한다.

$$\text{감가상각비} = \text{감가상각대상금액(취득원가 - 잔존가치)} \times \frac{\text{당기생산량}}{\text{총 예상생산가능량}}$$

⑤ 이중체감법: 기초 장부금액에 정액법 상각률의 2배가 되는 상각률을 곱하여 감가상각비를 계산하는 것을 말한다.

$$\text{감가상각비} = \text{미상각잔액(취득원가 - 감가상각누계액)} \times \frac{2}{\text{내용연수}}$$

(4) 감가상각비의 회계처리

보고기간 말에 당기에 해당하는 감가상각비금액을 감가상각비계정 차변에 기입하고, 감가상각누계액계정 대변에 기입한다.

차변	감가상각비	×××	대변	감가상각누계액 (유형자산의 차감계정)	×××

개념 익히기

■ 유형자산의 순장부금액

재무상태표에 표시될 때 건물의 감가상각누계액은 건물의 차감계정으로 표시된다.

재무상태표

자산		×××	**부채**	×××
건물	500,000			
감가상각누계액	(100,000)	**400,000**	**자본**	×××

* 건물의 순장부금액: 500,000원(취득원가) - 100,000원(감가상각누계액) = 400,000원

(5) 유형자산의 처분

유형자산의 처분시 금액과 장부금액(취득원가－감가상각누계액)을 비교하여 차액에 대한 금액을 유형자산처분손익으로 인식한다.

▶ 장부금액(취득원가 － 감가상각누계액) 〈 처분금액: 유형자산처분이익

차변	계정	금액	대변	계정	금액
차변	현금 감가상각누계액	××× ×××	대변	유형자산 유형자산처분이익	××× ×××

▶ 장부금액(취득원가 － 감가상각누계액) 〉 처분금액: 유형자산처분손실

차변	계정	금액	대변	계정	금액
차변	현금 감가상각누계액 유형자산처분손실	××× ××× ×××	대변	유형자산	×××

05 무형자산

기업의 영업활동과정에서 장기간에 걸쳐 사용되어 미래의 경제적 효익이 기대되는 자산으로, 유형자산과의 차이점은 물리적 형태가 없는 무형의 자산이라는 것이다. 그런데 무형자산은 물리적 형태가 없기 때문에 재무제표에 기록하기 위해서는 추가적으로 고려해야 하는 것이 있다.

5.1 무형자산의 정의

무형자산은 재화의 생산이나 용역의 제공, 타인에 대한 임대 또는 관리에 사용할 목적으로 기업이 보유하고 있으며, 물리적 형체가 없지만 식별가능하고, 기업이 통제하고 있으며, 미래 경제적 효익이 있는 비화폐성자산을 말한다.

주의 물리적 형체가 없는 판매용 자산의 경우에는 재고자산 계정을 처리한다.

(1) 식별가능성

무형자산이 분리가능하면 그 무형자산은 식별가능하다. 자산이 분리가능하다는 것은 그 자산과 함께 동일한 수익창출활동에 사용되는 다른 자산의 미래 경제적 효익을 희생하지 않고 그 자산을 임대, 매각, 교환 또는 분배할 수 있는 것을 말한다.

(2) 통제

무형자산의 미래 경제적 효익을 확보할 수 있고 제3자의 접근을 제한할 수 있다면 자산을 통제하고 있는 것이다. 무형자산의 미래 경제적 효익에 대한 통제는 일반적으로 법적 권리로부터 나오며, 법적 권리가 없는 경우에는 통제를 입증하기 어렵다. 그러나 권리의 법적 집행가능성이 통제의 필요조건은 아니다.

주의 교육훈련비, 마케팅 비용은 미래 경제적 효익은 기대되지만 통제가능성이 없으므로 발생기간의 비용으로 인식한다.

(3) 미래 경제적 효익

무형자산의 미래 경제적 효익은 재화의 매출이나 용역수익, 원가절감 또는 자산의 사용에 따른 기타 효익의 형태로 발생한다.

무형자산의 종류

계정과목	내 용
영업권	기업의 좋은 이미지, 우수한 경영진, 뛰어난 영업망, 유리한 위치 등으로 동종의 타기업에 비해 특별히 유리한 자원을 말한다. 영업권은 사업결합으로 취득한 영업권과 내부창출영업권이 있는데, 내부창출영업권은 인정하지 않는다. 매수 합병이라는 사업결합 시 순자산(자본)을 초과하여 지급한 금액을 영업권으로 인식한다.
산업재산권	• 특허권: 특정한 발명을 등록하여 일정 기간 독점적, 배타적으로 사용할 수 있는 권리를 말한다. • 실용신안권: 특정 물건의 모양이나 구조 등 실용적인 고안을 등록하여 일정 기간 독점적, 배타적으로 사용할 수 있는 권리를 말한다. • 디자인권: 특정 디자인이나 로고 등 고안을 등록하여 일정 기간 독점적, 배타적으로 사용할 수 있는 권리를 말한다. • 상표권: 특정 상표를 등록하여 일정 기간 독점적, 배타적으로 사용할 수 있는 권리를 말한다.
광업권	일정한 광구에서 광물을 일정 기간 독점적, 배타적으로 채굴할 수 있는 권리를 말한다.
개발비	신제품과 신기술 등의 개발활동과 관련하여 발생한 지출로서 미래경제적 효익의 유입가능성이 높으며, 취득원가를 신뢰성 있게 측정할 수 있는 것을 말한다. **주의** • 신제품, 신기술 개발과 관련된 지출 자산처리 → 개발비(무형자산) • 개발비 요건 충족 못하면 비용처리 → 경상연구개발비(판매비와관리비) • 개발비는 다음의 조건을 모두 충족하는 경우에만 무형자산으로 인식한다. • 무형자산을 사용 또는 판매하기 위해 그 자산을 완성시킬 수 있는 기술적 실현가능성을 제시할 수 있어야 한다. • 무형자산을 완성해 그것을 사용하거나 판매하려는 기업의 의도가 있다. • 완성된 무형자산을 사용하거나 판매할 수 있는 기업의 능력을 제시할 수 있다. • 무형자산이 어떻게 미래 경제적 효익을 창출할 것인가를 보여줄 수 있다. • 무형자산의 개발을 완료하고 그것을 판매 또는 사용하는데 필요한 기술적, 금전적 자원을 충분히 확보하고 있다는 사실을 제시할 수 있다. • 개발단계에서 발생한 무형자산 관련 지출을 신뢰성 있게 구분하여 측정할 수 있다.
소프트웨어	소프트웨어 구입에 따른 금액을 말한다.

5.3 무형자산의 상각

무형자산상각은 유형자산의 상각방법처럼 정액법, 체감잔액법(정률법, 연수합계법), 생산량비례법 등이 있는데, 추정 내용연수동안 체계적인 방법을 사용하기 곤란할 경우에는 정액법을 사용한다.

개념 익히기

■ 무형자산의 회계처리

보고기간 말에 당기에 해당하는 상각비금액을 무형자산상각비계정 차변에 기입하고 해당 자산계정을 대변에 기입한다.

차변	무형자산상각비	×××	대변	무형자산 (개발비, 영업권 등)	×××

주의 유형자산에 대해서는 '감가상각누계액'이라는 차감계정을 사용하지만, 무형자산에 대해서는 일반적으로 무형자산에서 직접 차감한다.

06 기타비유동자산

비유동자산 중에서 투자자산, 유형자산, 무형자산에 속하지 아니하는 자산을 말한다.

6.1 기타비유동자산의 종류

(1) 임차보증금

임대차계약에 의하여 임차료를 지급하는 조건으로 타인의 부동산 사용을 계약하고 임차인이 임대인에게 지급하는 보증금을 말한다. 임차보증금은 계약기간이 만료되면 다시 상환받는다.

주의 임대보증금은 비유동부채에 해당한다.

(2) 장기외상매출금

상품이나 제품을 매출하고 1년 이상의 기간 동안 받기로 한 외상매출금을 말한다.

(3) 장기받을어음

상품이나 제품을 매출하고 받은 약속어음의 만기가 1년 이상인 것을 말한다.

07 유동부채

부채는 유동부채와 비유동부채로 분류되며, 유동부채는 결산일로부터 상환기한이 1년 이내에 도래하는 단기부채를 말한다.

7.1 매입채무

매입채무는 매매거래가 성립되어 상품의 인수, 서비스 등을 제공받았으나 대금을 일정 기간 후에 결제하는 거래로 인해 발생하는 향후 자원이 유출되리라고 예상되는 부채이다. 매입채무는 매출채권의 상대적인 계정이라고 볼 수 있다.

(1) 외상매입금

상품, 원재료를 매입하고 대금을 나중에 지급하기로 하면 외상매입금으로 기입한다.

구분	내용
매입시	• 상품이나 원재료를 외상으로 매입하면 외상매입금계정 대변으로 회계처리 (차) 상품(또는 원재료) ××× (대) **외상매입금** ×××
외상매입금 상환시	• 외상매입금을 상환하게 되면 외상매입금계정 차변으로 회계처리 (차) **외상매입금** ××× (대) 현금 ×××

(2) 지급어음

약속어음은 발행인(채무자)이 수취인(채권자)에게 자기의 채무를 갚기 위하여 일정한 금액(외상대금)을 약정기일(만기일)에 약정한 장소(은행)에서 지급할 것을 약속한 증권이다. 상품이나 원재료를 매입하고 대금을 약속어음으로 발행하여 지급하였을 경우 지급어음으로 기입한다.

구분	내용
발행	• 상품이나 원재료를 매입하고 약속어음을 발행하면 지급어음계정 대변으로 회계처리 (차) 상품(또는 원재료) ××× (대) **지급어음** ×××
만기	• 지급어음의 만기가 도래하면 은행 당좌예금계좌에서 대금이 인출되어 결제 • 어음대금을 지급하게 되면 지급어음계정 차변으로 회계처리 (차) **지급어음** ××× (대) 당좌예금 ×××

개념 익히기

■ 채권채무의 회계처리

[매출]	• 재고자산매출 외상거래 → 외상매출금	• 재고자산외 매각 외상거래→ 미 수 금
	• 재고자산매출 어음수령 → 받을어음	• 재고자산외 매각 어음수령→ 미 수 금
[매입]	• 재고자산매입 외상거래 → 외상매입금	• 재고자산외 구입 외상거래→ 미지급금
	• 재고자산매입 어음지급 → 지급어음	• 재고자산외 구입 어음지급→ 미지급금

7.2 미지급금과 미지급비용

(1) 미지급금

주요 상거래인 상품매입 이외의 외상거래(비품, 기계장치 등의 구입과 복리후생비 등의 지급)에서 대금을 1년 이내의 기간에 지급하기로 하면 미지급금으로 기입한다.

주의 상품을 외상으로 매입하는 경우는 외상매입금으로 회계처리

(2) 미지급비용

일정 기간 계속 발생하는 비용으로써, 당기에 발생하였으나 아지 지급기일이 도래하지 않아 지급되지 않고 있는 비용이다. 지급기일이 도래하였으나 지급하지 않은 경우에 처리하는 미지급금과는 구분되며, 미지급비용은 결산시에 발생한다.

결산 시	
	• 당기의 비용에 해당하는 금액으로 비용으로 계상
	(차) 비용계정(보험료, 임차료 등) ××× (대) 미지급비용 ×××

7.3 선수금과 선수수익

(1) 선수금

상품을 판매함에 있어서 이를 판매하기 이전에 계약금 성격으로 그 대금의 일부 또는 전부를 미리 수취한 금액은 당해 상품이나 제품을 판매할 때까지는 선수금으로 처리한다. 즉, 그 거래에 따르는 수익(매출)이 계상될 때까지 그 거래 대가의 일부를 미리 받은 금액이 선수금이다.

주의 선급금(자산)은 선수금(부채)의 상대적인 계정이다.

계약금 수령 시	• 상품이나 제품의 수익인식 시점 이전에 그 대가의 일부 또는 전부를 받은 경우			
	(차) 현금	×××	(대) **선수금**	×××
매출 시	• 상품이나 제품의 수익인식 시점에 선수금계정 차변으로 회계처리			
	(차) **선수금** 외상매출금	××× ×××	(대) 상품매출(또는 제품매출)	×××

(2) 선수수익

당기에 이미 받은 수익 중에서 차기에 속하는 부분을 차기로 이연시킨다. 차변에는 당기의 수익에서 차감하는 수익계정과목으로, 대변에는 '선수수익(부채)'으로 분개한다.

수익 입금 시	• 당기와 차기에 해당하는 수익을 받은 경우			
	(차) 현금	×××	(대) 수익계정(임대료, 이자수익 등)	×××
결산 시	• 차기에 해당하는 수익금액을 차기로 이연			
	(차) 수익계정(임대료, 이자수익 등)	×××	(대) 선수수익	×××

7.4 예수금

일시적으로 잠시 보관하고 있는 성격으로 급여 지급 시 공제액인 소득세와 지방소득세, 4대 보험의 근로자부담금 등의 금액을 말한다.

주의 기업이 원천징수의무이행을 위해 지급할 금액에서 일정액을 떼는 것 → 예수금(부채)
기업이 받을 금액에서 일정액을 원천징수 당하여 떼이는 것 → 선납세금(자산)

급여 지급 시	• 근로소득세, 지방소득세, 본인부담금 사회보험을 원천징수 하는 경우			
	(차) 급여	×××	(대) 예수금 보통예금	××× ×××
소득세 등 납부 시	• 원천징수한 근로소득세 등을 납부하는 경우			
	(차) 예수금(본인부담금) 복리후생비 등(회사부담금)	××× ×××	(대) 현금	×××

7.5 가수금

금전의 입금이 있었으나 그 계정과목이나 금액이 확정되지 않았을 경우 사용하는 일시적인 계정과목이며, 그 내용이 확정되면 본래의 계정으로 대체한다.

구 분	차 변		대 변	
입금시	보통예금	×××	가수금	×××
원인판명시	가수금	×××	외상매출금	×××

7.6 단기차입금

자금을 차입하고 그 상환기간이 1년 이내에 도래하는 차입금을 말한다.

구 분	차 변		대 변	
차입시	보통예금	×××	단기차입금	×××
상환시	단기차입금 이자비용	××× ×××	보통예금	×××

7.7 유동성장기부채

비유동부채 중 1년 내에 만기일이 도래하는 부분을 유동부채로 재분류한 것을 말한다.

개념 익히기

■ 장기차입금의 유동성대체 관련 회계처리

거 래 내 용	차 변		대 변	
거래 은행으로부터 2년 만기로 1,500,000원을 현금으로 차입하여 보통예입하다.	보통예금	1,500,000원	장기차입금	1,500,000원
2년 만기로 차입한 차입금 1,500,000원의 상환기한이 1년 이내로 도래하다.	장기차입금	1,500,000원	유동성장기부채	1,500,000원
상기 차입금이 은행과 협의하에 3년 만기로 차입기간을 연장하였다.	유동성장기부채	1,500,000원	장기차입금	1,500,000원

08 비유동부채

부채는 유동부채와 비유동부채로 분류하며, 비유동부채는 결산일로부터 상환기한이 1년 이후에 도래하는 장기부채를 말한다.

8.1 사채

주식회사가 장기자금을 조달하기 위하여 발행하는 채무증권으로, 계약에 따라 일정한 이자를 지급하고 일정한 시기에 원금을 상환할 것을 약속한 증서를 말한다.

(1) 사채의 흐름

사채는 장기자금을 조달하기 위하여(일반적으로 3년) 사채발행자(회사)가 사채임을 증명하는 사채권을 발행하여 주고, 만기까지의 기간 동안 정해진 이자율(액면이자율, 표시이자율)에 따라 이자를 지급하고, 만기에 원금을 상환하는 것을 약정한 비유동부채이다.

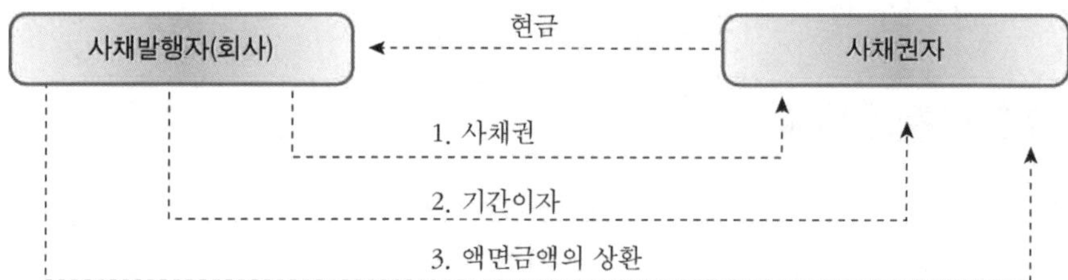

(2) 사채의 발행

사채의 발행가격은 미래현금흐름을 유효이자율로 할인한 현재가치를 말하며, 시장이자율과 표시이자율에 의해 액면발행, 할인발행, 할증발행으로 나누어진다.

사채의 발행가격 = 만기금액의 현재가치 + 이자지급액의 현재가치

① 액면발행(발행금액 = 액면금액): 시장이자율과 표시이자율이 동일하여 액면금액으로 발행

회계처리(사채발행자)				부분재무상태표(20X1. 12. 31.)	
(차) 현금	10,000	(대) 사채	10,000	비유동부채	
				사채	10,000

② 할인발행(발행금액 < 액면금액): 사채발행회사는 시장이자율에 비해 낮은 사채이자에 대한 보상으로 할인발행

회계처리(사채발행자)				부분재무상태표(20X1. 12. 31.)	
(차) 현금	8,000	(대) 사채	10,000	비유동부채	
사채할인발행차금	2,000			사채	10,000
				사채할인발행차금 (2,000)	8,000

③ 할증발행(발행금액 > 액면금액): 사채발행회사는 시장이자율보다 높은 사채이자에 대한 프리미엄으로 할증발행

회계처리(사채발행자)				부분재무상태표(20X1. 12. 31.)	
(차) 현금	12,000	(대) 사채	10,000	비유동부채	
		사채할증발행차금	2,000	사채	10,000
				사채할증발행차금 (2,000)	12,000

개념 익히기

■ 사채발행비 회계처리

'사채' 계정은 무조건 액면금액으로 기입하고, 사채발행 시 발생하는 사채권인쇄비, 사채발행수수료 등의 비용은 사채할인발행차금에 가산(+)하거나 사채할증발행차금에서 차감(-)한다. 위의 예제에서 사채발행비 1,000원을 현금으로 지급했다고 가정하면 회계처리는 다음과 같다.

구 분	차 변		대 변	
액면발행 (10,000원 발행)	현금 사채할인발행차금	9,000원 1,000원	사채	10,000원
할인발행 (8,000원 발행)	현금 사채할인발행차금	7,000원 3,000원	사채	10,000원
할증발행 (12,000원 발행)	현금	11,000원	사채 사채할증발행차금	10,000원 1,000원

개념 익히기

▣ 사채의 액면금액

사채의 표면에 기재된 금액으로, 만기일에 사채권자들에게 상환할 금액

▣ 사채의 액면이자율

사채에 기록되어 있는 이자율로, 표시이자율이라고도 함

이자지급일에 지급할 현금지급이자 = 액면금액 × 액면(표시)이자율

▣ 사채의 시장이자율

사채구입 대신 다른 곳에 돈을 빌려주면 받을 수 있는 이자율

※ 할인발행과 할증발행은 액면이자율과 시장이자율 간의 차이를 제거하여 사채권자들로 하여금 시장이자율 만큼의 투자수익을 얻게 하기 위한 조치이며, 이때 발행회사는 결국 시장이자율로 자금을 차입하는 셈이 된다.

- 할인발행
  - 액면이자율(연 10%) < 시장이자율(연 15%)
  - 투자자는 이 사채를 액면금액에 구입하지 않으려 함
  - 사채의 수익률이 시장이자율과 같아질 때까지 할인
- 할증발행
  - 액면이자율(연 12%) > 시장이자율(연 8%)
  - 투자자는 액면금액보다 비싸더라도 구입
  - 사채의 수익률이 시장이자율과 같아질 때까지 할증

▣ 사채할인(할증)발행차금의 상각과 관련된 비교

구 분	사채할인발행 상각 시	사채할증발행 상각 시
매기 상각액	증가	증가
매기 사채의 장부금액	증가	감소
매기 이자비용(유효이자율법) (사채의 장부금액 × 유효이자율)	증가	감소
매기 지급해야 하는 이자 (사채의 액면금액 × 액면이자율)	일정금액	일정금액

8.2 장기차입금

자금을 차입하고 그 상환기간이 1년 이후에 도래하는 차입금을 말한다. 장기차입금(비유동부채) 중 결산일 현재 1년 내에 만기일이 도래하는 부분은 유동성장기부채(유동부채)로 재분류 하여야 한다.

구 분	차 변		대 변	
차입시	보통예금	×××	장기차입금	×××
결산시	장기차입금	×××	유동성장기부채	×××
상환시	유동성장기부채	×××	보통예금	×××

8.3 임대보증금

임대차계약에 의하여 임대료를 지급받는 조건으로 타인에게 부동산 사용을 계약하고 임대인이 임차인에게 지급받는 보증금을 말한다. 임대보증금은 계약기간이 만료되면 다시 임차인에게 상환하여야 한다.

구 분	차 변		대 변	
보증금 입금시	보통예금	×××	임대보증금	×××
임대료 수령시	보통예금	×××	임대료	×××
계약 만료시	임대보증금	×××	보통예금	×××

8.4 장기미지급금

주요 상거래인 상품과 원재료 매입 이외의 외상거래(비품, 기계장치 등의 구입과 복리후생비 등의 지급)에서 대금을 1년 이후의 기간에 지급하기로 하면 장기미지급금으로 기입한다.

주의 상품을 외상으로 매입하고 1년 이후의 기간에 지급하기로 하면 → 장기외상매입금

8.5 충당부채

충당부채는 과거사건이나 거래의 결과에 의한 현재의무로서, 지출의 시기 또는 금액이 불확실하지만 그 의무를 이행하기 위하여 자원이 유출될 가능성이 매우 높고 또한 당해 금액을 신뢰성 있게 추정할 수 있는 의무를 말한다.

충당부채는 다음의 요건을 모두 충족하는 경우에 인식한다.

① 과거사건이나 거래의 결과로 현재의 의무가 존재한다.
② 당해 의무를 이행하기 위하여 자원이 유출될 가능성이 매우 높다.
③ 그 의무를 이행하기 위하여 소요되는 금액을 신뢰성 있게 추정할 수 있다.

(1) 퇴직급여충당부채

회사의 퇴직급여규정 등에 의하여 직원이 퇴직할 때 지급해야 할 퇴직금을 충당하기 위하여 설정하는 계정과목이다.

퇴직급여충당부채 설정 시에는 퇴직급여충당부채계정 대변에 기입하고, 퇴직금 지급시에는 퇴직급여충당부채계정 차변에 기입한다.

구 분	차 변		대 변	
퇴직급여충당부채 설정시	퇴직급여	×××	퇴직급여충당부채	×××
퇴사로 인한 퇴직금 지급시	퇴직급여충당부채 (충당부채 부족시 퇴직급여)	×××	보통예금	×××

개념 익히기

▣ 퇴직연금제도

퇴직연금제도는 사용자가 근로자의 노후소득보장과 생활안정을 위해 근로자 재직기간 중 퇴직금 지급재원을 외부의 금융기관에 적립, 운용하게 함으로써, 근로자 퇴직 시 연금 또는 일시금으로 지급한다. 퇴직연금제도는 확정기여형(DC)과 확정급여형(DB)가 있다.

▣ 퇴직연금 회계처리

퇴직연금은 근로자의 퇴직급여를 금융기관에 위탁하여 운용한 뒤 근로자가 퇴직시 연금이나 일시금으로 주는 제도이며, 확정기여형 퇴직연금과 확정급여형 퇴직연금으로 구분된다.

구 분	차 변		대 변	
확정기여형(DC) 퇴직연금 납부	퇴직급여	×××	현금	×××
확정급여형(DB) 퇴직연금 납부	퇴직연금운용자산	×××	현금	×××

09 자본

자본은 기업이 소유하고 있는 자산에서 갚아야 하는 부채를 차감한 순자산을 의미하며, 법인기업의 자본은 자본금, 자본잉여금, 자본조정, 기타포괄손익누계액, 이익잉여금을 말하며 자본의 분류는 다음과 같다.

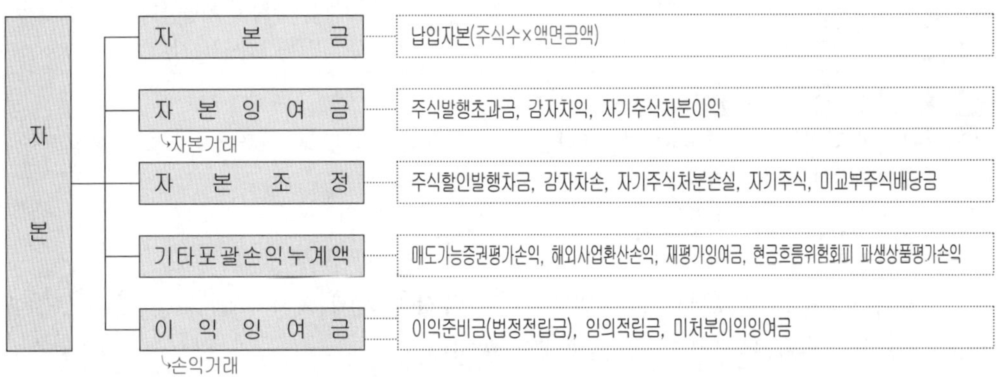

9.1 자본금

주식회사의 자본금은 법정자본금으로서 주당 액면금액에 발행주식수를 곱한 금액이다.

자본금(법정자본금) = 주당 액면금액 × 발행주식수

개념 익히기

■ 주식발행

발행유형	차 변	대 변
할인발행(발행금액 〈 액면금액)	현금 ××× 주식할인발행차금 ×××	자본금(액면금액) ×××
액면발행(발행금액 = 액면금액)	현금 ×××	자본금(액면금액) ×××
할증발행(발행금액 〉 액면금액)	현금 ×××	자본금(액면금액) ××× 주식발행초과금 ×××

• 자본금은 무조건 액면금액으로 회계처리한다.
• 주식발행 시 신주발행비: 주식의 발행금액에서 차감한다. 즉 주식발행초과금에서 차감(−)하고, 주식할인발행차금에 가산(+)한다.

9.2 자본잉여금

(1) 주식발행초과금

주식발행초과금은 주식발행금액이 액면금액을 초과하는 경우 그 초과금액을 말한다.

➡ 주식을 액면금액 이상으로 발행하는 경우(할증발행: 액면금액 〈 발행금액)

차변	현금	×××	대변	자본금(주식의 액면금액) ××× 주식발행초과금(자본잉여금) ×××

주의
- 신주발행비는 주식발행초과금에서 차감한다.
- 주식발행초과금은 유상증자시 발생하는 것으로, 주금납입절차가 이루어지지 않는 무상증자나 주식배당의 경우에는 발생하지 않는다.

(2) 감자차익

자본금 감소 시 그 감소액이 주식의 소각, 주금의 반환에 의한 금액 또는 결손 보전에 충당한 금액을 초과하는 경우 그 초과액을 말한다.

➡ 유상감자: 액면금액 보다 낮은 금액으로 자사주식을 취득하여 소각

차변	자본금	×××	대변	현금 ××× 감자차익(자본잉여금) ×××

(3) 자기주식처분이익

자기주식을 구입한 후 다시 처분할 경우 취득금액보다 처분금액이 높은 경우 그 초과액을 말한다.

➡ 자기주식 처분: 보유중인 자기주식을 취득금액보다 높은 금액으로 처분

차변	현금	×××	대변	자기주식 ××× 자기주식처분이익(자본잉여금) ×××

9.3 자본조정

(1) 주식할인발행차금

주식할인발행차금은 주식을 액면금액 이하로 발행한 경우, 발행금액과 액면금액의 차이를 말하며 자본조정에 해당한다.

➡ 주식을 액면금액 이하로 할인발행(액면금액 〉 발행금액)

차변	현금 주식할인발행차금(자본조정)	××× ×××	대변	자본금(주식의 액면금액)	×××

주의 신주발행비는 주식할인발행차금에 가산한다.

(2) 감자차손

자본금의 감소 시 나타나는 것으로, 주식을 매입하여 소각하는 경우 취득금액이 액면금액보다 큰 경우에 그 차이를 말한다.

➡ 유상감자시: 액면금액 보다 높은 금액으로 자사주식을 취득하여 소각

차변	자본금 감자차손(자본조정)	××× ×××	대변	현금	×××

(3) 자기주식

자사의 주식을 일시보관후 재판매를 목적으로 구입하는 경우 자기주식으로 처리한다.

➡ 자사주식 구입: 액면금액이 아닌 구입금액으로 회계처리

차변	자기주식(자본조정)	×××	대변	현금	×××

(4) 자기주식처분손실

자기주식을 구입한 후 다시 처분할 경우 취득금액보다 처분금액이 낮은 경우 그 초과액을 말한다.

➡ 자기주식 처분: 보유중인 자기주식을 취득금액보다 낮은 금액으로 처분

차변	현금 자기주식처분손실(자본조정)	××× ×××	대변	자기주식	×××

(5) 미교부주식배당금

이익잉여금 처분과정에서 주식배당을 결의하였다면 미처분이익잉여금이 감소하면서 미교부주식배당금을 인식한다.

차변	이익잉여금	×××	대변	미교부주식배당금(자본조정)	×××

9.4 기타포괄손익누계액

기타포괄손익누계액은 재무상태표일 현재의 기타포괄손익 잔액으로, 당기순이익에 포함되지 않는 평가손익의 누계액이다.

구 분	내 용
매도가능증권평가손익	매도가능증권의 공정가치 평가시 발생하는 미실현손익
해외사업환산손익	해외지점, 해외사업소 또는 해외소재 관계 및 종속 기업의 자산과 부채를 외화환산시 발생하는 손익
현금흐름위험회피 파생상품평가손익	가격변동에 따른 손익을 회피하기 위하여 선도, 선물, 스왑, 옵션 등 파생상품거래를 한 경우, 파생상품을 공정가치로 평가해야 한다. 공정가치로 평가 시 발생하는 평가손익 중 효과적인 부분만 기타포괄손익으로 인식 (비효과적인 부분은 당기손익으로 인식)
재평가잉여금	유형자산을 재평가모형에 따라 공정가치로 평가할 경우 공정가치가 상승하여 발생하는 재평가이익 (공정가치 하락으로 발생하는 재평가손실은 당기손익으로 인식)

9.5 이익잉여금

이익잉여금은 영업활동의 결과 손익거래에서 얻어진 이익이 사내에 유보되어 생기는 잉여금이다.

구 분	내 용
이익준비금 (법정적립금)	상법의 규정에 의하여 자본금의 1/2에 달할 때까지 매 결산기 금전 이익배당 금액의 1/10 이상을 적립
기타법정적립금	기타 법령에 따라 적립된 금액
임의적립금	채권자와의 계약, 기업의 특정목적을 달성하기 위해 정관의 규정이나 주주총회의 결의로 배당가능한 이익잉여금의 일부를 유보한 금액
미처분이익잉여금	전기말 미처분이익잉여금+당기순이익−주주에 대한 배당−자본금으로의 전입−자본조정항목의 상각

10 수익과 비용

기업의 주요 영업활동인 상품매출활동과 관련된 수익을 영업수익이라 하고, 그 외의 수익을 영업외수익이라 한다. 영업수익인 매출액에 대응하는 비용을 매출원가라 하고 판매와 관리활동에 관련된 비용을 판매비와관리비라고 하며, 그 외의 비용을 영업외비용이라 한다.

10.1 수익

수익은 기업의 경영활동에서 재화의 판매 또는 용역의 제공 과정으로 획득된 경제적 가치로서 자산의 증가 또는 부채의 감소에 따라 자본의 증가를 초래하는 경제적 효익의 총유입을 의미한다.

(1) 매출액

1) 상품매출(제품매출)

기업의 경영활동에서 판매를 목적으로 외부에서 구입한 재화인 상품을 일정한 이익을 가산하여 매출하게 되는데, 상품의 매출이 발생하면 상품매출(제품매출)계정 대변에 기입한다.

2) 매출에누리와 환입

① 매출에누리: 매출한 상품 중 하자나 파손이 있는 상품에 대해 값을 깎아 주는 것을 말한다.

② 매출환입: 매출한 상품 중 하자나 파손이 있는 상품에 대해 반품받는 것을 말한다.

3) 매출할인

외상매출금을 조기에 회수하는 경우 약정에 의해 할인해주는 금액을 말한다.

순매출액 = 총매출액 - 매출에누리와 환입 - 매출할인

(2) 영업외수익

구 분	내 용
이자수익	금융기관 등에 대한 예금이나 대여금 등에 대하여 받은 이자
단기매매증권 평가이익	결산 시 단기매매증권을 공정가치로 평가할 때 장부금액보다 공정가치가 높은 경우 그 차액
단기매매증권 처분이익	단기매매증권을 처분할 때 장부금액보다 처분금액이 높은 경우 그 차액
외환차익	외화자산 회수와 외화부채 상환 시 환율의 차이 때문에 발생하는 이익
수수료수익	용역을 제공하고 그 대가를 받은 경우
외화환산이익	결산 시 외화 자산과 외화 부채를 결산일 환율로 평가할 때 발생하는 이익
유형자산 처분이익	유형자산을 장부금액(취득원가－감가상각누계액)보다 높은 금액으로 처분할 때 발생하는 이익
투자자산 처분이익	투자자산을 장부금액보다 높은 금액으로 처분할 때 발생하는 이익
자산수증이익	타인으로부터 자산을 무상으로 증여받게 되는 경우 그 금액
채무면제이익	채무를 면제받는 경우의 그 금액
잡이익	영업활동 이외의 활동에서 발생한 금액이 적은 이익이나 빈번하지 않은 이익

 10.2 비 용

(1) 상품매출원가(제품매출원가)

기업의 경영활동에서 판매를 목적으로 외부에서 구입한 상품을 매출하였을 때 그 상품의 매입원가를 상품매출원가로 표기하고, 제조기업에서 원재료를 가공하여 완성한 제품을 매출하였을 때 그 제품의 제조원가를 제품매출원가로 표기한다.

- 당기상품순매입액 = 당기상품총매입액 - 매입에누리와 환출 - 매입할인
- 상품매출원가 = 기초상품재고액 + 당기상품순매입액 - 기말상품재고액
- 제품매출원가 = 기초제품재고액 + 당기완성품 - 기말제품재고액

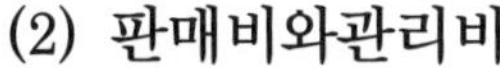

(2) 판매비와관리비

구 분	내 용
급 여	종업원에 대한 급여와 제수당 등
퇴직급여	종업원이 퇴직을 할 경우 발생하는 퇴직금이나 결산 시 퇴직급여충당부채를 설정할 경우의 퇴직금 등
복리후생비	종업원의 복리와 후생을 위한 비용으로 식대, 경조비, 직장체육대회, 야유회비 등을 말하며, 또한 종업원을 위해 회사가 부담하는 건강보험료, 고용보험료, 산재보험료 등
여비교통비	종업원의 업무와 관련한 교통비와 출장 여비 등
접대비 (기업업무추진비)	업무와 관련하여 거래처를 접대한 비용으로 식대, 경조비, 선물대금 등
통신비	업무와 관련하여 발생한 전화, 핸드폰, 팩스, 인터넷 등의 요금 등
수도광열비	업무와 관련하여 발생한 수도, 가스, 난방 등의 요금 등
전력비	업무와 관련해서 발생한 전기요금 등
세금과공과금	업무와 관련하여 발생한 세금인 재산세, 자동차세 등과 공과금인 대한상공회의 소회비, 조합회비, 협회비 등
감가상각비	업무와 관련된 유형자산인 건물, 기계장치, 차량운반구 등의 감가상각금액
임차료	업무와 관련하여 발생한 토지, 건물, 기계장치, 차량운반구 등의 임차비용 등
수선비	업무와 관련하여 발생한 건물, 기계장치 등의 현상유지를 위한 수리비용을 말한다. 단, 차량운반구에 관련된 현상유지를 위한 수리비용은 차량유지비 등
보험료	업무와 관련된 유형자산(건물, 기계장치 등)과 재고자산 등에 대한 보험료
차량유지비	업무와 관련된 차량운반구의 유지, 수선(유류대, 오일교체비 등)을 위한 비용
운반비	상품을 매출하고 지출한 운송료
도서인쇄비	업무와 관련된 도서구입비, 신문과 잡지구독료, 인쇄비 등
소모품비	업무와 관련된 복사용지, 문구류 등 소모성 물품비 등
수수료비용	업무와 관련된 용역을 제공받고 그에 대한 대가를 지불한 것으로 은행의 송금수수료, 어음의 추심수수료, 청소와 경비용역비 등
광고선전비	업무와 관련하여 광고목적으로 신문, 방송, 잡지 등에 지출한 광고비용
대손상각비	상품매출과 관련하여 발생한 매출채권(외상매출금, 받을어음)이 회수 불능되었을 때 또는 결산 시 대손에 대비하여 대손충당금을 설정할 때 대손상각비

(3) 영업외비용

구 분	내 용
이자비용	금융기관에 대한 차입금, 당좌차월 등 자금의 차입대가로 지불하는 이자
외환차손	외화자산의 회수와 외화부채의 상환시 환율의 차이 때문에 발생하는 손실
기부금	아무런 대가를 바라지 않고 무상으로 금전이나 물건 등을 기증한 경우
외화환산손실	결산 시 외화 자산과 외화 부채를 결산일 환율로 평가할 때 발생하는 손실
매출채권처분손실	받을어음의 만기가 되기 전에 은행에 어음을 할인할 경우 그 할인료 등
단기매매증권평가손실	결산 시 공정가치로 평가할 때 장부금액보다 공정가치가 낮은 경우 그 차액
단기매매증권처분손실	단기매매증권을 처분할 때 장부금액보다 처분금액이 낮은 경우 그 차액
재해손실	천재지변이나 도난 등의 예측치 못한 상황으로 발생한 손실
유형자산처분손실	유형자산을 장부금액(취득원가－감가상각누계액)보다 낮은 금액으로 처분할 때 발생하는 손실
투자자산처분손실	투자자산을 장부금액보다 낮은 금액으로 처분할 때 발생하는 손실
잡손실	영업활동 이외 활동에서 금액이 적은 비용이나 빈번하지 않은 지출

(4) 법인세비용

회계기간에 납부하여야 할 법인세액이다. 법인세 중간예납액과 이자수익 등의 원천징수 금액을 차변에 선납세금으로 회계처리하고 기말에는 법인세비용으로 대체한다.

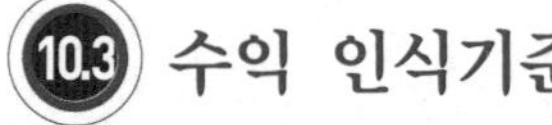

10.3 수익 인식기준

(1) 재화의 판매

재화의 판매로 인한 수익은 다음 조건이 모두 충족될 때 인식한다.

① 재화의 소유에 따른 유의적인 위험과 보상이 구매자에게 이전된다.
② 판매자는 판매한 재화에 대하여 소유권이 있을 때 통상적으로 행사하는 정도의 관리나 효과적인 통제를 할 수 없다.
③ 수익금액을 신뢰성 있게 측정할 수 있다.
④ 경제적효익의 유입 가능성이 매우 높다.
⑤ 거래와 관련하여 발생했거나 발생할 원가를 신뢰성 있게 측정할 수 있다.

(2) 용역의 제공

용역의 제공으로 인한 수익은 용역제공거래의 성과를 신뢰성 있게 추정할 수 있을 때 진행기준에 따라 인식한다. 다음 조건이 모두 충족되는 경우에는 용역제공거래의 성과를 신뢰성 있게 추정할 수 있다고 본다.

① 거래 전체의 수익금액을 신뢰성 있게 측정할 수 있다.
② 경제적효익의 유입 가능성이 매우 높다.
③ 진행률을 신뢰성 있게 측정할 수 있다.
④ 이미 발생한 원가 및 거래의 완료를 위하여 투입하여야 할 원가를 신뢰성 있게 측정할 수 있다.

(3) 이자수익, 로열티수익, 배당금수익

자산을 타인에게 사용하게 함으로써 발생하는 이자, 배당금, 로열티 등의 수익은 다음 기본조건을 모두 충족하여야 한다.

① 수익금액을 신뢰성 있게 측정할 수 있다.
② 경제적효익의 유입 가능성이 매우 높다.

상기 기본조건을 충족한 이자수익, 배당금수익, 로열티수익은 다음의 기준에 따라 인식한다.
① 이자수익은 원칙적으로 유효이자율을 적용하여 발생기준에 따라 인식한다.
② 배당금수익은 배당금을 받을 권리와 금액이 확정되는 시점에 인식한다.
③ 로열티수익은 관련된 계약의 경제적 실질을 반영하여 발생기준에 따라 인식한다.
주의 제조업의 경우 이자수익, 로열티수익, 배당금수익은 영업외수익에 해당한다.

10.4 비용 인식기준

비용은 경제적 효익이 사용 또는 유출됨으로써 자산이 감소하거나 부채가 증가하고 그 금액을 신뢰성 있게 측정할 수 있을 때 인식한다. 보다 구체적인 비용 인식기준은 다음과 같다.

① 수익과 직접 관련하여 발생한 비용은 동일한 거래나 사건에서 발생하는 수익을 인식할 때 대응하여 인식한다.
  예 매출수익에 대응하여 인식하는 매출원가

② 수익과 직접 대응할 수 없는 비용은 재화 및 용역의 사용으로 현금이 지출되거나 부채가 발생하는 회계기간에 인식한다.
  예 광고선전비등의 판매비와관리비

③ 자산으로부터의 효익이 여러 회계기간에 걸쳐 기대되는 경우, 이와 관련하여 발생한 특정 성격의 비용은 체계적이고 합리적인 배분절차에 따라 각 회계기간에 배분하는 과정을 거쳐 인식한다.
  예 유형자산의 감가상각비와 무형자산의 상각비

부가가치세의 이해

01 부가가치세 기본이론

1.1 부가가치세의 의의와 특징

부가가치는 재화 또는 용역이 생산·유통되는 모든 단계에서 기업이 새로이 창출하는 가치의 증가분을 말하며, 부가가치에 대해 부과하는 조세를 부가가치세(Value Added Tax)라 한다.

특 징	내 용
일반소비세	법률상 면세대상으로 열거된 것을 제외하고, 모든 재화나 용역의 소비행위에 대해 과세
간접세	납세의무자는 재화 또는 용역을 공급하는 사업자이지만, 납세자(세금을 실질적으로 부담하는 자)는 최종소비자가 된다.
소비형 부가가치세	총매출액에서 중간재구입액과 자본재구입액을 차감하여 부가가치를 산출한다. 중간재와 자본재 구입비용을 차감하므로, 부가가치는 총소비액과 일치한다.
전단계세액 공제법	매출세액(매출액×세율)을 계산한 후 매입세액(매입액×세율)을 차감하여 부가가치세 납부세액을 계산한다.
소비지국 과세원칙	생산지국에서 수출할 때 부가가치세를 과세하지 않고, 소비지국에서 과세할 수 있도록 하는 소비지국과세원칙을 채택하고 있다. 이에 부가가치세법은 수출재화에 대하여 0% 세율을 적용하여 부가가치세를 전액 공제 또는 환급하여 부가가치세 부담을 완전히 제거하고, 수입할 때는 국내생산 재화와 동일하게 부가가치세를 부과한다.

1.2 사업자등록

구 분	내 용
사업자등록의 신청	사업자는 사업장마다 사업개시일로부터 20일 이내에 사업장 관할 세무서장에게 사업자등록을 신청하여야 한다. 다만, 신규로 사업을 시작하려는 자는 사업 개시일 이전이라도 사업자등록을 신청할 수 있다.
사업등록증의 발급	사업자등록 신청을 받은 사업장 관할 세무서장은 사업자의 인적사항과 그밖에 필요한 사항을 적은 사업자등록증을 신청일부터 2일 이내에 신청자에게 발급하여야 한다. 다만, 사업장시설이나 사업현황을 확인하기 위하여 국세청장이 필요하다고 인정하는 경우에는 발급기한을 5일 이내에서 연장하고 조사한 사실에 따라 사업자등록증을 발급할 수 있다.

주의 미등록 가산세: 사업개시일부터 20일 이내에 사업자등록을 신청하지 않은 경우 '공급가액 × 1%'

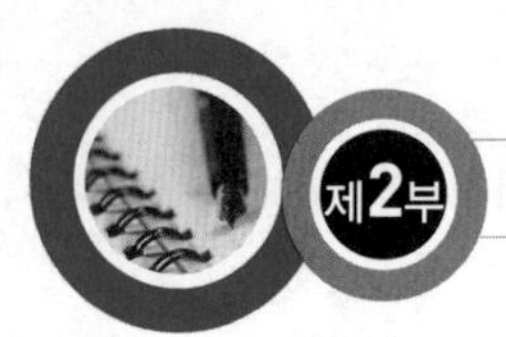

1.3 납세의무자

(1) 부가가치세의 납세의무자

① 사업자: 부가가치세법상 과세대상이 되는 재화 또는 용역을 공급해야 하고 영리목적 여부는 불문하며, 사업상 독립적으로 공급해야 한다.

② 재화를 수입하는 자

주의 재화를 수입하는 경우, 사업자 여부 관계없이 부가가치세 납세의무를 부담한다.

(2) 사업자 분류

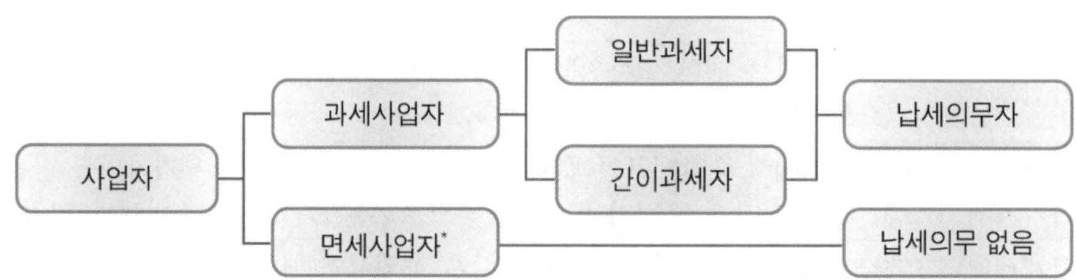

* 면세사업자는 부가가치세가 면세되는 재화 또는 용역을 공급하는 사업자이므로 부가가치세 납세의무가 없다.

1.4 과세기간

(1) 일반과세자

과세기간	예정신고기간과 과세기간 최종 3개월		신고납부기한
제1기 (1월 1일~6월30일)	예정신고기간	1월 1일 ~ 3월 31일	4월 25일
	과세기간 최종 3개월	4월 1일 ~ 6월 30일	7월 25일
제2기 (7월 1일~12월31일)	예정신고기간	7월 1일 ~ 9월 30일	10월 25일
	과세기간 최종 3개월	10월 1일 ~ 12월 31일	다음해 1월 25일

주의 사업자의 과세기간은 1년을 1기와 2기로 나누나, 부가가치세신고·납부는 예정신고기간으로 인하여 3개월마다 해야 한다.(개인사업자는 예정신고기간에 고지세액을 납부만 하면 된다.)

(2) 그 외의 과세기간

구 분	과세기간
간이과세자	1월 1일 ~ 12월 31일
신규로 사업을 시작하는 자	사업개시일 또는 등록일 ~ 해당 과세기간 종료일
폐업하는 경우	해당 과세기간 개시일 ~ 폐업일

1.5 납세지

(1) 납세지의 정의

부가가치세의 납세지는 각 사업장의 소재지로 한다. 따라서 사업자가 여러 사업장을 가지고 있다면 각 사업장마다 사업자등록을 하고 부가가치세를 신고 · 납부하는 등 부가가치세법상 제반 의무를 사업장별로 이행해야 한다.

(2) 업종별 사업장 범위

사 업	사업장의 범위	
광 업	광업사무소 소재지	
제조업	최종제품을 완성하는 장소	
건설업 · 운수업과 부동산매매업	가. 법인인 경우	법인의 등기부상 소재지
	나. 개인인 경우	사업에 관한 업무를 총괄하는 장소
무인자동판매기를 통하여 재화 · 용역을 공급하는 사업	사업에 관한 업무를 총괄하는 장소	
다단계판매원	다단계판매원이 등록한 다단계판매업자의 주된 사업장	
부동산임대업	부동산의 등기부상 소재지	

(3) 주사업장총괄납부와 사업자단위과세

구 분	주사업장총괄납부	사업지단위괴세
개 념	사업장이 둘 이상인 사업자가 납부할 세액을 주된 사업장에서 총괄하여 납부할 수 있는 제도	사업장이 둘 이상인 사업자가 사업자의 본점(주사무소)에서 총괄하여 사업자등록, 세금계산서 발급, 신고·납부할 수 있게 하는 제도
총괄 사업장	법인: 본점 또는 지점 개인: 주사무소	법인: 본점 개인: 주사무소

주의 부가가치세의 납세자는 원칙적으로 부가가치세법상 제반 의무를 사업장별로 이행해야 한다. 다만, 관할 세무서장에게 과세기간 개시 20일 전까지 신청을 한 경우에는 주사업장 총괄납부 또는 사업자단위과세를 적용받을 수 있다.

주의 주사업장총괄납부는 각 사업장의 납부(환급)세액을 합산하여 주된 사업장에서 납부(환급)하는 제도이다. 세액만 합산하여 납부(환급)하므로 사업자등록, 세금계산서 발급 및 수취, 과세표준 및 세액계산, 신고·결정·경정은 사업장별로 이루어져야 한다. 사업자단위과세는 사업자단위과세 적용사업장(본점 또는 주사무소)에서 납부(환급)뿐만 아니라 신고도 총괄하여 할 수 있다.

02 과세대상

2.1 재화의 공급

(1) 재화의 정의

재화란 재산 가치가 있는 물건 및 권리를 말하며, 구체적으로 다음과 같다.

① 유체물: 상품, 제품, 원료, 기계, 건물 등

② 무체물: 전기, 가스, 열 등 관리할 수 있는 자연력

(2) 공급의 정의

계약상 또는 법률상의 모든 원인에 따라 재화를 인도하거나 양도하는 것이다.

(3) 일반적인 재화 공급

구 분	내 용
매매거래	현금판매, 외상판매, 할부판매, 장기할부판매, 조건부 및 기한부 판매, 위탁판매와 그 밖의 매매계약에 따라 재화를 인도하거나 양도하는 것
가공거래	자기가 주요자재의 전부 또는 일부를 부담하고 상대방으로부터 인도받은 재화를 가공하여 새로운 재화를 만드는 가공계약에 따라 재화를 인도하는 것(단, 건설업의 경우 제외)
교환거래	재화의 인도 대가로서 다른 재화를 인도받거나 용역을 제공받는 교환계약에 따라 재화를 인도하거나 양도하는 것
기타 계약상 또는 법률상 원인에 따른 거래	경매, 수용, 현물출자와 그 밖의 계약상 또는 법률상의 원인에 따라 재화를 인도하거나 양도하는 것

2.2 용역의 공급

용역의 공급은 계약상 또는 법률상의 모든 원인에 따라 역무를 제공하거나, 시설물 · 권리 등 재화를 사용하게 하는 것을 말한다.

❙ 재화·용역 공급의 사례 ❙

거 래	구 분
건설업자가 건설자재의 전부 또는 일부를 부담하는 것 (건설자재의 부담유무에 관계없음)	용역의 공급
자기가 주요자재를 전혀 부담하지 아니하고 상대방으로부터 인도받은 재화를 단순히 가공만 해 주는 것	용역의 공급
자기가 주요자재의 전부 또는 일부를 부담하고 상대방으로부터 인도받은 재화를 가공하여 새로운 재화를 만드는 가공계약에 따라 재화를 인도하는 것	재화의 공급
산업재산권(특허권, 상표권 등)의 대여	용역의 공급
산업재산권(특허권, 상표권 등)의 양도	재화의 공급

2.3 재화의 수입

재화의 수입은 다음에 해당하는 물품을 국내에 반입하는 것(보세구역을 거치는 것은 보세구역에서 반입하는 것을 말한다)으로 한다.

① 외국으로부터 국내에 도착한 물품(외국 선박에 의하여 공해에서 채집되거나 잡힌 수산물을 포함한다)

② 수출신고가 수리된 물품

03 영세율과 면세

3.1 영세율

(1) 영세율의 개념

영세율이란 재화 또는 용역을 공급하는 때에 영의 세율(0%)을 적용하는 것을 말한다. 영세율을 적용하게 되면 전단계세액공제법하에서 매출세액은 없고 매입세액만 발생하게 된다.

따라서 납부할 세액(매출세액－매입세액)이 부의 금액으로 산출된다. 이에 따라 재화 또는 용역을 공급받을 때 부담한 매입세액을 환급받음으로써 부가가치세가 완전면세가 된다.

영세율은 소비지국과세원칙을 구현하기 위해 외국에 공급하는 거래에 적용하는 제도이나, 외화획득의 장려를 위해 국내거래에도 일부 적용된다.

주의 전단계세액공제법: 매출세액(매출액×세율)을 계산한 후 매입세액을 차감하여 부가가치세를 계산하는 방법을 말한다. 영세율 제도를 적용하면, 세율이 영(0%)이기 때문에 납부세액이 부의 금액으로 산출된다.

구 분	금 액	세 액	비 고
① 매출	1,000,000원	0원	영세율 적용
② 매입	300,000원	30,000원	매입시 부가가치세를 부담
③ 납부세액(①－②)		－30,000원	부의 금액이므로 환급

* 매입 시 부담한 부가세를 전액 환급받으므로, 영세율 제도를 완전면세제도라 한다.

(2) 영세율 적용대상자

영세율은 부가가치세법상 과세사업자에게 적용한다. 비거주자 또는 외국법인의 경우 해당 국가에서 대한민국의 거주자 또는 내국법인에 대하여 동일하게 면세하는 경우에만 영세율을 적용한다.(상호주의에 따라 판단)

주의 영세율제도는 영의 세율(0%)을 적용한 결과 부가가치세 부담이 면제되는 것이다. 따라서 부가가치세법상 과세사업자만이 영세율을 적용할 수 있으며, 면세사업자는 면세를 포기하지 않는 한 영세율을 적용받을 수 없다.

▎영세율 적용 대상거래▎

구 분	내 용
재화의 수출	① 내국물품(대한민국 선박에 의하여 채집되거나 잡힌 수산물을 포함)을 외국으로 반출하는 것 ② 중계무역 방식의 수출 ③ 위탁판매수출 ④ 외국인도수출 ⑤ 위탁가공무역 방식의 수출 ⑥ 원료를 대가 없이 국외의 수탁가공 사업자에게 반출하여 가공한 재화를 양도하는 경우에 그 원료의 반출 ⑦ 사업자 내국신용장 또는 구매확인서에 의하여 공급하는 재화 ⑧ 국외의 비거주자 또는 외국법인과 직접 계약에 따라 공급하는 재화
용역의 국외공급	국외에서 공급하는 용역에 대하여는 영세율을 적용한다. (예 해외에서 진행중인 건설공사)
외국항행 용역의 공급	외국항행용역은 선박 또는 항공기에 의하여 여객이나 화물을 국내에서 국외로, 국외에서 국내로 또는 국외에서 국외로 수송하는 것을 말한다. 선박 또는 항공기에 의한 외국항행용역의 공급에 대하여는 영세율을 적용한다.
외화 획득 재화 또는 용역의 공급	① 우리나라에 상주하는 외교공관, 영사기관, 국제연합과 이에 준하는 국제기구 등에 재화 또는 용역을 공급하는 경우 ② 외교공관 등의 소속 직원으로서 해당 국가로부터 공무원 신분을 부여받은 자 또는 외교부장관으로부터 이에 준하는 신분임을 확인받은 자 중 내국인이 아닌 자에게 재화 또는 용역을 공급하는 경우 ③ 수출업자와 직접 도급계약에 의하여 수출재화를 임가공하는 수출재화임가공용역 ④ 내국신용장 또는 구매확인서에 의하여 공급하는 수출재화임가공용역 ⑤ 외국을 항행하는 선박 및 항공기 또는 원양어선에 공급하는 재화 또는 용역 ⑥ 국내에서 국내사업장이 없는 비거주자 또는 외국법인에 공급되는 일정한 재화 또는 용역

3.2 면세

(1) 면세의 개념

면세란 일정한 재화 또는 용역의 공급에 대하여 부가가치세를 면제하는 것을 말한다. 면세사업자는 부가가치세 납세의무가 없으므로 매출세액을 납부하지 않으며, 매입세액도 공제·환급되지 않는다. 따라서 매입세액은 공급가격에 포함되어 최종소비자에게 전가되므로 부가가치세 부담이 완전히 제거되지는 않는다.(부분면세 제도)

(2) 면세대상 재화 또는 용역

구 분	면세항목
기초생활필수품 및 관련 용역	• 미가공 식료품(농·축·수·임산물): 국내산 외국산 불문 • 미가공 비식용(농·축·수·임산물): 국내산만 면세 • 수돗물 및 연탄과 무연탄 • 여성용 생리 처리 위생용품 • 여객운송 용역(항공기, 우등고속버스, 전세버스, 택시, 특수자동차, 특종선박 또는 고속철도에 의한 여객운송 용역은 과세)
국민후생 및 문화관련 재화 또는 용역	• 의료보건 용역: 혈액(동물의 혈액 포함) 및 수의사의 용역 • 교육용역 • 우표(수집용 우표는 과세), 인지, 증지, 복권 및 공중전화 • 도서(도서대여 용역을 포함), 신문, 잡지, 관보, 뉴스통신(광고는 과세) • 예술창작품, 예술행사, 문화행사 또는 아마추어 운동경기 • 도서관, 과학관, 박물관, 미술관, 동물원, 식물원, 그밖에 대통령령으로 정하는 곳의 입장권
부가가치 구성요소	• 토지의 공급 및 금융·보험 용역 • 저술가·작곡가나 그 밖의 자가 직업상 제공하는 인적용역
기타	• 국가, 지방자치단체 또는 지방자치단체조합이 공급하는 재화 또는 용역 • 국가, 지방자치단체, 지방자치단체조합 공익단체에 무상으로 공급하는 재화 또는 용역 • 종교, 자선, 학술, 구호, 그 밖의 공익을 목적으로 하는 단체가 공급하는 재화 또는 용역 • 주택과 이에 부수되는 토지의 임대용역 • 국민주택 및 국민주택건설용역

(3) 면세포기

면세사업자가 공급하는 재화 또는 용역이 수출 등에 해당되어 영세율 적용대상이 되는 경우에는 부분 면세제도인 면세를 포기하고 완전면세제도인 영세율을 선택함으로써 보다 유리한 방법으로 부가가치세의 납세의무를 이행할수 있다.

1) 대상: 영세율 적용대상이 되는 경우, 학술연구단체 등의 학술연구 등과 관련된 경우
2) 기한: 정해진 기한이 없고 언제라도 포기 가능
3) 승인: 과세관청의 승인 필요 없고 신청만 하면 됨
4) 면세 전환: 면세포기 후 3년간은 면세사업자로 다시 전환할 수 없음

04 과세표준과 세액계산

4.1 과세표준

(1) 과세표준의 정의

세법에 따라 직접적으로 세액산출의 기초가 되는 과세대상의 수량 또는 가액을 말한다. 부가가치세에서 과세표준은 해당 과세기간에 공급한 재화 또는 용역의 공급가액을 합한 금액이다.

주의 공급가액: 부가가치세를 포함하지 않은 매출액 등을 의미
공급대가: 공급가액에 부가가치세를 포함한 금액을 의미

(2) 과세표준 결정

구 분	과세표준 금액
금전으로 대가를 받는 경우	그 대가
금전 외의 대가를 받는 경우	공급한 재화 또는 용역의 시가
폐업하는 경우	폐업시 남아 있는 재화의 시가
간주공급	공급한 재화 또는 용역의 시가

4.2 매출세액

매출세액 구조
과세표준 × 세율 + 예정신고누락분 ± 대손세액가감 = 매 출 세 액

(1) 매출세액의 계산

매출세액은 과세표준에 세율을 적용하여 계산한 금액으로 한다.

매출세액 = 과세표준 × 세율(10%, 0%)

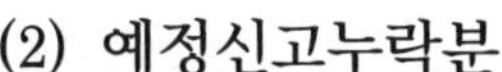

(2) 예정신고누락분

예정신고 시 누락된 매출세액을 확정신고 시 신고하는 금액을 말한다.

(3) 대손세액공제

사업자는 부가가치세가 과세되는 재화 또는 용역을 공급하고 외상매출금이나 그 밖의 매출채권(부가가치세를 포함한 것을 말한다)의 전부 또는 일부가 공급을 받은 자의 파산 · 강제집행이나 그 밖의 사유로 대손되어 회수할 수 없는 경우에는 대손세액을 그 대손이 확정된 날이 속하는 과세기간의 매출세액에서 차감할 수 있다.

구 분	내 용
대손세액공제	• 외상매출금이나 그밖의 매출채권이 공급받은 자의 파산 · 강제집행이나 그 밖의 사유로 대손되어 회수할 수 없는 경우 매출세액에서 차감한다. • 공급일로부터 10년이 경과된 날이 속하는 과세기간에 대한 확정신고기한까지 대손세액공제요건이 확정되어야 한다. 대손세액 = 대손금액 × 10/110 **주의** 확정신고 시에만 대손세액공제가 가능하다.(예정신고 때는 불가능)

4.3 매입세액

구 분	내 용
공제받는 매입세액	• 사업자가 사업을 위하여 사용하였거나 사용할 목적으로 세금계산서와 함께 공급받은 재화 또는 용역에 대한 부가가치세액은 매출세액에서 공제한다. - 세금계산서 수취분 매입세액 - 신용카드 수취분 매입세액 - 현금영수증 수취분 매입세액 - 계산서 수취분 매입세액 - 의제매입세액
예정신고누락분	• 예정신고 시 누락된 매입세액을 확정신고 시 신고하는 금액을 말한다.
기타공제 매입세액	• 신용카드매출전표 등 수취분: 사업자가 일반과세자로부터 재화 또는 용역을 공급받고 부가가치세액이 별도로 구분되는 신용카드매출전표 등을 발급받은 경우 그 부가가치세액은 공제할 수 있는 매입세액으로 본다. • 의제매입세액: 사업자가 면세농산물을 원재료로 하여 제조 · 가공한 재화 또는 창출한 용역의 공급에 대하여 부가가치세가 과세되는 경우에는 매입가액에 소정의 율을 곱한 금액을 매입세액으로 보아 공제할 수 있다. 의제매입세액 = 면세로 구입한 농 · 축 · 수 · 임산물 × 2/102 * 중소제조기업 4/104, 과세유흥장소 2/102, 음식업: 법인 6/106, 개인 8/108

공제받지 못할 매입세액	• 매입처별 세금계산서합계표 미제출 · 부실기재 • 세금계산서 미수취 · 부실기재 • 면세사업 관련 매입세액 • 사업과 직접 관련이 없는 지출에 대한 매입세액 • 비영업용 소형승용차의 구입과 임차 및 유지에 관한 매입세액 • 접대비관련 매입세액 • 사업자등록을 신청하기 전의 매입세액 주의 공급시기가 속하는 과세기간이 끝난 후 20일 이내에 사업자 등록을 신청한 경우 등록신청일부터 공급시기가 속하는 과세기간 기산일까지 역산한 기간 내의 것은 매입세액 공제가 가능하다. • 토지에 관련된 매입세액

 4.4 거래징수 및 세금계산서

(1) 거래징수

거래징수란 사업자가 재화 또는 용역을 공급하는 경우에 공급가액에 부가가치세율을 적용하여 계산한 부가가치세를 재화 또는 용역을 공급받는 자로부터 징수하는 것을 말한다. 거래징수를 통해 부가가치세는 최종소비자에게 전가된다.

(2) 세금계산서

1) 세금계산서의 개념

사업자가 재화 또는 용역을 공급하는 때에 부가가치세를 거래징수하고 이를 증명하기 위하여 공급받는 자에게 발급하는 것이다.

2) 세금계산서 종류

① 종이세금계산서

세금계산서는 2매를 작성하여 1매를 공급받는 자에게 발급하고 1매를 보관한다. 공급자는 발급한 세금계산서를 토대로 매출처별세금계산서합계표를 작성 · 제출하며, 공급받는 자는 매입처별세금계산서합계표를 작성 · 제출한다.

② 전자세금계산서

작성자의 신원 및 계산서의 변경 여부 등을 확인할 수 있는 공인인증시스템을 거쳐 정보통신망으로 발급하는 세금계산서를 말한다. 전자세금계산서 발급 및 수취는 전산설비 및 시스템에서 확인 가능하다.

가. 전자세금계산서 의무발급 대상자

- 법인사업자
- 직전연도의 사업장별 재화 및 용역의 과세공급가액과 면세공급가액 합계액이 8,000만 원 이상인 개인사업자

③ 세금계산서 기재사항

필요적 기재사항	임의적 기재사항
공급하는 사업자의 등록번호와 상호 · 성명 공급받는 자의 등록번호 공급가액과 부가가치세액 작성 연월일	공급하는 자의 주소 공급받는 자의 상호 · 성명 · 주소 공급품목, 단가와 수량 공급 연월일 거래의 종류

④ 세금계산서의 발급시기

재화 또는 용역의 공급시기에 재화 또는 용역을 공급받는 자에게 발급하여야 한다.

3) 영수증

영수증은 공급받는 자의 등록번호와 부가가치세액을 별도로 구분하여 기재하지 않은 거래증빙이다. 신용카드매출전표와 현금영수증 등이 포함된다.

① 영수증 발급대상

가. 일반과세자

- 소매업, 음식점업(다과점업을 포함)
- 숙박업, 미용, 욕탕 여객운송업 등
- 입장권을 발행하여 경영하는 사업
- 변호사 · 회계사 등 전문직사업자와 행정사업
- 우정사업조직이 소포우편물을 방문접수하여 배달하는 용역
- 주로 사업자가 아닌 소비자에게 재화 또는 용역을 공급하는 사업(부동산중개업 등)

나. 간이과세자

- 신규사업자 및 직전연도 공급대가 합계액이 4,800만 원 미만인 사업자
- 소매업, 음식점업(다과점업을 포함)
- 숙박업, 미용, 욕탕 여객운송업 등
- 입장권을 발행하여 경영하는 사업

  다만, 소매업, 음식점업, 숙박업 등은 공급받는 자가 요구하는 경우 세금계산서 발급의무가 있음

> 간이과세자의 경우 세금계산서 발급의무가 면제 되었으나, 직전연도 공급대가 합계액이 4,800만 원 이상인 경우 세금계산서를 발급(영수증발급 대상 제외) 하여야 한다.

② 거래상대방이 세금계산서 발급을 요구하는 경우

공급을 받는 사업자가 사업자등록증을 제시하고 세금계산서 발급을 요구할 때 세금계산서를 발급할 수 있다. 다만, 목욕·이발·미용, 여객운송업(전세버스운송업 제외) 입장권을 발행하여 영위하는 사업은 세금계산서를 발급할 수 없다.

4.5 신고 및 납부환급

(1) 예정신고와 납부

1) 직전 과세기간 공급가액이 1.5억원 이상인 법인사업자

법인사업자는 예정신고기간이 끝난 후 25일 이내에 예정신고기간에 대한 과세표준과 납부세액 또는 환급세액을 납세지 관할 세무서장에게 신고하고, 해당 예정신고기간의 납부세액을 납부하여야 한다.

2) 개인사업자와 직전 과세기간 공급가액이 1.5억원 미만인 법인사업자

① 원칙(고지납부)

관할 세무서장이 각 예정신고기간마다 직전 과세기간에 대한 납부세액의 1/2에 상당하는 금액을 결정하여 해당 예정신고기간이 끝난 후 25일까지 징수한다.

② 예외(신고납부)

휴업 또는 사업 부진 등으로 인하여 각 예정신고기간의 공급가액 또는 납부세액이 직전 과세기간의 공급가액 또는 납부세액의 1/3에 미달하는 자, 각 예정신고기간분에 대하여 조기환급을 받으려면 예정신고·납부를 할 수 있다.

(2) 확정신고와 납부

사업자는 각 과세기간에 대한 과세표준과 납부세액 또는 환급세액을 그 과세기간이 끝난 후 25일 이내에 납세지 관할 세무서장에게 신고하고, 해당 과세기간에 대한 납부세액을 납부하여야 한다. 다만, 예정신고를 한 사업자 또는 조기에 환급을 받기 위하여 신고한 사업자는 이미 신고한 과세표준과 납부한 납부세액 또는 환급받은 환급세액은 신고하지 아니한다.

주의 폐업하는 경우 폐업일이 속한 달의 다음 달 25일 이내에 신고·납부하여야 한다.

(3) 환급

1) 일반환급

각 과세기간별로 그 과세기간에 대한 환급세액을 확정신고한 사업자에게 그 확정신고기한이 지난 후 30일 이내 환급한다. 예정신고기간의 환급세액은 환급하지 아니하고 확정신고 시 납부세액에서 차감한다.

2) 조기환급

일반적인 부가가치세 환급보다 빠른 시기에 환급해 주는 것이 조기환급이다.

① 대상: 영세율을 적용받는 경우, 사업설비를 신설·취득·확장 또는 증축하는 경우, 사업자가 재무구조 개선 계획을 이행 중인 경우

② 기간: 예정신고기간 중 또는 과세기간 최종 3개월 중 매월 또는 매 2월

③ 기한: 조기환급기간이 끝난 날부터 25일 이내(조기환급신고기한)에 신고하고, 그 후 15일 이내에 환급

④ 조기환급신고를 한 부분은 예정신고 및 확정신고의 대상에서 제외한다.

제3부

핵심ERP 이해와 활용

알고가자! 핵심ERP 설치와 DB관리

❶ 시스템 운영환경

구 분	권장사항
설치 가능 OS	Microsoft Windows 7 이상의 OS (Window XP, Vista, Mac OS X, Linux 등 설치 불가)
CPU	Intel Core2Duo / i3 1.8Ghz 이상의 CPU
Memory	3GB 이상의 Memory
DISK	10GB 이상의 C:₩ 여유 공간

※ 위 최소 요구 사양에 만족하지 못하는 경우 핵심ERP 설치 진행이 불가능합니다.

❷ 핵심ERP 설치

(1) i cube 핵심ERP$_{v2.0}$ 설치 파일 폴더에서 [CoreCubeSetup.exe]를 더블클릭하면 설치가 시작된다.

(2) 진행을 하면 아래와 같이 [핵심ERP 설치 전 사양 체크] 프로그램이 자동으로 실행된다. 설치 전 사양체크가 완료되면 바로 핵심 ERP설치가 진행된다.

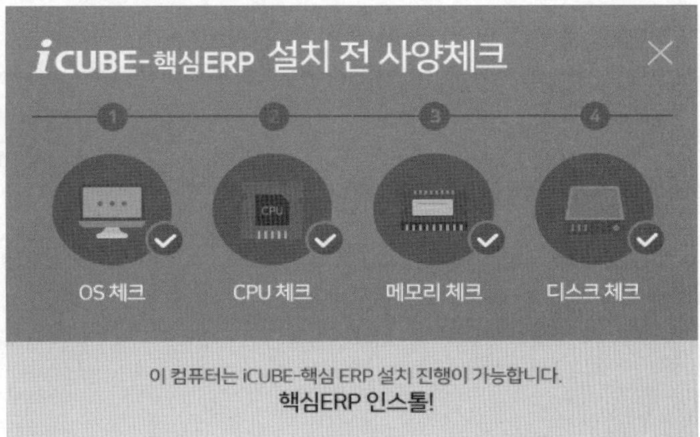

※ ①단계~④단계까지 모두 충족하지 않으면 핵심ERP 설치 진행이 불가능하다. 모두 만족하면 하단에 '이 컴퓨터는 iCUBE-핵심 ERP 설치 진행이 가능합니다. 핵심ERP 인스톨!'을 확인할 수 있다.

(3) i cube 핵심ERP$_{v2.0}$ 사용권 계약의 동의를 위해 [예]를 클릭한다.

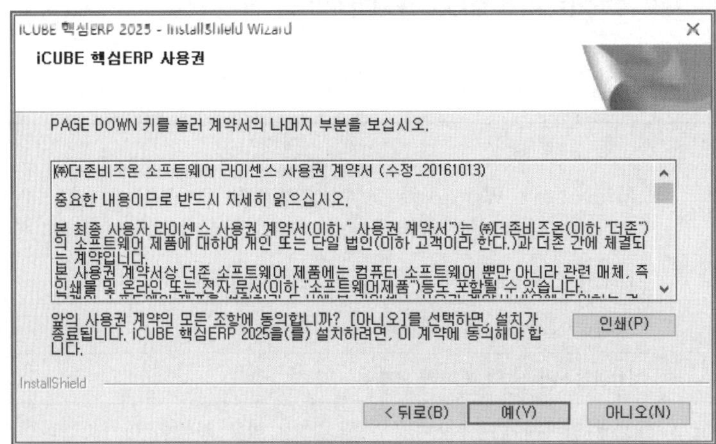

(4) DBMS(SQL Server 2008 R2)의 설치는 시스템 환경에 따라 몇 분간 소요된다. 만약 SQL Server 2008 R2가 설치되어 있다면 i cube－핵심ERP$_{v2.0}$ DB 및 Client 설치단계로 자동으로 넘어간다.

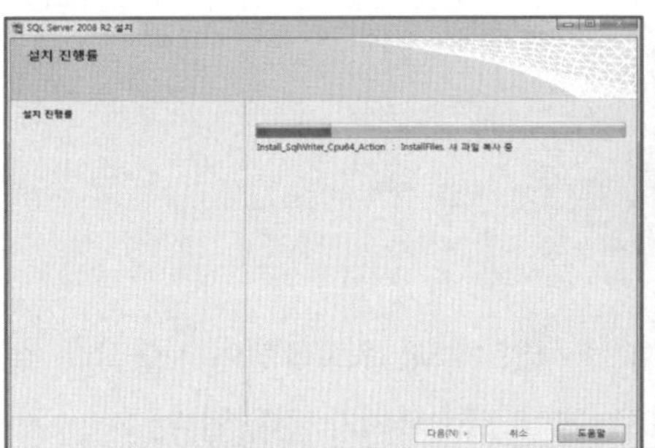
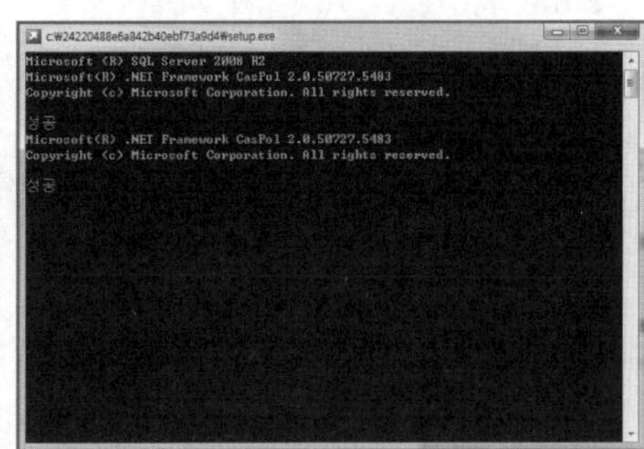

(5) i cube 핵심ERP$_{v2.0}$ DB 및 Client 설치가 진행된다.

iCUBE 핵심ERP 2025 - InstallShield Wizard

설치 상태

iCUBE 핵심ERP 2025 설치 프로그램이 요청한 작업을 수행 중입니다.

설치 중

C:₩iCUBECORE₩iCUBECORE_DB₩DZCORECUBE.mdf

InstallShield

취소

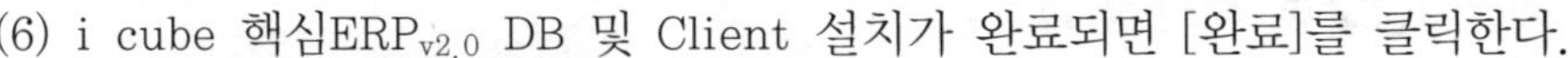

(6) i cube 핵심ERP$_{v2.0}$ DB 및 Client 설치가 완료되면 [완료]를 클릭한다.

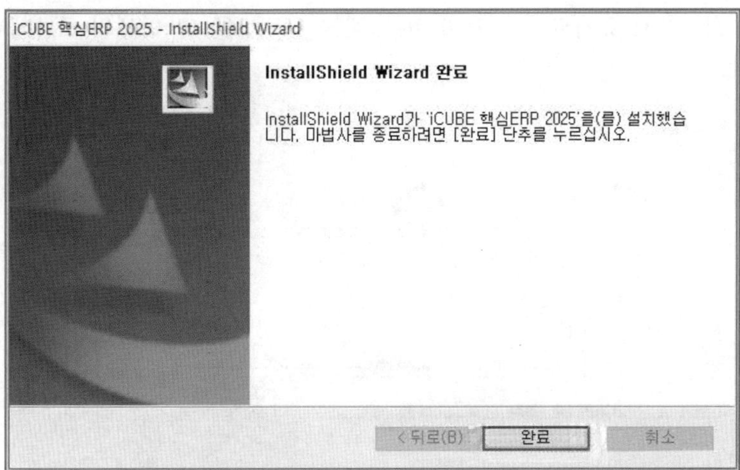

(7) i cube 핵심ERP$_{v2.0}$ 프로그램 로그인 화면이 실행되는지 확인한다.

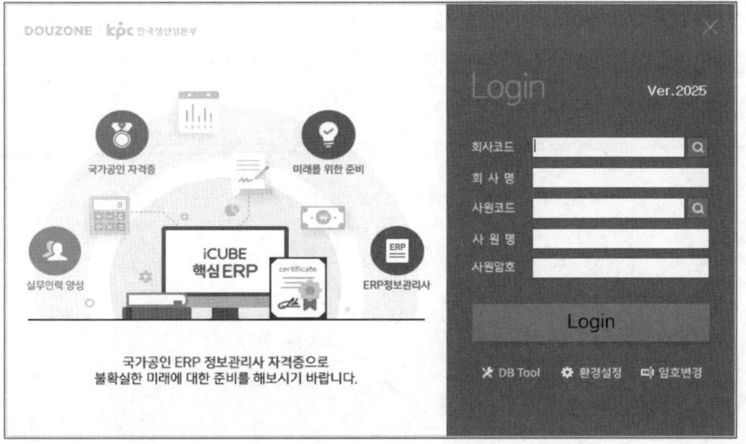

❸ 핵심ERP 실행오류 처리 방법

(1) 로그인 화면에서 회사코드 찾기 아이콘(🔍)을 클릭했을 때 아래의 오류메세지 확인

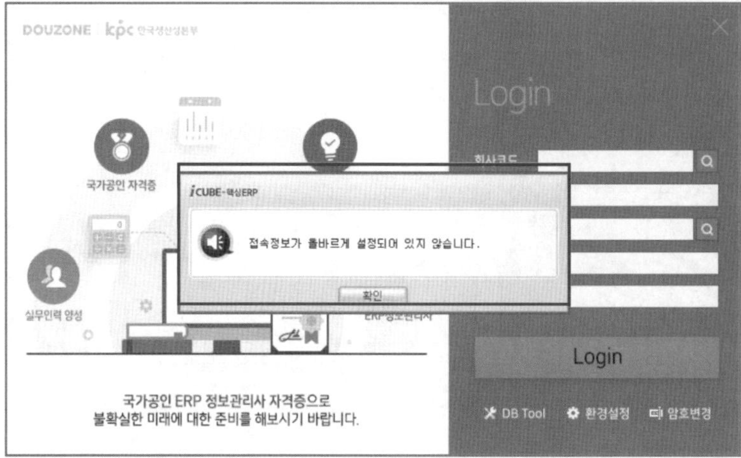

(2) i cube 핵심ERP$_{v2.0}$ 설치 파일 폴더 내 [UTIL] 폴더의 [CoreCheck.exe] 파일을 더블클릭한다. [×] 아이콘을 클릭해 모두 [○] 아이콘으로 변경한 후 프로그램을 실행하면 로그인이 가능하다.

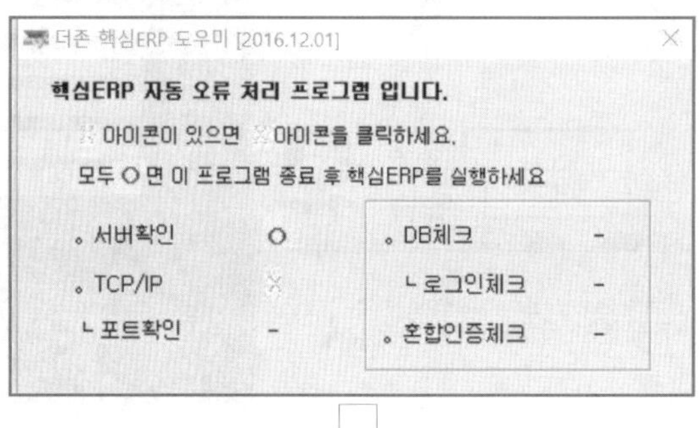

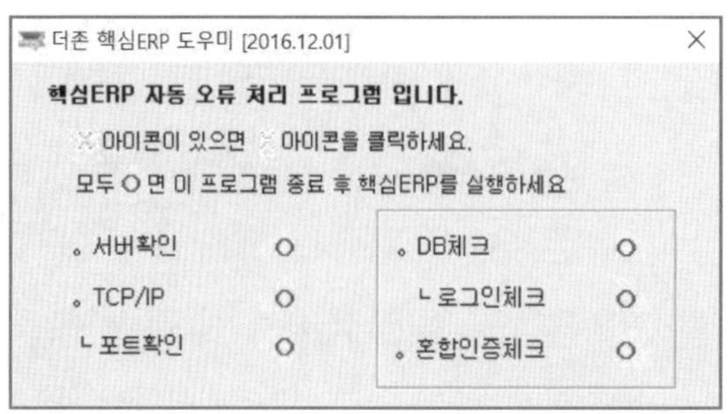

❹ 핵심ERP DB관리

(1) DB 백업 방법

① 로그인 창에서 [DB TOOL]을 클릭하여 [DB백업]을 선택한다.

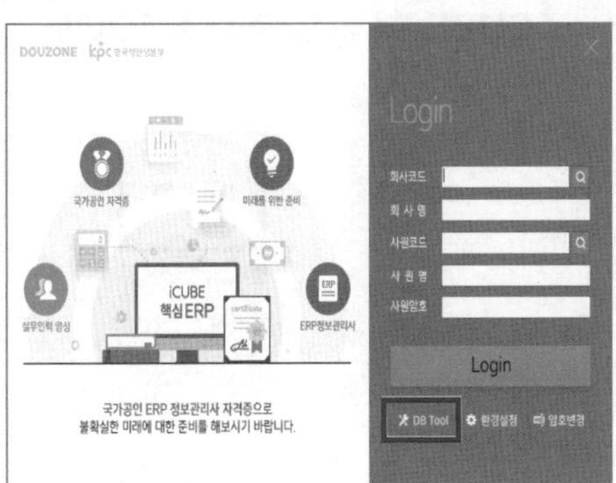

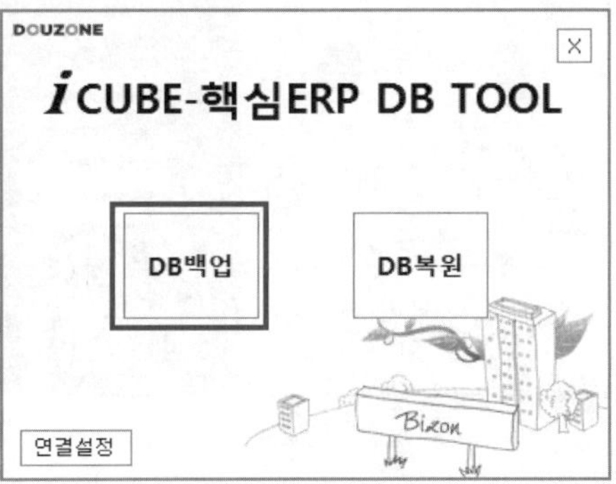

② 백업 경로와 폴더명이 나타나며 [확인]을 클릭하면, 백업이 진행된다.

핵심ERP DB를 백업할 폴더명을 입력하세요.
(기본 폴더명은 현재시간으로 생성됩니다.)
◉ 기본폴더 백업 ○ 다른폴더 백업
C:₩iCUBECORE₩iCUBECORE_DB₩BAK
위 경로에 핵심ERP DB를 백업합니다.
확인 취소

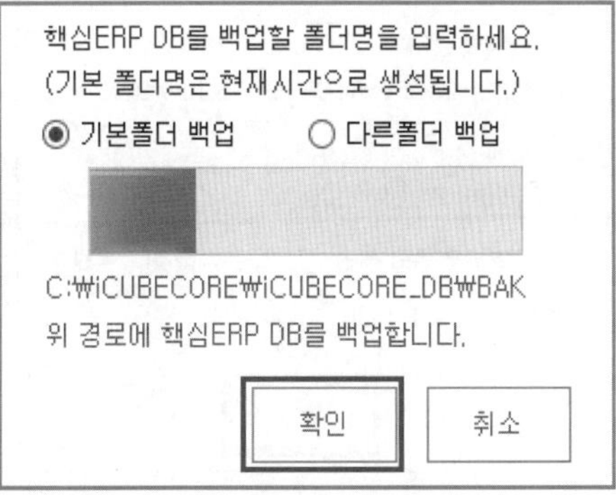

③ DB 백업이 완료된 후 [확인]을 클릭하면 백업폴더로 이동할 수 있다.

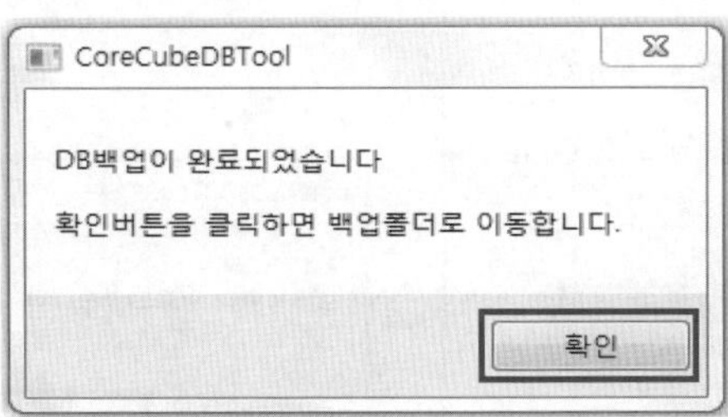

핵심ERP실무

(2) DB 복원 방법

① 로그인 창에서 [DB TOOL]을 클릭하여 [DB복원]을 선택한다.

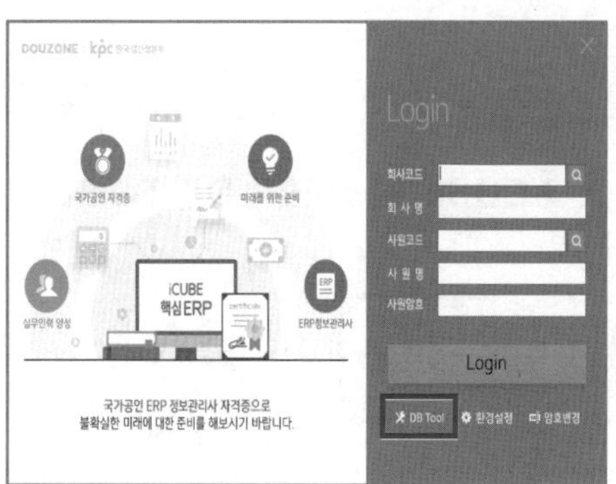

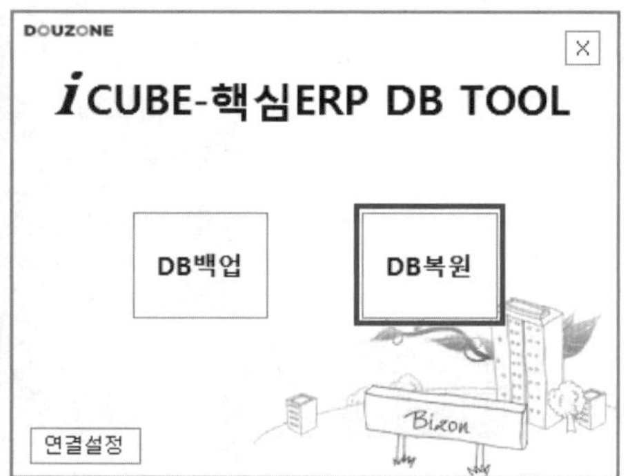

② 복원폴더 지정 및 파일명을 선택하고 [확인]을 클릭한다. 현재 연결중인 DB는 삭제된다는 경고 창이 나타난다.

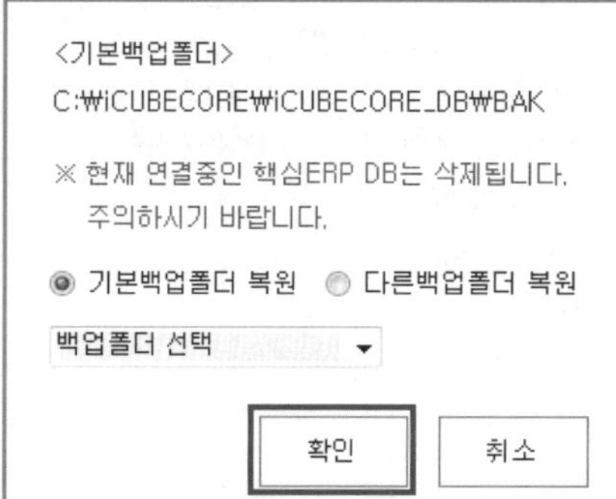

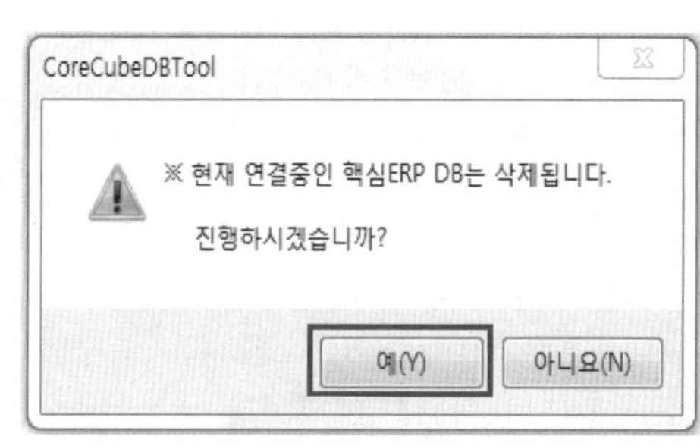

③ DB 복원 진행한 후 DB복원 완료 창이 나타나면 [확인]을 클릭한다.

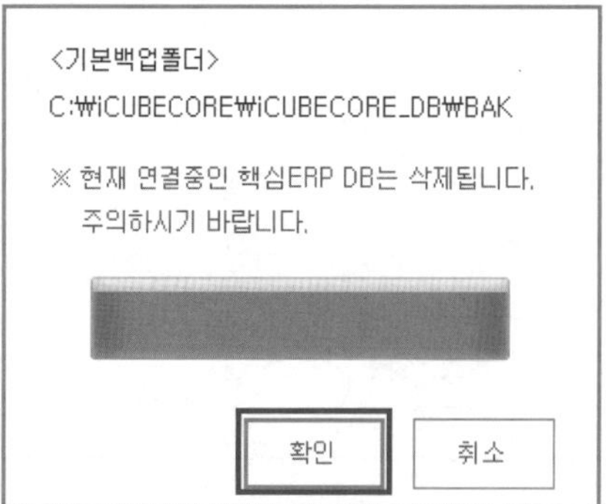

알고가자! 핵심ERP 구성

❶ 핵심ERP 모듈 구성

한국생산성본부에서 주관하는 ERP 정보관리사 자격시험의 수험용 프로그램인 i cube－핵심ERP$_{v2.0}$은 (주)더존비즈온에서 개발하여 공급하고 있다.

교육용 버전인 i cube－핵심ERP$_{v2.0}$은 실무용 버전과 기능상의 차이는 다소 있지만 모듈별 프로세스 차이는 거의 없기 때문에 혼란을 야기하지는 않는다.

i cube－핵심ERP$_{v2.0}$은 아래의 그림과 같이 물류, 생산, 회계, 인사모듈로 구성되어 있으며 각 모듈의 업무프로세스와 기능들은 모듈 간 유기적으로 서로 연계되어 있다.

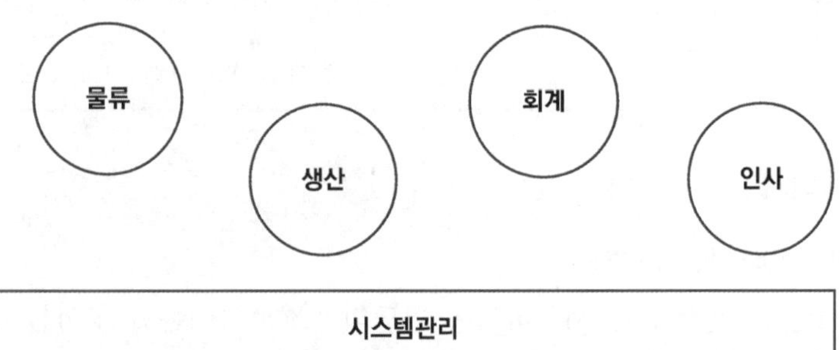

❷ 핵심ERP 화면 구성

i cube－핵심ERP$_{v2.0}$의 화면구성은 사용자의 관점에서 매우 편리하도록 구성되어 있다. 메인화면 좌측에는 전체 메뉴리스트와 함께 최근메뉴보기, 메뉴찾기 등 편의기능들이 위치하며, 우측 상단부에는 데이터를 검색할 수 있는 다양한 조회조건들이 존재한다. 그리고 데이터의 입력화면은 대부분 헤드(상단)부분과 디테일(하단)부분으로 나누어진다.

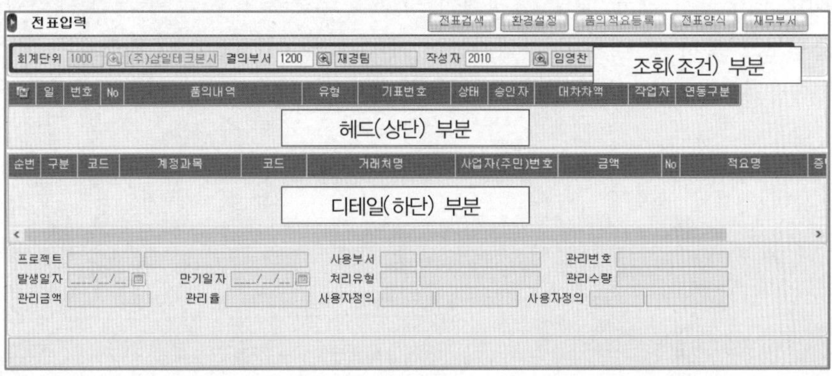

❸ 아이콘 설명

명 칭	아이콘	단축키	기능 설명
닫기	닫기	Esc	화면을 닫는다.
코드도움	코드도움	F2	해당코드 도움창이 열린다.
삭제	삭제	F5	선택한 라인을 삭제한다.
조회	조회	F12	조회조건에 해당하는 데이터를 불러온다.
인쇄	인쇄	F9	선택한 정보를 인쇄하기 위해 인쇄 도움창이 열린다.
화면분할	화면분할		현재 화면만 별도의 화면으로 분리한다.
정보	정보		현재 화면에 대한 프로그램 정보를 보여준다.

❹ 기타 특이사항

(1) 입력데이터 저장방법

핵심ERP는 몇몇 메뉴를 제외하고는 별도의 저장 아이콘을 찾아볼 수가 없다. 메뉴를 실행하였을 때 우측 상단에 저장 아이콘이 있을 경우에는 저장 아이콘을 클릭하여 저장할 수 있지만 대부분의 메뉴에서 입력된 데이터를 저장하는 방법은 다음과 같다.

① 마지막 입력 항목에서 엔터나 마우스를 이용해 다음 필드로 넘어가면 자동 저장된다.

② 데이터 입력 후 상단의 조회를 클릭하면 저장의 유무를 묻는 팝업창이 띄워진다.

(2) R-Click 기능

핵심ERP 대부분의 메뉴 실행 상태에서 마우스 오른쪽 버튼을 누르면 데이터 변환, 클립보드 복사 등 다양한 편의기능이 제공된다. 이것을 R-Click 기능이라고 한다.

(NCS 능력단위 0203020105_20v4)

회계정보시스템 운용

NCS 능력단위요소

01 회계 관련 DB마스터 관리하기

02 회계프로그램 운용하기

NCS 능력단위: 회계정보시스템 운용(0203020105_20v4)

회계정보시스템 운용	원활한 재무보고를 위하여 회계 관련 DB를 관리, 운영하고 회계 정보를 활용할 수 있다.

직종	분류번호	능력단위	능력단위 요소	수준
회계 감사	0203020105_20v4	회계정보시스템 운용	01 회계 관련 DB마스터 관리하기	2
			02 회계프로그램 운용하기	2
			03 회계정보 활용하기	2

능력단위 요소	수행준거
01 회계 관련 DB마스터 관리하기	1.1 DB마스터 매뉴얼에 따라 계정과목 및 거래처를 관리할 수 있다.
	1.2 DB마스터 매뉴얼에 따라 비유동자산의 변경 내용을 관리할 수 있다.
	1.3 DB마스터 매뉴얼에 따라 개정된 회계 관련 규정을 적용하여 관리할 수 있다.
02 회계프로그램 운용하기	2.1 회계프로그램 매뉴얼에 따라 프로그램 운용에 필요한 기초 정보를 처리할 수 있다.
	2.2 회계프로그램 매뉴얼에 따라 정보 산출에 필요한 자료를 처리할 수 있다.
	2.3 회계프로그램 매뉴얼에 따라 기간별·시점별로 작성한 각종 장부를 검색할 수 있다.
	2.4 회계프로그램 매뉴얼에 따라 결산 작업 후 재무제표를 검색할 수 있다.
03 회계정보 활용하기	3.1 회계 관련 규정에 따라 회계정보를 활용하여 재무 안정성을 판단할 수 있는 자료를 산출할 수 있다.
	3.2 회계 관련 규정에 따라 회계정보를 활용하여 수익성과 위험도를 판단할 수 있는 자료를 산출할 수 있다.
	3.3 회계관련 규정에 따라 회계프로그램을 이용하여 활동성을 판단할 수 있는 자료를 산출할 수 있다.

01 회계 관련 DB마스터 관리하기(NCS 능력단위요소명)

★ **학습목표(NCS 수행준거)**

1.1 DB마스터 매뉴얼에 따라 계정과목 및 거래처를 관리할 수 있다.
1.2 DB마스터 매뉴얼에 따라 비유동자산의 변경 내용을 관리할 수 있다.
1.3 DB마스터 매뉴얼에 따라 개정된 회계 관련 규정을 적용하여 관리할 수 있다.

필요 지식

1.1 실습회사 개요

(주)삼일테크는 2013년 5월에 설립되어 주로 스마트폰을 제조하여 전 세계적으로 판매하면서 스마트폰과 관련된 각종 액세서리를 판매하는 기업이다.

본점은 서울 용산구에 위치하고 있으며, 본점에서는 생산업무를 제외한 대부분의 경영활동이 이루어지고 있고, 대구지사에서는 주로 생산업무를 담당하고 있다. (주)삼일테크의 세부 조직구성은 다음의 그림과 같이 구성되어 있다. 조직의 구성도는 핵심ERP에서 실습을 위한 중요한 정보이기 때문에 반드시 이해하여야 한다.

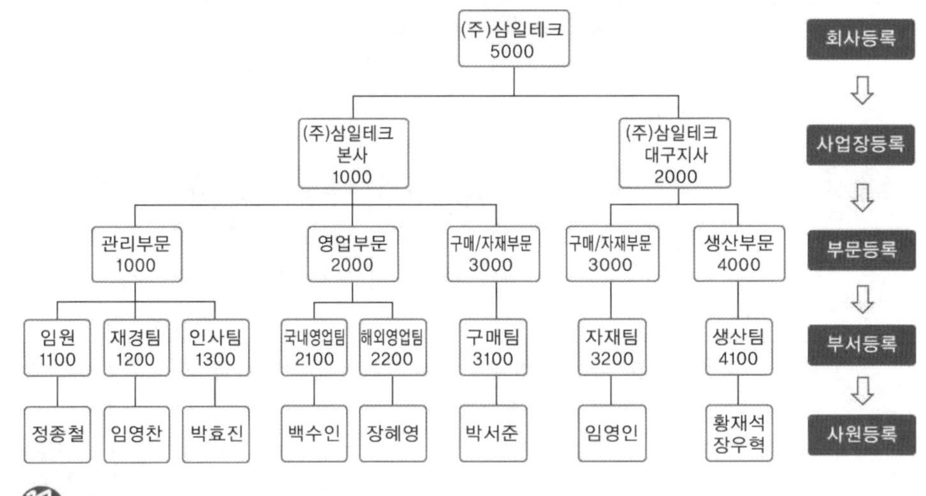

꼭 알아두기

핵심ERP의 조직구성 프로세스는 반드시 다음의 순서대로 진행하여야 한다.

회사등록 → 사업장등록 → 부문등록 → 부서등록 → 사원등록

1.2 회사등록 정보

(1) 회사등록

핵심ERP 설치 후 최초의 회사등록을 위해서는, 우선적으로 다음과 같이 시스템관리자로 로그인하여야 한다.

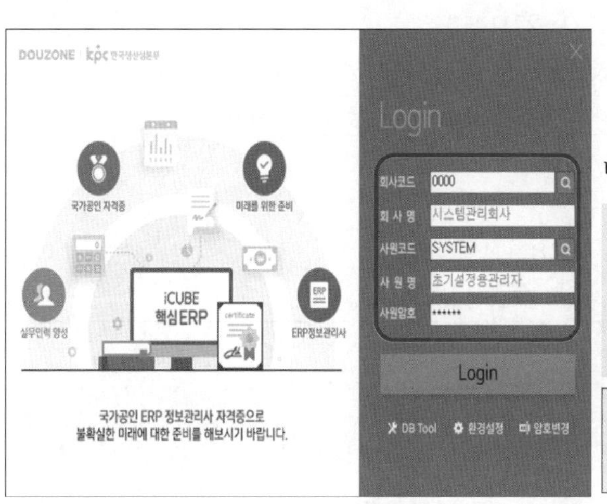

시스템관리회사 로그인

바탕화면 [아이콘]를 더블클릭한다.

❶ 회사코드: '0000'
❷ 사원코드: 대문자 'SYSTEM'
❸ 사원암호: 대문자 'SYSTEM'
입력 후 Login을 클릭한다.

프로그램에 최초 로그인하기 위해서 0000 시스템관리회사의 시스템관리자로 로그인 하여야 한다.

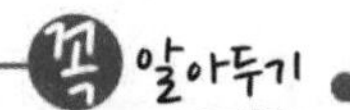

꼭 알아두기

핵심ERP 설치 후 최초 회사등록의 경우에만 회사코드 '0000'으로 로그인이 가능하다. 시스템관리자는 관리자 권한의 계정으로서 핵심ERP 운용을 위한 초기설정 등을 담당한다.

수행 내용 회사등록

시스템관리 → 회사등록정보 → 회사등록

(주)삼일테크는 전자제품 제조업을 영위하는 법인으로서 회계기간은 제13기(2025년 1월 1일 ~ 2025년 12월 31일)이다. 다음의 사업자등록증을 참고하여 회사등록을 수행하시오.

- 회사코드: 5000
- 대표자 주민등록번호: 750914-1927313
- 설립연월일과 개업연월일은 동일하다.

사업자 등록증 (법인 사업자) 등록번호: 106-81-11110
법인명(단체명): (주)삼일테크 대 표 자: 정종철 개 업 연 월 일: 2013년 5월 1일 법인등록번호: 100121-2711413 사업장소재지: 서울 용산구 녹사평대로11길 30 (서빙고동) 사 업 의 종 류: 업태 제조, 도소매 종목 전자제품 외 교 부 사 유: 정정교부 2018년 1월 4일 용산 세무서장 (인)

수행 결과 회사등록

❶ 핵심ERP 메인화면 좌측 상단의 시스템관리 모듈을 클릭한 후 회사등록정보 폴더의 회사등록 메뉴를 실행한다.

❷ 사업자 등록증을 참고하여 [기본등록사항] TAB의 해당 항목에 입력한다.

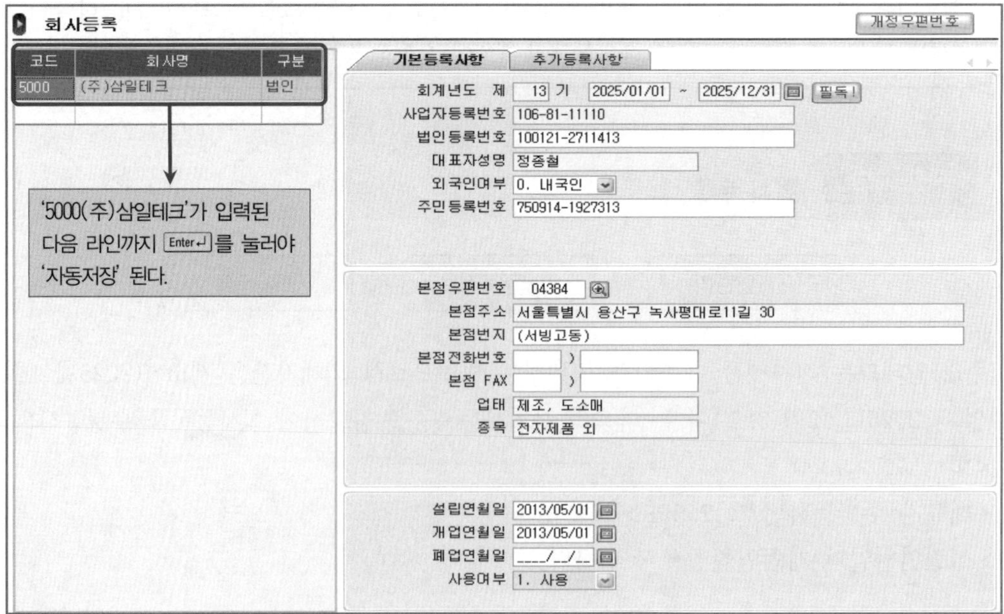

주요항목 설명

❶ 회사코드: 0101~9998 범위 내에서 숫자 4자리를 입력할 수 있다.
❷ 회계연도: 회사를 설립한 해가 1기이며, 그 다음 해는 2기로 매년 1기씩 증가한다.
❸ 사업자등록번호: 번호오류 자동체크 기능이 있어 오류입력 시 빨간색으로 표시된다.
❹ 주민등록번호: 번호오류 자동체크 기능이 있어 오류입력 시 빨간색으로 표시된다.

꼭 알아두기

- 회사등록 정보를 저장하기 위해서는 입력화면 마지막(사용여부) 항목까지 Enter↵를 하여 5000번 다음 라인으로 넘어가야 자동저장이 된다. 그렇지 않으면 입력된 데이터가 저장되지 않고 사라진다.
- 저장 후 회사명 등 다른 내용은 수정이 가능하지만, 회사코드는 수정이 불가능하다.
- 핵심ERP 입력항목 중 배경색상이 노란색인 경우는 필수입력 항목에 해당한다.

(2) 사업장등록

법인은 사업장 소재지가 다른 복수 사업장을 운영할 수 있다. 다양한 법률이나 기업환경 등에 따라 법인의 통합관리 또는 사업장별 분리관리가 필요하다. 우리나라 부가가치세법에서는 사업장별 과세제도를 채택하고 있다. 따라서 법인은 사업장별 사업자등록증을 근거로 핵심ERP에 사업장을 별도로 등록하여야 한다.

사업장등록을 위해 로그아웃 후 (주)삼일테크의 시스템관리자로 다시 로그인한다.

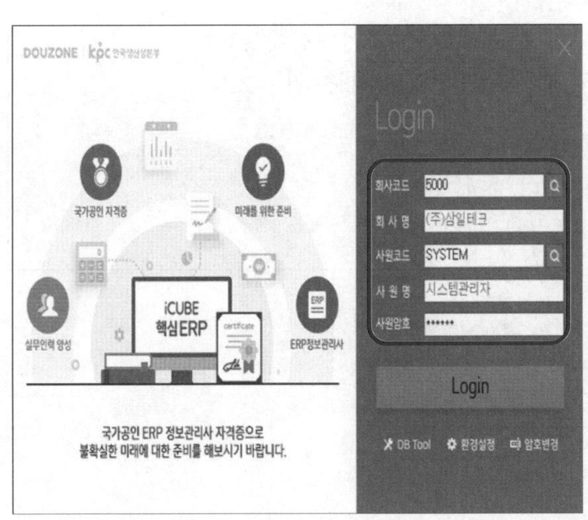

(주)삼일테크 로그인

바탕화면 를 더블클릭한다.

❶ 회사코드: '5000'
❷ 사원코드: 대문자 'SYSTEM'
❸ 사원암호: 대문자 'SYSTEM'
입력 후 로그인을 한다.

회사등록 후 사업장등록을 하기 위해서 로그아웃을 한 후, 5000.(주)삼일테크의 시스템관리자로 다시 로그인 하여야 한다.

수행 내용 사업장등록

시스템관리 → 회사등록정보 → 사업장등록

(주)삼일테크는 서울에 본점을 두고 대구에 지사가 있다. 대구지사(사업장코드: 2000)의 사업자등록증과 아래의 사항을 참고하여 사업장등록을 수행하시오.

- 본사 및 지사의 주업종코드: 322001(제조업)
- 지방세신고지 및 법인구분

구분	본사	지사
지방세신고지	용산구 서빙고동	달서구 신당동
법인구분	주식회사 ○○	주식회사 ○○

- 본사에서 부가가치세 총괄납부(승인번호: 201372)

사업자 등록증

(법인 사업자)

등록번호: 514-85-27844

법인명 (단체명): (주)삼일테크 대구지사
대 표 자: 정종철
개 업 연 월 일: 2014년 8월 1일
법인등록번호: 100121-2711413
사업장소재지: 대구 달서구 선원로10길 11 (신당동)
사 업 의 종 류: 업태 제조 종목 전자제품 외
교 부 사 유: 신규

2014년 8월 1일
남대구 세무서장 (인)

수행 결과 사업장등록

❶ (주)삼일테크 시스템관리자로 로그인 후 사업장등록 메뉴를 실행하면 기본적으로 본사 사업장 코드는 '1000'번으로 자동 등록되며, 본사 관할 세무서 코드(106. 용산)를 조회하여 추가 입력한다.

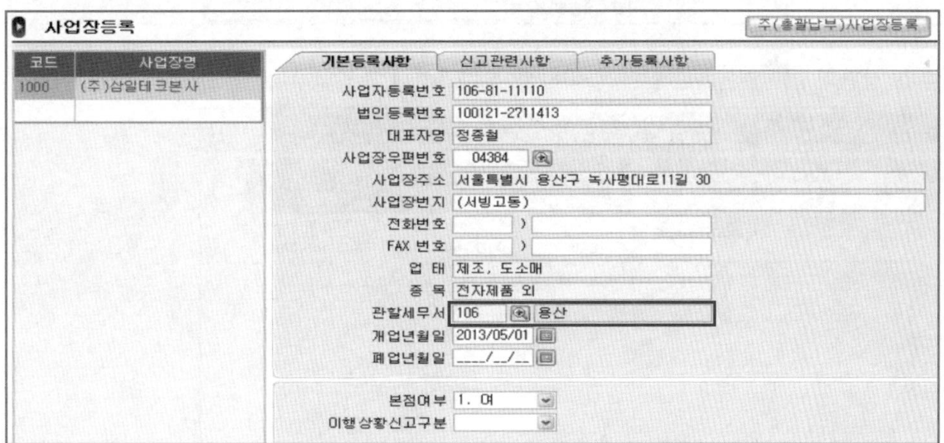

❷ 대구지사의 사업장코드를 '2000'번으로 등록하고 사업자등록증의 내용을 입력한다.

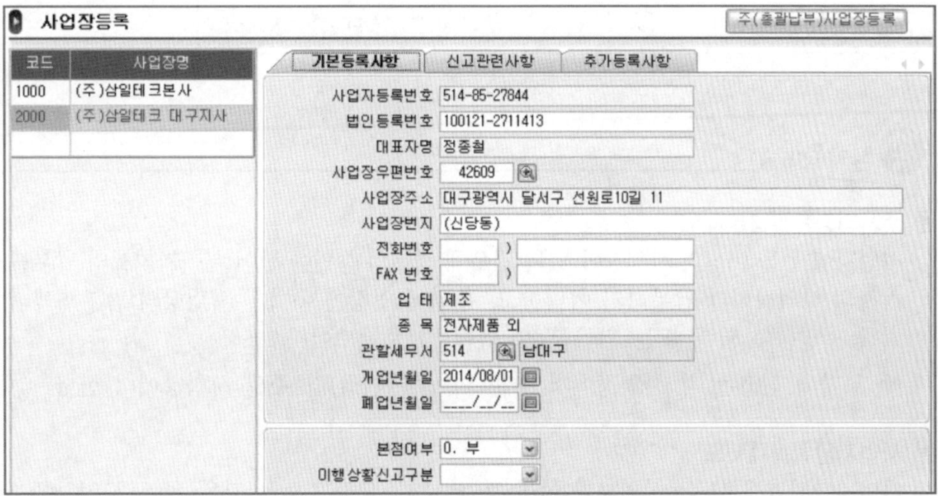

❸ [신고관련사항] TAB에서 주업종코드와 지방세신고지(주소의 '동' 검색)를 입력한다.

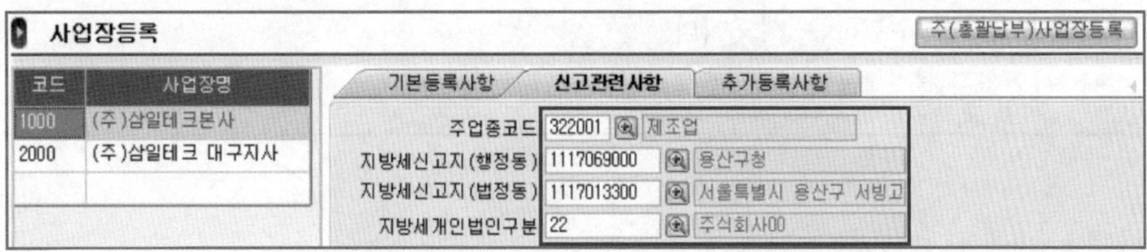

사업장등록 주(총괄납부)사업장등록

코드	사업장명
1000	(주)삼일테크본사
2000	(주)삼일테크 대구지사

기본등록사항 / 신고관련사항 / 추가등록사항

주업종코드	322001	제조업
지방세신고지(행정동)	2729058500	달서구청
지방세신고지(법정동)	2729010700	대구광역시 달서구 신당동
지방세개인법인구분	22	주식회사00

❹ 우측 상단의 주(총괄납부)사업장등록 을 클릭하여 부가가치세 총괄납부 관련 정보를 입력한다.

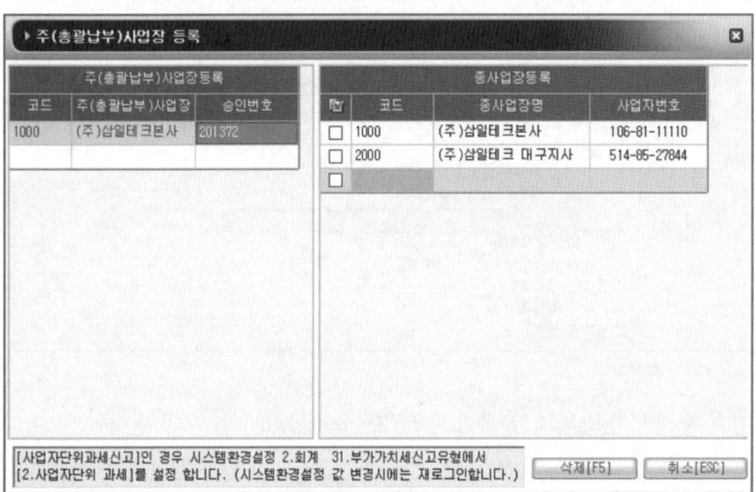

꼭 알아두기

▣ 주사업장총괄납부제도

사업자에게 둘 이상의 사업장이 있는 경우에 정부의 승인을 얻어 부가가치세의 납부를 각각의 사업장마다 납부하지 아니하고, 주된 사업장에서 다른 사업장의 납부세액까지를 일괄하여 납부 또는 환급할 수 있게 하는 제도이다.

➡ 부가세 신고는 각 사업장에서, 세액의 납부(환급)만 주된 사업장에서 한다.

▣ 사업자단위과세제도

사업자단위과세제도는 사업자가 여러 사업장을 소유하고 있는 경우, 주된 사업장에서 사업자 등록을 하나만 하여 신고와 납부를 할 수 있는 제도이다. 즉 각 지점의 사업자등록번호는 말소되고, 주된 사업장의 사업자등록번호로 모든 사업장의 세금계산서를 발급 및 수취하는 제도이다.

➡ 사업자등록, 세금계산서 발급, 신고·납부(환급) 모두 주된 사업장에서 한다.

(3) 부서등록

부서는 회사 업무의 범주를 구분하는 중요한 그룹단위라고 할 수 있다. 핵심ERP에서 등록된 부서는 추후 부서별 판매 및 구매현황, 부서별 손익계산서 등 다양한 형태의 보고서로 집계될 수 있다.

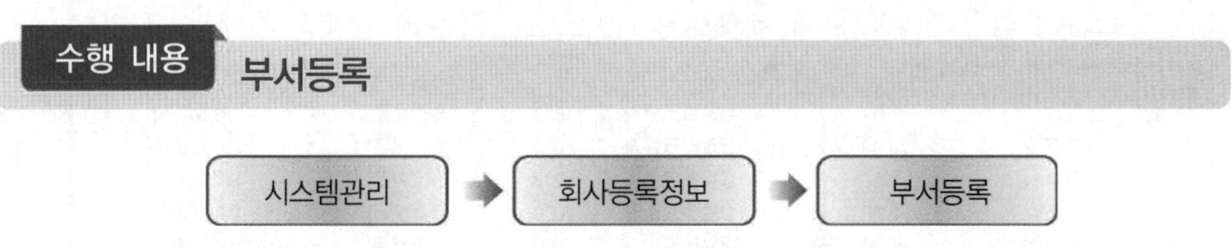

다음의 사항을 참고하여 (주)삼일테크의 부문등록과 부서등록을 수행하시오.

구분	부문코드	부문명	사용기간
부문	1000	관리부문	2013/05/01~
	2000	영업부문	2013/05/01~
	3000	구매/자재부문	2014/08/01~
	4000	생산부문	2014/08/01~

* [부서등록] 작업 이전에 [부문등록] 작업이 선행되어야 한다.

구분	부서코드	부서명	사업장	부문명	사용기간
부서	1100	임원실	본사	관리부문	2013/05/01~
	1200	재경팀	본사	관리부문	2013/05/01~
	1300	인사팀	본사	관리부문	2013/05/01~
	2100	국내영업팀	본사	영업부문	2013/05/01~
	2200	해외영업팀	본사	영업부문	2013/05/01~
	3100	구매팀	본사	구매/자재부문	2014/08/01~
	3200	자재팀	대구지사	구매/자재부문	2014/08/01~
	4100	생산팀	대구지사	생산부문	2014/08/01~

수행 결과 부서등록

❶ 부서등록 메뉴의 화면 우측 상단 [부문등록] 클릭하여 부문을 등록하고 확인을 누른다.

❷ 부문을 등록한 후 부서를 등록한다.

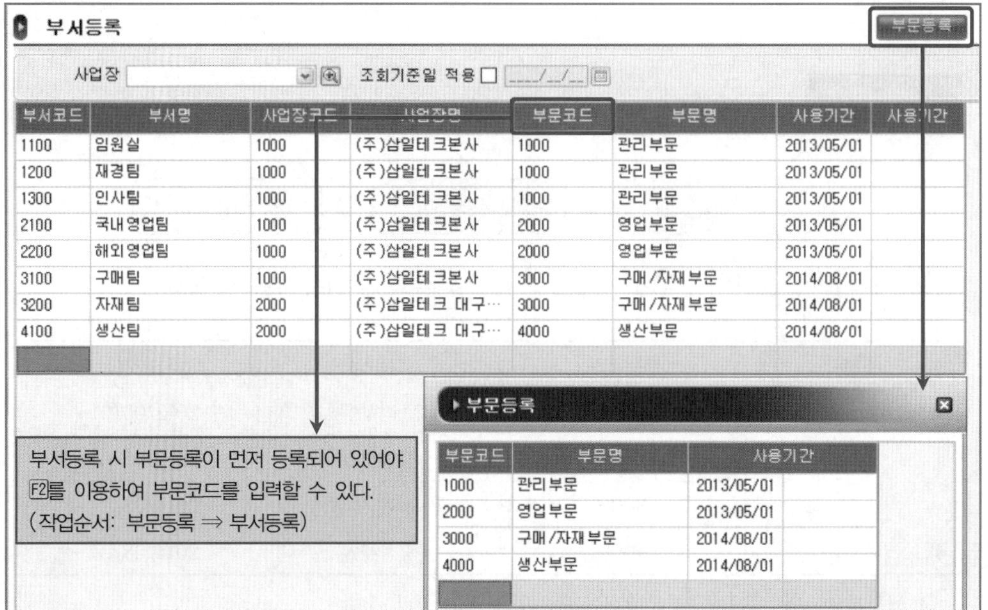

부서등록

사업장 조회기준일 적용 ___/__/__

부서코드	부서명	사업장코드	사업장명	부문코드	부문명	사용기간	사용기간
1100	임원실	1000	(주)삼일테크본사	1000	관리부문	2013/05/01	
1200	재경팀	1000	(주)삼일테크본사	1000	관리부문	2013/05/01	
1300	인사팀	1000	(주)삼일테크본사	1000	관리부문	2013/05/01	
2100	국내영업팀	1000	(주)삼일테크본사	2000	영업부문	2013/05/01	
2200	해외영업팀	1000	(주)삼일테크본사	2000	영업부문	2013/05/01	
3100	구매팀	1000	(주)삼일테크본사	3000	구매/자재부문	2014/08/01	
3200	자재팀	2000	(주)삼일테크 대구…	3000	구매/자재부문	2014/08/01	
4100	생산팀	2000	(주)삼일테크 대구…	4000	생산부문	2014/08/01	

부문등록

부문코드	부문명	사용기간
1000	관리부문	2013/05/01
2000	영업부문	2013/05/01
3000	구매/자재부문	2014/08/01
4000	생산부문	2014/08/01

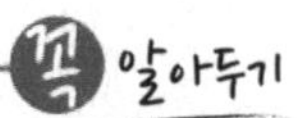

- 핵심ERP에서 등록된 부문명 및 부서명, 사원명, 품목명 등의 명칭은 언제든지 수정할 수 있지만, 이에 따른 코드는 수정할 수 없으며, 관련 데이터가 발생한 후에는 삭제할 수도 없다.
- 저장 후 관련 데이터가 발생한 상태에서 삭제가 필요하다면, 진행되었던 프로세스의 역순으로 삭제 및 취소 후 저장한 데이터를 삭제할 수 있다.

(4) 사원등록

사원등록은 회사에 소속된 직원을 등록하는 메뉴이며, 모든 직원을 등록하여야 한다. 핵심ERP 인사모듈에서 인사관리, 급여관리 등의 업무는 사원등록 정보를 기초로 이루어지기 때문이다. 사원등록 시 소속부서, 입사일, 핵심ERP의 사용여부와 조회권한, 입력방식 등을 결정하여 등록할 수 있다.

수행 내용 사원등록

다음의 사항을 참고하여 (주)삼일테크의 사원등록을 수행하시오.

사원코드	사원명	부서명	입사일	사용자 여부	인사 입력방식	회계 입력방식	조회권한
1010	정종철	임원실	2013/05/01	여	미결	미결	회사
2010	임영찬	재경팀	2013/05/01	여	승인	수정	회사
2020	박효진	인사팀	2013/05/01	여	승인	미결	회사
3010	백수인	국내영업팀	2014/07/01	여	미결	미결	사업장
3020	장혜영	해외영업팀	2014/07/01	여	미결	미결	사업장
4010	박서준	구매팀	2015/12/01	여	미결	미결	회사
4020	임영인	자재팀	2015/12/01	여	미결	미결	부서
5010	황재석	생산팀	2016/08/01	여	미결	미결	사원
5020	장우혁	생산팀	2016/08/01	부	미결	미결	미사용

* 품의서권한과 검수조서권한은 '미결'로 설정한다.

꼭 알아두기

■ 회계입력방식

구 분	세 부 내 용
미결	회계모듈 전표입력 시 자동으로 미결전표가 생성되며, 승인권자의 승인이 필요
승인	회계모듈 전표입력 시 자동으로 승인전표가 생성되며, 전표를 수정 및 삭제하고자 할 경우 승인해제 후 수정이 가능
수정	회계모듈 전표입력 시 자동으로 승인전표가 생성되며, 승인해제를 하지 않아도 전표를 수정 및 삭제 가능

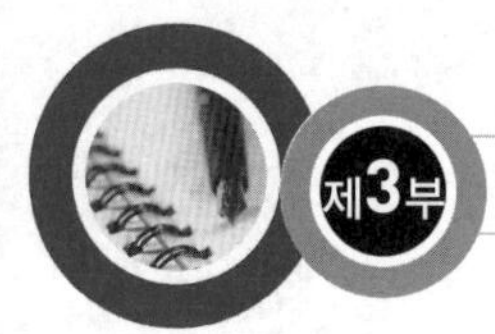

■ 조회권한

구 분	세 부 내 용
미사용	핵심ERP 로그인이 불가능하여 접근이 통제된다.
회사	회사의 모든 데이터를 입력 및 조회할 수 있다.
사업장	로그인한 사원이 속한 사업장의 데이터만 입력 및 조회할 수 있다.
부서	로그인한 사원이 속한 부서의 데이터만 입력 및 조회할 수 있다.
사원	로그인한 사원 자신의 정보만 입력 가능하며, 그 데이터만 조회할 수 있다.

수행 결과 사원등록

화면상단의 부서검색 조건을 비워두고 조회한 후 사원등록 정보를 입력한다.

사원등록

부서란에서 Space bar를 누르고 공란으로 조회한 후 입력한다.

부서 ~ 사원명검색 □ 사용자만

사원코드	사원명	사원명(영문)	부서코드	부서명	입사일	퇴사일	사용자여부	암호	인사입력방식	회계입력방식	조회권한	품의서권한	검수조서권한
1010	정종철		1100	임원실	2013/05/01		여		미결	미결	회사	미결	미결
2010	임영찬		1200	재경팀	2013/05/01		여		승인	수정	회사	미결	미결
2020	박효진		1300	인사팀	2013/05/01		여		승인	미결	회사	미결	미결
3010	백수인		2100	국내영업팀	2014/07/01		여		미결	미결	사업장	미결	미결
3020	장혜영		2200	해외영업팀	2014/07/01		여		미결	미결	사업장	미결	미결
4010	박서준		3100	구매팀	2015/12/01		여		미결	미결	회사	미결	미결
4020	임영인		3200	자재팀	2015/12/01		여		미결	미결	부서	미결	미결
5010	황재석		4100	생산팀	2016/08/01		여		미결	미결	사원	미결	미결
5020	장우혁		4100	생산팀	2016/08/01		부		미결	미결	미사용	미결	미결

주요항목 설명

❶ 사용자여부: 핵심ERP 운용자는 '여', 핵심ERP 운용자가 아니면 '부'로 설정한다.

❷ 퇴사일: 퇴사일은 시스템관리자만 입력할 수 있으며, 퇴사일 이후에는 시스템 접근이 제한된다.

❸ 암호: 암호를 입력하면 핵심ERP 로그인시 암호를 반드시 입력하여야 하며, 시스템관리자와 본인이 설정 및 수정할 수 있다.

❹ 인사입력방식: 급여마감에 대한 통제권한이다. 승인권자는 최종급여를 승인 및 해제할 수 있다.

❺ 회계입력방식: 회계모듈 전표입력 방식에 대한 권한을 설정한다.

❻ 조회권한: 핵심ERP 데이터 조회권한을 설정한다.

❼ 품의서 및 검수조서권한: 실무에서 사용되는 그룹웨어나 자산모듈 운용과 관련된 기능으로서, 핵심ERP에서는 활용되지 않는 기능이다.

출제유형 ···› 회사등록정보

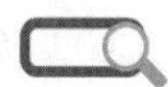

문1) 핵심ERP를 사용하기 위해서는 가장 먼저 회사의 조직을 등록하여야 한다. 다음 중 조직등록 프로세스를 올바르게 나열한 것은?

① 회사등록 → 사업장등록 → 부서등록 → 부문등록 → 사원등록
② 회사등록 → 사업장등록 → 부문등록 → 부서등록 → 사원등록
③ 회사등록 → 부문등록 → 사업장등록 → 부서등록 → 사원등록
④ 회사등록 → 부서등록 → 사업장등록 → 부문등록 → 사원등록

문2) (주)삼일테크의 부가가치세신고와 관련된 [세무서코드/주업종코드]를 등록하려 할 때, 사용하는 메뉴는 무엇인가?

① 회사등록 ② 사업장등록
③ 시스템환경설정 ④ 부가세관리

문3) (주)삼일테크 대구지사의 관할세무서와 지방세신고지(행정동)으로 올바른 것은?

① 용산세무서 - 용산구청 ② 용산세무서 - 달서구청
③ 남대구세무서 - 용산구청 ④ 남대구세무서 - 달서구청

문4) 해외영업팀 장혜영 사원의 조회권한은 무엇인가?

① 회사 ② 사업장 ③ 부서 ④ 사원

문5) 정종철 임원의 전표입력 방식의 권한에 대한 설명 중 올바른 것은 무엇인가?

① 모든 전표에 대해서 수정 및 삭제가 불가능하다.
② 전표상태에 상관없이 모든 전표 수정이 가능하다
③ 승인 전표의 경우 전표의 수정권자의 승인해제 작업 후 수정 및 삭제할 수 있다.
④ 미결 및 승인전표 삭제 시 전표의 승인해제 작업 없이 삭제할 수 있다.

[정답] 문1) ②, 문2) ②, 문3) ④, 문4) ②, 문5) ①

핵심ERP실무

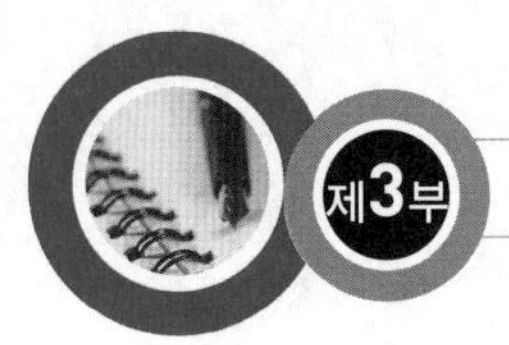

(5) 시스템환경설정

시스템환경설정 메뉴는 핵심ERP를 본격적으로 운용하기 전에 회사의 상황에 맞도록 각 모듈 및 공통적인 부문의 옵션(파라미터)을 설정하는 메뉴이다. 본 · 지점회계 사용여부의 결정, 유형자산의 감가상각비 계산방식, 수량 소수점 자릿수 등 다양한 항목들에 대하여 설정할 수 있다.

시스템환경설정에서 설정된 항목은 추후 핵심ERP 운용프로세스에도 영향을 미치므로 신중하게 고려하여야 한다. 시스템환경설정을 변경한 후 적용을 위해서는 반드시 재 로그인을 하여야 한다.

다음을 참고하여 (주)삼일테크의 핵심ERP 시스템의 환경설정을 수행하시오.

조회구분	코드	설 정 내 용
공통	01	본점과 지점의 회계는 구분하지 않고 통합적으로 관리하고 있다.
	03	원화단가에 대한 소수점은 사용하지 않는다.
회계	27	전표출력 기본양식은 9번 양식을 사용하기로 한다.

수행 결과 시스템환경설정

시스템환경설정

조회구분 1. 공통 환경요소

구분	코드	환경요소명	유형구분	유형설정	선택범위	비고
공통	01	본지점회계여부	여부	0	0.미사용1.사용	
공통	02	수량소숫점자리수	자리수	2	선택범위:0~6	
공통	03	원화단가소숫점자리수	자리수	0	선택범위:0~6	
공통	04	외화단가소숫점자리수	자리수	2	선택범위:0~6	
공통	05	비율소숫점자리수	자리수	3	선택범위:0~6	
공통	06	금액소숫점자리수	자리수	0	선택범위:0~4	
공통	07	외화소숫점자리수	자리수	2	선택범위:0~4	
공통	08	환율소숫점자리수	자리수	3	선택범위:0~6	
공통	10	끝전 단수처리 유형	유형	1	0.반올림, 1.절사, 2 절상	
공통	11	비율%표시여부	여부	0	여:1 부:0	
공통	14	거래처코드도움창	유형		0. 표준코드도움 1.대용량코드도움	

시스템환경설정

조회구분 2. 회계 환경요소

구분	코드	환경요소명	유형구분	유형설정	선택범위	비고
회계	20	예산통제구분	유형	0	0.결의부서 1.사용부서 2.프로젝트	
회계	21	예산관리여부	여부	0	여:1 부:0	
회계	22	입출금전표사용여부	여부	1	여:1 부:0	
회계	23	예산관리개시월	유형	01	예산개시월:01~12	
회계	24	거래처등록보조화면사용	여부	1	여:1 부:0	
회계	25	거래처코드자동부여	여부	0	0-사용않함, 3~10-자동부여자리수	
회계	26	자산코드자동부여	여부	0	여:1 부:0	
회계	27	전표출력기본양식	유형	9	전표출력기본양식 1~15	
회계	28	다국어재무제표 사용	유형	0	0.사용안함 1.영어 2.일본어 3.중국어	
회계	29	등록자산상각방법	유형	2	1.상각안함 2.월할상각 3.반년법상각	
회계	30	처분자산상각방법	유형	2	1.상각안함 2.월할상각	
회계	31	부가가치세 신고유형	유형	0	0.사업장별 신고 1.사업자단위 신고(폐…	
회계	32	전표입력 품의내역검색 조회…	여부	0	0-사용자 조회권한 적용,1-미적용	
회계	34	전표복사사용여부	여부	0	0.미사용1.사용	
회계	35	금융CMS연동	유형	88	00.일반, 03.기업, 05.KEB하나(CMS 플러…	
회계	37	거래처코드자동부여 코드값…	유형	0	0 - 최대값 채번, 1 - 최소값 채번	
회계	39	고정자산 비망가액 존재여부	여부	1	여:1 부:0	
회계	41	고정자산 상각완료 시점까지…	여부	0	1.여 0.부	
회계	45	거래처등록의 [프로젝트/부…	유형	2	0.적용안함, 1.[빠른부가세]입력만 적용…	

출제유형 ···▸ 시스템환경설정

문1) (주)삼일테크의 시스템환경설정 내용 중 올바르지 않는 것은 무엇인가?

① 부가가치세 신고유형은 사업장별 신고이다.
② 거래처등록 시 보조화면은 사용하지 않는다.
③ 자산등록 시 해당자산의 코드는 자동으로 부여되지 않는다.
④ 입출금전표사용을 하고 있다.

문2) 당사가 핵심ERP에서 사용하고 있는 다국어 재무제표 언어는 무엇인가?

① 사용안함 ② 영어 ③ 일본어 ④ 중국어

문3) 핵심ERP에서 제공하는 전표출력 양식 중 당사가 사용하고 있는 전표출력 양식은?

① 1번양식 ② 3번양식 ③ 9번양식 ④ 10번양식

문4) ㈜삼일테크의 등록자산상각방법은 무엇인가?

① 월할상각 ② 반년법상각 ③ 일할상각 ④ 상각안함

[정답] 문1) ②, 문2) ①, 문3) ③, 문4) ①

(6) 사용자권한설정

사용자권한설정 메뉴는 핵심ERP 사용자들의 사용권한을 설정하는 메뉴이다. 사원등록에서 등록한 입력방식과 조회권한을 토대로 사용자별로 접근 가능한 세부 메뉴별 권한을 부여한다. 사용자별로 핵심ERP 로그인을 위해서는 반드시 사용자별로 권한설정이 선행되어야 한다.

수행 내용 사용자권한설정

시스템관리 ➔ 회사등록정보 ➔ 사용자권한설정

다음은 (주)삼일테크의 업무영역을 고려하여 사원별로 핵심ERP 시스템 사용권한을 부여하고자 한다. 사원별로 사용자권한설정을 수행하시오.

사원코드	사원명	사 용 권 한	조회권한
1010	정종철	전체모듈(전권)	회사
2010	임영찬	전체모듈(전권)	회사
2020	박효진	인사/급여관리(전권)	회사
3010	백수인	영업관리(전권), 무역관리(전권)	사업장
3020	장혜영	영업관리(전권), 무역관리(전권)	사업장
4010	박서준	구매/자재관리(전권)	회사
4020	임영인	구매/자재관리(전권)	부서
5010	황재석	생산관리공통(전권)	사원

수행 결과 사용자권한설정

❶ 사용자권한설정 메뉴의 모듈구분에서 권한을 부여하고자 하는 모듈을 선택한다.
❷ 권한부여 대상 사원명을 선택한다.
❸ [MENU] 항목에 나타난 메뉴가 선택한 모듈의 전체 메뉴를 보여주고 있다. 부여할 권한이 '전권'이라면 [MENU] 항목의 왼쪽 체크박스를 선택하면 전체가 동시에 선택된다.
❹ 화면 우측 상단의 [권한설정] 아이콘을 클릭한다.
❺ 권한부여 대상자의 조회권한을 확인한 후 [확인]을 클릭한다.

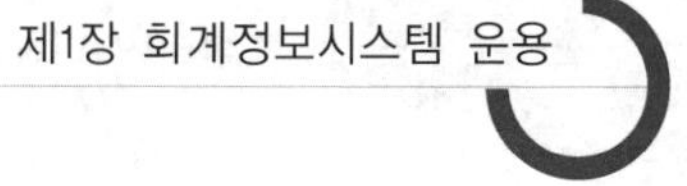

(1) 정종철의 권한설정: 권한설정 순서에 따라 모든 권한을 설정한다.

* 다른 모듈도 위의 순서에 따라 권한설정을 각각 수행한다.

(2) 임영찬의 권한설정: (1) 정종철과 동일하므로 권한복사를 이용하여 설정한다.

권한복사 순서

- 권한이 설정된(복사하고자 하는) 사원명 선택 → 마우스 오른쪽 클릭 → 권한복사
- 권한을 설정할(붙여넣고자 하는) 사원명 선택 → 마우스 오른쪽 클릭 → 권한붙여넣기

(3) 박효진의 권한설정: 인사/급여관리 모듈을 선택하고 권한을 설정한다.
(4) 백수인의 권한설정: 영업관리, 무역관리 모듈을 선택하고 권한을 설정한다.
(5) 장혜영의 권한설정: (4) 백수인과 동일하므로 권한복사를 이용하여 설정한다.
(6) 박서준의 권한설정: 구매/자재관리 권한을 설정한다.
(7) 임영인의 권한설정: (6) 박서준과는 조회권한이 다르기 때문에 권한복사가 아닌 별도로 구매/자재관리 권한을 설정한다.
(8) 황재석의 권한설정: 생산관리공통 권한을 설정한다.

참고

- 사용자권한은 모듈별 · 사원별로 부여하며, 전권을 부여할 수도 있지만 세부 메뉴별로 부여할 수도 있다.
- 권한해제
  회사에서는 종종 인사이동, 직무변경 등으로 인하여 핵심ERP 시스템 운용의 담당영역도 변경될 수 있다. 이때 사용권한에 대한 추가 또는 해제가 필요하다. 권한해제 방법은 해제대상 모듈과 세부 메뉴를 선택한 후 권한일괄삭제 또는 권한해제 아이콘을 클릭하여 해제할 수 있다.
- 시스템환경설정과 사용자권한설정에 대한 권한은 시스템관리자만 가지고 있도록 하여야 한다. 만약 다수의 사용자가 이 메뉴에 접근한다면 핵심ERP 시스템의 통제가 어려워질 수도 있다.

출제유형 ···› 사용자권한설정

문1) (주)삼일테크의 사원 중 회계관리 메뉴에 대하여 사용권한이 설정된 사원으로 올바른 것은?

① 정종철, 김보라　　② 정종철, 임영찬
③ 임영찬, 김보라　　④ 김보라, 김상우

문2) 당사 인사팀 박효진 사원의 사용자권한설정에 대한 설명 중 올바른 것은?

① 시스템관리 항목의 회사등록정보에 대해 전권이 부여되어 있다.
② 회계관리 메뉴에 대한 조회권한이 "회사"이므로 모든 메뉴를 입력 및 조회 할 수 있다.
③ 인사/급여관리 메뉴에 대한 권한이 부여되어 있으므로, 관련 정보를 조회 할 수 있다.
④ 영업관리 메뉴에 대하여 자료 입력은 할 수 없으나 관련 정보의 조회는 할 수 있다.

[정답] 문1) ②, 문2) ③

필요 지식

1.3 기초정보관리

핵심ERP의 회계모듈 프로세스 진행에 앞서 이에 필요한 다양한 기초정보 자료를 입력하여야 한다. 이러한 기초정보 자료는 데이터의 일관성 유지 측면에서 잦은 변경을 삼가하여야 한다.

회계모듈의 기초정보 자료 입력은 시스템관리자 계정으로 로그인하지 않고 [조회권한]이 '회사'이면서 핵심ERP 전 모듈 사용이 가능한 '임영찬' 사원으로 로그인하여 입력한다.

임영찬으로 로그인

바탕화면 [아이콘]를 더블클릭한다.

❶ 회사코드: 5000
❷ 사원코드: 2010
❸ 사 원 명: 임영찬

5000.(주)삼일테크의 임영찬으로 로그인한다.

(1) 거래처등록

거래과정에서 발생되는 매입처, 매출처, 금융거래처 등을 등록하여 관리하는 메뉴이다. 핵심ERP에서 거래처등록은 매입과 매출처를 등록하는 [일반거래처등록]과 금융기관, 카드사 등을 등록하는 [금융거래처등록] 메뉴로 구분된다.

다음은 (주)삼일테크의 일반거래처와 금융거래처 현황이다. 거래처등록을 수행하시오.

구분	코드	거래처명	구분	사업자번호 대표자명	업태 종목	주소
일반거래처	00001	(주)영재전자	일반	217-81-15304 임영재	도소매 전자제품 외	서울 강북구 노해로 13길 12 (수유동)
	00002	(주)한국테크	일반	101-81-11527 황재원	도소매, 서비스 전자제품 외	서울 종로구 성균관로 10 (명륜2가)
	00003	(주)화인알텍	일반	502-86-25326 박정우	제조, 도소매 컴퓨터 외	대구 동구 신덕로5길 4 (신평동)
	00004	IBM CO.,LTD.	무역	 LIMSANG		Bennelong Point, Sydney
	00005	(주)수민산업	일반	104-81-39257 임수민	제조, 도매 전자부품 외	서울 중구 남대문로 11 (남대문로4가)
	00006	(주)이솔전자	일반	122-85-11236 최이솔	제조, 도매 전자부품 외	인천 남동구 남동대로 263 (논현동, 남동공단2호공원)
	00007	(주)삼성화재	일반	209-85-15510 민경진	서비스 보험, 금융	서울 성북구 길음로 10 (길음동)
	00008	(주)대한해운	일반	125-86-22229 장상윤	운수업 운송	경기도 평택시 가재길 100(가재동)
	00009	(주)휴스토리	일반	301-86-32127 김형진	도소매 도서, 잡화	서울 용산구 한강대로 49 (한강로3가)

* 거래시작일은 2013년 5월 1일로 가정한다.

시스템관리 ➡ 기초정보관리 ➡ 금융거래처등록

구분	코드	거래처명	구분	계좌/가맹점/카드번호
금융거래처	10001	기업은행(보통)	금융기관	542-754692-12-456
	10002	신한은행(당좌)	금융기관	764502-01-047418
	10003	국민은행(정기예금)	정기예금	214654-23-987654
	10004	비씨카드	카드사	0020-140-528
	10005	신한카드(법인)	신용카드	카드번호: 4521-6871-3549-6540 카드구분: 1. 법인 사업자등록번호: 106-81-11110 카드회원명: (주)삼일테크

* 프로그램 설치 후 자동으로 등록되어진 은행명은 상단부 '삭제'를 클릭하여 삭제한다.

수행 결과 거래처등록

❙ 일반거래처 등록 화면 ❙

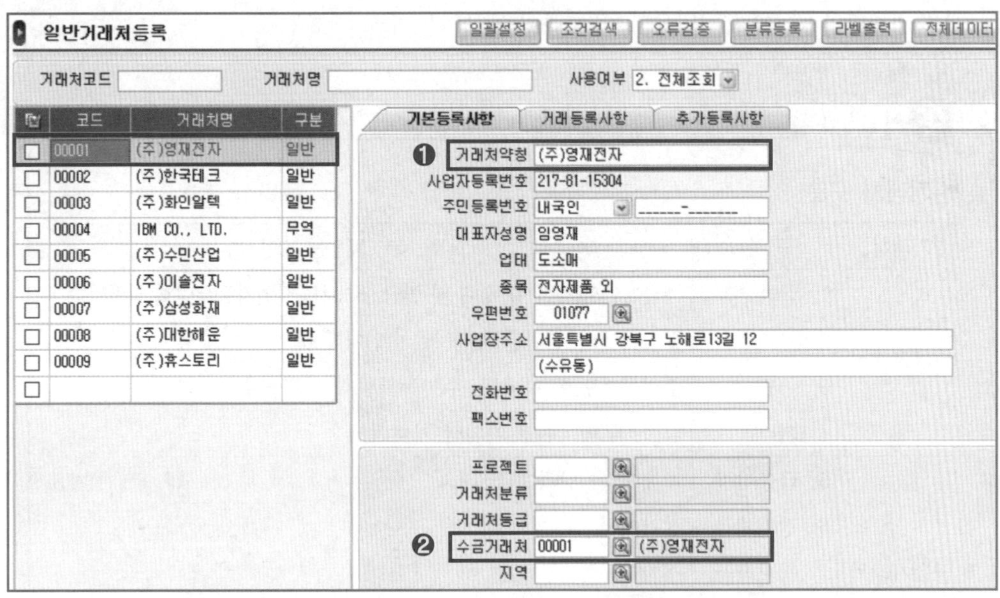

❙ 금융거래처 등록 화면 ❙

주요항목 설명

❶ 거래처약칭: 거래처명을 입력 및 조회할 때 이용되는데, 동일한 상호를 가진 회사가 있을 경우에 유용하게 사용된다. 거래처명에 대한 별명 개념이다.

❷ 수금거래처: 거래처명을 입력하면 자동으로 수금거래처에 반영되지만, 매출처와 수금처가 다를 경우 변경하여 관리할 수 있으며, 영업관리 메뉴에서 주로 사용된다.

꼭 알아두기

▣ 거래처 구분

거래처	구 분	세 부 내 용
일반거래처	1. 일반	세금계산서(계산서) 수취 및 발급 거래처, 사업자등록번호 입력필수
	2. 무역	무역거래와 관련된 수출 및 수입거래처
	3. 주민	주민등록번호 기재분, 주민등록번호 입력필수
	4. 기타	일반, 무역, 주민 이외의 거래처
금융거래처	5. 금융기관	보통예금, 당좌예금
	6. 정기예금	정기예금
	7. 정기적금	정기적금
	8. 카드사	카드매출 시 카드사별 신용카드 가맹점
	9. 신용카드	구매대금 결제를 위한 신용카드

▣ 거래처코드 부여

- 거래처코드는 최대 10자리까지 부여할 수 있다.
- [시스템환경설정] 메뉴 '회계 25. 거래처코드 자동부여'에서 '사용'을 선택했을 경우에는 코드가 자동으로 부여되고, '미사용'인 경우에는 수동으로 부여된다.

(2) 프로젝트등록

사업장과 부서 및 부문 등과 같은 대외적인 조직 외에 특정한 임시 조직, 프로모션 행사 등을 별도로 관리하고자 할 때 프로젝트를 등록한다. 등록된 프로젝트는 회계모듈에서 프로젝트별 손익관리와 함께 물류모듈에서도 프로젝트별로 데이터를 집계하여 조회할 수 있다.

(주)삼일테크의 프로젝트 정보는 다음과 같다. 프로젝트 등록을 수행하시오.

코드	프로젝트명	구분	프로젝트기간	원청회사	원가구분	프로젝트유형
S600	e-book 스마트패드 개발	진행	2025/03/01~2026/01/31	(주)화인알텍	제조	직접

수행 결과 프로젝트등록

프로젝트등록 (분류등록)

원가구분 0. 전체 / 조회구분 0. 전체 / 프로젝트기간 ____/__/__ ~ ____/__/__
0. 코드 / 프로젝트분류 / 원청회사

NO	코드	프로젝트명	구분
1	S600	e-book 스마트패드 개발	진행
2			

프로젝트 등록사항

- 프로젝트명: e-book 스마트패드 개발
- 프로젝트기간: 2025/03/01 ~ 2026/01/31
- 원청회사: 00003 (주)화인알텍
- 시작일: 2025/03/01
- 원가구분: 1. 제조
- 프로젝트유형: 1. 직접
- 프로젝트금액:
- 프로젝트분류:

(3) 관리내역등록

관리내역등록 메뉴에서는 회사에서 주로 관리하는 항목들을 '공통'과 '회계'로 구분하여 조회 혹은 변경할 수 있으며, 관리항목을 추가적으로 등록하여 사용할 수도 있다.

수행 내용 관리내역등록

(주)삼일테크의 관리내역에 추가할 내용은 다음과 같다. 관리내역 등록을 수행하시오. (조회구분: 회계)

관리코드	관리항목	관리내역
11	증빙구분	10.입금표
		11.지로용지
L3 (추가등록)	경비구분 (등록일: 2025/01/01)	100.국내경비
		200.해외경비

수행 결과 관리내역등록

❶ 조회구분: 1.회계를 선택하고 11.증빙구분 항목을 선택하여 관리내역을 등록한다.

관리내역등록 관리항목등록

조회구분 1. 회계

코드	관리항목	구분
11	증빙구분	변경가능
12	사유구분	변경불가능
13	제외대상내역	변경불가능
14	수입명세구분	변경불가능
15	지급보류구분	변경가능
21	전표유형	변경불가능
22	전표연동구분	변경불가능
33	결의서연동구분	변경불가능
B1	거래처명	변경불가능
C2	자금과목	변경불가능
C5	증권종류	변경가능
D8	처리구분	변경가능
E4	유가증권NO	변경불가능
E5	대체계정	변경불가능
E7	자산코드	변경불가능
E8	차입금번호	변경불가능
E9	대여금번호	변경불가능

코드	관리항목	사용여부	비고
1	세금계산서	사용	변경불가능
2	계산서	사용	변경불가능
3	영수증(일반경비)	사용	변경불가능
3A	영수증(접대비)	사용	변경불가능
4	거래명세서	사용	변경불가능
5	품의서	사용	
6	급여대장	사용	
7	청구서	사용	
8	신용카드매출전표(법인)	사용	
8A	신용카드매출전표(개인)	사용	
9	기타	사용	
98	접대비명세작성분	사용	
99	송금명세작성분	사용	
9A	현금영수증	사용	변경불가능
10	입금표	사용	
11	지로용지	사용	

❷ 우측 상단의 [관리항목등록]을 클릭하여 관리항목(핸드폰번호)을 등록한다.

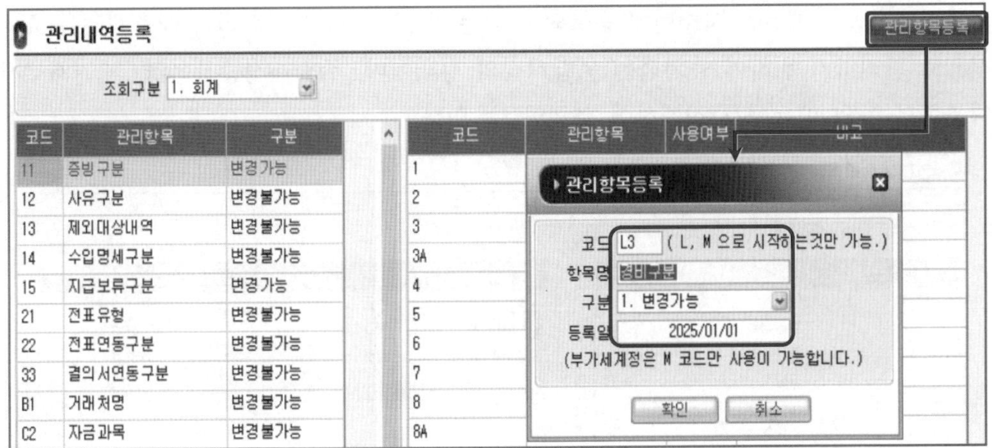

❸ 등록된 관리항목명(L3. 경비구분)에서 우측의 관리항목을 등록하고, 사용여부란은 '사용'으로 선택한다.

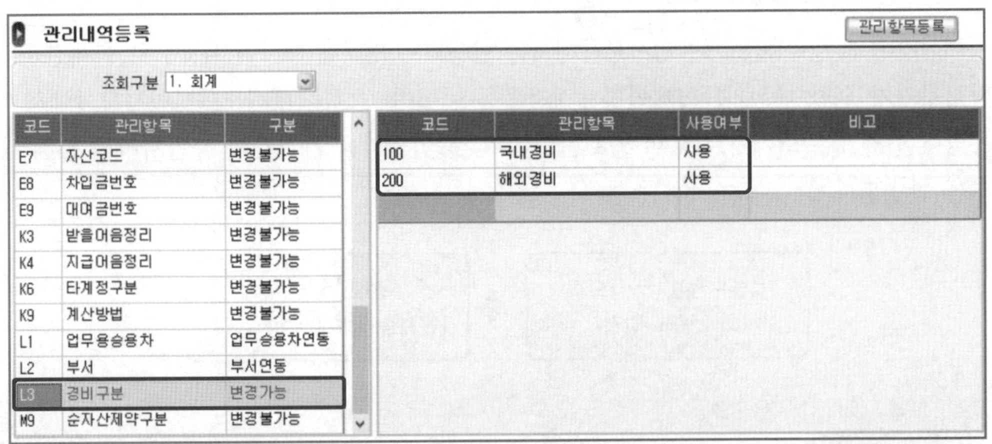

꼭 알아두기

- 관리항목등록코드는 L이나 M으로 시작하는 알파벳이나 숫자를 혼합하여 두 자리로 설정하여야 한다.
- 삭제를 원할 경우 사용여부에서 '미사용'으로 수정하여 시스템에서 조회되지 않도록 한다.

핵심ERP실무

(4) 관련계정등록

관련계정등록 메뉴는 시스템에 등록되어 있는 계정과목을 자금관리와 매출채권을 효율적으로 관리하기 위하여 등록하는 통합계정의 형태이며, 주요계정증감현황, 채권채무잔액조회서 등의 메뉴에서 집계하여 조회할 수 있다.

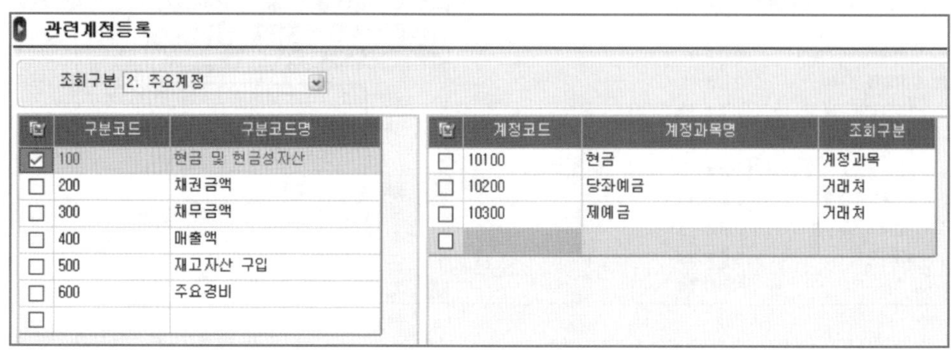

(5) 회계연결계정과목등록

핵심ERP 물류 · 생산모듈, 인사모듈에서는 발생되는 거래에 대하여 자동으로 회계전표를 발행시키기 위한 메뉴가 [회계연결계정과목등록]이며, 물류 · 생산모듈, 인사모듈에서자동발행된 전표는 회계자료에 미결로 반영되며, 승인권한을 가진자의 승인처리를 통해 장부에 반영된다.

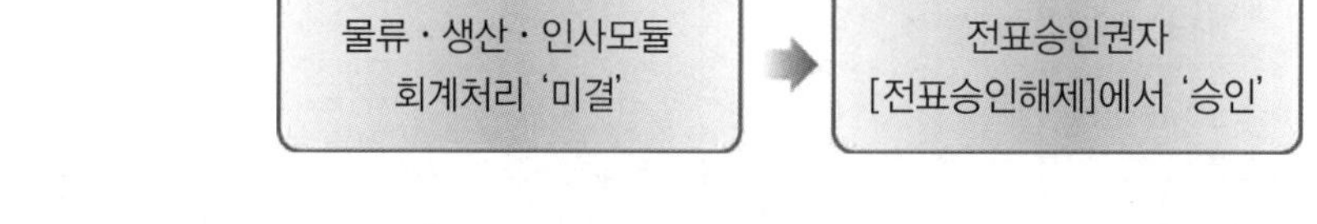

영업관리, 자재관리, 생산관리, 인사관리, 서비스관리, 무역관리 모듈의 세부 전표코드별로 회계연결계정과목 초기설정을 수행하시오.

수행 결과 회계연결계정과목등록

우측 상단의 초기설정 아이콘을 클릭하여 '초기화 도움' 화면이 나오면 전체를 선택한 후 [적용]을 클릭한다. '연결계정을 초기화 하시겠습니까?'라는 화면에서 [예]를 클릭하면 '초기화를 완료했습니다.'의 화면과 초기설정 내용을 확인할 수 있다.

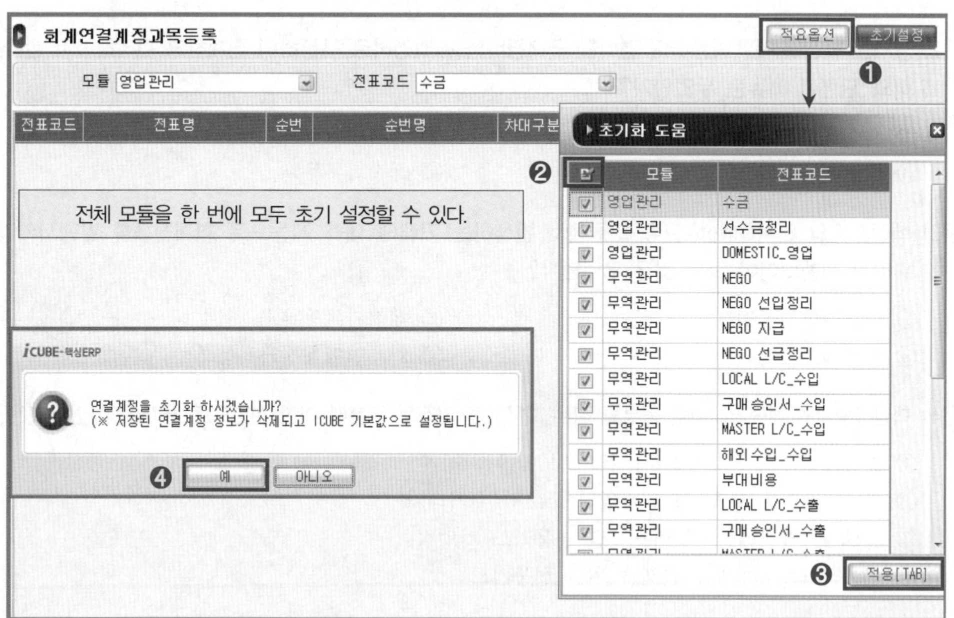

꼭 알아두기

- 회계연결계정이 설정되어 있지 않다면 자동 회계전표 발행이 불가능하다.
- 초기설정으로 적용된 차 · 대변 계정과목은 회사의 상황에 맞추어 변경이 가능하다.
- 초기 설정된 항목은 삭제가 되지 않으므로 회사에서 사용하지 않는 항목이 있을 경우에는 '사용' 항목을 '미사용'으로 설정한다.

출제유형 ···› 기초정보관리

문1) 당사의 프로젝트를 등록하여 사용하고 있다. 진행 중인 프로젝트는 무엇인가?

① T-BOOK개발 ② e-book 스마트펜 개발
③ e-book 스마트패드 개발 ④ 클라우드 개발

문2) 당사는 핵심ERP를 이용하여 경비를 국내경비와 해외경비로 구분하여 집계하고 관리하고자 한다. 이와 관련된 메뉴는 무엇인가?

① 시스템환경설정 ② 관리내역등록
③ 프로젝트등록 ④ 계정과목등록

문3) 핵심ERP의 인사&생산&물류 모듈에서 발생하는 거래에 대해 자동으로 회계전표를 발행시키기 위해서 선행되어야 하는 것은 무엇인가?

① 시스템환경설정 ② 계정과목등록
③ 프로젝트등록 ④ 회계연결계정과목등록

문4) 핵심ERP에서 신규거래처를 등록할 경우 사용되는 거래처 구분에 대한 설명으로 올바르지 않는 것은?

① 일반: 세금계산서(계산서) 수취 및 발급 거래처
② 기타: 주민등록번호를 필수입력으로 하는 거래처
③ 카드사: 카드매출 시 카드사별 신용카드 가맹점
④ 신용카드: 구매대금 결제를 위한 신용카드

[정답] 문1) ③, 문2) ②, 문3) ④, 문4) ②

(6) 계정과목등록

계정과목은 시스템에 기본계정으로 등록되어 있는 상태이므로, 회사 특성에 따라 계정과목을 계정과목코드 체계 내에서 수정하거나 추가하여 사용할 수 있다. 핵심ERP에서는 계정과목코드는 다섯 자리로 구성되어 있으며, 마지막 두 자리는 세목을 등록하여 사용하고자 할 경우에 이용한다.

(주)삼일테크의 계정과목 및 관리항목에 대한 다음의 내용을 수행하시오.

번호	구 분	내 용
1	계정과목 변경	[10700.유가증권] 계정과목명을 [단기매매증권]으로 변경하고, 관리항목 만기일을 차대변 선택으로 수정하시오.
2	계정과목 등록	영업외비용 코드범위에 [93600.매출채권처분손실]계정과목을 등록하시오. (계정구분을 '3.일반', 입력구분을 '2.입력가능'으로 수정하시오.)
3	세목 등록	판매관리비 [81300.접대비]에 대하여 다음과 같이 세분화하여 관리한다. ① 81301.접대비-일반접대비 ② 81302.접대비-경조사접대비 ③ 81303.접대비-문화접대비
4	관리항목 수정	판매관리비 [81200.여비교통비]에 대하여 '경비구분' 별로 관리하고, 예산통제는 월별로 관리하고자 한다. - 관리항목으로 'L3.경비구분'을 등록하고 '차·대변 필수'로 지정하시오.

수행 결과 **계정과목등록**

계정과목명을 변경하여 입력하면 출력계정명은 계정과목명으로 자동 변경된다. 계정과목명의 글자간격을 균등하게 정렬하기 위해 출력계정명을 선택한 후 [간격(F8)] 아이콘을 클릭한다.

❶ [10700.유가증권] 계정과목을 선택한 후 우측에 계정과목명을 [단기매매증권]으로 변경한다.

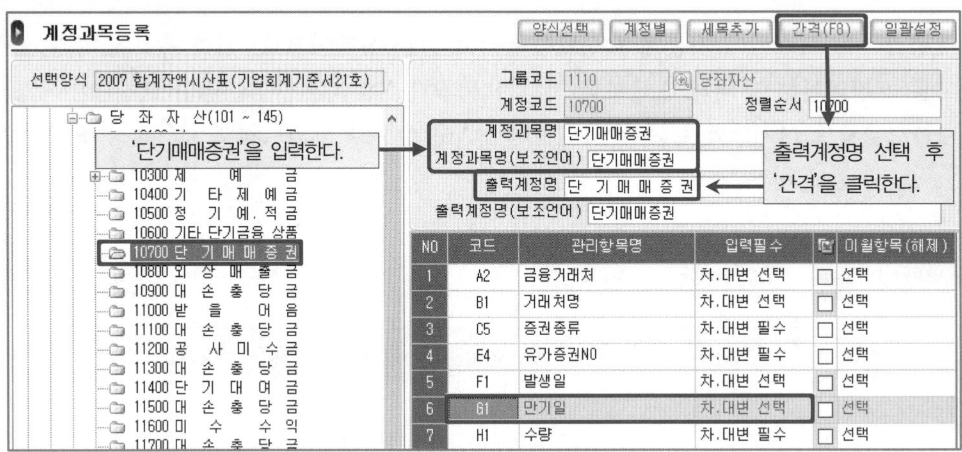

❷ 영업외비용 [⊞ 영 업 외 비 용(931 ~ 960)] 을 더블클릭하여 표시되는 계정과목 중 '93600.회사설정계정'을 클릭하고, 계정과목명에 '매출채권처분손실'을 입력한다.
→ '계정구분 3.일반', '입력구분 2.입력가능'으로 선택 입력한다.

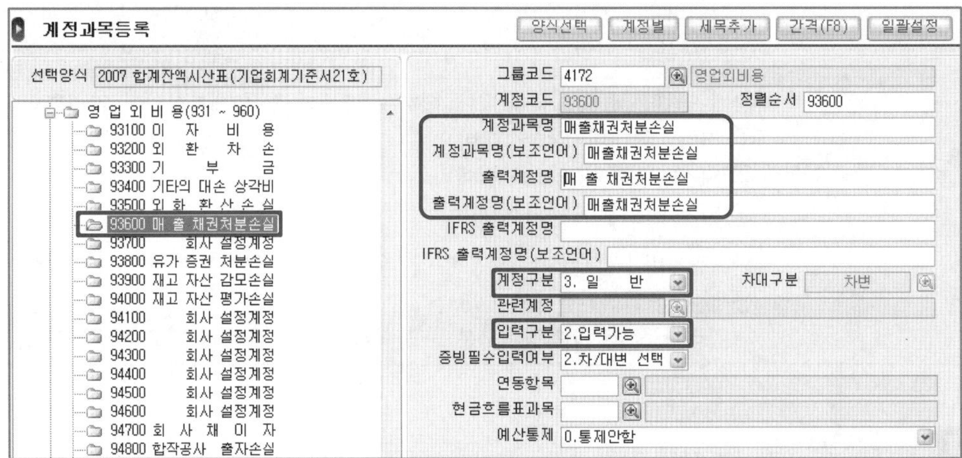

❸ 1. 81300.접대비 계정을 클릭하고, 화면상단의 [세목추가] 아이콘을 클릭한다.

2. [계정과목코드 변경] 화면이 뜨면 [변경 후]란에 변경코드를 확인한 후 [확인]을 클릭한다.

3. 계정과목명란에 '접대비-일반접대비'를 입력한 다음 [Enter] 를 하면 입력구분이 1.입력가능으로 표시된다. 81302 '접대비-경조사접대비', 81303 '접대비-문화접대비'도 같은 방법으로 등록한다.

주의 세목추가 시 왼쪽 화면 '81300.접대비'를 클릭하여야 [세목추가] 버튼이 활성화된다.

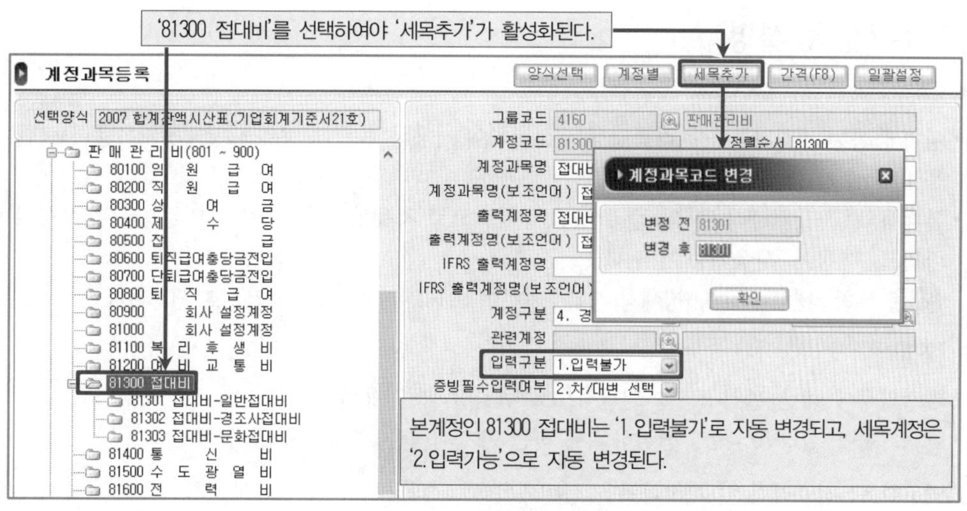

❹ 81200.여비교통비 계정의 우측 관리항목 코드에서 F2 키를 눌러 L3.경비구분을 선택하고 입력필수란에서 '차.대변 필수'에 체크한다.

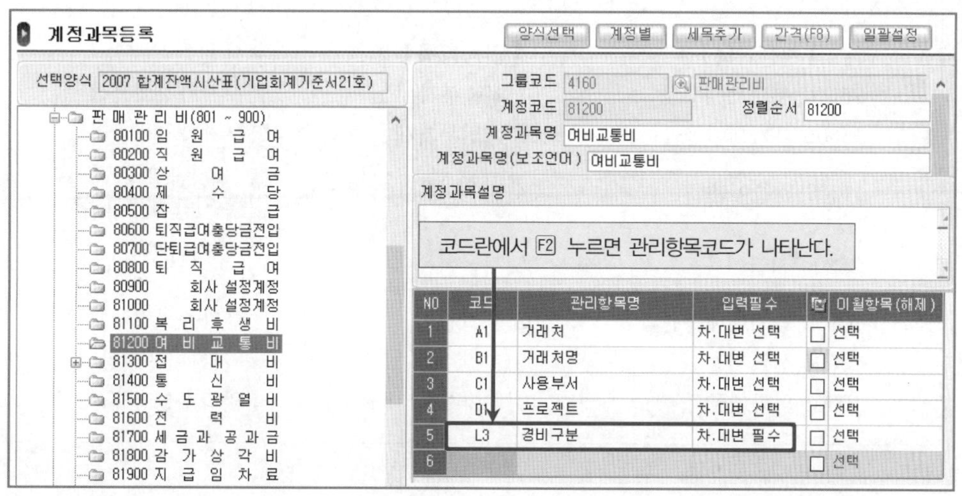

꼭 알아두기

- 관리항목을 등록해 두면 각 계정과목별로 추가사항을 관리할 수 있다.
  1. 차·대변 필수: 계정과목의 차·대변 위치와 무관하게 관리항목 반드시 입력
  2. 차·대변 선택: 차변과 대변 모두 사용자가 선택하여 입력가능
  3. 차변필수: 계정과목이 차변에 발생 시 관리항목을 반드시 입력
  4. 대변필수: 계정과목이 대변에 발생 시 관리항목을 반드시 입력

주요항목 설명

❶ 세목추가

- 이미 등록된 계정과목을 관리목적상 세분화하여 사용하고자 할 경우 해당계정과목을 선택한 다음 [세목추가]를 클릭한다.
- 본계정의 코드 뒷자리 2자리 중 01부터 순차적으로 자동부여한다. 이때 본계정은 '사용불가'로 바뀌고, 세목이 '사용가능'이 된다.

사례 복리후생비 81100계정에서 세목추가하면 81101~81199로 순차적으로 생성된다.

❷ 일괄설정

- 계정과목에 대한 관리구분을 일괄적으로 변경할 때 사용한다.
- 계정그룹을 설정한 다음, 변경하고자 하는 계정과목을 조회하여 입력한다.

❸ 연동항목: 전표입력 시 계정과목을 선택했을 때 나타나는 관리항목 보조화면을 여기에서 설정한다. 연동항목(매출부가세/매입부가세/받을어음/지급어음/유가증권/외화/기간비용 등)을 설정하면 해당계정 전표 입력 시 연동자료를 동시에 입력할 수 있으며, 핵심ERP에서 아래 연동항목은 기본적으로 설정되어 있다.

【계정과목】		【연동항목】		【관련메뉴】
25500.부가세예수금	→	01.매출부가세	→	부가가치세관리
13500.부가세대급금	→	02.매입부가세	→	부가가치세관리
11000.받을어음	→	04.받을어음	→	자금관리 (받을어음명세서 등)
25200.지급어음	→	05.지급어음	→	자금관리 (지급어음명세서 등)
10700.단기매매증권	→	08.유가증권	→	유가증권명세서
13300.선급비용	→	09.기간비용	→	기간비용현황
10301.외화예금	→	10.외화자산	→	외화자산명세서

출제유형 ···▸ 계정과목등록

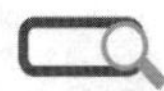

문1) 당사는 [보험료]계정을 보기와 같이 세부적으로 관리하고자 한다. 관련 메뉴는 무엇인가?

82101. 본사건물 보험료	82102. 법인차량 보험료
82103. 임직원 손해배상 보험료	82199. 기타보험료

① 관리항목등록　② 계정과목등록
③ 시스템환경설정　④ 회계연결계정설정

문2) 다음 중 당사의 접대비(판) 계정과목에 대한 설명으로 옳지 않은 것은?

① 81300.접대비 계정은 월별 예산통제가 가능하며, 현재는 입력불가 상태이다.
② 접대비 계정을 좀 더 세분화하여 관리하기 위해 세목계정을 등록하여 사용하고 있다.
③ 전표입력 시 경비구분을 반드시 입력할 수 있도록 차대변 필수항목으로 설정하였다.
④ 접대비 계정 입력 시 거래처명은 선택적으로 입력하도록 설정하였다.

[답안] 문1) ②, 문2) ③

02 회계프로그램 운용하기(NCS 능력단위요소명)

★ **학습목표(NCS 수행준거)**

2.1 회계프로그램 매뉴얼에 따라 프로그램 운용에 필요한 기초 정보를 처리할 수 있다.
2.2 회계프로그램 매뉴얼에 따라 정보 산출에 필요한 자료를 처리할 수 있다.

필요 지식

2.1 회계초기이월등록

ERP 프로그램을 설치한 후 당기의 자료는 ERP 시스템을 통해 처리하고 결산이 끝나면 자동으로 차기로 이월이 되지만, 전기의 자료는 프로그램에 반영되어 있지 않으므로 ERP 시스템에 입력을 하여야 한다. 회계초기이월등록은 각 사업장별로 전기분 재무상태표, 손익계산서, 제조원가보고서 및 계정에 따른 거래처별 초기이월금액을 시스템 초기에 입력하는 메뉴이다.

2.2 전기분 재무상태표

전기분 재무상태표와 거래처 초기이월금액을 회계초기이월등록에서 일괄적으로 등록한다. 전기분 금액이 당기의 각 장부에 전기이월금액으로 반영되며, 거래처별금액을 함께 입력하므로 거래처원장에도 전기이월금액이 표시된다.

수행 내용 전기분 재무상태표

시스템관리 → 초기이월관리 → 회계초기이월등록

(주)삼일테크의 전기분 재무상태표 및 부속명세는 다음과 같다. 전기분 재무상태표 등록을 수행하시오.

재 무 상 태 표

2024. 12. 31. 현재

(주)삼일테크 (단위: 원)

과 목	금 액		과 목	금 액	
자 산			**부 채**		
유 동 자 산		**35,900,000**	**유 동 부 채**		**39,400,000**
당 좌 자 산		**27,900,000**	외 상 매 입 금		32,900,000
현 금		3,050,000	미 지 급 금		6,500,000
보 통 예 금		10,000,000	**비 유 동 부 채**		0
외 상 매 출 금	5,000,000		**부 채 총 계**		**39,400,000**
대 손 충 당 금	50,000	4,950,000	**자 본**		
받 을 어 음	10,000,000		**자 본 금**		**100,000,000**
대 손 충 당 금	100,000	9,900,000	자 본 금		100,000,000
재 고 자 산		**8,000,000**	**자 본 잉 여 금**		0
제 품		5,000,000	**자 본 조 정**		0
원 재 료		3,000,000	**기타포괄손익누계액**		0
비 유 동 자 산		**158,000,000**	**이 익 잉 여 금**		**54,500,000**
투 자 자 산		0	이 익 준 비 금		3,000,000
유 형 자 산		**142,000,000**	미처분이익잉여금※		51,500,000
건 물		100,000,000	(당기순이익 15,690,000)		
기 계 장 치	20,000,000		**자 본 총 계**		**154,500,000**
감가상각누계액	5,000,000	15,000,000			
차 량 운 반 구	29,000,000				
감가상각누계액	3,500,000	25,500,000			
비 품	3,000,000				
감가상각누계액	1,500,000	1,500,000			
무 형 자 산		**5,000,000**			
개 발 비		5,000,000			
기 타 비 유 동 자 산		**11,000,000**			
기 타 보 증 금		11,000,000			
자 산 총 계		**193,900,000**	**부 채 와 자 본 총 계**		**193,900,000**

※ 미처분이익잉여금은 입력 시 37500.이월이익잉여금 계정으로 입력하여야 한다.

┃거래처별 금액┃

계정과목	거래처명	금 액	비 고
보 통 예 금	기업은행(보통)	10,000,000원	
외상매출금	(주)영재전자	3,000,000원	
	(주)한국테크	2,000,000원	
받 을 어 음	(주)영재전자	5,000,000원	• NO.자가10941786 • 만 기 일 2025/05/31 • 발 행 일 2024/12/01 • 어음종류 3.어음 • 수금구분 2.자수
	(주)한국테크	3,000,000원	• NO.자가51331912 • 만 기 일 2025/06/30 • 발 행 일 2024/12/08 • 어음종류 3.어음 • 수금구분 2.자수
	(주)화인알텍	2,000,000원	• NO.자가51251234 • 만 기 일 2025/04/04 • 발 행 일 2024/12/18 • 어음종류 3.어음 • 수금구분 2.자수
외상매입금	(주)수민산업	12,900,000원	
	(주)이솔전자	20,000,000원	
미 지 급 금	신한카드(법인)	6,500,000원	

수행 결과 전기분 재무상태표

❶ 전기분 재무상태표를 선택한다. 상단부 코드란에 계정과목 두 글자를 입력하거나, F2를 이용하여 계정과목을 입력하고, Enter 를 하여 하단부까지 이동한다.

❷ 하단부 차대변은 상단부 계정성격에 의해 자동 입력되며, 금액은 직접 입력한다.
예금, 채권, 채무의 거래처별내역은 F2를 이용한 거래처코드와 금액을 입력한다.

❸ 받을어음, 지급어음 등 세부 내역이 주어지면 관련 내용을 입력한다.
주의 숫자키보드의 +를 누르면 000이 입력된다.

꼭 알아두기

- 모든 자료를 입력 완료하면 전산상의 차변합계와 대변합계가 204,050,000원이지만 재무상태표상 자산총계와 부채 및 자본총계는 193,900,000원으로 차액이 발생하는 원인은 자산의 차감계정인 대손충당금과 감가상각누계액에 의한 것이다.
  ⇒ 차액(10,150,000원) = 대손충당금(150,000원) + 감가상각누계액(10,000,000원)

▌전기분 재무상태표 입력완료 화면▐

회계초기이월등록

회계단위 1000 (주)삼일테크본사 구분 1. 재무상태표 이월기준일 2025/01/01

NO	코드	계정과목	결의부서	작성자	차변금액	대변금액	잔액
1	10100	현금	재경팀	임영찬	3,050,000	0	3,050,000
2	10301	보통예금	재경팀	임영찬	10,000,000	0	10,000,000
3	10800	외상매출금	재경팀	임영찬	5,000,000	0	5,000,000
4	10900	대손충당금	재경팀	임영찬	0	50,000	50,000
5	11000	받을어음	재경팀	임영찬	10,000,000	0	10,000,000
6	11100	대손충당금	재경팀	임영찬	0	100,000	100,000
7	14700	제품	재경팀	임영찬	5,000,000	0	5,000,000
8	14900	원재료	재경팀	임영찬	3,000,000	0	3,000,000
9	19000	기타보증금	재경팀	임영찬	11,000,000	0	11,000,000
10	20200	건물	재경팀	임영찬	100,000,000	0	100,000,000
11	20600	기계장치	재경팀	임영찬	20,000,000	0	20,000,000
12	20700	감가상각누계액	재경팀	임영찬	0	5,000,000	5,000,000
13	20800	차량운반구	재경팀	임영찬	29,000,000	0	29,000,000
14	20900	감가상각누계액	재경팀	임영찬	0	3,500,000	3,500,000
15	21200	비품	재경팀	임영찬	3,000,000	0	3,000,000
16	21300	감가상각누계액	재경팀	임영찬	0	1,500,000	1,500,000
17	23900	개발비	재경팀	임영찬	5,000,000	0	5,000,000
18	25100	외상매입금	재경팀	임영찬	0	32,900,000	32,900,000
19	25300	미지급금	재경팀	임영찬	0	6,500,000	6,500,000
20	33100	자본금	재경팀	임영찬	0	100,000,000	100,000,000
21	35100	이익준비금	재경팀	임영찬	0	3,000,000	3,000,000
22	37500	이월이익잉여금	재경팀	임영찬	0	51,500,000	51,500,000
23							
		계			204,050,000	204,050,000	0

NO	차대	코드	거래처명	금액
1	차변	00001	(주)영재전자	5,000,000
2	차변	00002	(주)한국테크	3,000,000
3	차변	00003	(주)화인알텍	2,000,000
4	차변			
	계			10,000,000

어음번호	자가10941786
처리구분	1. 보관
만기일	2025/05/31
발행일	2024/12/01
어음종류	3. 어음
수금구분	2. 자수

수행 tip ✿ 전기분재무상태표

- 대손충당금과 감가상각누계액은 해당 자산 아래 코드를 선택한다.

10800.외상매출금	11000.받을어음	20800.차량운반구	20600.기계장치	21200.비품
10900.대손충당금	11100.대손충당금	20900.감가상각누계액	20700.감가상각누계액	21300.감가상각누계액

- 재무상태표의 '미처분이익잉여금'은 전기분 재무상태표 입력 시와 전표입력 시 '37500.이월이익잉여금'으로 입력한다.
- 계정과목코드, 거래처코드 입력방법: 코드란에서 F2를 누르거나, 계정과목명 두 글자를 입력하여 검색한다.
- 입력이 완료되면 회계관리 → 결산/재무제표관리 → 재무상태표를 조회해서 확인한다.

2.3 전기분 손익계산서

전기분 손익계산서를 입력하는 곳으로, 전기분 손익계산서는 계속기업의 비교식 손익계산서 작성 자료를 제공함과 동시에 기업의 당기순이익을 산출하는 메뉴이다.

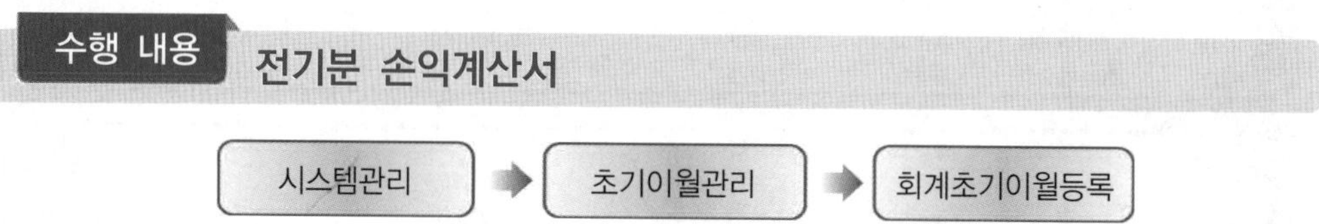

(주)삼일테크의 전기분 손익계산서는 다음과 같다. 전기분 손익계산서 등록을 수행하시오.

손 익 계 산 서

제9기 2024.1.1.~2024.12.31.

(주)삼일테크 (단위: 원)

과 목	금 액	
매출액		**200,000,000**
제품매출[1]		200,000,000
매출원가		**86,000,000**
제품매출원가		**86,000,000**
기초제품재고액	4,500,000	
당기제품제조원가	86,500,000	
기말제품재고액	5,000,000	
매출총이익		**114,000,000**
판매비와관리비		**97,110,000**
직원급여	46,000,000	
복리후생비	12,000,000	
여비교통비	4,500,000	
접대비[2]	9,250,000	
통신비	3,560,000	
세금과공과금	13,500,000	
보험료	2,500,000	
소모품비	5,650,000	
대손상각비	150,000	
영업이익		**16,890,000**
영업외수익		**0**
영업외비용		**1,200,000**
이자비용	1,200,000	
법인세차감전이익		**15,690,000**
법인세등		**0**
당기순이익		**15,690,000**

[1] 제품매출은 세목등록 되어있는 [40401.국내제품매출액]을 선택하여 입력하기로 한다.
[2] 접대비는 세목등록 작업을 하였으므로 [81301.접대비-일반접대비]를 선택하여 입력하기로 한다.

수행 결과 전기분 손익계산서

❶ [45500.제품매출원가] 계정을 입력할 때는 아래 화면과 같이 기초재고액, 당기매입액(당기제품제조원가), 기말재고액을 화면 우측 하단에 입력한다.

❷ 화면에는 [당기매입액]이라 표시되어 있는데, 상품매출원가인 경우는 [당기매입액]이고 제품매출원가인 경우는 [당기제품제조원가]를 의미하는 것이다.

▌전기분 손익계산서 입력완료 화면▐

회계초기이월등록

회계단위 1000 (주)삼일테크본사 | 구분 2. 손익계산서 | 이월기준일 2025/01/01

NO	코드	계정과목	결의부서	작성자	차변금액	대변금액	잔액
1	40401	국내제품매출액	재경팀	임영찬		200,000,000	200,000,000
2	45500	제품매출원가	재경팀	임영찬	86,000,000		86,000,000
3	80200	직원급여	재경팀	임영찬	46,000,000		46,000,000
4	81100	복리후생비	재경팀	임영찬	12,000,000		12,000,000
5	81200	여비교통비	재경팀	임영찬	4,500,000		4,500,000
6	81301	접대비-일반접…	재경팀	임영찬	9,250,000		9,250,000
7	81400	통신비	재경팀	임영찬	3,560,000		3,560,000
8	81700	세금과공과금	재경팀	임영찬	13,500,000		13,500,000
9	82100	보험료	재경팀	임영찬	2,500,000		2,500,000
10	83000	소모품비	재경팀	임영찬	5,650,000		5,650,000
11	83500	대손상각비	재경팀	임영찬	150,000		150,000
12	93100	이자비용	재경팀	임영찬	1,200,000		1,200,000
13							
		계			184,310,000	200,000,000	15,690,000

NO	차대	코드	거래처명	금액
1	차변			86,000,000
2	차변			
계				86,000,000

프로젝트	
사용부서	
기초재고액	4,500,000
당기매입액	86,500,000
매입환출및에누리	
매입할인	
타계정입고	
타계정출고	
관세환급금	
재고자산평가손실	
재고자산평가손실환입	
기말재고액	5,000,000
원가	86,000,000

금액을 확인하십시오

2.4 전기분 원가명세서

제조원가명세서는 제조업을 영위하는 기업에서 작성하는 것으로 재료비, 노무비, 제조경비 등을 집계하여 당기제품제조원가를 산출하는 보고서이며, 비교식 원가명세서를 작성하기 위하여 전년도 원가명세서를 입력하여야 한다.

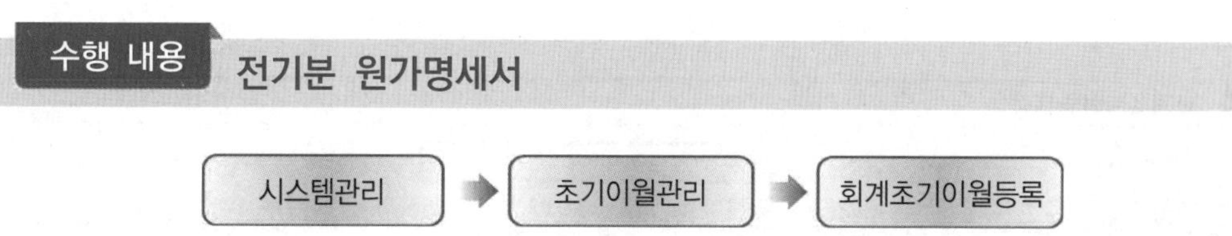

(주)삼일테크의 전기분 원가명세서는 다음과 같다. 전기분 원가명세서(500대 원가) 등록을 수행하시오.

제 조 원 가 명 세 서

제9기 2024.1.1.~2024.12.31.

(주)삼일테크 (단위: 원)

과목	금액	
원재료비		**29,000,000**
기초원재료재고액	2,000,000	
당기원재료매입액	30,000,000	
기말원재료재고액	3,000,000	
노무비		**30,500,000**
임금	30,500,000	
경비		**27,000,000**
복리후생비	6,600,000	
가스수도료	1,650,000	
전력비	4,200,000	
세금과공과금	1,680,000	
감가상각비	4,230,000	
수선비	2,956,000	
보험료	1,320,000	
차량유지비	1,200,000	
소모품비	3,164,000	
당기총제조비용		**86,500,000**
기초재공품재고액		0
합계		**86,500,000**
기말재공품재고액		0
타계정으로대체액		0
당기제품제조원가		**86,500,000**

수행 결과 전기분 원가명세서

❶ 화면 상단 구분을 '3. 500번대 원가'로 선택하고 계정과목에 대한 금액을 입력한다.

❷ [50100.원재료비] 계정을 입력할 때는 아래 화면과 같이 기초재고액, 당기매입액, 기말재고액을 화면 우측 하단에 입력한다.

▌전기분 제조원가명세서 입력완료 화면▐

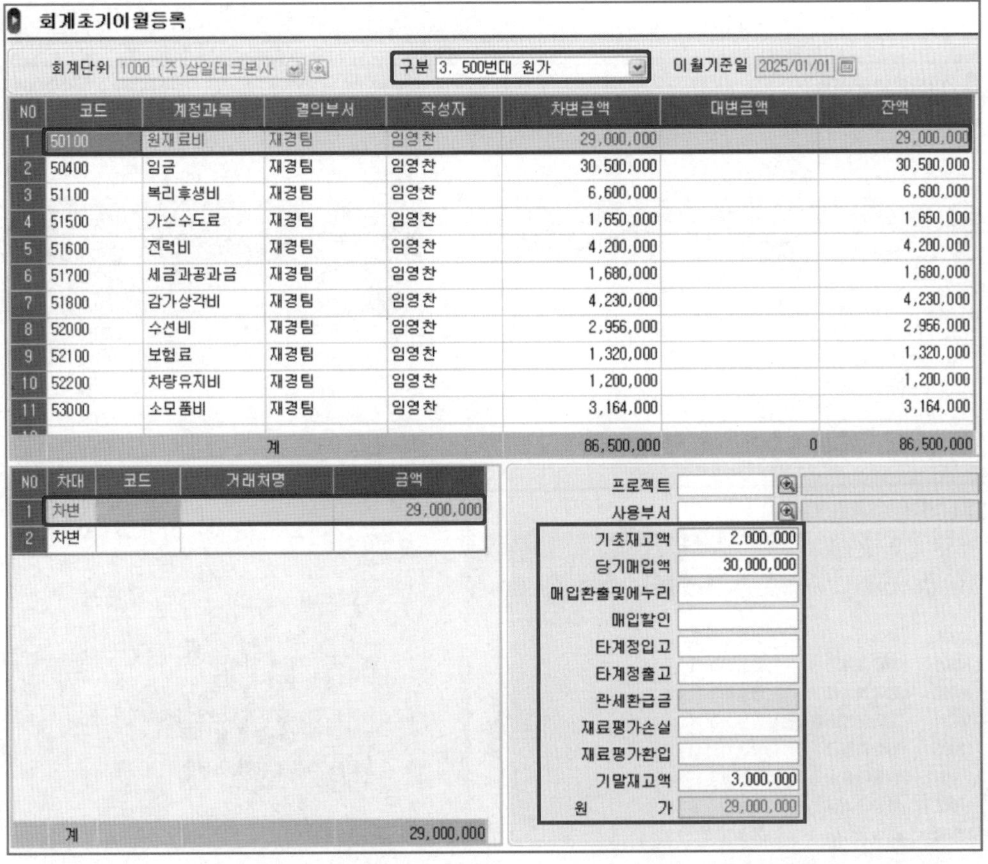

회계초기이월등록

회계단위 1000 (주)삼일테크본사 | 구분 3. 500번대 원가 | 이월기준일 2025/01/01

NO	코드	계정과목	결의부서	작성자	차변금액	대변금액	잔액
1	50100	원재료비	재경팀	임영찬	29,000,000		29,000,000
2	50400	임금	재경팀	임영찬	30,500,000		30,500,000
3	51100	복리후생비	재경팀	임영찬	6,600,000		6,600,000
4	51500	가스수도료	재경팀	임영찬	1,650,000		1,650,000
5	51600	전력비	재경팀	임영찬	4,200,000		4,200,000
6	51700	세금과공과금	재경팀	임영찬	1,680,000		1,680,000
7	51800	감가상각비	재경팀	임영찬	4,230,000		4,230,000
8	52000	수선비	재경팀	임영찬	2,956,000		2,956,000
9	52100	보험료	재경팀	임영찬	1,320,000		1,320,000
10	52200	차량유지비	재경팀	임영찬	1,200,000		1,200,000
11	53000	소모품비	재경팀	임영찬	3,164,000		3,164,000
		계			86,500,000	0	86,500,000

NO	차대	코드	거래처명	금액
1	차변			29,000,000
2	차변			
	계			29,000,000

프로젝트	
사용부서	
기초재고액	2,000,000
당기매입액	30,000,000
매입환출및에누리	
매입할인	
타계정입고	
타계정출고	
관세환급금	
재료평가손실	
재료평가환입	
기말재고액	3,000,000
원가	29,000,000

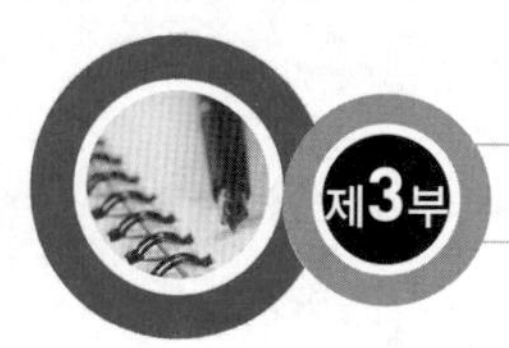

2.5 마감 및 연도이월

당기에 작성된 재무제표 정보들을 다음 연도의 초기이월데이터로 이월할 수 있는 메뉴이며, 당기의 회계처리 및 결산작업 이후에 이루어진다. [마감 및 연도이월]작업을 수행하면, 기존의 자료는 추가 및 수정이 불가능하게 된다.

시스템관리 ➡ 마감/데이타관리 ➡ 마감및년도이월

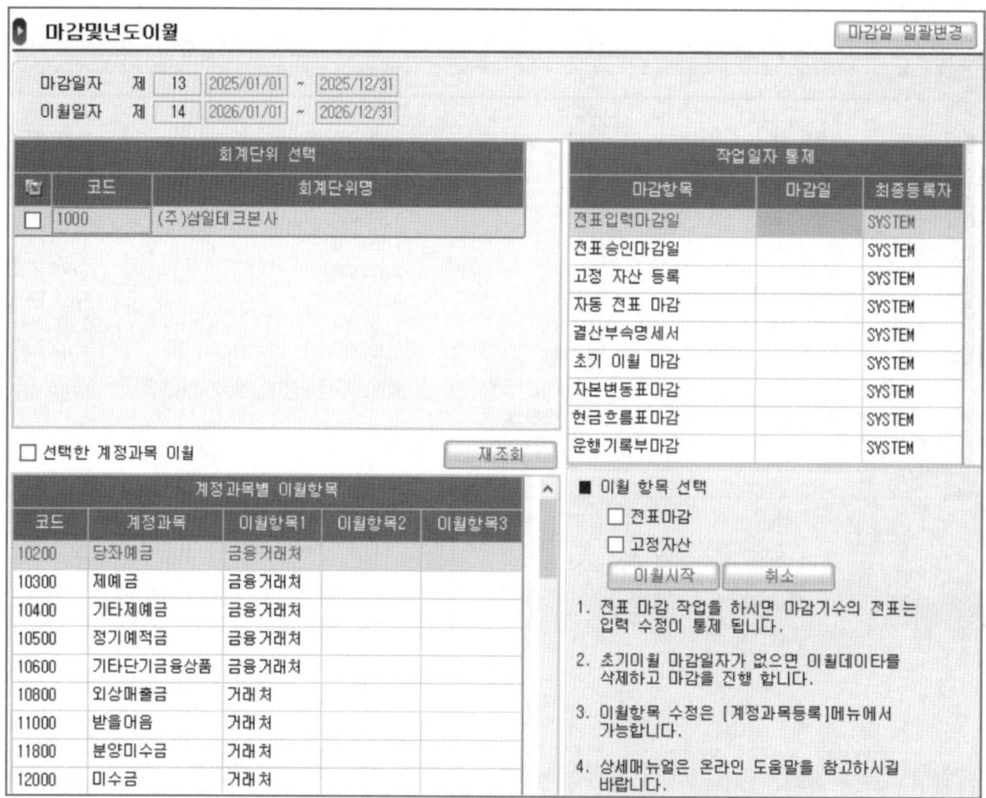

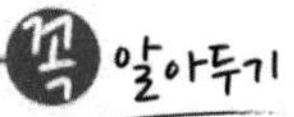

■ 상기업의 매출원가 계산

상품매출원가 = 기초상품재고액 + 당기상품매입액 − 기말상품재고액

(당기상품매입액 = 당기상품총매입액 − 매입에누리 및 환출 − 매입할인)

■ 제조기업의 매출원가 계산

제품매출원가 = 기초제품재고액 + 당기제품제조원가(완성품) − 기말제품재고액

(당기제품제조원가 = 기초재공품 + 당기총제조비용 − 기말재공품재고액)

(당기총제조비용 = 직접재료비 + 직접노무비 + 제조간접비)

출제유형 ···▸ 회계초기이월등록

문1) 핵심ERP를 처음 도입하여 업무에 활용하기로 하였다. 거래처별 채권 및 채무금액을 등록하고자 할 때 수행하여야 하는 프로세스로 가장 적합한 것은 무엇인가?

① 재고이월등록　　② 마감및년도이월

③ 회계초기이월등록　　④ 회계연결계정과목등록

문2) 핵심ERP에 등록된 회계정보를 더 이상 수정되지 않도록 하고자 할 때 수행하여야 하는 프로세스는 무엇인가?

① 재고이월등록　　② 마감및년도이월

③ 회계초기이월등록　　④ 회계연결계정과목등록

문3) 전년도에서 이월한 받을어음 중 거래처별 내역이 일치하지 않는 것은?

① (주)영재전자 5,000,000원　　② (주)한국테크 3,000,000원

③ (주)화인알텍 2,000,000원　　④ (주)수민산업 12,900,000원

[정답] 문1) ③, 문2) ②, 문3) ④

(NCS 능력단위 0203020101_20v4)

전표관리

NCS 능력단위요소

01 회계상 거래 인식하기

02 전표 작성하기

NCS 능력단위: 전표관리(0203020101_20v4)

전표관리	회계상 거래를 인식하고, 전표작성 및 이에 따른 증빙서류를 처리 및 관리할 수 있다.

직종	분류번호	능력단위	능력단위요소	수준
회계감사	0203020101_20v4	전표관리	01 회계상 거래 인식하기	2
			02 전표 작성하기	2
			03 증빙서류 관리하기	2

능력단위요소	수행준거
01 회계상 거래 인식하기	1.1 회계상 거래와 일상생활에서의 거래를 구분할 수 있다.
	1.2 회계상 거래를 구성 요소별로 파악하여 거래의 결합관계를 차변 요소와 대변 요소로 구분할 수 있다.
	1.3 회계상 거래의 결합관계를 통해 거래 종류별로 구별할 수 있다.
	1.4 거래의 이중성에 따라서 기입된 내용의 분석을 통해 대차평균의 원리를 파악할 수 있다.
02 전표 작성하기	2.1 회계상 거래를 현금거래 유무에 따라 사용되는 입금전표, 출금전표, 대체전표로 구분할 수 있다.
	2.2 현금의 수입 거래를 파악하여 입금전표를 작성할 수 있다.
	2.3 현금의 지출 거래를 파악하여 출금전표를 작성할 수 있다.
	2.4 현금의 수입과 지출이 없는 거래를 파악하여 대체전표를 작성할 수 있다.
03 증빙서류 관리하기	3.1 발생한 거래에 따라 필요한 관련 서류 등을 확인하여 증빙여부를 검토할 수 있다.
	3.2 발생한 거래에 따라 관련 규정을 준수하여 증빙서류를 구분·대조할 수 있다.
	3.3 증빙서류 관련 규정에 따라 제 증빙자료를 관리할 수 있다.

알고가자! 회계관리 전체 프로세스

핵심ERP에서의 회계관리는 회계업무 전체의 관리 모듈이다.

관리부서의 자금관리, 즉 자금계획의 자료와 회계전표와의 관계가 연결되고, 회계전표 입력 시 받을어음, 지급어음 등의 정보가 자금관리에 다시 반영된다.

관리부서의 예산통제정보가 회계처리에서 통제되며, 고정자산관리의 감가상각비 계산 데이터가 결산에 반영되어 자동결산처리에 의해 각종 재무제표에 반영된다.

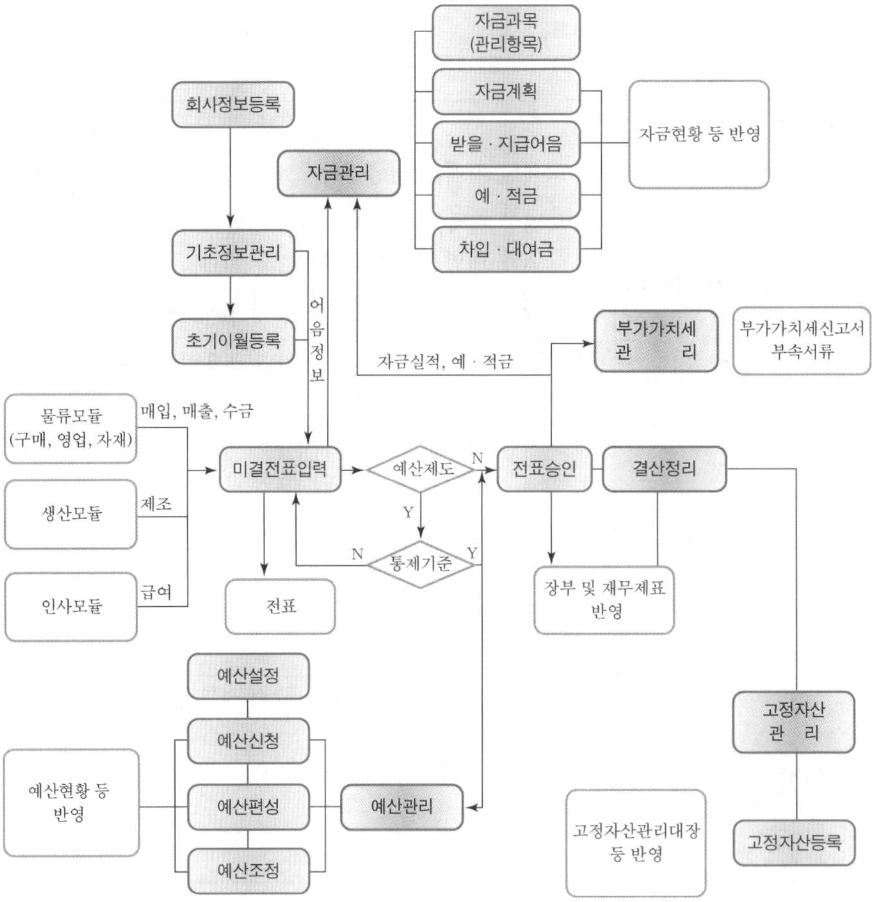

자금과목
(관리항목)
자금계획
받을 · 지급어음
예 · 적금
차입 · 대여금
자금현황 등 반영
회사정보등록
자금관리
기초정보관리
초기이월등록
어음정보
자금실적, 예 · 적금
부가가치세
관　　리
부가가치세신고서
부속서류
물류모듈
(구매, 영업, 자재)
매입, 매출, 수금
생산모듈
제조
인사모듈
급여
미결전표입력
예산제도
N
Y
통제기준
N
Y
전표승인
결산정리
전표
장부 및 재무제표
반영
예산설정
예산신청
예산편성
예산조정
예산관리
예산현황 등
반영
고정자산
관　리
고정자산관리대장
등 반영
고정자산등록

01 회계상 거래 인식하기(NCS 능력단위요소명)

★ **학습목표(NCS 수행준거)**

1.1 회계상 거래와 일상생활에서의 거래를 구분할 수 있다.
1.2 회계상 거래를 구성 요소별로 파악하여 거래의 결합관계를 차변 요소와 대변 요소로 구분할 수 있다.
1.3 회계상 거래의 결합관계를 통해 거래 종류별로 구별할 수 있다.
1.4 거래의 이중성에 따라서 기입된 내용의 분석을 통해 대차평균의 원리를 파악할 수 있다.

필요 지식

1.1 회계상 거래와 일상생활에서의 거래

회계상 거래는 자산·부채·자본 증가와 감소, 수익·비용의 발생을 가져오는 것이다. 일상생활에서는 거래이지만 회계상 거래가 아닌 경우도 있으며, 회계상 거래이지만 일상생활에서는 거래에 해당하지 않는 경우도 있다.

회계상의 거래		회계상의 거래가 아님
• 화재, 도난, 파손, 분실, 감가상각, 대손상각 등	• 자산의 구입과 판매, 채권·채무의 발생과 소멸 • 유형자산 매각 등 실거래 • 손익(비용/수익)의 발생	• 건물의 임대차계약 • 상품의 매매계약, 주문서 발송 • 일정급여를 주기로 한 후 직원 채용 • 건물·토지 등의 담보설정
일상생활상 거래가 아님	일상생활(사회통념)상의 거래	

꼭 알아두기

■ 일상생활에서는 거래이지만 회계상 거래가 아닌 경우
상품 매매 계약, 종업원 채용 계약, 건물의 임대차 계약, 부동산 담보 설정 등

■ 회계상 거래이지만 일상생활에서는 거래가 아닌 경우
상품 등의 도난·파손·화재, 상품의 가격 하락 등

1.2 거래의 결합관계와 거래의 이중성

재무상태표 요소와 손익계산서 요소에서 왼쪽(차변)에 위치하는 것은 자산과 비용이며 오른쪽(대변)에 위치하는 것은 부채, 자본 및 수익이다. 회계상 모든 거래는 왼쪽(차변) 요소와 오른쪽(대변) 요소가 결합하여 발생한다. 모든 거래를 원인과 결과의 인과관계를 파악하여 이중으로 기록하기 때문에 오류에 대한 자가 검증 기능이 있다.

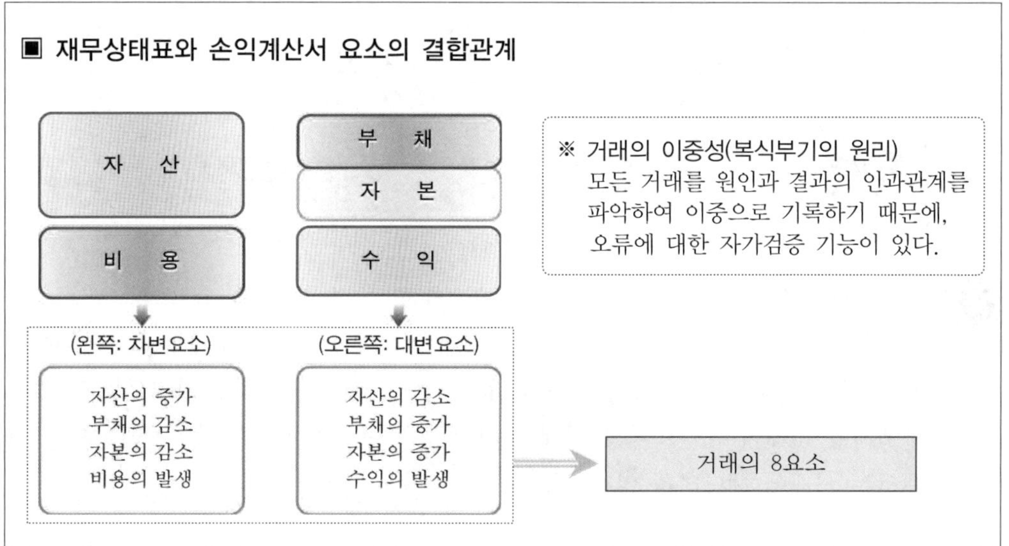

수행 내용 회계상 거래 인식하기

❶ 다음 중 회계상 거래인 것은 ○, 회계상 거래가 아닌 것은 ×를 하시오.

① (　　) 상품 500,000원을 외상으로 구입하였다.
② (　　) 사무실에 사용할 냉장고를 300,000원에 구입하기로 계약하였다.
③ (　　) 상품 50,000원이 화재가 발생하여 유실되었다.
④ (　　) 급여 1,500,000원을 지급하기로 하고 영업사원을 채용하였다.

❷ 다음의 회계상 거래를 거래의 8요소에 따른 결합관계로 나타내시오.

① 상품 100,000원을 현금으로 구입하였다.
② 상품 500,000원을 외상으로 구입하였다.
③ 은행에서 2,000,000원을 차입(차입기간: 6개월)하여 보통예금 통장에 입금하였다.
④ ②의 상품외상 구입대금 500,000원을 현금으로 지급하였다.
⑤ 은행에 예치해 둔 예금에 대한 이자 80,000원을 현금으로 받았다.
⑥ 사무실 임차료 150,000원을 현금으로 지급하였다.

	구 분	결합관계	분 개	구 분	결합관계	분 개
①	차변요소			대변요소		
②	차변요소			대변요소		
③	차변요소			대변요소		
④	차변요소			대변요소		
⑤	차변요소			대변요소		
⑥	차변요소			대변요소		

수행 결과 회계상 거래 인식하기

❶ 회계상 거래: ① (○), ② (×), ③ (○), ④ (×)

❷ 거래의 결합관계

	구 분	결합관계	분 개	구 분	결합관계	분 개
①	차변요소	자산증가	(상품 100,000원)	대변요소	자산감소	(현금 100,000원)
②	차변요소	자산증가	(상품 500,000원)	대변요소	부채증가	(외상매입금 500,000원)
③	차변요소	자산증가	(보통예금 2,000,000원)	대변요소	부채증가	(단기차입금 2,000,000원)
④	차변요소	부채감소	(외상매입금 500,000원)	대변요소	자산감소	(현금 500,000원)
⑤	차변요소	자산증가	(현금 80,000원)	대변요소	수익발생	(이자수익 80,000원)
⑥	차변요소	비용발생	(임차료 150,000원)	대변요소	자산감소	(현금 150,000원)

핵심ERP실무

02 전표 작성하기(NCS 능력단위요소명)

★ **학습목표(NCS 수행준거)**

2.1 회계상 거래를 현금거래 유무에 따라 사용되는 입금전표, 출금전표, 대체전표로 구분할 수 있다.
2.2 현금의 수입 거래를 파악하여 입금전표를 작성할 수 있다.
2.3 현금의 지출 거래를 파악하여 출금전표를 작성할 수 있다.
2.4 현금의 수입과 지출이 없는 거래를 파악하여 대체전표를 작성할 수 있다.

필요 지식

 2.1 일반거래자료 입력

자산·부채·자본의 증감변동이 발생하면 증빙서류를 보고 회계 프로그램이 요구하는 형식에 맞추어 입력하는 메뉴이다. 전표입력에 입력된 자료는 전표, 분개장 및 총계정원장 등 관련 장부와 메뉴에 자동으로 반영되어 필요한 내용을 조회, 출력할 수 있다. 프로그램으로 회계처리함에 있어 전표입력은 가장 핵심적이고 중요한 작업이다.

❙ 전표/장부관리 프로세스 ❙

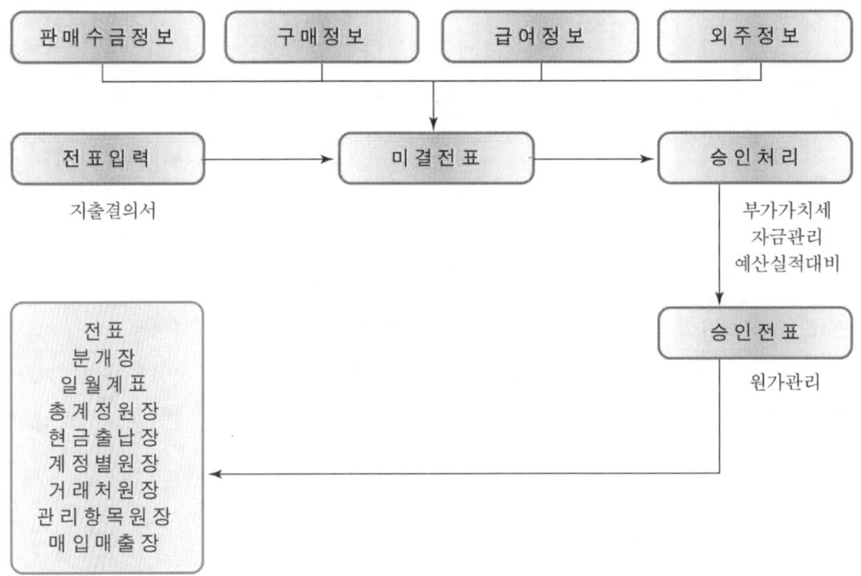

2.2 출금전표 작성하기

현금의 감소거래로 현금계정 대변에 기입되며, 거래총액이 현금으로 이루어진 거래를 출금거래라고 한다. 전표입력 시 구분란에 '1'을 입력하면 출금으로 표시되며, 자동으로 대변에 '현금'이 입력되므로 차변 계정과목만 입력하면 된다.

2.3 입금전표 작성하기

현금의 증가거래로 현금계정 차변에 기입되며, 거래총액이 현금으로 이루어진 거래를 입금거래라고 한다. 전표입력 시 구분란에 '2'를 입력하면 입금으로 표시되며 자동으로 차변에 '현금'이 입력되므로 대변 계정과목만 입력하면 된다.

2.4 대체전표 작성하기

거래액 총액 중 일부가 현금인 거래나 현금이 포함되지 않는 거래일 경우, 전표 입력 시 구분란에 차변은 '3'을 대변은 '4'를 입력한다.

회계자료의 입력은 [조회권한]이 '회사'이면서 핵심ERP 전 모듈 사용이 가능한 '임영찬' 사원으로 로그인한다.

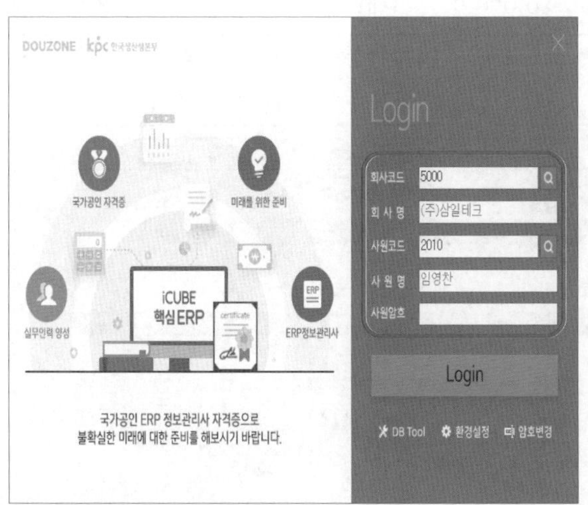

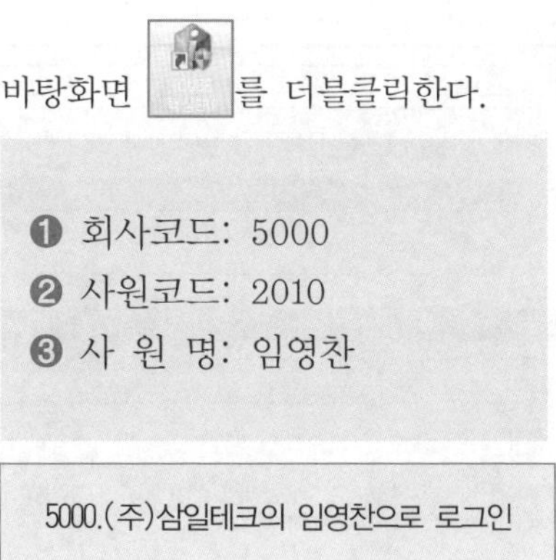

수행 내용 일반거래자료 입력

회계관리 ➡ 전표/장부관리 ➡ 전표입력

(주)삼일테크의 일반거래 자료는 다음과 같다. 거래자료 입력을 수행하시오.

구 분		일 자	내 용
1	출금	3월 2일	국내영업팀 백수인이 거래처에 제품 운송을 의뢰하고 강서마곡운수에 운송료 30,000원을 현금으로 지급하였다. (증빙: 영수증, 사용부서: 국내영업팀)
2	출금 (품의등록)	3월 3일	구매품의(품의번호: 1.소모품 구입의 건)에 의해 대구지사 생산팀에서 사용할 소모성 부품(비용)을 신일상사에서 구입하고 대금 80,000원은 현금으로 지급하였다. (증빙: 현금영수증, 프로젝트: S600, 사용부서: 생산팀)
3	입금	3월 4일	매출처 (주)한국테크의 외상대금 2,000,000원을 현금으로 받고 입금표를 발행하였다. (증빙: 입금표, 부서: 국내영업팀)
4	대체	3월 5일	국내영업팀 백수인이 거래처 담당직원과 서울아트센터에서 오페라공연을 관람하고 대금 200,000원은 법인카드인 신한카드로 결제하였다. (문화접대비로 회계처리, 증빙: 신용카드매출전표, 사용부서: 국내영업팀)

수행 결과 일반거래자료 입력

❶ [3월 2일] (차) (판)운반비 30,000원 (대) 현금 30,000원

분개	구 분	코 드	계정과목	코 드	거래처명	적 요
	1.출금	82400	운반비		강서마곡운수	9.운반비 지급

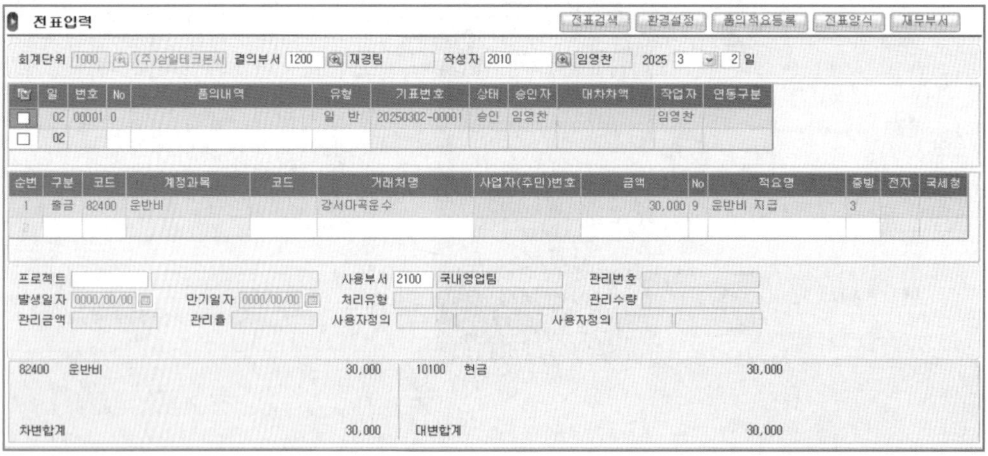

전표입력 [전표검색] [환경설정] [품의적요등록] [전표양식] [재무부서]

회계단위 1000 (주)삼일테크본사 결의부서 1200 재경팀 작성자 2010 임영찬 2025 3 2 일

일	번호	No	품의내역	유형	기표번호	상태	승인자	대차차액	작업자	연동구분
02	00001	0		일 반	20250302-00001	승인	임영찬		임영찬	
02										

순번	구분	코드	계정과목	코드	거래처명	사업자(주민)번호	금액	No	적요명	증빙	전자	국세청
1	출금	82400	운반비		강서마곡운수		30,000	9	운반비 지급	3		
2												

프로젝트 사용부서 2100 국내영업팀 관리번호
발생일자 0000/00/00 만기일자 0000/00/00 처리유형 관리수량
관리금액 관리율 사용자정의 사용자정의

82400 운반비	30,000	10100 현금	30,000
차변합계	30,000	대변합계	30,000

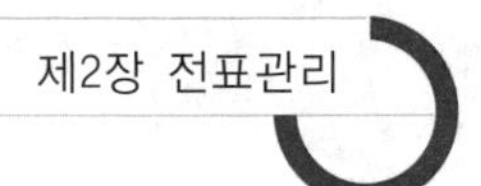

❷ [3월 3일] (차) (제)소모품비 80,000원 (대) 현금 80,000원

분개	구 분	코 드	계정과목	코 드	거래처명	적 요
	1.출금	53000	소모품비		신일상사	9.소모자재대 지급

주의 상단부 [품의적요등록]을 먼저 수행하여야 전표입력 시 품의내역을 입력할 수 있다.

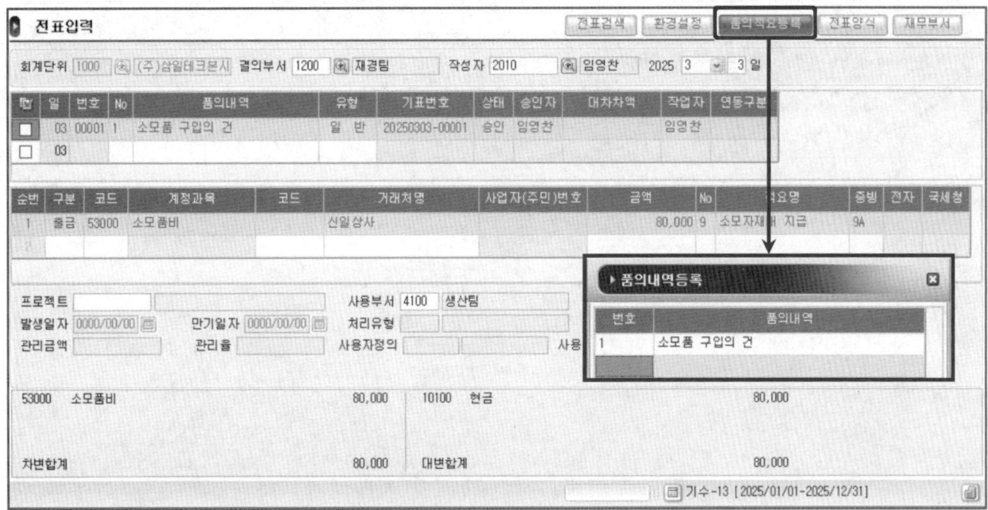

❸ [3월 4일] (차) 현금 2,000,000원 (대) 외상매출금 2,000,000원

분개	구 분	코 드	계정과목	코 드	거래처명	적 요
	2.입금	10800	외상매출금	00002	(주)한국테크	12.외상대금 현금회수

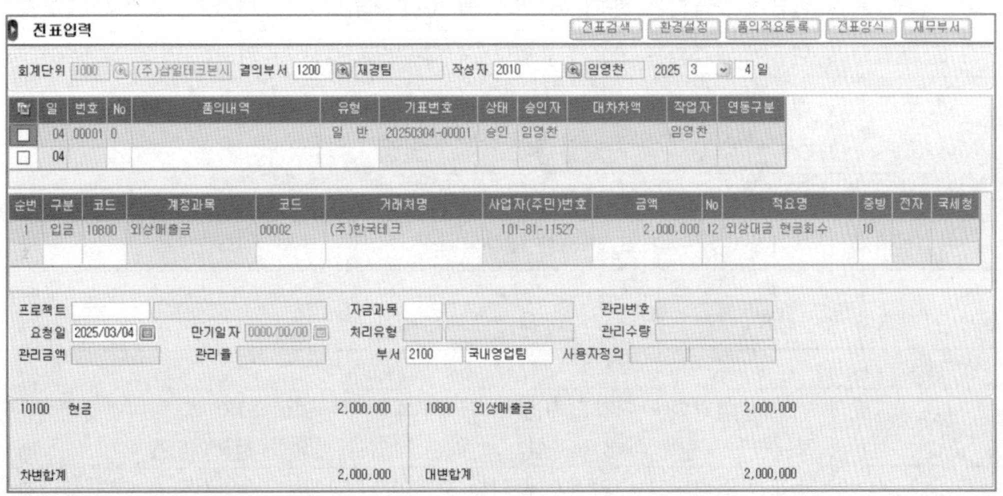

핵심ERP실무

❹ [3월 5일] (차) (판)접대비-문화접대비 200,000원 (대) 미지급금 200,000원

	구 분	코 드	계정과목	코 드	거래처명	적 요
분개	3.차변	81303	접대비-문화접대비		서울아트센터	1.거래처접대비(신용카드)
	4.대변	25300	미지급금	10005	신한카드(법인)	0.거래처접대비(신용카드)

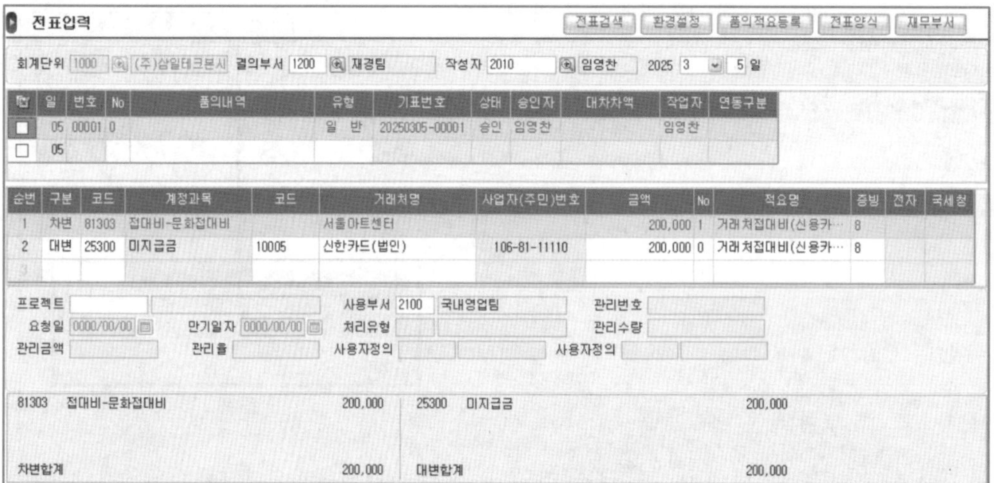

주요항목 설명

❶ 전표구분

구 분	설 명
1.출금	현금이 출금되는 전표(전표입력 시 차변만 입력하며, 대변은 자동 분개됨)
2.입금	현금이 입금되는 전표(전표입력 시 대변만 입력하며, 차변은 자동 분개됨)
3.차변 4.대변	대체거래에 사용되는 전표로, 현금이 포함되지 않거나 현금이 포함되더라도 2개 이상의 계정(제좌)이 발생되는 거래에서 사용한다.
5.매입부가세	부가가치세(VAT)와 관련한 매입거래
6.매출부가세	부가가치세(VAT)와 관련한 매출거래

❷ 미결전표와 승인전표

구 분	설 명
미결전표	전표가 입력되어 저장은 되었으나 재무제표에 반영이 되지 않은 미결상태이므로, 승인권자에 의해 전표를 승인하는 작업이 필요한 전표이다.
승인전표	전표가 입력되고 승인권자에 의해 승인이 된 상태로, 승인전표가 되면 해당전표의 내용이 재무제표에 반영된 상태이다.

❸ 회계단위, 결의부서, 작성자, 일자

회계단위 1000 (주)삼일테크본사 결의부서 1200 재경팀 작성자 2010 임영찬 2025 3 5 일

결의부서와 작성자는 로그인한 사용자로 자동 반영된다. 시스템환경설정의 본지점회계 사용여부에서 '사용'으로 체크되면 각 사업장별 회계단위를 선택할 수 있고, '미사용'으로 체크되면 로그인한 작업자의 회계단위로 표시된다.

❹ 번호

각 일자별로 00001부터 저장 시 자동 생성되며, 공란인 상태는 해당 전표가 아직 저장되지 않았음을 뜻한다.

❺ No, 품의내역

품의내역은 전표의 내용을 요약하는 의미로 사용된다. 화면상단의 품의적요등록 아이콘을 이용하여 추가등록할 수 있다.

❻ 유형

유형	내 용
일반	회계 모듈만 사용 시 전표입력을 '일반'으로 선택하여 입력하면 된다.
매입	자재관리 모듈에서 '회계처리' 과정을 통하여 넘겨받은 전표유형이다.
매출	영업관리 모듈에서 '회계처리' 과정을 통하여 넘겨받은 전표유형이다.
수금	영업관리 모듈에서 '회계처리' 과정을 통하여 넘겨받은 전표유형이다.
반제	특정거래처의 채권, 채무 특정일자의 발생금액을 임의로 상계할 수 있는 기능이다.
수정	일반분개의 수정분개 시 사용된다.
본 · 지점	본 · 지점간 회계 시 사용된다.
결산	결산자료입력에서 자동 대체된 분개에 대한 유형으로 자동 설정된다.

❼ 상태, 승인자

미결전표 상태에서는 단지 전표일 뿐이다. 상태가 미결인 경우는 승인절차를 거쳐야 장부에 반영된다.

전표입력 방식이 '승인'이나 '수정'인 사원이 입력하더라도 대차차액이 발생하는 전표는 승인되지 않고 '미결'로 나타난다.

참고

- 로그인한 사원이 승인 또는 수정권한자인 경우 결의일자로 자동 승인 처리된다.
- 대차차액이 발생한 전표는 승인이나 수정권한자가 입력해도 자동 승인되지 않고 미결로 표시되므로, 대차차액이 없도록 차 · 대변금액을 일치한 다음 반드시 '승인' 처리하여 장부에 반영한다.
- 자동승인 여부는 사원등록의 입력방식을 말하며, 작업자 기준이 아닌 로그인 사원을 기준으로 한다.
- 대차차액: 대체전표를 입력할 때 표시되며, 입금 · 출금전표를 제외한 대체전표에서 대차차액이 '0'이면 해당전표는 자동 저장된다.

출제유형 ···› **전표입력**

문1) 현금 총액으로 지출된 거래를 전표입력 메뉴에 입력할 때 가장 빠르고 편리하게 입력할 수 있는 구분내용은 무엇인가?

① 1.출금　　② 2.입금
③ 3.차변　　④ 4.대변

문2) 미결전표에 대한 설명으로 옳은 것은?

① 전표가 입력되고 승인이 된 상태이다.
② 전표를 수정하기 위해서는 승인해제를 하여야 한다.
③ 전표가 입력되고 저장은 되었으나 전표로서 효력은 아직 없는 상태이다.
④ 전표가 입력되고 미결상태이나 재무제표에 반영된 상태이다.

문3) 3월 5일 전표의 '접대비-문화접대비'의 적요코드와 내용으로 옳은 것은?

① 1.거래처접대비(신용카드)　　② 2.거래처선물대 미지급
③ 10.거래처선물대금 지급　　④ 11.거래처경조사비 지급

[답안] 문1) ①, 문2) ③, 문3) ①

필요 지식

2.5 업무용승용차관리

업무용승용차의 사적 사용을 제한하기 위하여 도입되었으며, 법인 소유이거나 법인이 리스 또는 임차하여 업무에 사용하는 승용차를 말한다. 종업원 소유의 차량을 업무에 사용하고 차량유지비 등을 지급받는 경우에는 업무용승용차관련 지출에 해당하지 않는다.

구 분	내 용
적용대상	법인사업자, 복식부기의무자인 개인사업자(간편장부 대상 제외)
업무용승용차 범위	일반적인 승용차(개별소비세법 제1조 제2항 제3호에 해당하는 승용차), 리스나 렌트 차량도 포함 - 제외: 배기량 1,000cc 이하, 판매업, 자동차 임대업(렌트회사), 시설대여업(리스회사), 운전학원업 등에서 사용하는 자동차
승용차관련비용	임차료, 유류비, 자동차세, 보험료, 수리비, 감가상각비 등
보험가입	- 법인: 업무전용자동차보험 가입(미가입 시 전액 비용 불인정) - 개인(성실신고대상자, 전문직종사자): 1대를 제외하고 업무전용보험에 가입하여야 하며, 미가입 시 50%만 비용 인정 - 개인(복식부기대상자): 업무용자동차보험 가입 의무 없음
관련비용명세서 제출의무	미제출(불성실) 가산세 1%

(1) 업무용승용차 차량등록

업무용승용차의 취득과 유지를 위하여 지출한 비용(유류비, 보험료, 수선비, 자동차세, 통행료 등) 등을 관리항목으로 관리하기 위하여 고정자산등록 작업과 함께 업무용승용차를 등록하여야 한다.

(2) 업무용승용차 운행기록부

업무용승용차를 운행한 기록에 대하여는 관련 증명서류를 보관하고, 업무용승용차 운행기록부를 작성한다. 만약 운행기록부를 작성하지 않았을 경우에는 비용으로 인정되는 금액이 다를 수 있다.

① 운행기록부를 작성한 경우: 업무용승용차 관련비용 × 업무사용비율

② 운행기록부를 작성하지 않은 경우

- 1천 5백만 원 이하: 1천 오백만 원(100% 비용 인정)
- 1천 5백만 원 초과: 업무관련 사용 거리가 차지하는 비율만큼 비용 인정

꼭 알아두기

▣ 업무용 사용거리의 범위

제조, 판매시설 등 해당 법인의 사업장 방문, 거래처 및 대리점 방문, 회의참석, 판매 촉진 활동, 출·퇴근 등 직무와 관련된 업무 수행을 위하여 주행한 거리

▣ 업무용승용차의 감가상각비

- 연 800만원 한도(부동산 임대업을 주업으로 하는 법인의 경우 400만 원)
- 감가상각방법: 5년 정액법 균등 강제상각
- 리스차량: 리스료 중 보험료, 자동차세, 수선유지비(리스료에서 보험료와 자동차세를 제외한 금액의 7%)를 차감한 잔액
- 렌트차량: 렌트료의 70%

(3) 업무용승용차 관련비용 명세서(관리용)

업무용승용차는 업무전용자동차보험에 가입하여야 하며, 업무용승용차 관련비용 명세서를 납세지 관할 세무서장에게 제출하여야 한다. 운행기록부를 작성하지 않은 경우에도 업무용승용차 관련비용 명세서는 작성하여야 한다.

수행 내용 업무용승용차

(주)삼일테크(본사)의 업무용승용차와 관련된 다음의 사항을 수행하시오.

❶ 다음의 고정자산을 [고정자산등록] 메뉴에 등록하시오.

계정과목	코드	자산명	취득일	취득금액	상각방법	전기말 상각 누계액	내용연수	경비구분	관리부서
차량운반구	3001	제네시스	2025/01/01	50,000,000원	정액법	–	5	800번대	국내영업팀

❷ [고정자산등록]에 등록한 업무용승용차를 [업무용승용차 차량등록] 메뉴에 등록하시오.

코 드	차량번호	차 종	부 서	사 원	사용여부
101	25오7466	제네시스	2100.국내영업팀	3010.백수인	사용

보험가입	보험회사	보험기간	임차구분	사용구분
업무전용자동차보험(법인) 가입	(주)삼성화재	2025.01.01.~2025.12.31.	자가	일반 업무용

❸ [3월 6일]

국내영업팀에서 사용 중인 업무용차량(25오7466)을 우리주유소에서 주유하고 주유대금 150,000원은 법인카드인 신한카드로 결제하였다.(증빙: 신용카드매출전표, 사용부서: 국내영업팀)
거래자료 입력을 수행하고, 관리항목(하단)에서 업무용승용차 설정을 수행하시오.

❹ 업무용승용차(25오7466)의 운행기록을 참고하여 운행기록부 작성을 수행하시오.

사용일자	시작시간	주행거리(km)	업무용 사용거리(km)	비업무용 사용거리(km)	주행 전 계기판의 거리(km)
2025/03/06	10:00	100	일반 업무용 90	10	22,500

- 사원: 백수인, 부서: 국내영업팀, 사용기간: 2025/01/01~2025/12/31

❺ 업무용승용차(25오7466)의 관련비용명세서 작성을 수행하시오.

수행 결과 업무용승용차 차량등록

❶ 자산유형에서 F2를 누른 후 '20800.차량운반구'를 선택하여 하단의 내용을 입력한다.

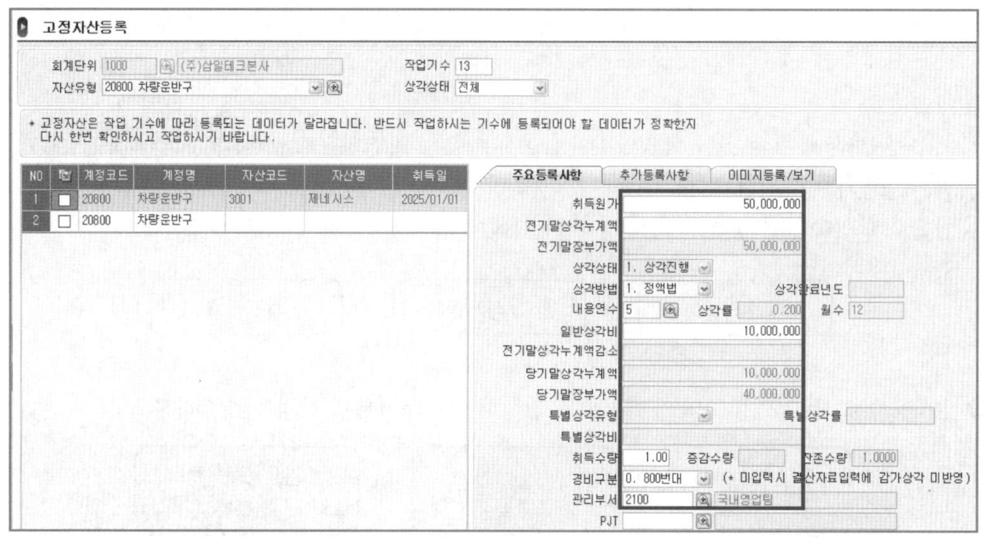

❷ 업무용승용차 차량등록 각 란의 내용을 입력한 후, 고정자산코드에서 F2를 클릭하여 ❶에서 등록한 고정자산을 선택 시 자동반영되는 고정자산명, 취득일자, 경비구분을 확인하고, 보험가입관련 내용을 추가입력한다.

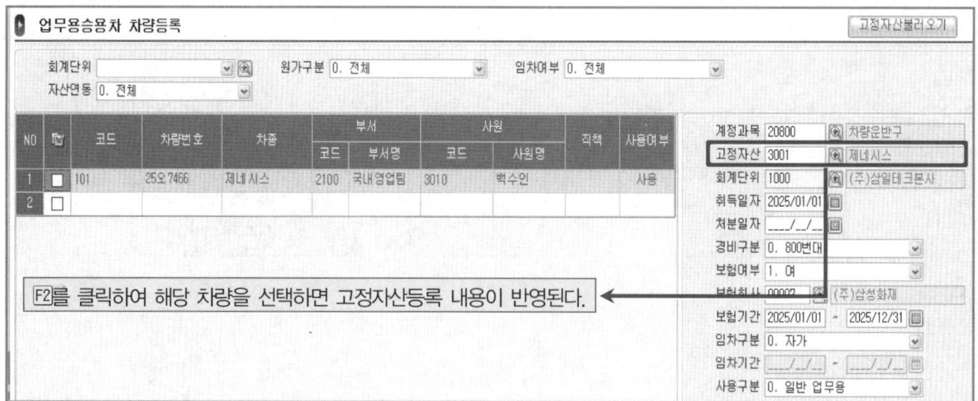

❸ [3월 6일]   (차) (판)차량유지비   150,000원   (대) 미지급금   150,000원

	구 분	코 드	계정과목	코 드	거래처명	적 요
분개	3.차변	82200	차량유지비		우리주유소	0.차량유류대 카드결제
	4.대변	25300	미지급금	10005	신한카드(법인)	0.차량유류대 카드결제

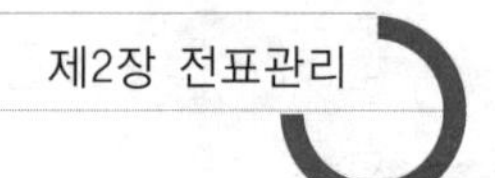

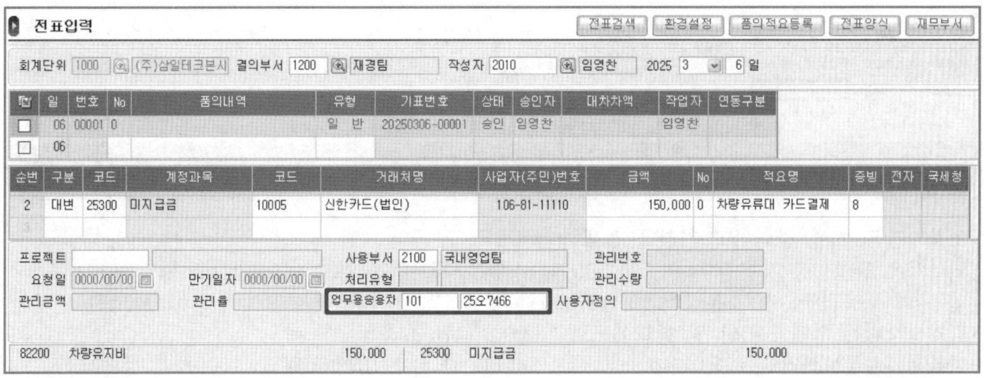

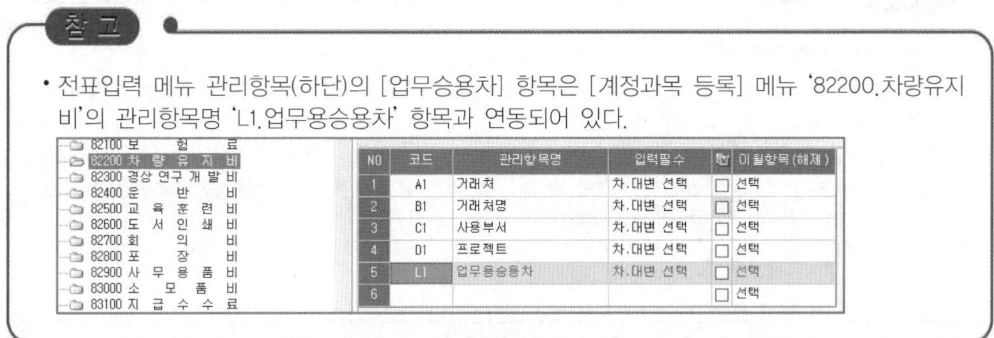

참 고

• 전표입력 메뉴 관리항목(하단)의 [업무승용차] 항목은 [계정과목 등록] 메뉴 '82200.차량유지비'의 관리항목명 'L1.업무용승용차' 항목과 연동되어 있다.

❹ 업무용승용차 운행기록을 각 란에 입력한다. 상단부의 총주행 거리, 업무용 사용거리, 업무사용비율은 재조회하면 하단의 입력 내용에 의해 자동으로 반영된다.

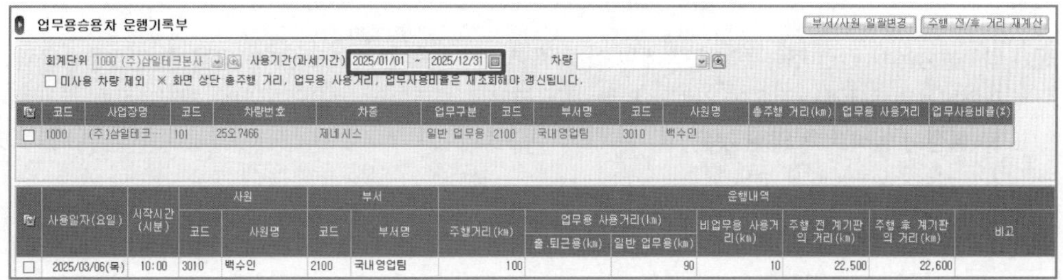

❺ 업무용승용차 관련비용명세서 상단부 불러오기를 클릭하면 자동으로 관련비용 명세서에 반영된다.

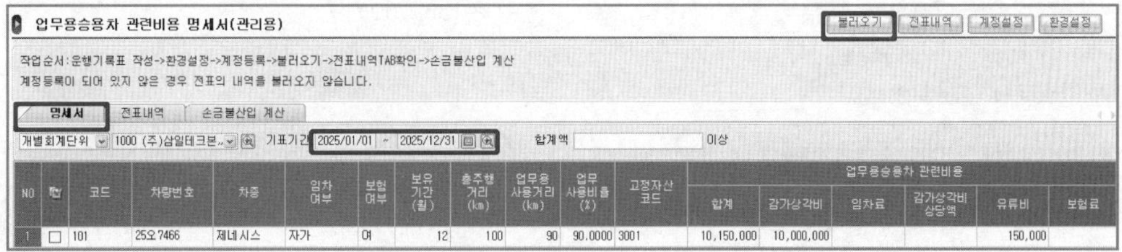

업무용승용차 관련비용 명세서(관리용)

불러오기 전표내역 계정설정 환경설정

작업순서:운행기록표 작성->환경설정->계정등록->불러오기->전표내역TAB확인->손금불산입 계산
계정등록이 되어 있지 않은 경우 전표의 내역을 불러오지 않습니다.

명세서 | 전표내역 | 손금불산입 계산

개별회계단위 1000 (주)삼일테크본.. 조회기간 2025/01/01 ~ 2025/12/31 차량번호
상각비한도초과액 이상 손금불산입 이상 12개월 예상 조회

NO	코드	차량번호	총 사용금액			보유기간(월)	업무사용비율	업무 사용금액			업무 외사용금액			감가상각비(상당액) 한도초과금	손금불산입 합계
			감가상각비	관련비용	합계			감가상각비	관련비용	합계	감가상각비	관련비용	합계		
1	101	25오7466	10,000,000	150,000	10,150,000	12	90.…	9,000,000	135,000	9,135,000	1,000,000	15,000	1,015,000	1,000,000	2,015,000

* 조회기간은 를 클릭하고 기간을 선택하여 확인을 누른다.
* 업무사용 금액: 총 사용금액 10,150,000원 × 업무사용 비율 90% = 9,135,000원
* 업무 외 사용금액: 총 사용금액 10,150,000원 × 업무 외 사용 비율 10% = 1,015,000원
* 감가상각비는 연간 800만 원 한도이므로 1,000,000원 초과
따라서, 손금불산입액 = 1,015,000원 + 1,000,000원 = 2,015,000원

참고

- 고정자산등록에 등록된 업무용승용차를 불러와 공통적인 부분은 자동 반영 받는다.
- 업무용승용차의 취득과 유지를 위하여 지출한 내용과 관련된 계정과목 은 관리항목의 업무용승용차란에서 차량번호를 설정한다.
- 업무용승용차 운행기록부에 업무용 사용거리와 비업무용 사용거리로 구분하여 운행 정보를 상세하게 기록한다. 직무와 관련된 업무, 거래처 접대를 위한 운행, 직원들의 경조사 참석을 위한 운행 등도 업무용 사용거리에 해당한다.
- 업무용승용차 관련비용 명세서에 자료를 자동반영하기 위해서는 관련 계정과목 하단부 관리항목 '업무용승용차'란에 해당 차량을 입력하여야 한다.

출제유형 ···› 업무용승용차 관리

문1) 업무용승용차 관련비용 특례 규정에 따라 차량별로 비용을 관리하고 있다. 다음 중 업무용승용차 관련비용명세서에서 전표에 입력된 관련 계정 금액을 자동으로 불러오기 위한 계정과목별 관리항목 설정이 올바르지 않은 것은?

① 81700.세금과공과금　　② 82100.보험료
③ 82200.차량유지비　　④ 82400.운반비

문2) 업무용승용차 관련비용명세서상 업무용승용차(25오7466)의 당기 손금불산입합계는 얼마인가?

① 150,000원　　② 1,015,000원
③ 2,015,000원　　④ 9,135,000원

[답안] 문1) ④, 문2) ③

필요 지식

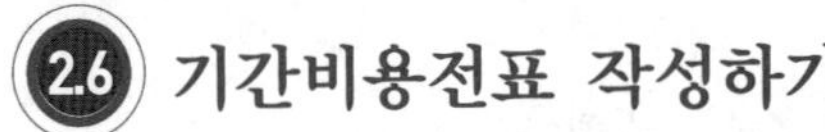

2.6 기간비용전표 작성하기

보험료, 이자 등의 비용들은 발생주의 원칙에 의해 당해연도 발생 귀속분만 비용처리 되어야 한다. 기간이 있는 비용들은 납부 시 '선급비용'으로 처리하였다가 결산 시 당해연도 기간경과분에 대한 금액은 보험료, 이자비용 등의 계정으로 대체한다. 핵심ERP에서는 13300.선급비용과 26300.선수수익 계정에 연동항목으로 '기간비용'이 등록되어 [기간비용현황]에서 당해연도 발생금액과 다음연도 귀속금액을 조회할 수 있고 결산대체분개도 자동으로 수행할 수 있다.

❙ 기간비용 회계처리 사례 ❙

구 분	보험료 지급 시	결산 시 회계처리
비용처리	(차) 보험료 ××× (대) 보통예금 ×××	(차) 선급비용 ××× (대) 보험료 ×××
자산처리	(차) 선급비용 ××× (대) 보통예금 ×××	(차) 보험료 ××× (대) 선급비용 ×××

❙ 총일수 계산방법 ❙

양편넣기	기간 계산 시 초일과 말일을 모두 포함하여 계산한다. (보험료)
초일산입	기간 계산 시 초일은 산입하고 말일은 불산입하는 방법으로 계산한다.
말일산입	기간 계산 시 초일은 불산입하고 말일은 포함하여 계산한다. (이자)

수행 내용 기간비용전표 작성하기

(주)삼일테크의 기간비용 자료는 다음과 같다.

구 분	일 자	내 용
기간비용	3월 7일	국내영업팀에서 사용되는 물품창고에 대한 화재보험을 (주)삼성화재에 가입하고 1년분 보험료 365,000원을 현금으로 지급하였다. - 보험기간: 2025/03/07 ~ 2026/03/06(계산방법: 양편넣기) - 증 빙: 지로용지 - 회계처리: 납부 시 자산으로 처리

❶ 거래자료 입력을 수행하시오.

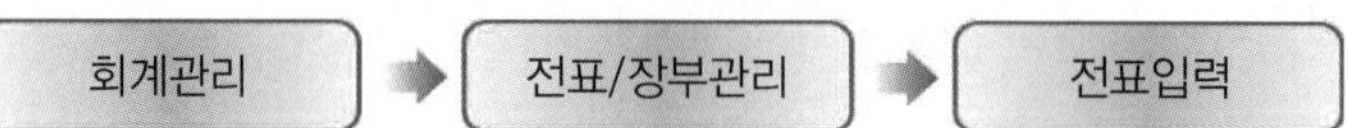

❷ 자산으로 처리한 보험료 중 기간경과분에 대하여 결산분개를 수행하시오.

수행 결과 기간비용전표 작성하기

❶ [3월 7일] (차) 선급비용 365,000원 (대) 현금 365,000원

분개	구 분	코 드	계정과목	코 드	거래처명	적 요
	1.출금	13300	선급비용	00007	(주)삼성화재	0.창고 보험료 지급

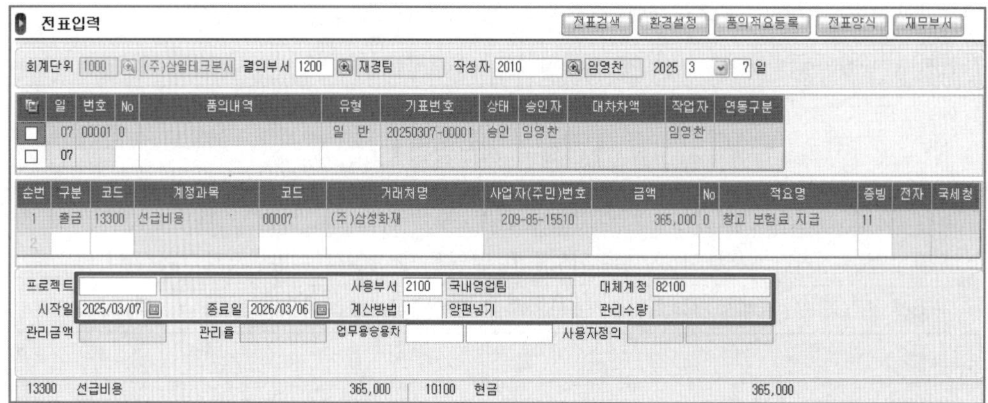

❷ 기간비용현황 메뉴의 [입력] TAB을 선택하여 3월 7일로 기표일자를 조회한 후 화면 우측 상단에 있는 [전표발행]을 클릭한다. 처리기간을 '2025년 3월 ~ 2025년 12월' 입력하고 [전표발행(ENTER)]을 클릭하면 전표발행이 완료된다.

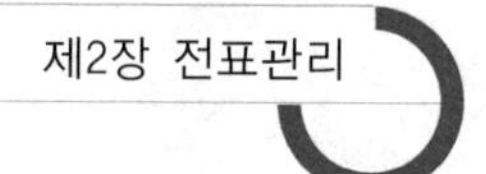

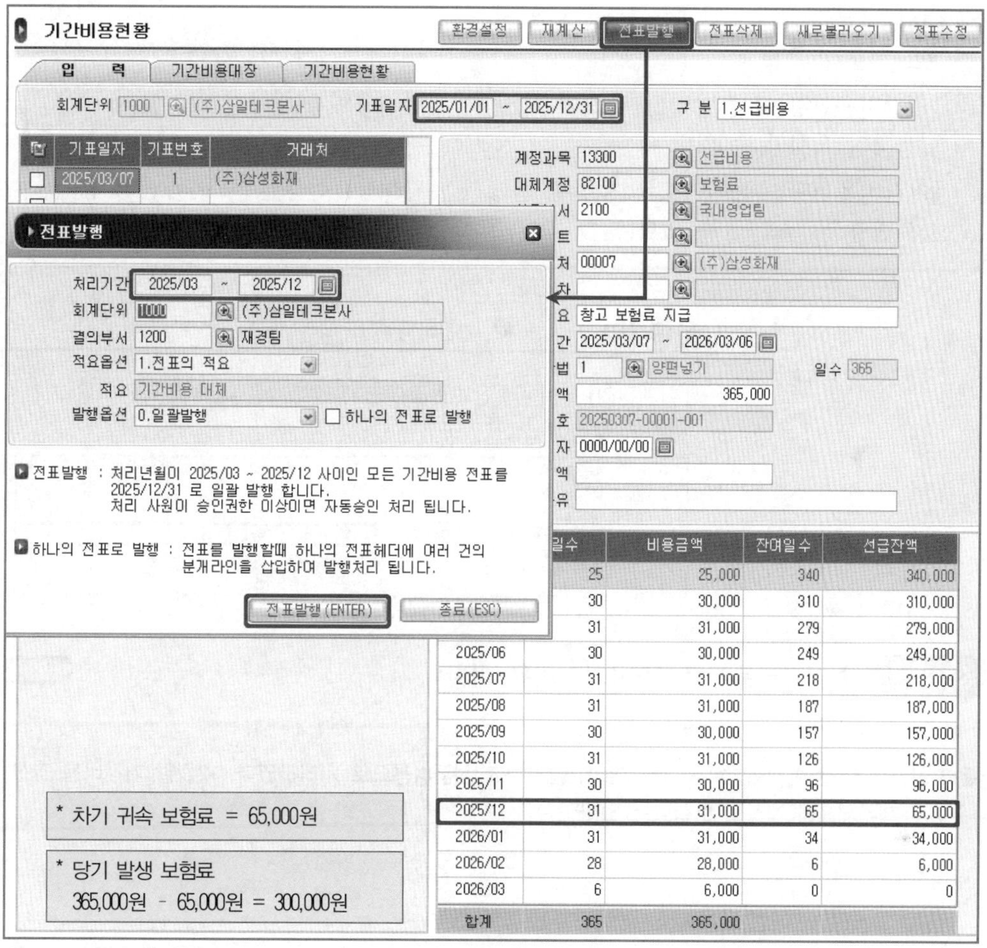

기간비용현황
환경설정 재계산 전표발행 전표삭제 새로불러오기 전표수정
입력 기간비용대장 기간비용현황
회계단위 1000 (주)삼일테크본사 기표일자 2025/01/01 ~ 2025/12/31 구분 1.선급비용
기표일자 기표번호 거래처
2025/03/07 1 (주)삼성화재
계정과목 13300 선급비용
대체계정 82100 보험료
2100 국내영업팀
00007 (주)삼성화재
창고 보험료 지급
2025/03/07 ~ 2026/03/06
1 양편넣기 일수 365
365,000
20250307-00001-001
0000/00/00
전표발행
처리기간 2025/03 ~ 2025/12
회계단위 1000 (주)삼일테크본사
결의부서 1200 재경팀
적요옵션 1.전표의 적요
적요 기간비용 대체
발행옵션 0.일괄발행 하나의 전표로 발행
전표발행 : 처리년월이 2025/03 ~ 2025/12 사이인 모든 기간비용 전표를 2025/12/31 로 일괄 발행 합니다. 처리 사원이 승인권한 이상이면 자동승인 처리 됩니다.
하나의 전표로 발행 : 전표를 발행할때 하나의 전표헤더에 여러 건의 분개라인을 삽입하여 발행처리 됩니다.
전표발행(ENTER) 종료(ESC)
일수 비용금액 잔여일수 선급잔액
25 25,000 340 340,000
30 30,000 310 310,000
31 31,000 279 279,000
2025/06 30 30,000 249 249,000
2025/07 31 31,000 218 218,000
2025/08 31 31,000 187 187,000
2025/09 30 30,000 157 157,000
2025/10 31 31,000 126 126,000
2025/11 30 30,000 96 96,000
2025/12 31 31,000 65 65,000
2026/01 31 31,000 34 34,000
2026/02 28 28,000 6 6,000
2026/03 6 6,000 0 0
합계 365 365,000
* 차기 귀속 보험료 = 65,000원
* 당기 발생 보험료
365,000원 - 65,000원 = 300,000원

❸ [전표발행]을 완료하면 [전표입력] 메뉴에서 12월 31일 결산전표를 확인할 수 있다. 승인·수정권자가 처리하면 승인전표가 된다.

전표입력
전표검색 환경설정 품의적요등록 전표양식 재무부서
회계단위 1000 (주)삼일테크본사 결의부서 1200 재경팀 작성자 2010 임영찬 2025 12 31 일
일 번호 No 품의내역 유형 기표번호 상태 승인자 대차차액 작업자 연동구분
31 00001 0 2025/03 ~ 2025/12 기간 비용 결산 20251231-00001 승인 임영찬 임영찬 기간비용
순번 구분 코드 계정과목 코드 거래처명 사업자(주민)번호 금액 No 적요명 증빙 전자 국세청
1 대변 13300 선급비용 00007 (주)삼성화재 209-85-15510 300,000 0 창고 보험료 지급
2 차변 82100 보험료 00007 (주)삼성화재 209-85-15510 300,000 0 창고 보험료 지급
프로젝트 사용부서 2100 국내영업팀 대체계정 82100
시작일 2025/03/07 종료일 2026/03/06 계산방법 1 양편넣기 관리수량
관리금액 관리율 사용자정의
82100 보험료 300,000 13300 선급비용 300,000

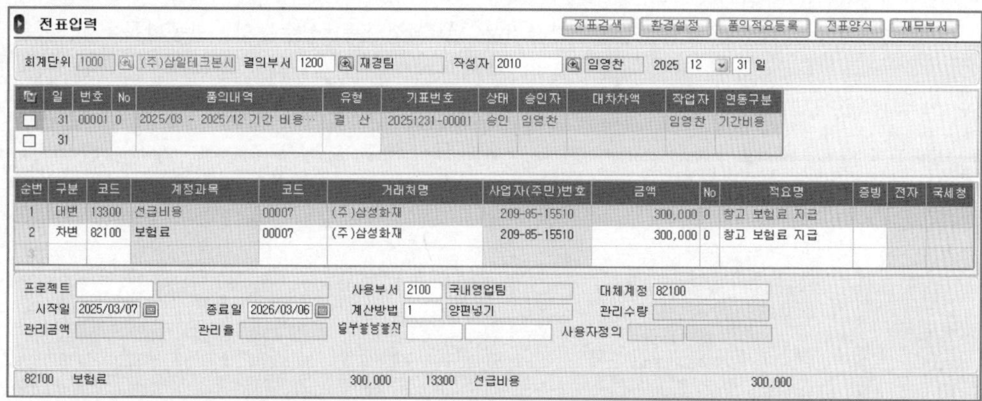

꼭 알아두기

- [기간비용현황]에서 발행된 전표의 삭제는 [기간비용현황]의 [전표삭제] 메뉴를 이용하여 삭제할 수 있다.
- [기간비용현황]메뉴의 기간비용현황 탭에서 기간비용, 선급일수, 선급잔액 등의 상세현황 을 조회할 수 있다.

수행 tip ✿ 기간비용

- [회계관리] → [기초정보관리] → [계정과목등록]에서 기간비용과 관련된 설정이 되어 있어야 한다.

12900 회사 설정계정
13000 회사 설정계정
13100 선 급 금
13200 대 손 충 당 금
13300 선 급 비 용
13400 가 지 급 금
13500 부 가 세 대 급 금
13600 선 납 세 금

계정구분 3. 일 반 | 차대구분 차변
관련계정
입력구분 2.입력가능
연동항목 09 기 간 비 용
현금흐름표과목 1429 선급비용(영업활동)
예산통제 0.통제안함

출제유형 ···▶ 기간비용전표 작성(기간비용 현황) 

문1) 창고에 대한 화재보험료를 3월 7일에 납부하고 선급비용으로 처리하였다. 12월말 기간비용 결산 시 재무제표에 계상될 보험료는 얼마인가?

① 65,000원 ② 300,000원
③ 340,000원 ④ 365,000원

문2) 본점에서 3월 7일 본사의 화재 보험료를 지급 후 회계처리하였다. 해당 보험료를 핵심ERP의 기간비용현황 메뉴를 이용하여 보험료에 대해 기간 비용을 산출하고자 할 경우 계정과목 및 연동항목을 바르게 연결한 것은?

① 계정과목: 보 험 료 - 연동항목: 기간비용 ② 계정과목: 선급비용 - 연동항목: 기간비용
③ 계정과목: 선급비용 - 연동항목: 선급비용 ④ 계정과목: 선수수익 - 연동항목: 기간비용

[답안] 문1) ②, 문2) ③

필요 지식

 유가증권전표 작성하기

유가증권에는 단기매매증권과 만기보유증권, 매도가능증권 및 지분법투자주식 등이 있다. 이들은 모두 주식(지분증권)과 채권(채무증권)의 형태로 되어 있으며 실물의 형태로 관리하다가 매매 시 원본이 제시되어야 하므로, 별도의 유가증권에 대한 관리가 필요하다.

수행 내용 유가증권전표 작성하기

(주)삼일테크의 유가증권 자료는 아래과 같다. 다음 내용을 수행하시오.

구 분	일 자	내 용
유가증권	3월 8일	단기보유목적으로 (주)더존비즈온의 주식 200주(NO.10011001~10011200 액면금액 10,000원, 매입금액 9,000원, 평가방법: 시가법)를 매입하고 현금으로 지급하였다.

❶ 거래자료 입력을 수행하시오.

❷ [유가증권명세서]를 조회하여 보관 중인 유가증권 장부금액을 확인하면 얼마인가? (기표일자: 3월 1일 ~ 3월 31일)

수행 결과 유가증권전표 작성하기

❶ [3월 8일] (차) 단기매매증권 1,800,000원 (대) 현금 1,800,000원

분개	구 분	코 드	계정과목	코 드	거래처명	적 요
	1.출금	10700	단기매매증권		(주)더존비즈온	10.주식 현금매입

전표입력

전표검색 | 환경설정 | 품의적요등록 | 전표양식 | 재무부서

회계단위 1000 (주)삼일테크본사 결의부서 1200 재경팀 작성자 2010 임영찬 2025 3 8 일

	일	번호	No	품의내역	유형	기표번호	상태	승인자	대차차액	작업자	연동구분
☑	08	00001	0		일 반	20250308-00001	승인	임영찬		임영찬	
☐	08										

순번	구분	코드	계정과목	코드	거래처명	사업자(주민)번호	금액	No	적요명	증빙	전자	국세청
1	출금	10700	단기매매증권		(주)더존비즈온		1,800,000	10	주식 현금매입			
2												

프로젝트 증권종류 2 주식 유가증권 NO 10011001-10011200
발생일 2025/03/08 만기일 0000/00/00 평가방법 001 시가법 수량 200.00
액면가액 10,000 이자율 사용자정의 사용자정의

10700 단기매매증권 1,800,000 | 10100 현금 1,800,000

❷ 유가증권 장부금액 ➡ 1,800,000원

유가증권명세서

만기일별현황 | 유가증권명세서

회계단위 1000 (주)삼일테크본사 기표일자 2025/03/01 ~ 2025/03/31
계정과목

종목	증권번호	액면가액	주수	장부가액	비고
주식	10011001-10011200	10,000	200	1,800,000	

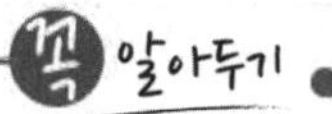

- 단기매매증권 취득과 직접 관련된 수수료 등은 영업외비용(수수료비용)으로 회계처리하고, 매도가능증권, 만기보유증권의 취득과 직접 관련된 수수료 등은 최초 인식하는 공정가치에 가산한다.
- 10700.단기매매증권과 17800.투자유가증권에 연동항목으로 '유가증권'이 등록되면 [회계관리] → [자금관리] → [유가증권명세서]에 자동 반영된다.

출제유형 ···› 유가증권전표 작성하기

문1) 당사가 3월말 현재 단기투자목적으로 보유중인 주식의 주수와 장부가액으로 옳은 것은?

① 100주, 1,000,000원　　② 100주, 1,500,000원
③ 200주, 1,800,000원　　④ 200주, 2,000,000원

[답안] 문1) ③

필요 지식

2.8 지출증명서류(적격증빙)

증빙이란 거래상황에 대하여 객관적으로 입증이 가능한 증거서류를 말한다. 일정 사업자와의 거래건당 3만 원 초과의 지출거래 시에는 정규증명서류(세금계산서, 계산서, 신용카드매출전표, 현금영수증)를 수취하여야 하며, 수취하지 않은 경우에는 지출증명서류 미수취 가산세(거래금액의 2%)를 법인세 신고 시 납부하여야 한다.

3만 원 초과 거래를 [전표입력]에 입력하고 증빙유형 '3. 영수증(일반경비)'으로 선택하여 [구분 및 공급자 등록] 화면이 나오면 관련 내용을 입력한다. [지출증명서류 검토표(관리용)]를 조회하면 지출증명서류에 따라 금액이 구분 집계되며, '차이'란에 집계된 금액이 지출증명서류 미수취 가산세의 대상이 된다.

수행 내용 **지출증명서류**

(주)삼일테크(본사)는 제품광고용 전단지 제작대금을 현금으로 지급하고 영수증을 받았다. 본 거래에 대하여 지출증명서류 미수취 가산세 대상인지를 검토하고자 한다.

영 수 증 (공급받는자용)

NO. (주)삼일테크 귀하

공급자	사업자등록번호	105-36-14583		
	상 호	잘보여광고	성 명	김행복
	사업장소재지	서울시 구로구 경인로 472		
	업 태	제조외	종 목	인쇄외

작성년월일	공급대가총액	비고
2025.3.9.	100,000원	

공 급 내 역				
월/일	품 목	수량	단가	공급대가(금액)
3/9	전단지			100,000
합 계		₩100,000		

위 금액을 **영수**(청구)함

❶ 거래자료 입력을 수행하시오.

회계관리 ➡ 전표/장부관리 ➡ 전표입력

❷ [지출증빙서류검토표(관리용)] 작성을 수행하시오.
(기표기간: 3월 1일 ~ 3월 31일)

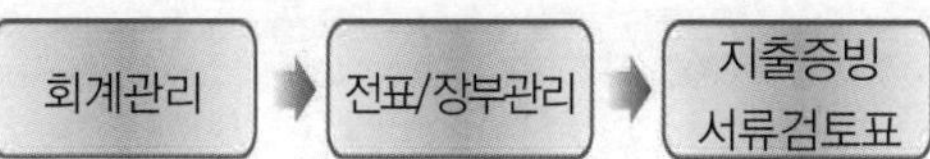

수행 결과 지출증명서류검토표 작성하기

❶ [3월 9일] (차) 광고선전비 100,000원 (대) 현금 100,000원

분개	구 분	코 드	계정과목	코 드	거래처명	적 요
	1.출금	83300	광고선전비		잘보여광고	10.광고물제작비 지급

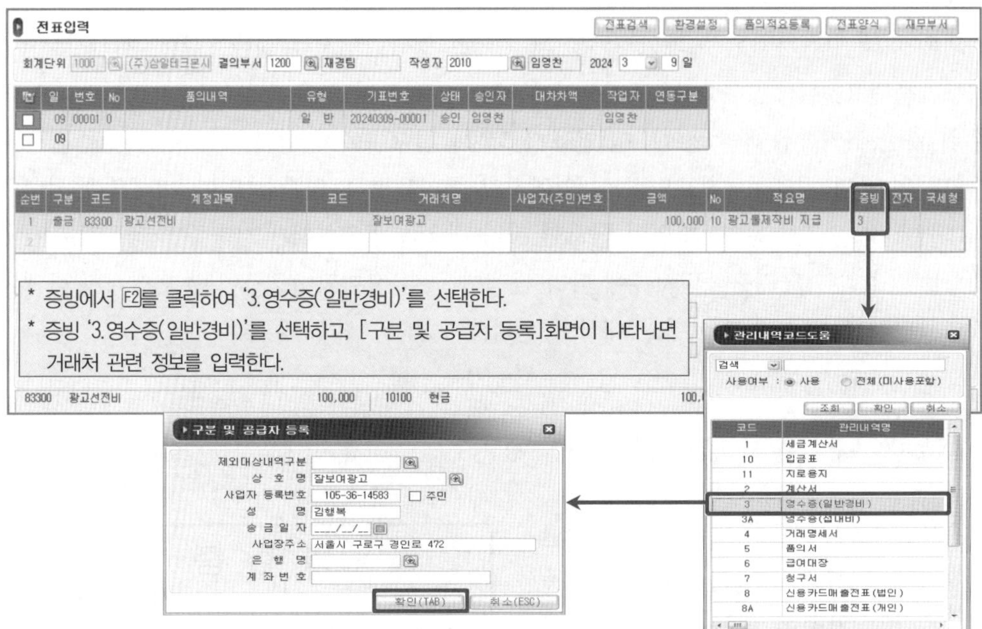

* '제외대상내역구분'에 해당하는 거래의 경우 F2를 이용하여 관련 항목을 선택하면 [지출증명서류검토표(관리용)]의 '수취제외대상'으로 집계된다.

❷ [지출증명서류검토표(관리용)]를 조회하면 '신용카드, 현금영수증, 세금계산서, 계산서'에 해당하는 금액이 '증빙 계'란에 집계되며, 30,000원 이하 영수증은 '수취제외대상'에 집계된다. 계정금액에서 '증빙 계'와 '수취제외대상'을 차감한 금액이 '차이'란에 자동 계산되며, '차이'에 해당하는 금액이 지출증명서류 미수취 가산세(2%) 적용대상이 된다.

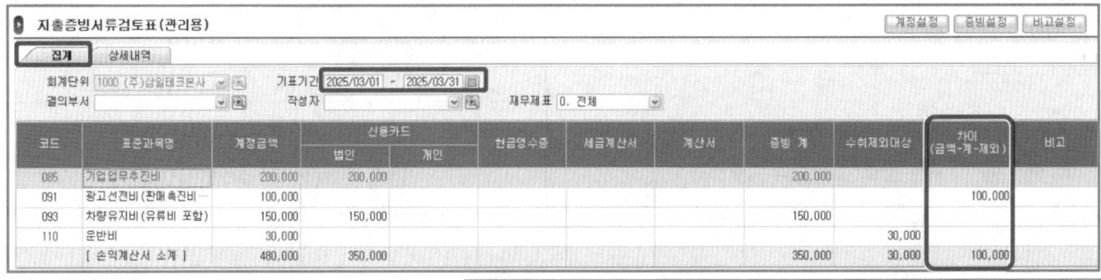

코드	표준과목명	계정금액	신용카드 법인	신용카드 개인	현금영수증	세금계산서	계산서	증빙 계	수취제외대상	차이(금액-계-제외)	비고
085	기업업무추진비	200,000	200,000					200,000			
091	광고선전비(판매촉진비…	100,000								100,000	
093	차량유지비(유류비 포함)	150,000	150,000					150,000			
110	운반비	30,000							30,000		
	[손익계산서 소계]	480,000	350,000					350,000	30,000	100,000	

* 차이 100,000원은 지출증명서류 미수취 가산세(2%) 적용대상이다.

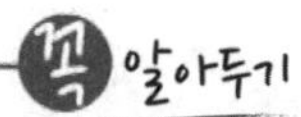

■ 정규증명서류 수취

① 3만 원 초과 거래에 대하여 정규증명서류를 수취하지 않았을 경우 영수증수취명세서를 작성하여 제출하며, 제출자료에 대하여 2%의 가산세가 부과된다.
② 3만 원 초과 거래 중 제외대상거래가 있으므로 검토하여 함께 제출한다.

■ 정규증명서류의 범위

① 신용카드 매출전표 ② 현금영수증 ③ 세금계산서 ④ 계산서

- 전표입력 시 3만 원 초과 거래에 대하여 정규증명서류 외의 증빙을 선택하면 [구분 및 공급자등록] 화면이 나타나며, 관련 내용을 입력 하면 정규증명서류검토표의 가산세 대상으로 '차이' 란에 자동반영 된다.

출제유형 ···▸ 지출증명서류(적격증빙)

문1) 1/4분기(1월~3월)의 거래에 대한 지출증명서류 검토표에서 확인되는 적격증명서류 미수취로 인한 가산세 대상 금액은 얼마인가?

① 30,000원 ② 100,000원
③ 350,000원 ④ 480,000원

문2) 3월에 발생한 거래 중 거래금액 3만원초과 정규증명서류 미수취에 해당하는 계정과목은?

① 접대비(기업업무추진비) ② 광고선전비
③ 차량유지비 ④ 운반비

문3) 1/4분기(1월~3월)에 발생한 거래의 지출내역중 법인신용카드로 결제한 거래 금액은 얼마인가?

① 30,000원 ② 100,000원
③ 350,000원 ④ 480,000원

[답안] 문1) ②, 문2) ②, 문3) ③

(NCS 능력단위 0203020102_20v4)

자금관리

NCS 능력단위요소

01 현금 시재 관리하기

02 어음 · 수표 관리하기

NCS 능력단위: 자금관리(0203020102_20v4)

자금관리	기업 및 조직의 자금을 관리하기 위하여 회계 관련 규정에 따라 자금인 현금, 예금, 법인카드, 어음·수표를 관리할 수 있다.

직종	분류번호	능력단위	능력단위요소	수준
회계 감사	0203020102_20v4	자금관리	01 현금 시재 관리하기	2
			02 예금 관리하기	2
			03 법인카드 관리하기	2
			04 어음·수표 관리하기	2

능력단위요소	수행준거
01 현금 시재 관리하기	1.1 회계 관련규정에 따라 현금 입출금을 관리할 수 있다.
	1.2 회계 관련규정에 따라 소액현금 업무를 처리할 수 있다.
	1.3 회계 관련규정에 따라 입·출금전표 및 현금출납부를 작성할 수 있다.
	1.4 회계 관련규정에 따라 현금 시재를 일치시키는 작업을 할 수 있다.
02 예금 관리하기	2.1 회계 관련 규정에 따라 예·적금을 구분·관리할 수 있다.
	2.2 자금운용을 위한 예·적금 계좌를 예치기관별·종류별로 구분·관리할 수 있다.
	2.3 은행업무시간 종료 후 회계 관련 규정에 따라 은행잔고를 확인할 수 있다.
	2.4 은행잔고의 차이 발생 시 그 원인을 규명할 수 있다.
03 법인카드 관리하기	3.1 회계 관련 규정에 따라 금융기관에 법인카드를 신청할 수 있다.
	3.2 회계 관련 규정에 따라 법인카드 관리대장 작성 업무를 처리할 수 있다.
	3.3 법인카드의 사용범위를 파악하고 결제일 이전에 대금이 정산될 수 있도록 회계처리할 수 있다.
04 어음·수표 관리하기	4.1 관련규정에 따라 수령한 어음·수표의 예치 업무를 할 수 있다.
	4.2 관련규정에 따라 수령한 어음·수표를 발행·수령할 때 회계처리할 수 있다.
	4.3 관련규정에 따라 어음관리대장에 기록하여 관리할 수 있다.
	4.4 관련규정에 따라 어음·수표의 분실 처리 업무를 할 수 있다.

01 현금 시재 관리하기(NCS 능력단위요소명)

★ **학습목표(NCS 수행준거)**

1.1 회계 관련규정에 따라 현금 입·출금을 관리할 수 있다.
1.2 회계 관련규정에 따라 소액현금 업무를 처리할 수 있다.
1.3 회계 관련규정에 따라 입·출금전표 및 현금출납부를 작성할 수 있다.
1.4 회계 관련규정에 따라 현금 시재를 일치시키는 작업을 할 수 있다.

필요 지식

자금관리는 자금계획입력과 전표입력 시 계정과목의 입력 등을 통하여 자금현황, 자금 입·출금내역, 예·적금현황 등 자금의 흐름을 실시간으로 파악할 수 있는 메뉴이며, 기업이 경영활동에 필요한 자금을 계획적으로 조달·운용함과 동시에 자금의 효율을 극대화 하도록 통제가 가능하다.

▎자금관리 프로세스▐

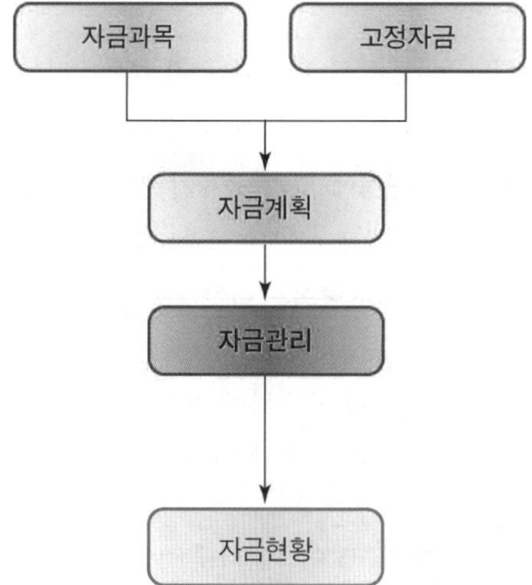

1.1 현금 시재 관리하기

현금의 수입과 지출이 있을 때 현금출납장에 기록하여 현금 시재를 관리한다. 장부의 현금계정잔액은 현금의 실제잔액과 일치하여야 하므로 현금출납 담당자는 매일 현금 시재의 잔액을 확인하고 관리하여야 한다.

계산이나 기록상 오류, 분실, 도난 등의 이유로 현금 시재와 장부가 일치하지 않을 수 있는데, 이때 일시적으로 '현금과부족' 계정을 사용한다.

구 분	거래	분 개
장부상 현금잔액 < 실제 현금잔액	현금 과잉 시	(차) 현금 ××× (대) 현금과부족 ×××
	결산 시	(차) 현금과부족 ××× (대) 잡이익 ×××
장부상 현금잔액 > 실제 현금잔액	현금 부족 시	(차) 현금과부족 ××× (대) 현금 ×××
	결산 시	(차) 잡손실 ××× (대) 현금과부족 ×××

1.2 일자별자금계획 입력하기

회사는 매일, 매월, 분기별, 연간 단위로 자금계획을 수립하는데, 자금계획의 수립을 위하여 발생한 정보를 모아주는 곳이 자금계획 입력 메뉴이다.

일자별자금계획 입력 메뉴는 거래처등록을 통한 자료 및 고정자금을 등록하여 자금계획에 반영할 수 있으며, 전표입력을 통한 채권, 채무의 수금예정일이나 결제일 설정 등의 스케줄을 활용하여 자금계획에 반영할 수 있다.

수행 내용 일자별자금계획 입력하기

(주)삼일테크(본사)의 고정자금 지출내역은 다음과 같다. 고정자금에 등록하고 3월의 자금계획에 반영하시오.

사업장	일자	적 요	자금과목	금 액	비 고
본사	25	인터넷 요금	2410. 제세공과금	300,000원	• 기업은행 보통예금계좌 25일 자동이체 • 계약기간: 2025.01.01.~
	26	정수기 렌탈료	2000. 경상지출	600,000원	• 계약기간: 2025.03.01. ~ 2027.02.28.
	27	차량 리스료	2990. 기타경상지출	800,000원	• 계약기간: 2025.03.11. ~ 2028.03.10.

* 본 실무예제는 자금관리부분을 위한 내용이며, 회계처리는 생략하기로 한다.

수행 결과 일자별자금계획 입력하기

❶ 일자별자금계획 입력의 [자금계획입력] TAB에서 고정자금 을 이용하여 내역과 금액을 등록한다.

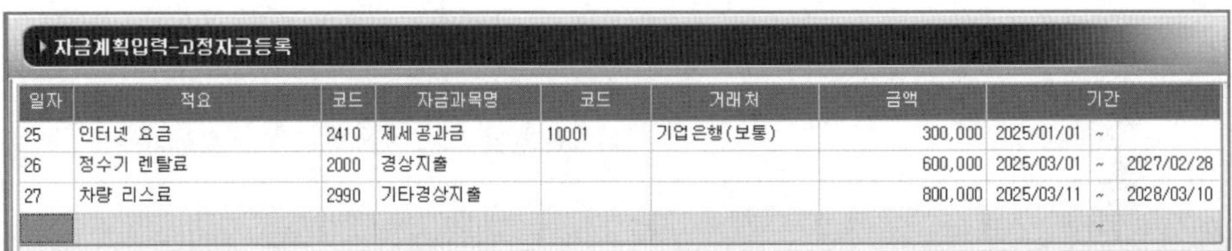
자금계획입력-고정자금등록

일자	적요	코드	자금과목명	코드	거래처	금액	기간		
25	인터넷 요금	2410	제세공과금	10001	기업은행(보통)	300,000	2025/01/01	~	
26	정수기 렌탈료	2000	경상지출			600,000	2025/03/01	~	2027/02/28
27	차량 리스료	2990	기타경상지출			800,000	2025/03/11	~	2028/03/10

❷ 자금반영 버튼을 눌러 적용기간을 입력하고 [적용] 버튼을 클릭하여 고정자금에 등록된 내용을 자금계획에 반영한다. 이때 기간은 월단위로 입력 가능하며, 전표조회기간은 조회월이 포함된 3개월이 기본으로 반영된다.

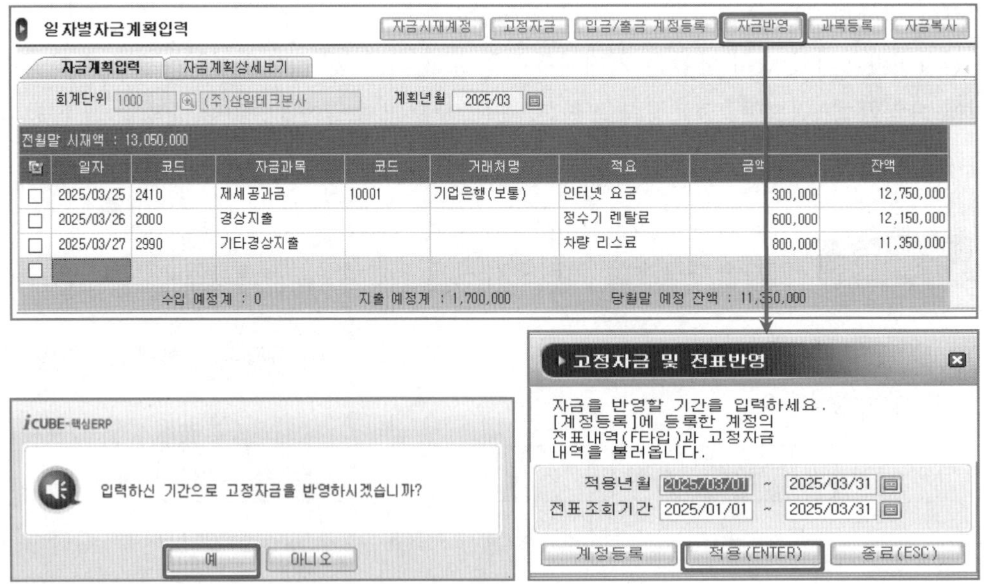

❸ 자금계획 상세보기

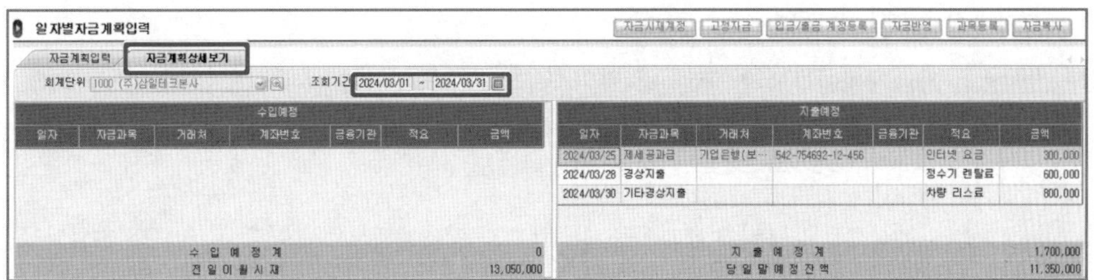

❹ 자금계획 카렌다

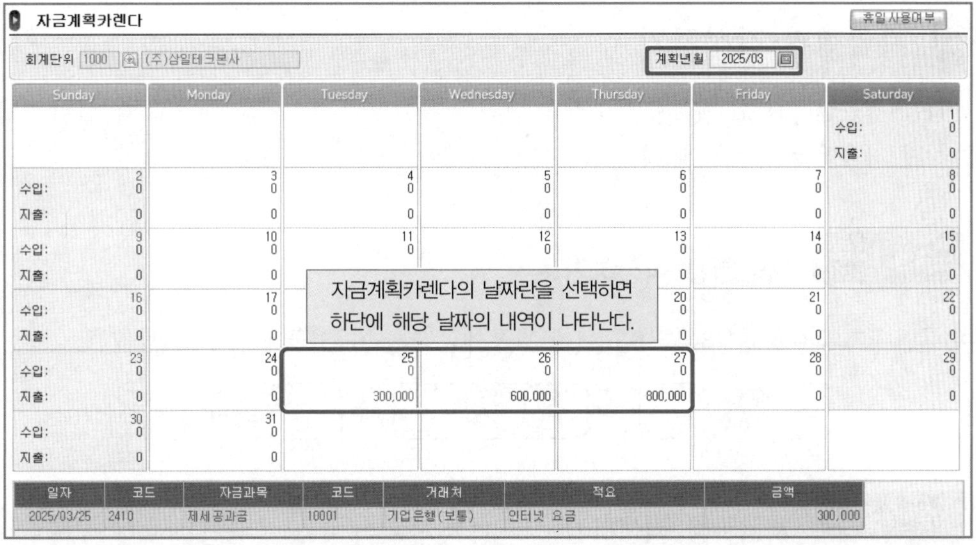

* 우측 상단 [휴일사용여부] 기능에서 '휴일 사용'으로 설정하면, 자금계획일이 휴일에 해당되는 경우에는 이전 일자 또는 다음 일자로 변경된다.

주요항목 설명

❶ 자금시재계정 : 현금예금 계정과목이 [현금], [당좌예금], [제예금]으로 구성되어 있음을 보여준다.

❷ 고정자금 : 매달 일정하게 발생하는 자금의 지급 및 수입 내역을 등록하는 내역이다.
고정자금을 등록한 후에는 실제 매달 자금계획에 반영하기 위해서는 자금반영 버튼을 눌러 해당 월에 자금반영을 적용하여야 한다.

❸ 입금/출금 계정등록 : 입출금전표로 입력을 하게 되면 10100.현금계정과목은 자동분개되어 상대계정만 입력하면 된다. 이때 현금계정에 자금과목을 등록하려면 [분개영역]에 현금계정에 대한 분

개처리를 하지 않기 때문에 관리내역을 입력할 수 없다. 따라서 상대계정에 따른 현금의 관리항목을 등록하고자 할 때 이용한다.

❹ [자금반영]: 자금계획을 등록한 후 해당 월의 지출 및 수입계획에 실제 반영할 때 [자금반영] 버튼을 이용한다. 특정 일자에 자금계획을 등록하는 것은 여러 월의 특정 일자에 해당하므로, 반드시 [자금반영] 버튼을 눌러 해당 월을 선택하여야 한다.

❺ [과목등록]: 기본적으로 등록된 자금과목을 수입계획과 지출계획으로 구분되고, 임의의 자금과목을 추가할 수 있다.

필요 지식

1.3 자금현황 작성하기

자금현황은 자금관련 계정과목의 증감 잔액을 총괄하여 표시함으로써 조회시점의 자금 내역 및 가용자금을 한눈에 파악할 수 있는 메뉴이다.

수행 내용 **자금현황 작성하기**

(주)삼일테크의 2025년 3월 31일 현재 보통예금 가용자금 금액은 얼마인가?

수행 결과 **자금현황 작성하기**

보통예금 가용자금 금액 ➡ 10,000,000원

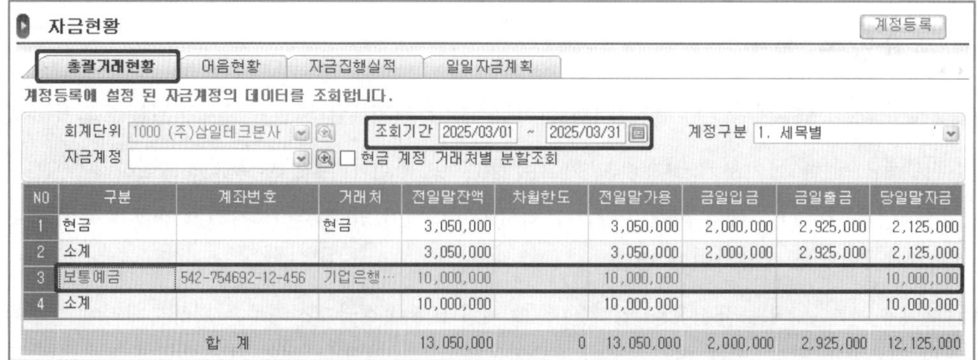

NO	구분	계좌번호	거래처	전일말잔액	차월한도	전일말가용	금일입금	금일출금	당일말자금
1	현금		현금	3,050,000		3,050,000	2,000,000	2,925,000	2,125,000
2	소계			3,050,000		3,050,000	2,000,000	2,925,000	2,125,000
3	보통예금	542-754692-12-456	기업은행…	10,000,000		10,000,000			10,000,000
4	소계			10,000,000		10,000,000			10,000,000
	합 계			13,050,000	0	13,050,000	2,000,000	2,925,000	12,125,000

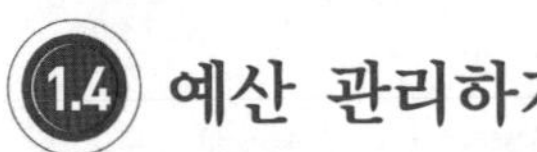

1.4 예산 관리하기

예산관리란 부서별로 예산을 신청 · 편성 · 조정하고 전표결의 시 실행예산과 집행예산을 토대로 예산을 통제하는 일련의 과정을 의미한다.

▌예산관리 프로세스▐

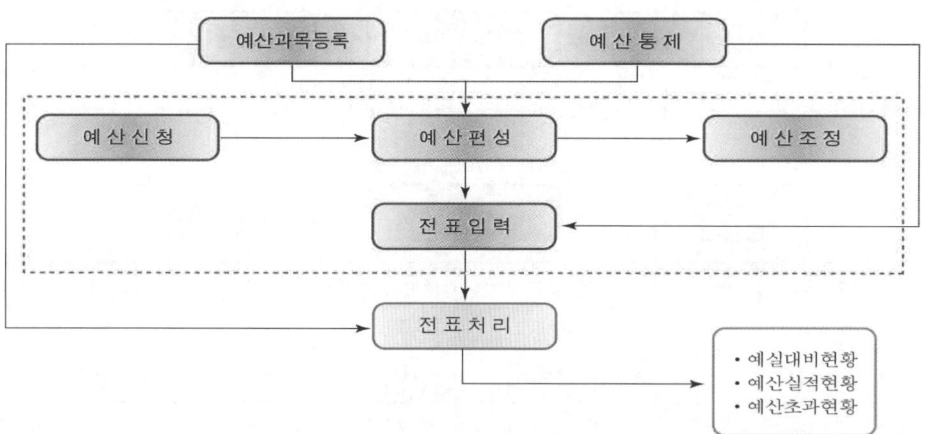

꼭 알아두기

▣ 예산관련 용어

- 신청예산: 해당부서에서 신청한 예산액
- 편성예산: 예산결정부서에서 신청예산을 바탕으로 결정한 예산
- 실행예산: 편성예산에 예산조정내역을 가감한 예산
- 집행예산: 현재까지 사용된 예산
- 집행실적: 현시점까지 사용된 예산실적
- 잔여예산: 실행예산에서 현시점까지 사용된 예산을 차감한 예산잔액

▣ 예산통제방식

- 통제안함: 예산통제를 안 할 경우
- 월별통제: 월별로 예산을 통제하고자 할 경우
- 분기별통제: 분기별로 예산을 통제하고자 할 경우
- 반기별통제: 반기별로 예산을 통제하고자 할 경우
- 연간통제: 1년 단위로 예산을 통제하고자 할 경우
- 누적통제: 연도구분 없이 예산을 통제하고자 할 경우
- 입력가능: 집행예산이 실행예산을 초과하는 경우에도 전표입력을 하고자 할 경우

(1) 예산신청입력

예산을 사용할 부서별로 예산과목에 대하여 예산을 신청하는 메뉴이다.

수행 내용 **예산신청입력**

❶ (주)삼일테크는 2025년 1월부터 사용부서별로 예산관리 및 통제를 시행하고자 한다. [시스템환경설정] 메뉴에 예산관련 등록을 수행하시오.

※ 시스템환경설정을 변경한 후 반드시 로그아웃하고 재로그인한다.

❷ 재경팀의 2025년 예산신청금액은 다음과 같다. [예산신청입력] 메뉴에 예산신청 등록을 수행하시오.

회계관리 ➡ 예산관리 ➡ 예산신청입력

부 서	계정과목	월별신청금액	비 고
재경팀	복리후생비	500,000원	월별통제
재경팀	여비교통비	300,000원	월별통제

수행 결과 **예산신청입력**

❶ 시스템환경설정에서 다음과 같이 시스템환경설정을 수정한다.

– 예산통제구분: 1. 사용부서, 예산관리여부: 1, 여, 예산관리개시월: 01

시스템환경설정

조회구분 2. 회계　　환경요소

구분	코드	환경요소명	유형구분	유형설정	선택범위	비고
회계	20	예산통제구분	유형	1	0.결의부서 1.사용부서 2.프로젝트	
회계	21	예산관리여부	여부	1	여:1 부:0	
회계	22	입출금전표사용여부	여부	1	여:1 부:0	
회계	23	예산관리개시월	유형	01	예산개시월:01~12	
회계	24	거래처등록보조화면사용	여부	1	여:1 부:0	
회계	25	거래처코드자동부여	여부	0	0-사용않함, 3~10-자동부여자리수	
회계	26	자산코드자동부여	여부	0	여:1 부:0	

❷ 예산신청입력

1) 복리후생비: 계정과목 선택 후 당기 신청란에서 1월부터 12월까지 500,000원을 입력한다.

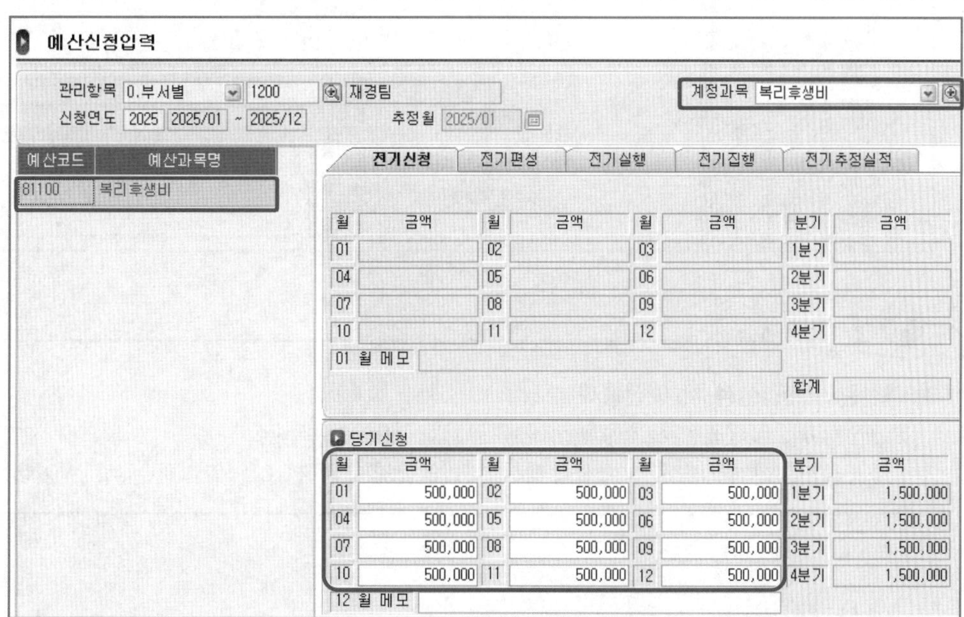

예산신청입력

관리항목 0.부서별 1200 재경팀 / 계정과목 복리후생비

신청연도 2025 2025/01 ~ 2025/12 / 추정월 2025/01

예산코드	예산과목명
81100	복리후생비

전기신청 | 전기편성 | 전기실행 | 전기집행 | 전기추정실적

월	금액	월	금액	월	금액	분기	금액
01		02		03		1분기	
04		05		06		2분기	
07		08		09		3분기	
10		11		12		4분기	

01 월 메모 / 합계

당기신청

월	금액	월	금액	월	금액	분기	금액
01	500,000	02	500,000	03	500,000	1분기	1,500,000
04	500,000	05	500,000	06	500,000	2분기	1,500,000
07	500,000	08	500,000	09	500,000	3분기	1,500,000
10	500,000	11	500,000	12	500,000	4분기	1,500,000

12 월 메모

2) 여비교통비: 계정과목 선택 후 당기 신청란에 1월부터 12월까지 300,000원을 입력한다.

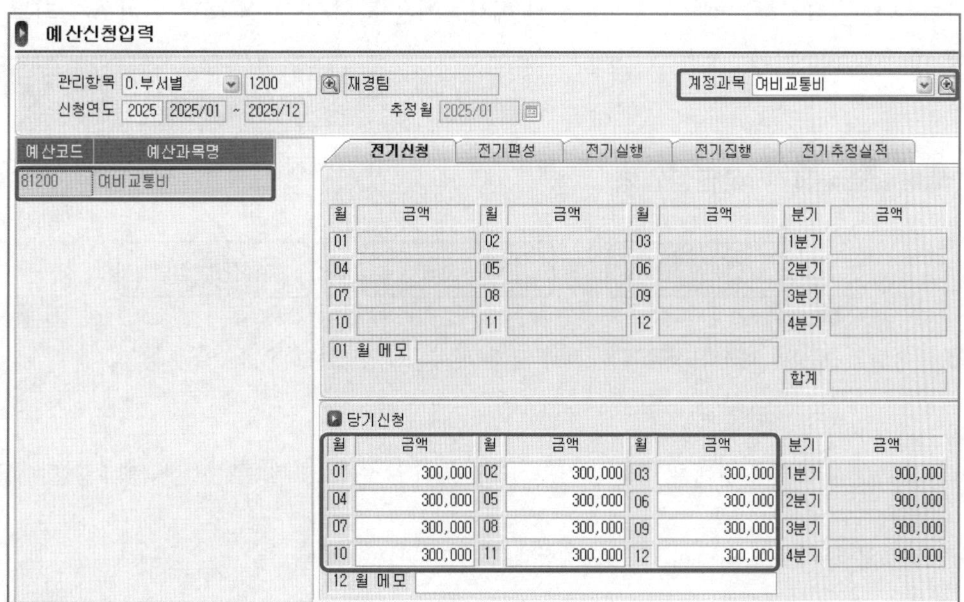

예산신청입력

관리항목 0.부서별 1200 재경팀 / 계정과목 여비교통비

신청연도 2025 2025/01 ~ 2025/12 / 추정월 2025/01

예산코드	예산과목명
81200	여비교통비

전기신청 | 전기편성 | 전기실행 | 전기집행 | 전기추정실적

월	금액	월	금액	월	금액	분기	금액
01		02		03		1분기	
04		05		06		2분기	
07		08		09		3분기	
10		11		12		4분기	

01 월 메모 / 합계

당기신청

월	금액	월	금액	월	금액	분기	금액
01	300,000	02	300,000	03	300,000	1분기	900,000
04	300,000	05	300,000	06	300,000	2분기	900,000
07	300,000	08	300,000	09	300,000	3분기	900,000
10	300,000	11	300,000	12	300,000	4분기	900,000

12 월 메모

3) 예산통제 방식은 계정과목등록에 설정되어 있는 '1.월별통제'를 확인한다.

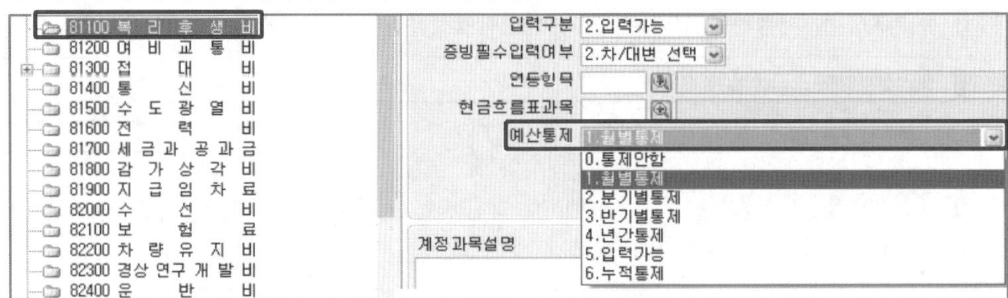

꼭 알아두기

▣ 예산관리 환경설정 시 예산통제 부서

- 결의부서: 부서별로 예산통제하면서 전표를 입력하는 경우 선택
- 사용부서: 회계부서에서 예산통제하면서 일괄적으로 전표를 입력하는 경우 선택

(2) 예산편성입력

각 부서에서 [예산신청입력]을 통해 입력한 예산금액을 기초로 예산을 증액하거나 감액하여 예산을 확정하는 메뉴이다. 편성된 예산금액은 통제 및 예실 대비의 기초가 되는 실행 예산금액이 된다.

❶ 재경팀의 계정별 예산신청금액을 전액 당기 편성으로 반영하시오.

❷ [3월 10일]

재경팀은 토끼정 식당에서 회식 후 대금 400,000원을 현금으로 결제하고 현금영수증을 수취하였다.

[전표입력] 메뉴에 등록하고, 잔여예산액을 확인하시오.

수행 결과 예산편성입력

❶ 왼쪽 계정과목의 체크상자를 클릭한 후 하단의 '당기편성'란을 선택하고, 상단부 '자료복사'를 클릭하여 당기예산신청 자료를 복사한다.

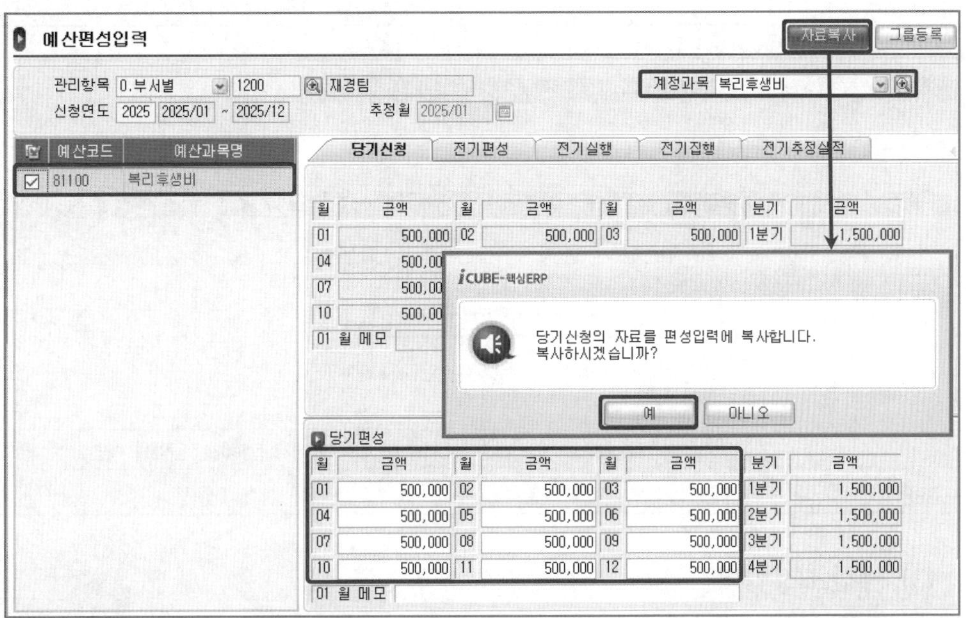

월	금액	월	금액	월	금액	분기	금액
01	500,000	02	500,000	03	500,000	1분기	1,500,000
04	500,000	05	500,000	06	500,000	2분기	1,500,000
07	500,000	08	500,000	09	500,000	3분기	1,500,000
10	500,000	11	500,000	12	500,000	4분기	1,500,000

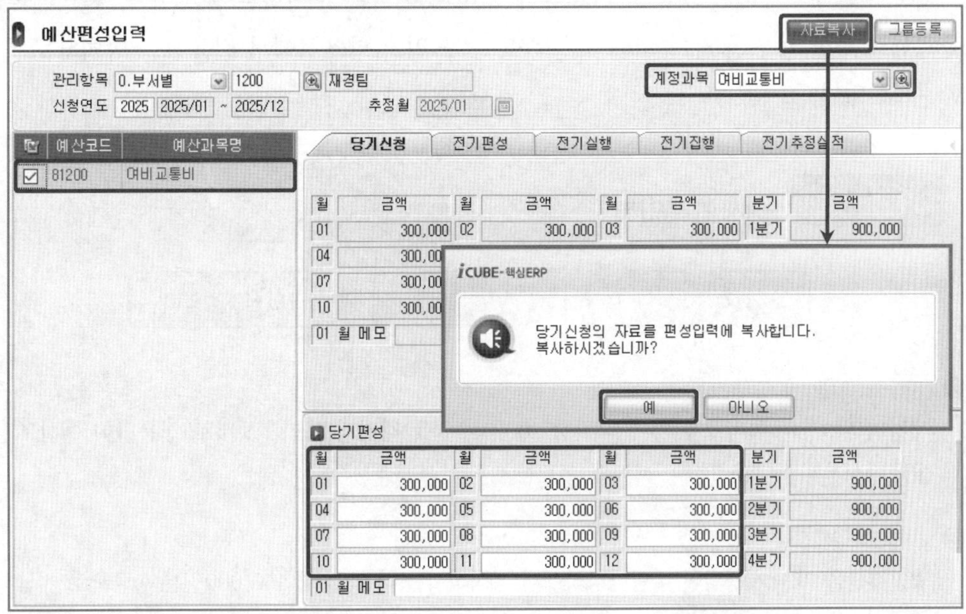

월	금액	월	금액	월	금액	분기	금액
01	300,000	02	300,000	03	300,000	1분기	900,000
04	300,000	05	300,000	06	300,000	2분기	900,000
07	300,000	08	300,000	09	300,000	3분기	900,000
10	300,000	11	300,000	12	300,000	4분기	900,000

❷ [3월 10일] (차) (판)복리후생비 400,000원 (대) 현금 400,000원

분개	구분	코드	계정과목	코드	거래처명	적요
	출금	81100	복리후생비		토끼정	13.직원회식대 지급

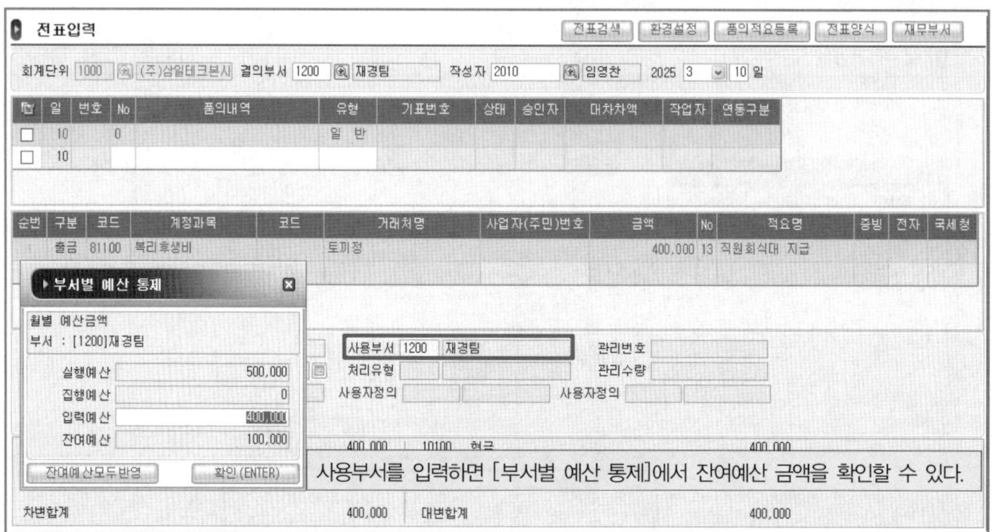

(3) 예산조정입력

예산조정은 추경예산 또는 예산전용에 의해서 예산을 조정하는 메뉴이다. 편성된 예산 금액이 부족한 경우 추경에 의해서 증액할 수도 있고 타계정에서 전용하는 방법으로 증액할 수도 있다.

❶ [3월 20일]

재경팀의 3월분 여비교통비 예산액 중 100,000원을 재경팀 복리후생비로 전용하여 예산조정을 수행하시오.

❷ [3월 25일]

법인결산을 마친 재경팀이 수림한정식에서 점심식사를 하고, 식대 150,000원은 현금으로 지급하고 현금영수증을 수취하였다.

[전표입력] 메뉴에 등록하고 잔여 예산액을 확인하시오.

수행 결과 예산조정입력

❶ 예산조정입력

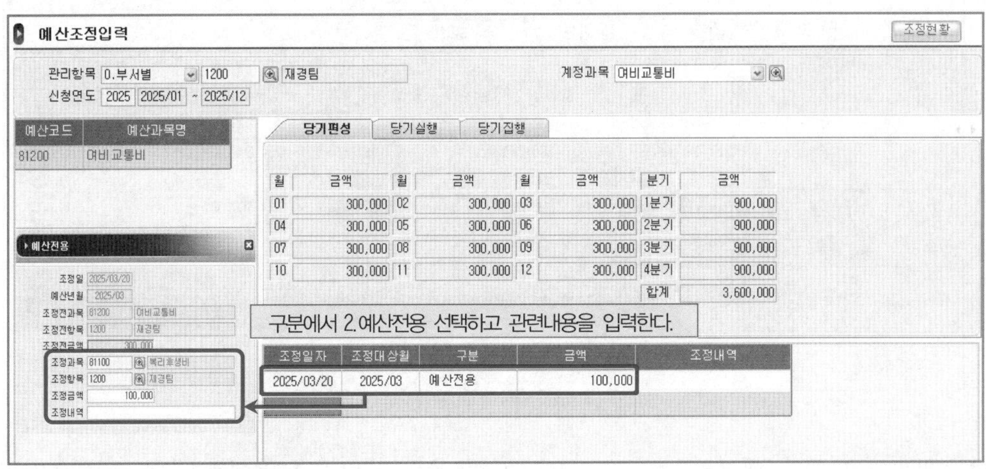

1) 조정내용 확인: 여비교통비

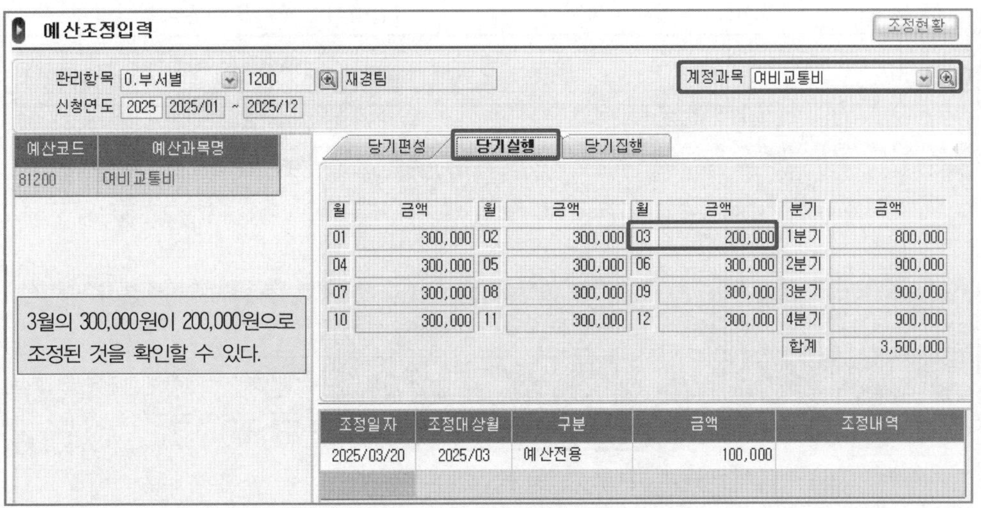

2) 조정내용 확인: 복리후생비

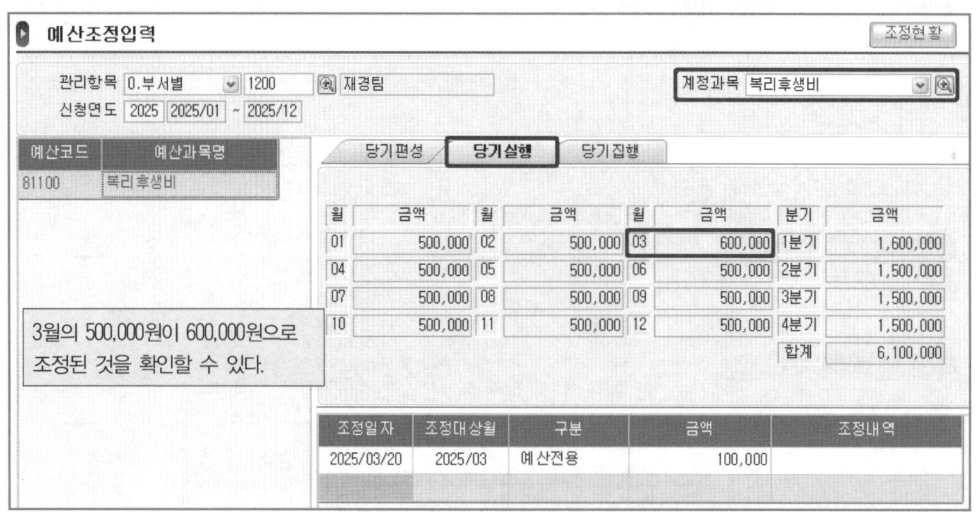

❷ [3월 25일] (차) (판)복리후생비 150,000원 (대) 현금 150,000원

분개	구분	코드	계정과목	코드	거래처명	적요
	출금	81100	복리후생비		수림한정식	10.직원식대및차대 지급

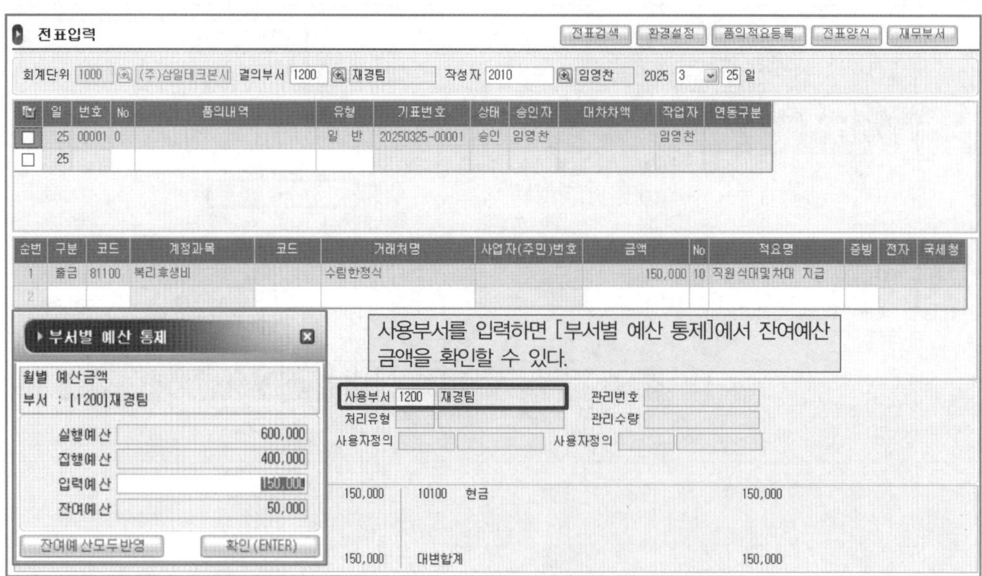

주요항목 설명

❶ 추경예산: 전체 계정과목을 검토하여 일괄적으로 예산을 증액 또는 감액하는 경우의 예산을 나타내며, 추경할 과목을 선택하여 직접 금액을 입력한다.

❷ 예산전용: 예산이 부족한 과목에 대하여 예산이 남아 있는 과목에서 전용하여 조정하고자 할 때의 예산을 나타내며, 남은 예산을 전용할 과목에서 부족한 과목으로 예산조정을 하여야 한다.

필요 지식

1.5 예산현황 관리하기

(1) 예실대비현황

각 부서별로 편성된 실행예산과 집행금액을 비교하여 관리할 수 있도록 예산과 실제로 집행된 금액의 비교현황을 조회하여 확인할 수 있는 메뉴이다.

수행 내용 **예실대비현황**

(주)삼일테크의 [예실대비현황]을 조회하여 재경팀의 복리후생비 3월 실행예산과 집행실적, 예실대비 금액 확인을 수행하시오.(집행방식: 승인집행)

수행 결과 **예실대비현황**

복리후생비 실행예산 ➡ 600,000원

집행실적 ➡ 550,000원, 예실대비 잔액 ➡ 50,000원

예실대비현황

관리항목 0.부서별 | 1200 재경팀 | 집행방식 2. 승인집행

신청연도 2025 | 2025/01 ~ 2025/12

예산코	예산과목명
81100	복리후생비
81200	여비교통비

구분	신청예산	편성예산	실행예산	집행실적	예실대비
2025/01	500,000	500,000	500,000		500,000
2025/02	500,000	500,000	500,000		500,000
2025/03	500,000	500,000	600,000	550,000	50,000
1분기	1,500,000	1,500,000	1,600,000	550,000	1,050,000

꼭 알아두기

■ 집행방식

구 분	내 용
결의집행	승인된 전표 + 미결된 전표의 실적금액 반영
승인집행	승인된 전표의 실적금액 반영

(2) 예산실적현황

각 부서별로 편성된 실행예산과 예산실적을 비교하여, 잔여예산 및 집행률을 조회할 수 있는 메뉴이다.

수행 내용 예산실적현황

(주)삼일테크의 3월 말 [예산실적현황]을 조회하여 재경팀의 복리후생비 누계예산 집행율 확인을 수행하시오.(조회기간: 2025/01~2025/03, 집행방식: 승인집행)

수행 결과 예산실적현황

복리후생비의 누계예산 집행율 ➡ 34.375%

예산실적현황

부서별 | 부문별 | 회계단위별 | 프로젝트 | 프로젝트분류

조회기간 2025/01 ~ 2025/03 예산그룹 ~
부서 1200 재경팀 집행방식 2. 승인집행

코드	예산과목명	누계예산대비실적				당월예산대비실적			
		실적	예산	잔여예산	집행율(%)	실적	예산	잔여예산	집행율(%)
81100	복리후생비	550,000	1,600,000	1,050,000	34.375	550,000	600,000	50,000	91.667
81200	여비교통비		800,000	800,000	0.000		200,000	200,000	0.000
	합 계	550,000	2,400,000	1,850,000	22.917	550,000	800,000	250,000	68.750

출제유형 ···▶ 예산관리하기

문1) 핵심ERP의 예산 3단계 프로세스를 바르게 나열한 것은?

① 예산신청 → 예산편성 → 예산조정
② 예산신청 → 예산조정 → 예산편성
③ 예산편성 → 예산신청 → 예산조정
④ 예산조정 → 예산신청 → 예산편성

문2) 당사는 핵심ERP에서 예산통제 및 관리를 하고 있다. 당사가 사용하고 있는 예산통제 부서와 복리후생비(81100) 계정의 예산통제 방식은 무엇인가?

① 예산통제부서: 결의부서, 예산통제방식: 월별통제
② 예산통제부서: 결의부서, 예산통제방식: 누적통제
③ 예산통제부서: 사용부서, 예산통제방식: 월별통제
④ 예산통제부서: 사용부서, 예산통제방식: 누적통제

문3) 3월 20일에 2025년 3월에 편성된 여비교통비(판) 계정 금액 중 일부 금액을 복리후생비(판)로 예산 전용시켰다. 복리후생비(판) 계정의 3월 예산금액으로 올바른 것은?

① 당기편성예산: 300,000원, 조정금액: 100,000원, 당기실행예산: 200,000원
② 당기편성예산: 300,000원, 조정금액: 100,000원, 당기실행예산: 0원
③ 당기편성예산: 500,000원, 조정금액: 100,000원, 당기실행예산: 600,000원
④ 당기편성금액: 500,000원, 조정금액: 100,000원, 당기실행예산: 0원

문4) 부서별로 예산을 편성하여 관리하고 있다. 2025년 상반기(1월~6월) 재경팀에서 집행된 복리후생비(판)의 누계예산대비실적 집행율은 몇%인가?(단, 승인집행 방식으로 조회, 소수 둘째자리 이하는 버림할 것.)

① 16.74% ② 17.74%
③ 17.89% ④ 18.72%

문5) 부서별로 예산을 편성하여 관리하고 있다. 2025년(1월 ~ 12월)에 재경팀의 여비교통비(판) 누계예산대비실적 잔여예산은 얼마인가?

① 300,000원 ② 500,000원
③ 3,000,000원 ④ 3,500,000원

[답안] 문1) ①, 문2) ③, 문3) ③, 문4) ②, 문5) ④

02 어음·수표 관리하기(NCS 능력단위요소명)

★ **학습목표(NCS 수행준거)**

4.1 관련규정에 따라 수령한 어음·수표의 예치 업무를 할 수 있다.
4.2 관련규정에 따라 수령한 어음·수표를 발행·수령할 때 회계처리할 수 있다.
4.3 관련규정에 따라 어음관리대장에 기록하여 관리할 수 있다.
4.4 관련규정에 따라 어음·수표의 분실 처리 업무를 할 수 있다.

필요 지식

2.1 어음 관리하기

약속어음이란 발행인이 소지인(수취인)에게 일정한 기일에 일정한 금액을 지급할 것을 약속하는 증서이다. 약속어음 거래에 대하여는 거래상대방으로부터 물품대금으로 약속어음을 받는 경우와 약속어음을 발행하여 지급하는 경우로 구분할 수 있다.

2.2 수표 관리하기

자기앞수표는 은행이 자기를 지급인으로 정하여 발행한 수표이며, 거래가 발생하여 자기앞수표를 수령하거나 지급하면 '현금'으로 회계 처리한다. 당좌수표는 현금거래의 번거로움을 막기 위해 거래대금을 수표로 발행하는 것이다.

당좌수표를 발행하기 위해서는 기업이 은행과 당좌거래의 약정을 맺고 일정한 현금을 입금한 후 당좌수표용지를 수령하여 필요한 경우 발행하면 된다. 당좌예금은 당좌수표를 통해서만 인출되는 예금이다.

▍수표 관련 회계처리▐

구분	거 래	분			개
자기앞수표	자기앞수표 수령	(차) 현 금	×××	(대) 제품매출	×××
	자기앞수표 지급	(차) 비 품	×××	(대) 현 금	×××
당좌수표	타인발행 당좌수표 수령	(차) 현 금	×××	(대) 제품매출	×××
	당사발행 당좌수표 지급	(차) 상 품	×××	(대) 당좌예금	×××

2.3 받을어음의 거래 입력하기

기업의 주요 영업활동인 제품을 매출하고 약속어음을 수령하면 차변에 '받을어음'으로 회계처리하고, 만기 시 어음대금이 입금되면 대변에 '받을어음'으로 회계처리 한다.

전 자 어 음

(주)삼일테크 귀하　　08820250402123456789

금　삼백만 원정　　3,000,000원

위의 금액을 귀하 또는 귀하의 지시인에게 지급하겠습니다.

지급기일	2026년 1월 2일	발행일	2025년 4월 2일
지 급 지	신한은행	발행지 주 소	서울시 강북구 노해로 12
지급장소	용산지점	발행인	(주)영재전자

▍받을어음의 회계처리▐

구분	거 래	분			개
보관	외상대금 어음회수	(차) 받을어음	×××	(대) 외상매출금	×××
	제품판매 시 어음회수	(차) 받을어음	×××	(대) 제품매출	×××
결제	어음대금 입금	(차) 당좌예금	×××	(대) 받을어음	×××
부도	은행에서 지급 거절	(차) 부도어음과수표	×××	(대) 받을어음	×××
배서	외상대금지급 시 양도	(차) 외상매입금	×××	(대) 받을어음	×××
	원재료구입 시 양도	(차) 원재료	×××	(대) 받을어음	×××
할인	금융기관에서 할인	(차) 매출채권처분손실 당좌예금	××× ×××	(대) 받을어음	×××

수행 내용 받을어음의 거래 입력하기

회계관리 → 전표/장부관리 → 전표입력

(주)삼일테크의 받을어음 거래자료는 다음과 같다. 거래자료의 입력을 수행하시오.

구분	일자	내 용
보유	4월 2일	매출처 (주)영재전자의 외상매출금 3,000,000원을 동점발행 전자어음으로 받고 입금표를 발행하였다. • 어음번호: 00882025040212345678 • 만기일: 2025.10.01. • 지급장소: 신한은행 용산지점 • 발행일: 2025.04.02. • 수금사원: 임영찬 • 발행인: (주)영재전자 • 어음종류: 전자 • 수금구분: 자수
만기	4월 4일	매출처 (주)화인알텍에서 받아 보관 중인 약속어음 2,000,000원이 만기가 되어 추심의뢰한 결과 당점 거래은행인 신한은행 당좌예금계좌에 입금되었다. • 어음번호: 자가51251234 • 만기일: 2025.04.04.
할인	4월 6일	매출처 (주)한국테크로부터 물품대금으로 받아 보관 중인 약속어음 3,000,000원을 신한은행에서 할인받고 할인료 30,000원을 차감한 잔액은 신한은행 당좌예금계좌로 입금하였다. • 어음번호: 자가51331912 • 만기일 2025.06.30.
배서	4월 8일	매입처 (주)수민산업의 외상매입금을 지급하기 위하여 (주)영재전자로부터 받아 보관 중인 약속어음(5,000,000원)을 배서하여 지급하고 입금표를 받았다. • 어음번호: 자가10941786 • 만기일 2025.05.31.

수행 tip ❀ 어음관리

• 전자어음번호는 20자리의 어음번호체계를 갖는다.

004 ↳ 은행코드(국민은행) / 20250610 ↳ 어음 발행일자 / 252232143 ↳ 일련번호

• 동점: 거래처, 당점: 우리회사
• 자수: 거래당사자로부터 직접 받은 어음
• 타수: 거래당사자로부터 어음을 수취하기 전에 약속어음 뒷면에 배서가 한번 이상 있었던 어음

수행 결과 받을어음의 거래 입력하기

❶ [4월 2일] ✽보유 (차) 받을어음 3,000,000원 (대) 외상매출금 3,000,000원

	구분	코드	계정과목	코드	거래처명	적요
분개	3.차변	11000	받을어음	00001	(주)영재전자	1.외상매출금 어음회수
	4.대변	10800	외상매출금	00001	(주)영재전자	5.외상대금 받을어음회수

❷ [4월 4일] ✽만기 (차) 당좌예금 2,000,000원 (대) 받을어음 2,000,000원

	구분	코드	계정과목	코드	거래처명	적요
분개	3.차변	10200	당좌예금	10002	신한은행(당좌)	2.받을어음 당좌추심
	4.대변	11000	받을어음	00003	(주)화인알텍	6.받을어음 당좌추심

주의 대변에 받을어음을 입력하면 '받을어음 반제처리' 화면이 나타난다. 만기 결제되는 어음을 선택한 후 '처리처/처리구분' 화면에서 '2.만기결제'와 처리처를 선택하고 [확인]을 클릭한다.

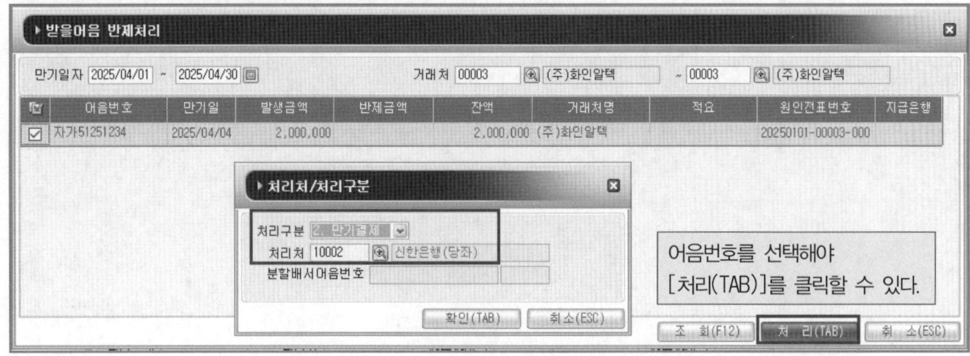

전표입력 [전표검색] [환경설정] [품의적요등록] [전표양식] [재무부서]

회계단위 1000 (주)삼일테크본사 결의부서 1200 재경팀 작성자 2010 임영찬 2025 4 4 일

	일	번호	No	품의내역	유형	기표번호	상태	승인자	대차차액	작업자	연동구분
☐	04	00001	0		일 반	20250404-00001	승인	임영찬		임영찬	
☐	04										

순번	구분	코드	계정과목	코드	거래처명	사업자(주민)번호	금액	No	적요명	증빙	전자	국세청
1	차변	10200	당좌예금	10002	신한은행(당좌)		2,000,000	2	받을어음 당좌추심			
2	대변	11000	받을어음	00003	(주)화인알텍	502-86-25326	2,000,000	6	받을어음 당좌추심			
3												

프로젝트 　 자금과목 　 관리번호 자가51251234
발생일 2024/12/18 　 만기일 2025/04/04 　 받을어음정리 2 만기결제 　 관리수량
관리금액 　 관리율 　 사용자정의 　 사용자정의

10200 당좌예금 2,000,000 | 11000 받을어음 2,000,000

❸ [4월 6일] ✤ 할인 (차) 매출채권처분손실 30,000원 (대) 받을어음 3,000,000원
당좌예금 2,970,000원

	구분	코드	계정과목	코드	거래처명	적요
분개	3. 차변	93600	매출채권처분손실			0. 어음할인료
	3. 차변	10200	당좌예금	10002	신한은행(당좌)	3. 받을어음할인액 당좌입금
	4. 대변	11000	받을어음	00002	(주)한국테크	5. 어음할인액 당좌예입

주의 대변에 받을어음을 입력하면 '받을어음 반제처리' 화면이 나타난다. 할인되는 어음을 선택한 후 '처리처/처리구분' 화면에서 '3.할인'과 처리처를 선택하고 [확인]을 클릭한다.

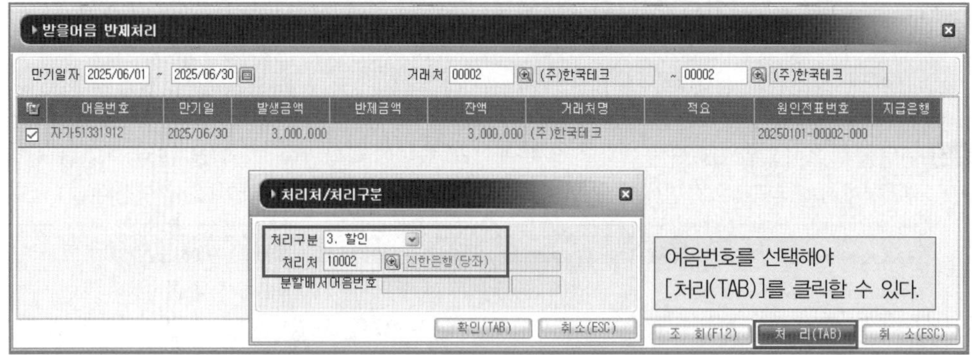

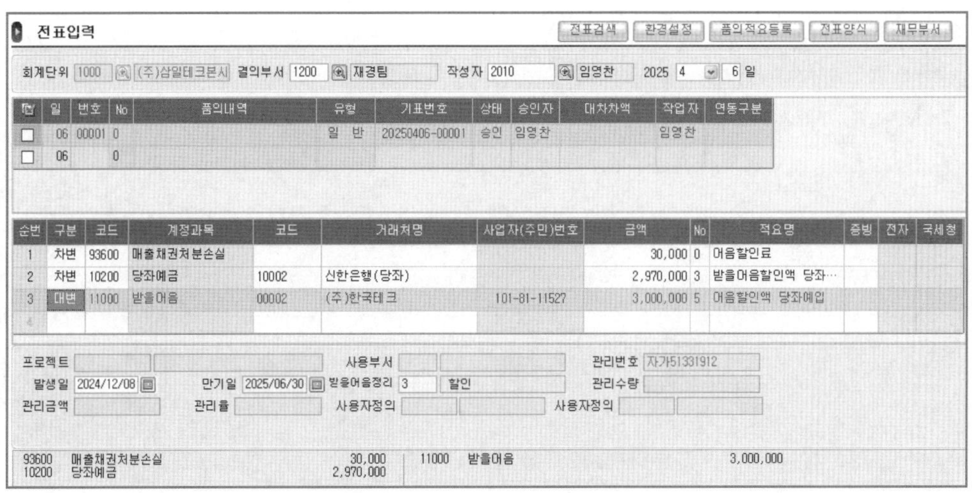

❹ [4월 8일] ✤ 배서 (차) 외상매입금 5,000,000원 (대) 받을어음 5,000,000원

	구분	코드	계정과목	코드	거래처명	적요
분개	3.차변	25100	외상매입금	00005	(주)수민산업	7.외상매입금반제 어음양도
	4.대변	11000	받을어음	00001	(주)영재전자	4.외상매입금 배서양도결제

주의 대변에 받을어음을 입력하면 '받을어음 반제처리' 화면이 나타난다. 배서하는 어음을 선택한 후 '처리처/처리구분' 화면에서 '4.배서'와 처리처를 선택하고 [확인]을 클릭한다.

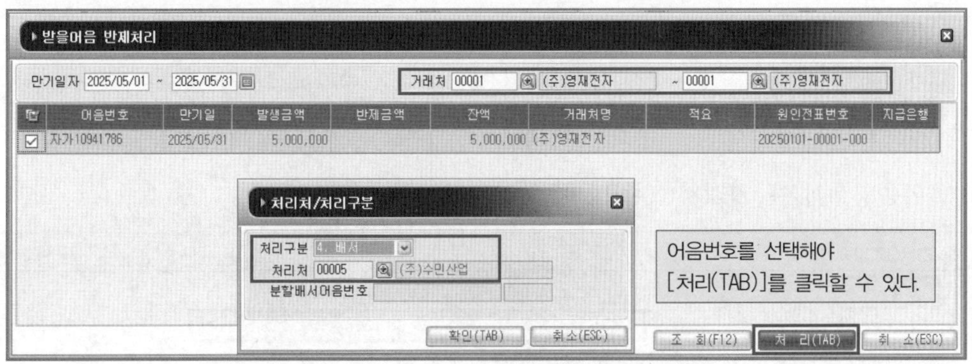

전표입력 [전표검색] [환경설정] [품의적요등록] [전표양식] [재무부서]

회계단위 1000 (주)삼일테크본사 결의부서 1200 재경팀 작성자 2010 임영찬 2025 4 8 일

일	번호	No	품의내역	유형	기표번호	상태	승인자	대차차액	작업자	연동구분
08	00001	0		일 반	20250408-00001	승인	임영찬		임영찬	
08										

순번	구분	코드	계정과목	코드	거래처명	사업자(주민)번호	금액	No	적요명	증빙	전자	국세청
1	차변	25100	외상매입금	00005	(주)수민산업		5,000,000	7	외상매입금반제 어음…			
2	대변	11000	받을어음	00001	(주)영재전자	217-81-15304	5,000,000	4	외상매입금 배서양도…			
3												

프로젝트 자금과목 관리번호 자가10941786
발생일 2024/12/01 만기일 2025/05/31 받을어음정리 4 배서 관리수량
관리금액 관리율 사용자정의 사용자정의

25100 외상매입금 5,000,000 | 11000 받을어음 5,000,000

(주)삼일테크의 받을어음명세서를 조회하여 4월 중 만기 결제된 어음의 거래처와 금액을 확인하시오.

수행 결과 받을어음명세서

받을어음명세서 ➡ 거래처: (주)화인알텍, 금액: 2,000,000원

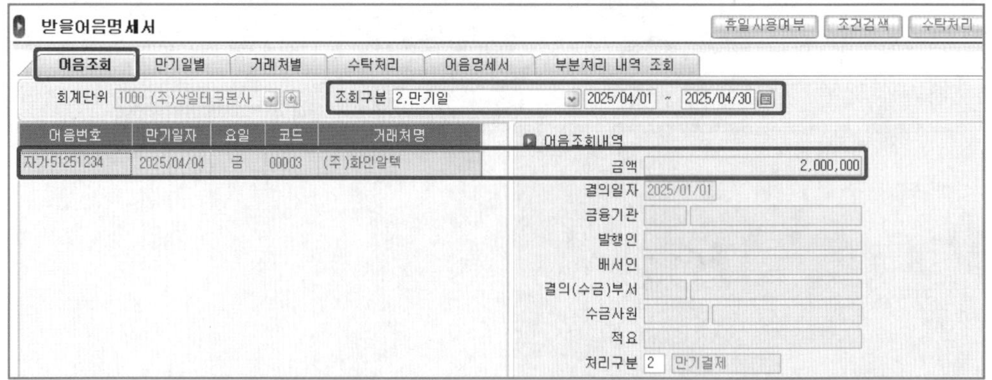

받을어음명세서 [휴일사용여부] [조건검색] [수탁처리]

어음조회 | 만기일별 | 거래처별 | 수탁처리 | 어음명세서 | 부분처리 내역 조회

회계단위 1000 (주)삼일테크본사 조회구분 2.만기일 2025/04/01 ~ 2025/04/30

어음번호	만기일자	요일	코드	거래처명
자가51251234	2025/04/04	금	00003	(주)화인알텍

어음조회내역
금액 2,000,000
결의일자 2025/01/01
금융기관
발행인
배서인
결의(수금)부서
수금사원
적요
처리구분 2 만기결제

필요 지식

2.4 지급어음의 거래 입력하기

은행으로부터 약속어음 용지를 수령하면 먼저 [어음등록] 메뉴에 등록 후 거래자료 발생 및 어음발행 시 등록된 어음번호별로 처리한다. 어음번호는 [어음등록] 메뉴의 [수불부]에서 조회할 수 있다. 25200.지급어음 계정에는 '지급어음'이라는 연동항목이 연결되어 [자금관리]의 지급어음명세서와 자금관련 보고서에 반영된다.

▌어음발행 프로세스▐

▌지급어음의 회계처리▐

구 분	거 래	분 개
수령	약속어음을 등록하면 '수령'으로 표시되며, '수령'으로 표시된 어음번호에 대해 전표입력에 입력할 수 있다.	
발행	물품대금으로 어음발행	(차) 외상매입금 ××× (대) 지급어음 ×××
결제	발행된 어음의 만기결제 시	(차) 지급어음 ××× (대) 당좌예금 ×××
담보	특정기관에 담보성격으로 견질된 경우	
폐기	발행 또는 담보되지 않고 폐기되는 경우	

수행 내용 **지급어음의 거래 입력하기**

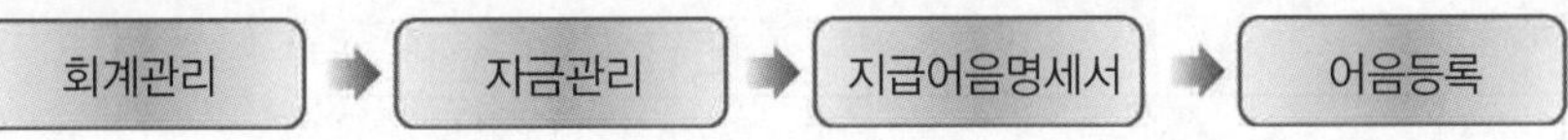

(주)삼일테크의 지급어음 자료는 다음과 같다. 거래자료 입력을 수행하시오.

구분	일자	내 용
어음수령 등록	5월 2일	신한은행(당좌)으로부터 약속어음 용지 10매(다라32123001~32123010)를 수령하였다.
발행	5월 2일	원재료 매입처 (주)이솔전자의 외상매입금 2,000,000원을 약속어음을 발행하여 지급하였다. • 어음번호: 다라32123001 • 만기일 2025.06.30.

구분	일자	내 용
만기결제	6월 30일	(주)이솔전자에 발행하였던 약속어음(2,000,000원)이 만기가 되어 당사 신한은행 당좌예금계좌에서 지급처리 되었다. • 어음번호: 다라32123001 • 만기일: 2025.06.30.

수행 결과 지급어음의 거래 입력하기

❶ 어음수령 등록

1) [자금관리] 메뉴의 [지급어음명세서]에서 상단부 [어음등록]을 클릭한다.

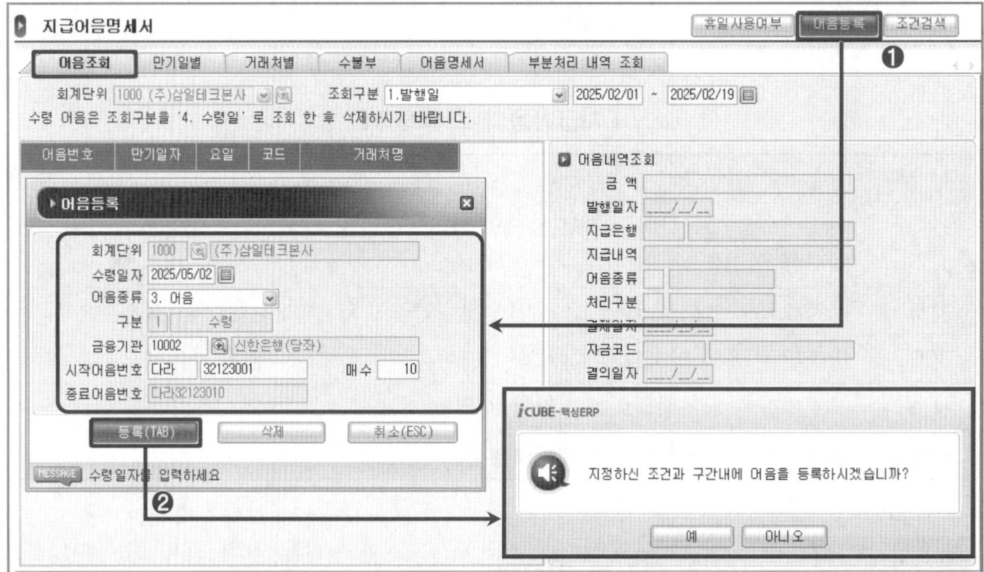

2) 어음등록 확인

❷ [5월 2일] (차) 외상매입금 2,000,000원 (대) 지급어음 2,000,000원

	구분	코드	계정과목	코드	거래처명	적요
분개	3.차변	25100	외상매입금	00006	(주)이솔전자	2.외상매입금반제 어음발행
	4.대변	25200	지급어음	00006	(주)이솔전자	4.외상매입금반제 어음발행

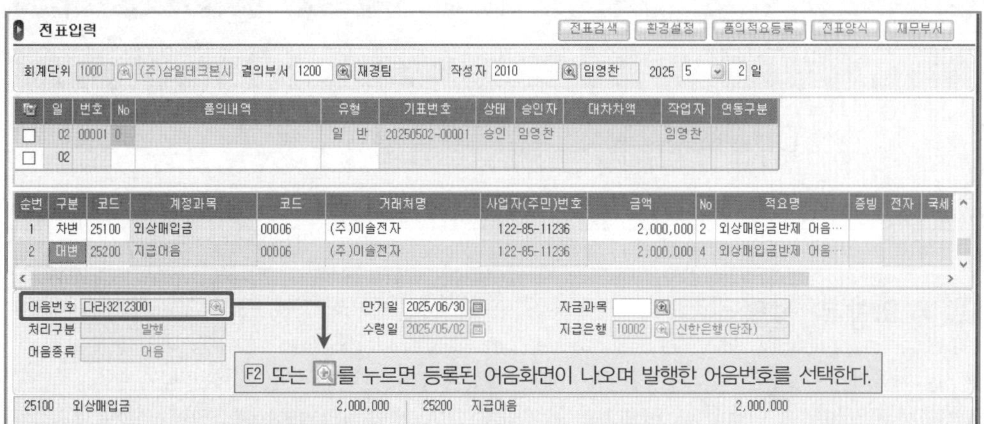

❸ [6월 30일] (차) 지급어음 2,000,000원 (대) 당좌예금 2,000,000원

	구 분	코 드	계정과목	코 드	거래처명	적 요
분개	3.차변	25200	지급어음	00006	(주)이솔전자	1.지급어음 당좌결제
	4.대변	10200	당좌예금	10002	신한은행(당좌)	4.지급어음 당좌결제

주의 차변에 지급어음을 입력하면 '지급어음 반제처리' 화면이 나타난다. 해당 어음을 선택하고 [처리]를 클릭한다.

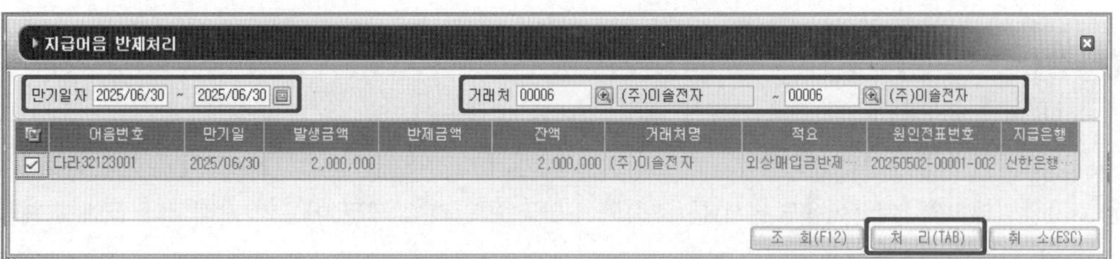

전표입력 [전표검색] [환경설정] [품의적요등록] [전표양식] [재무부서]

회계단위 1000 (주)삼일테크본사 결의부서 1200 재경팀 작성자 2010 임영찬 2025 6 30 일

일	번호	No	품의내역	유형	기표번호	상태	승인자	대차차액	작업자	연동구분
30	00001	0		일 반	20250630-00001	승인	임영찬		임영찬	
30										

순번	구분	코드	계정과목	코드	거래처명	사업자(주민)번호	금액	No	적요명	증빙	전자	국세청
1	차변	25200	지급어음	00006	(주)이솔전자	122-85-11236	2,000,000	0	외상매입금반제 어음…			
2	대변	10200	당좌예금	10002	신한은행(당좌)		2,000,000	4	지급어음 당좌결제			
3												

프로젝트   사용부서   관리번호 다라32123001
요청일 2025/05/02   만기일 2025/06/30 지급어음정리 3 결제   관리수량
관리금액   관리율   사용자정의   사용자정의

25200 지급어음 2,000,000 | 10200 당좌예금 2,000,000

주요항목 설명

❶ 지급어음계정이 차변으로 분개될 경우에는 계정과목의 관리항목이 표시된다.

❷ 지급어음을 차변에 입력할 때 반제처리(만기일자)되며, 반제처리된 어음의 원인전표(발행전표)는 수정 및 삭제가 통제된다.

❶ (주)삼일테크의 [지급어음명세서]의 [수불부]를 조회하여 2025년에 은행으로부터 수령받아 등록한 어음 중 미발행된 약속어음의 매수 조회를 수행하시오.

❷ (주)삼일테크의 [지급어음명세서]를 조회하여 6월 중 만기 결제된 어음의 거래처와 금액 조회를 수행하시오.

수행 결과 지급어음명세서

❶ 지급어음명세서(수불부) ➡ 9매

지급어음명세서 [휴일사용여부] [어음등록] [조건검색]

어음조회 | 만기일별 | 거래처별 | 수불부 | 어음명세서 | 부분처리 내역 조회

회계단위 1000 (주)삼일테크본사 수령일 2025/01/01 ~ 2025/12/31
금융기관

어음번호	구분명	종류명	코드	거래처명	금융기관명	금액	수령일	만기일	요일	발행일	처리일
다라32123001	결제	어음	00006	(주)이솔전자	신한은행(당좌)	2,000,000	2025/05/02	2025/06/30	월	2025/05/02	2025/06/30
다라32123002	수령	어음			신한은행(당좌)		2025/05/02		0		
다라32123003	수령	어음			신한은행(당좌)		2025/05/02		0		
다라32123004	수령	어음			신한은행(당좌)		2025/05/02		0		
다라32123005	수령	어음			신한은행(당좌)		2025/05/02		0		
다라32123006	수령	어음			신한은행(당좌)		2025/05/02		0		
다라32123007	수령	어음			신한은행(당좌)		2025/05/02		0		
다라32123008	수령	어음			신한은행(당좌)		2025/05/02		0		
다라32123009	수령	어음			신한은행(당좌)		2025/05/02		0		
다라32123010	수령	어음			신한은행(당좌)		2025/05/02		0		

[수령:9매] [발행:0매] [결제:1매] [견질:0매] [폐기:0매] [기타:0매] [부분결제:0매] [미발행:9매]

❷ 지급어음명세서 ➡ (주)이솔전자, 2,000,000원

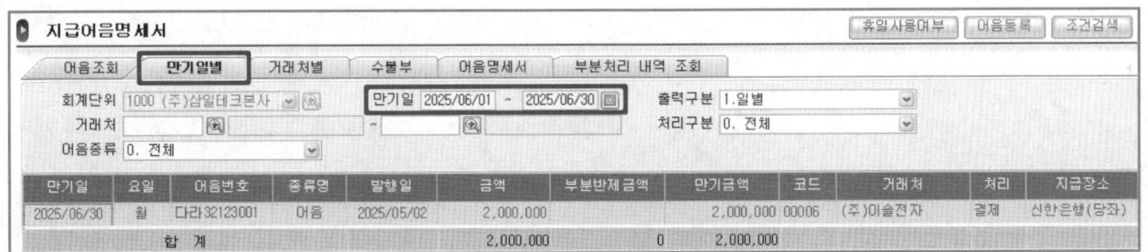

지급어음명세서 [휴일사용여부] [어음등록] [조건검색]

어음조회 | 만기일별 | 거래처별 | 수불부 | 어음명세서 | 부분처리 내역 조회

회계단위 1000 (주)삼일테크본사 만기일 2025/06/01 ~ 2025/06/30 출력구분 1.일별
거래처 처리구분 0. 전체
어음종류 0. 전체

만기일	요일	어음번호	종류명	발행일	금액	부분반제금액	만기금액	코드	거래처	처리	지급장소
2025/06/30	월	다라32123001	어음	2025/05/02	2,000,000		2,000,000	00006	(주)이솔전자	결제	신한은행(당좌)
		합 계			2,000,000	0	2,000,000				

출제유형 ···› 어음관리하기

문1) 거래처로부터 수취한 어음 중 2025년 중 할인한 어음의 거래처와 금액으로 옳은 것은?

① (주)화인알텍 2,000,000원　② (주)영재전자 5,000,000원
③ (주)한국테크 3,000,000원　④ (주)영재전자 3,000,000원

문2) 거래처로부터 수취한 어음 중 2025년 10월 만기가 도래하는 어음의 거래처와 금액으로 옳은 것은?

① (주)화인알텍 2,000,000원　② (주)영재전자 5,000,000원
③ (주)한국테크 3,000,000원　④ (주)영재전자 3,000,000원

문3) 신한은행(당좌)로부터 수령하여 등록한 어음 중 상반기(1월 ~ 6월)에 실제 지급어음으로 결제된 어음은 몇 매인가?

① 1매　② 5매
③ 9매　④ 10매

[답안] 문1) ③, 문2) ④, 문3) ①

(NCS 능력단위 0203020205_23v6)

부가가치세 신고

NCS 능력단위요소

01 세금계산서 발급 · 수취하기

02 부가가치세 신고하기

03 부가가치세 부속서류 작성하기

NCS 능력단위: 부가가치세 신고(0203020205_23v6)

부가가치세 신고	상품의 거래나 서비스의 제공에서 얻어지는 이윤에 대해 과세되는 금액에 대하여 부가가치세법에 따라 신고 및 납부 업무를 수행할 수 있다.

직종	분류번호	능력단위	능력단위 요소	수준
세무	0203020205_23v6	부가가치세 신고	01 세금계산서 발급 · 수취하기	3
			02 부가가치세 부속서류 작성하기	3
			03 부가가치세 신고하기	3

능력단위요소	수행준거
01 세금계산서 발급 · 수취하기	1.1 세금계산서의 발급방법에 따라 세금계산서를 발급하고 세금계산서합계표를 국세청에 전송할 수 있다.
	1.2 수정세금계산서 발급사유에 따라 세금계산서를 수정 발행할 수 있다.
	1.3 부가가치세법에 따라 세금계산서합계표를 작성할 수 있다.
02 부가가치세 부속서류 작성하기	2.1 부가가치세법에 따라 수출실적명세서를 작성할 수 있다.
	2.2 부가가치세법에 따라 대손세액공제신고서를 작성하여 세액공제를 받을 수 있다.
	2.3 부가가치세법에 따라 공제받지 못할 매입세액명세서와 불공제분 대한 계산근거를 작성할 수 있다.
	2.4 부가가치세법에 따라 신용카드매출전표 등 수령명세서를 작성해 매입세액을 공제 받을 수 있다.
	2.5 부가가치세법에 따라 부동산임대공급가액명세서를 작성하고 간주임대료를 계산할 수 있다.
	2.6 부가가치세법에 따라 건물 등 감가상각자산취득명세서를 작성할 수 있다.
	2.7 부가가치세법에 따라 의제매입세액공제신고서를 작성하여 의제매입세액공제를 받을 수 있다.
03 부가가치세 신고하기	3.1 부가가치세법에 따른 과세기간을 이해하여 예정 · 확정 신고를 할 수 있다.
	3.2 부가가치세법에 따라 납세지를 결정하여 상황에 맞는 신고를 할 수 있다.
	3.3 부가가치세법에 따른 일반과세자와의 간이과세자의 차이를 판단할 수 있다.
	3.4 부가가치세법에 따른 재화의 공급과 용역의 공급의 범위를 판단 할 수 있다.
	3.5 부가가치세법에 따른 부가가치세 신고서를 작성할 수 있다.

01 세금계산서 발급·수취하기(NCS 능력단위요소명)

★ **학습목표(NCS 수행준거)**

1.1 세금계산서의 발급방법에 따라 세금계산서를 발급하고 세금계산서합계표를 국세청에 전송할 수 있다.

1.3 부가가치세법에 따라 세금계산서합계표를 작성할 수 있다.

필요 지식

부가가치세는 재화(상품, 제품)의 거래나 용역(서비스)의 제공과정에서 얻어지는 부가가치(이윤)에 대하여 과세하는 세금이며, 사업자가 납부하는 부가가치세는 매출세액에서 매입세액을 차감하여 계산한다. 부가가치세가 과세되는 재화나 용역을 제공하는 사업자는 공급받는 자로부터 공급가액의 10%에 해당하는 부가가치세를 징수하고, 그 거래사실을 증명하기 위하여 (전자)세금계산서를 발행하여야 한다.

❙ 부가가치세관리 프로세스 ❙

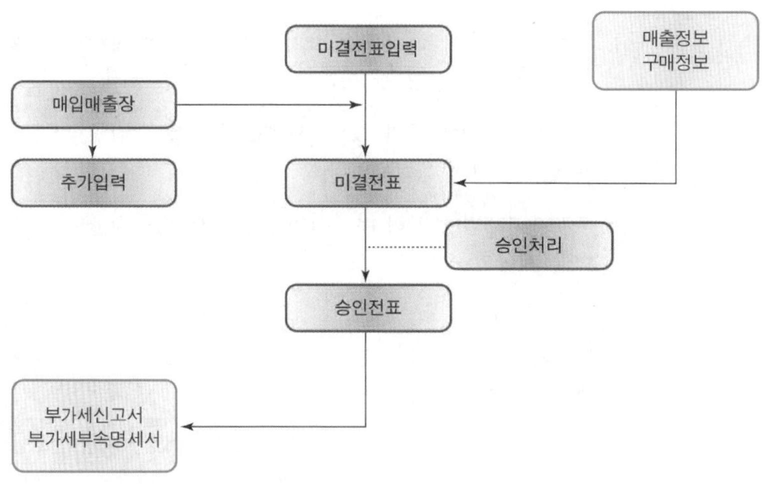

1.1 매출부가가치세 거래 입력

매출부가세와 관련된 거래는 25500.부가세예수금계정에 '매출부가세' 연동항목이 등록되어 있으므로, 전표입력 후 부가가치세신고서와 관련 부속서류에 자동 반영된다.

▌매출 유형별 입력자료와 특성▐

코드	유형	입력내용	반영되는 서식
11	과세 매출	• 일반 매출세금계산서(10% 부가세)	• 매출처별세금계산서합계표, 매입매출장, 부가가치세신고서 매출세액 부분과 과세표준명세
12	영세 매출	• 매출세금계산서로 영세율분	• 매출처별세금계산서합계표, 매입매출장, 부가가치세신고서 매출세액 부분과 과세표준명세
13	면세 매출	• 부가가치세 면세사업자가 발급하는 계산서	• 매출처별계산서합계표, 매입매출장, 부가가치세신고서 과세표준의 면세 수입금액란
14	건별 매출	• 세금계산서가 발급되지 않는 과세 매출(소매매출) • 간주공급	• 매입매출장, 부가가치세신고서 과세매출의 기타란과 과세표준명세
15	종합 매출	• 간이과세자의 매출(공급가액과 부가세가 구분되지 않음)	• 부가가치세신고서 과세표준의 기타란
16	수출	• 외국에 직접 수출하는 경우로 외국환증명서, 수출신고서 등의 자료에 의함	• 매입매출장, 부가가치세신고서 영세매출 기타란
17	카드 매출	• 과세대상 거래의 신용카드매출전표 발급분	• 매입매출장, 신용카드매출전표 발행집계표, 부가가치세신고서 과세표준매출세액의 신용카드, 현금영수증발행분
18	면세카드 매출	• 면세대상 거래의 신용카드매출전표 발급분	• 매입매출장, 신용카드매출전표 발행집계표, 부가가치세신고서 과세표준의 면세수입금액란
19	면세 건별	• 면세대상 거래의 영수증 발급분	• 매입매출장, 부가가치세신고서 과세표준의 면세수입금액란
31	현금 과세	• 과세거래의 현금영수증 발급분	• 매입매출장, 신용카드매출전표 발행집계표, 부가가치세신고서 과세표준매출세액의 신용카드, 현금영수증발행분
32	현금 면세	• 면세거래의 현금영수증 발급분	• 매입매출장, 부가가치세신고서 과세표준의 면세수입금액란, 신용카드매출발행집계표
33	과세매출 매입자발행 세금계산서	• 과세매출 매입자발행 세금계산서	• 매출처별세금계산서합계표, 매입매출장, 부가가치세신고서 매출세액 부분과 과세표준명세

수행 내용 매출부가가치세 거래 입력

회계관리 ➡ 전표/장부관리 ➡ 전표입력

(주)삼일테크의 매출부가세 자료는 다음과 같다. 거래자료 입력을 수행하시오.

구분		일자	내 용
1	과세매출	7월 1일	(주)영재전자에 제품(공급가액 5,000,000원, VAT별도)을 판매하고 본사를 공급자로 전자세금계산서를 발급하였다. 대금은 전액 현금으로 받았다.
2	과세매출	7월 2일	(주)한국테크에 제품(공급가액 9,000,000원, VAT별도)을 판매하고 본사를 공급자로 전자세금계산서를 발급하였다. 대금은 전액 외상으로 받았다.
3	과세매출	7월 3일	(주)화인알텍에 제품(공급가액 16,000,000원, VAT별도)을 판매하고 본사를 공급자로 전자세금계산서를 발급하였다. 대금은 동점발행의 약속어음으로 전액 결제받았다. • 어음번호: 아자32123555 • 만기일: 2026.01.05. • 지급처: 신한은행 용산지점 • 발행일: 2025.07.03. • 수금사원: 임영찬 • 발행인: (주)화인알텍 • 어음종류: 어음 • 수금구분: 자수
4	영세매출	7월 4일	(주)영재전자에 Local L/C에 의하여 제품(공급가액 6,000,000원, 영세율 적용)을 납품하고 본사를 공급자로 전자세금계산서를 발급하였다. 대금은 당사 기업은행 보통예금계좌로 입금되었다.
5	면세매출	7월 5일	면세가 적용되는 제품 900,000원을 (주)한국테크에 판매하고 본사를 공급자로 전자계산서를 발급하였다. 대금은 전액 현금으로 받았다. (본 예제에 한하여 면세가 적용되는 제품으로 가정)

수행 결과 매출부가가치세 거래 입력

❶ [7월 1일] (차) 현금 5,500,000원 (대) 국내제품매출액 5,000,000원
부가세예수금 500,000원

	구 분	코 드	계정과목	코 드	거래처명	적 요
분개	대변	40401	국내제품매출액	00001	(주)영재전자	0.일반 매출
	대변	25500	부가세예수금	00001	(주)영재전자	0.매출 부가세
	차변	10100	현금	00001	(주)영재전자	0.일반매출 현금 입금

1) 구분란에 '6(매출부가세)'을 입력하여 매출정보를 입력하고 [적용TAB]을 클릭한다.

2) 자동으로 작성된 전표에서 매출계정과목을 수정한다.

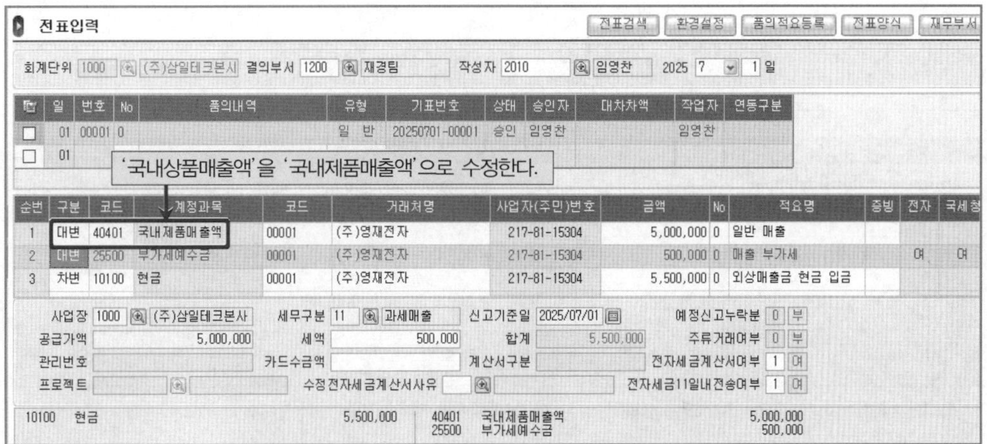

❷ [7월 2일] (차) 외상매출금 9,900,000원 (대) 국내제품매출액 9,000,000원
부가세예수금 900,000원

	구 분	코 드	계정과목	코 드	거래처명	적 요
분개	대변	40401	국내제품매출액	00002	(주)한국테크	0.일반 매출
	대변	25500	부가세예수금	00002	(주)한국테크	0.매출 부가세
	차변	10800	외상매출금	00002	(주)한국테크	0.외상매출금 발생

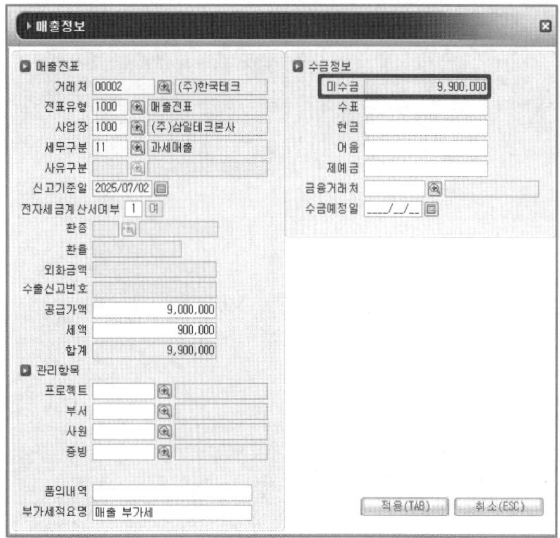

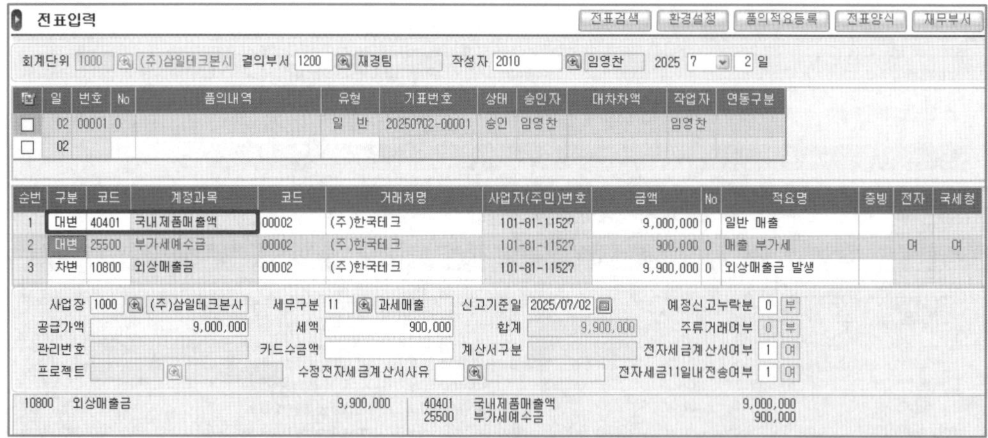

※ '40101.국내상품매출액' 계정을 '40401.국내제품매출액' 계정으로 수정한다.

❸ [7월 3일] (차) 받을어음 17,600,000원 (대) 국내제품매출액 16,000,000원
부가세예수금 1,600,000원

	구 분	코 드	계정과목	코 드	거래처명	적 요
분개	대변	40401	국내제품매출	00003	(주)화인알텍	0. 일반 매출
	대변	25500	부가세예수금	00003	(주)화인알텍	0. 매출 부가세
	차변	11000	받을어음	00003	(주)화인알텍	0. 일반매출 받을어음 회수

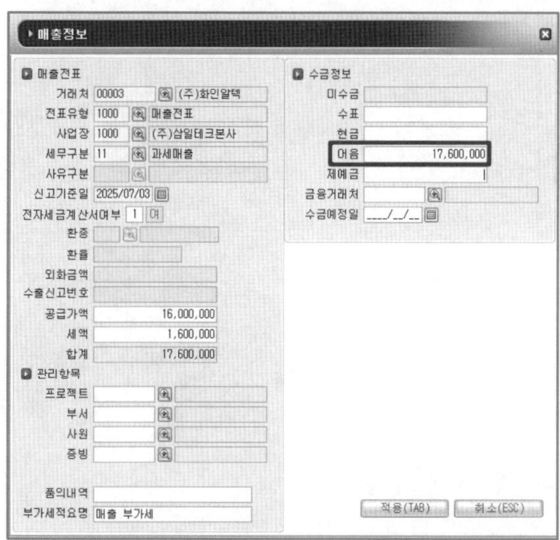

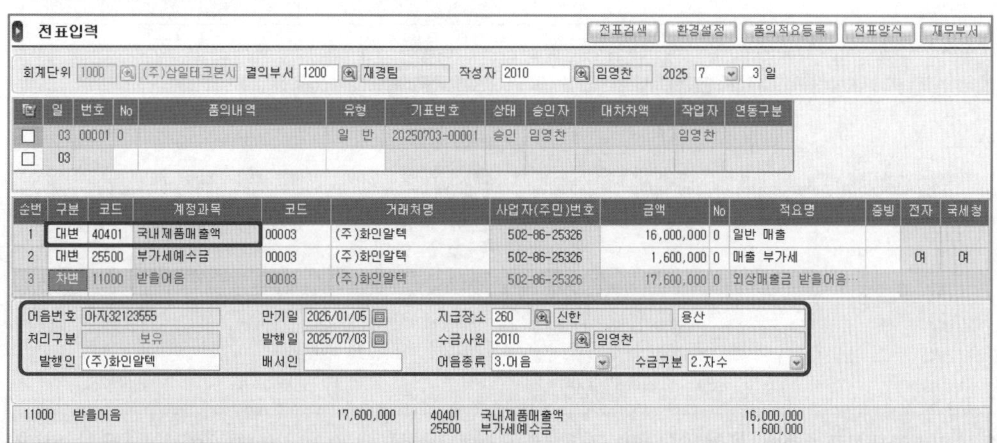

※ '40101.국내상품매출액' 계정을 '40401.국내제품매출액' 계정으로 수정한다.
'11000.받을어음' 계정을 선택하여 하단의 받을어음 관련 정보를 입력하여야 한다.

❹ [7월 4일] (차) 보통예금 6,000,000원 (대) 국내제품매출액 6,000,000원
부가세예수금 0원

	구 분	코 드	계정과목	코 드	거래처명	적 요
분개	대변	40401	국내제품매출액	00001	(주)영재전자	0. 일반 매출
	대변	25500	부가세예수금	00001	(주)영재전자	0. 매출 부가세
	차변	10301	보통예금	10001	기업은행	0. 일반매출 보통예금 입금

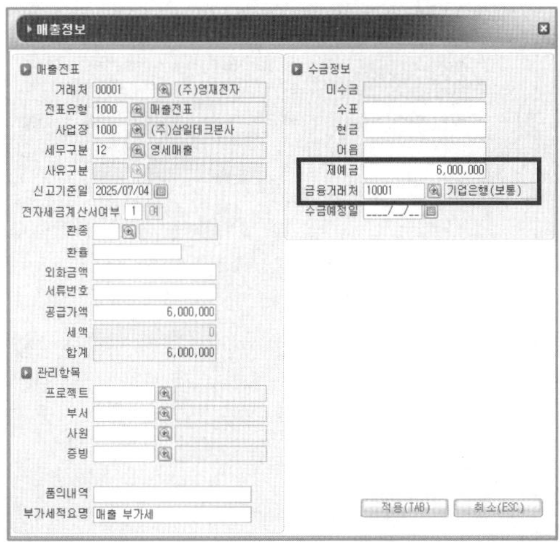

※ '40101.국내상품매출액' 계정을 '40401.국내제품매출액' 계정으로 수정, '10300.제예금' 계정을 '10301.보통예금' 계정으로 수정한다.

❺ [7월 5일] (차) 현금 900,000원 (대) 국내제품매출액 900,000원
부가세예수금 0원

	구 분	코 드	계정과목	코 드	거래처명	적 요
분개	대변	40401	국내제품매출액	00002	(주)한국테크	0.일반 매출
	대변	25500	부가세예수금	00002	(주)한국테크	0.매출 부가세
	차변	10100	현금	00002	(주)한국테크	0.일반매출 현금 입금

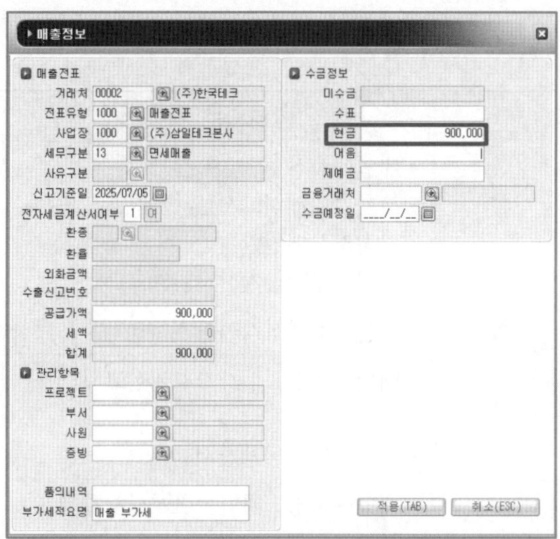

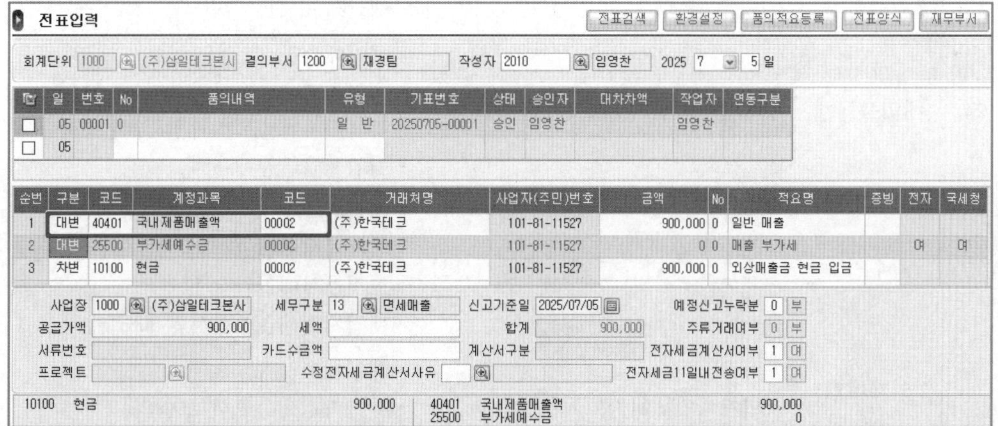

※ '40101.국내상품매출액' 계정을 '40401.국내제품매출액' 계정으로 수정한다.

필요 지식

1.2 매입부가가치세 거래 입력

매입부가세와 관련된 거래는 13500.부가세대급금계정에 '매입부가세' 연동항목이 등록되어 있으므로, 전표입력 후 부가가치세신고서와 관련 부속서류에 자동 반영된다.

| 매입 유형별 입력자료와 특성 |

코드	유형	입력내용	반영되는 서식
21	과세 매입	• 일반 매입세금계산서 (10% 부가세)	• 매입매출장 • 부가가치세신고서 일반매입란 또는 고정자산매입란 • 매입처별세금계산서합계표
		• 고정자산 매입 시	• 건물등감가상각자산취득명세서
22	영세 매입	• 영세율의 매입세금계산서	• 매입매출장, 부가가치세신고서 일반매입란 • 매입처별세금계산서합계표
23	면세 매입	• 부가가치세면세사업자가 발급한 계산서	• 매입매출장, 매입처별계산서합계표 • 부가가치세신고서 과세표준명세의 계산서 수취금액란
24	매입불공제	• 매입세액 불공제분 세금계산서	• 매입매출장, • 매입처별세금계산서합계표 • 부가가치세신고서 매입세액불공제란 • 매입세액불공제내역
25	수입	• 세관장이 발급한 수입세금계산서	• 매입매출장 • 부가가치세신고서 일반매입란 또는 고정자산매입란 • 매입처별세금계산서합계표
26	의제매입 세액 등	• 의제매입세액 공제대상	• 매입매출장 • 부가가치세신고서 그밖의 공제매입세액란
27	카드 매입	• 매입세액공제가 가능한 신용카드 매출전표	• 매입매출장 • 신용카드수취명세서 • 부가가치세신고서 그밖의 공제매입세액란

코드	유형	입력내용	반영되는 서식
28	현금 영수증 매입	• 매입세액공제가 가능한 현금영수증	• 매입매출장 • 신용카드수취명세서 • 부가가치세신고서 그밖의 공제매입세액란
29	과세매입 매입자발행 세금계산서	• 매입자발행세금계산서	• 매입매출장 • 매입자발행세금계산서합계표 • 부가가치세신고서

수행 내용 매입부가가치세 거래 입력

회계관리 → 전표/장부관리 → 전표입력

(주)삼일테크의 매입부가세 자료는 다음과 같다. 거래자료 입력을 수행하시오.

구분		일자	내 용
1	과세 매입	8월 1일	대구지사에서 사용할 원재료 7,000,000원(VAT별도)을 (주)수민산업에서 구입하였다. 대구지사를 공급받는자로 전자세금계산서를 발급받았으며, 대금은 전액 외상으로 하였다.
2	과세 매입	8월 2일	대구지사에서 사용할 원재료 5,000,000원(VAT별도)을 (주)이솔전자에서 구입하였다. 대구지사를 공급받는자로 전자세금계산서를 발급받았으며, 대금은 전액 당사 약속어음으로 발행하여 지급하였다. • 어음번호: 다라32123002 • 만기일 2026.02.05.
3	과세 매입	8월 3일	대구지사 생산팀에서 사용할 기계장치(품명: 자동포장기, 공급가액 10,000,000원, VAT별도)를 (주)휴스토리로부터 외상으로 구입하고, 대구지사를 공급받는자로 전자세금계산서를 발급받았다.
4	영세 매입	8월 4일	구매확인서에 의한 수출품 생산에 필요한 원재료 6,000,000원(영세율 적용)을 (주)수민산업에서 외상으로 구입하고, 대구지사를 공급받는자로 전자세금계산서를 발급받았다.
5	면세 매입	8월 5일	재경팀에서 사용할 도서(80,000원)를 (주)휴스토리에서 현금으로 구입하고, 본사 사업장을 공급받는자로 하여 전자계산서를 발급받았다.

수행 결과 매입부가가치세 거래 입력

❶ [8월 1일] (차) 원재료 7,000,000원 (대) 외상매입금 7,700,000원
부가세대급금 700,000원

	구 분	코 드	계정과목	코 드	거래처명	적 요
분개	차변	14900	원재료	00005	(주)수민산업	0.일반 매입
	차변	13500	부가세대급금	00005	(주)수민산업	0.매입 부가세
	대변	25100	외상매입금	00005	(주)수민산업	0.외상매입금 발생

1) 구분란에 '5(매입부가세)'를 입력하여 매입정보를 입력하고 [적용TAB]을 클릭한다.

주의 사업장은 '2000 (주)삼일테크 대구지사'로 선택하여야 한다.

2) 자동으로 작성된 전표에서 매입계정과목을 수정한다.

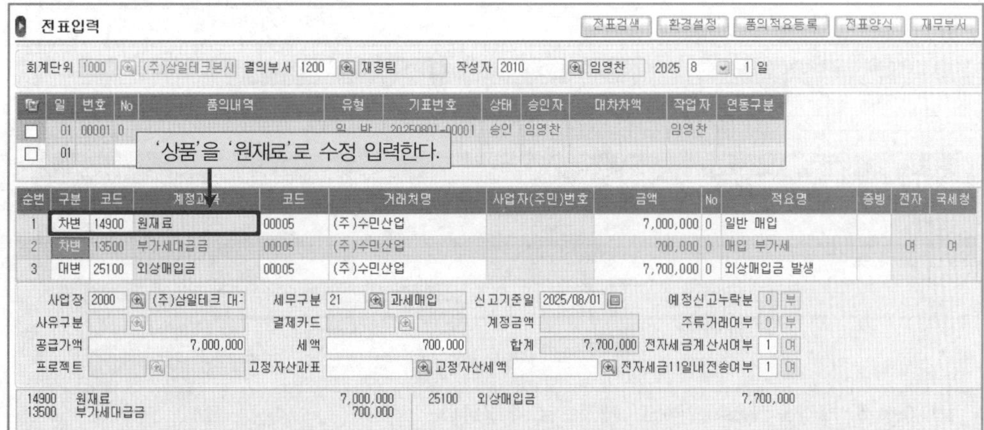

❷ [8월 2일] (차) 원재료 5,000,000원 (대) 지급어음 5,500,000원
부가세대급금 500,000원

	구 분	코 드	계정과목	코 드	거래처명	적 요
분개	차변	14900	원재료	00006	(주)이솔전자	0. 일반 매입
	차변	13500	부가세대급금	00006	(주)이솔전자	0. 매입 부가세
	대변	25200	지급어음	00006	(주)이솔전자	0. 외상매입금 지급어음 지급

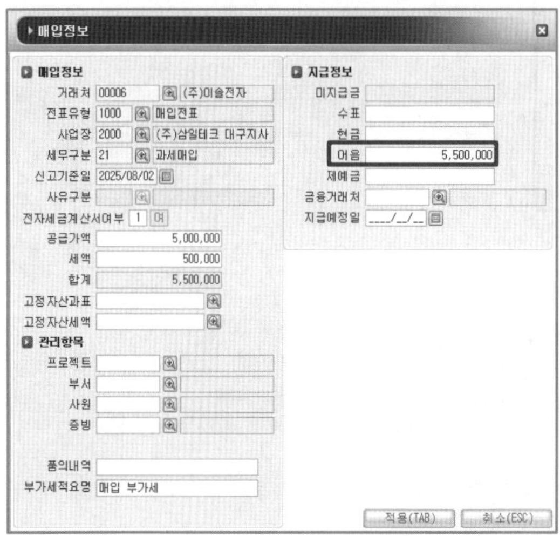

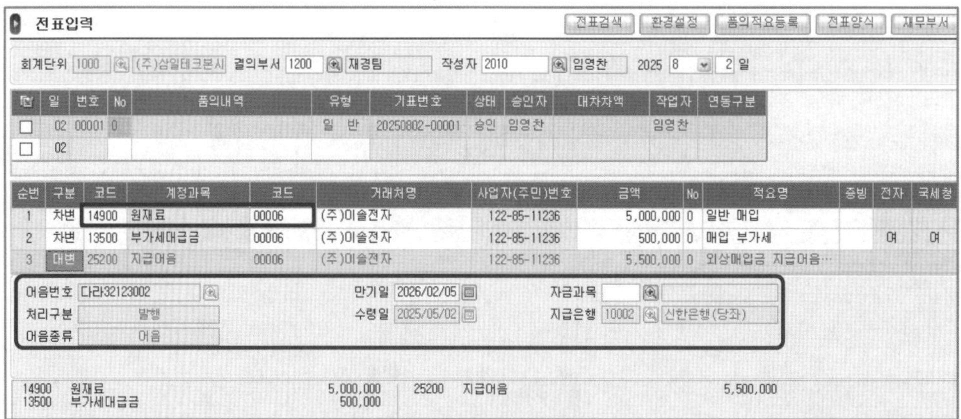

※ '14600.상품' 계정을 '14900.원재료' 계정으로 수정한다.
'25200.지급어음' 계정을 선택하여 하단의 지급어음 관련 정보를 입력하여야 한다.

❸ [8월 3일] (차) 기계장치 10,000,000원 (대) 미지급금 11,000,000원
부가세대급금 1,000,000원

	구 분	코 드	계정과목	코 드	거래처명	적 요
분개	차변	20600	기계장치	00009	(주)휴스토리	0.자산 구입
	차변	13500	부가세대급금	00009	(주)휴스토리	0.자산 구입 시 부가세
	대변	25300	미지급금	00009	(주)휴스토리	0.자산 구입 시 미지급 발생

주의 재고자산 이외의 것을 외상으로 구입하면 '미지급금'으로 회계처리 하여야 한다.

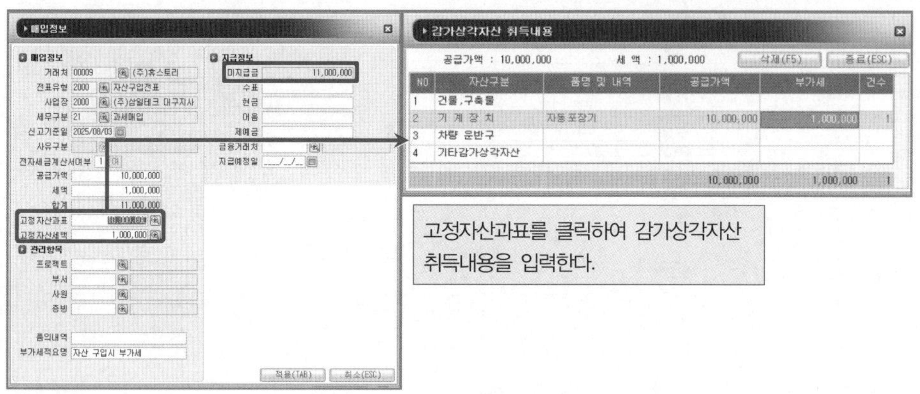

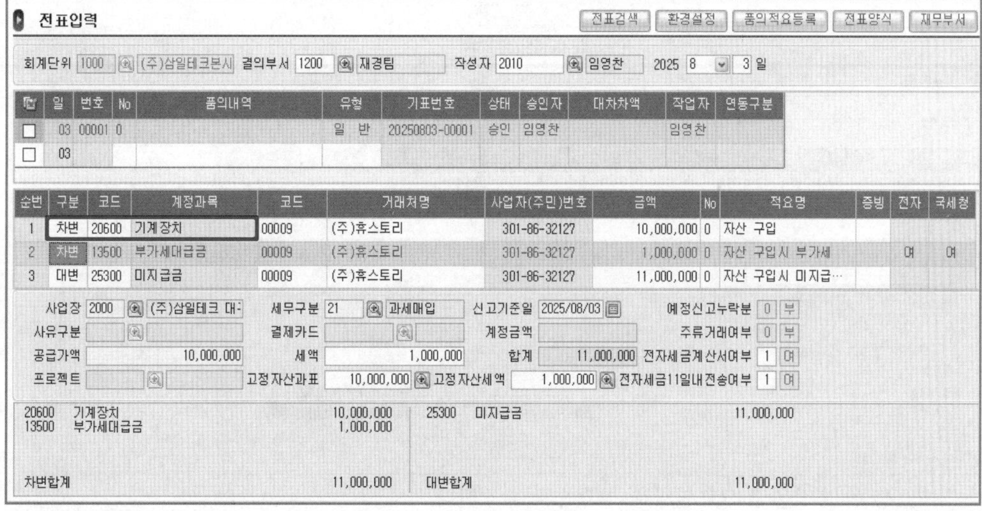

※ '21200.비품' 계정을 '20600.기계장치' 계정으로 수정한다.

❹ [8월 4일] (차) 원재료 6,000,000원 (대) 외상매입금 6,000,000원
부가세대급금 0원

	구 분	코 드	계정과목	코 드	거래처명	적 요
분개	차변	14900	원재료	00005	(주)수민산업	0. 일반 매입
	차변	13500	부가세대급금	00005	(주)수민산업	0. 매입 부가세
	대변	25100	외상매입금	00005	(주)수민산업	0. 외상매입금 발생

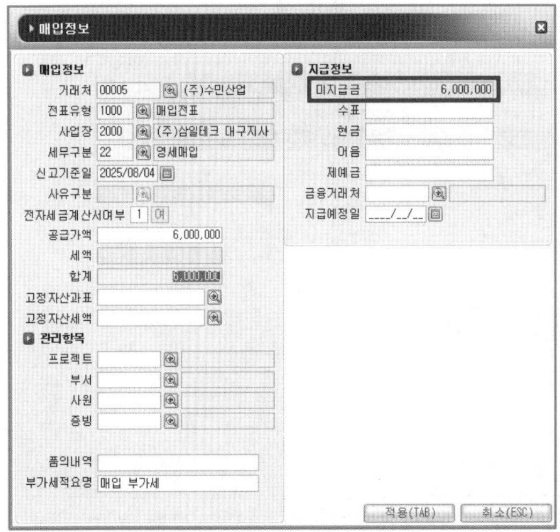

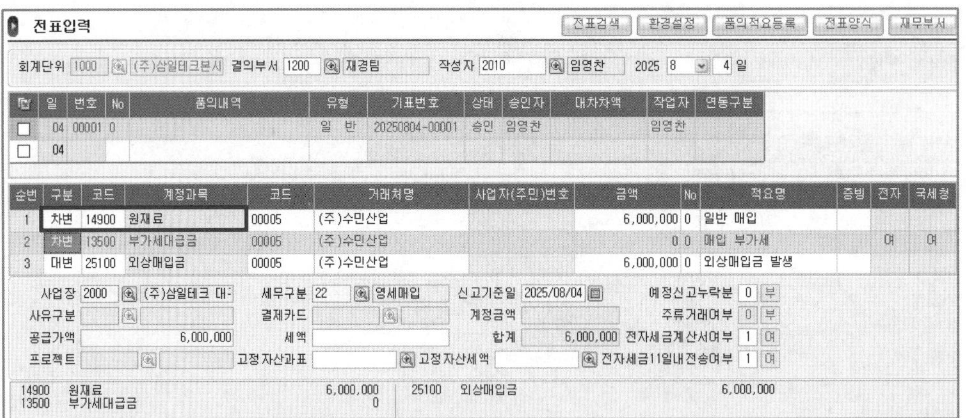

※ '14600.상품' 계정을 '14900.원재료' 계정으로 수정한다.

❺ [8월 5일] (차) (판)도서인쇄비 80,000원 (대) 현금 80,000원
부가세대급금 0원

	구 분	코 드	계정과목	코 드	거래처명	적 요
분개	차변	82600	도서인쇄비	00009	(주)휴스토리	10.도서대금 지급
	차변	13500	부가세대급금	00009	(주)휴스토리	0.매입 부가세
	대변	10100	현금	00009	(주)휴스토리	0.도서구입비 현금지급

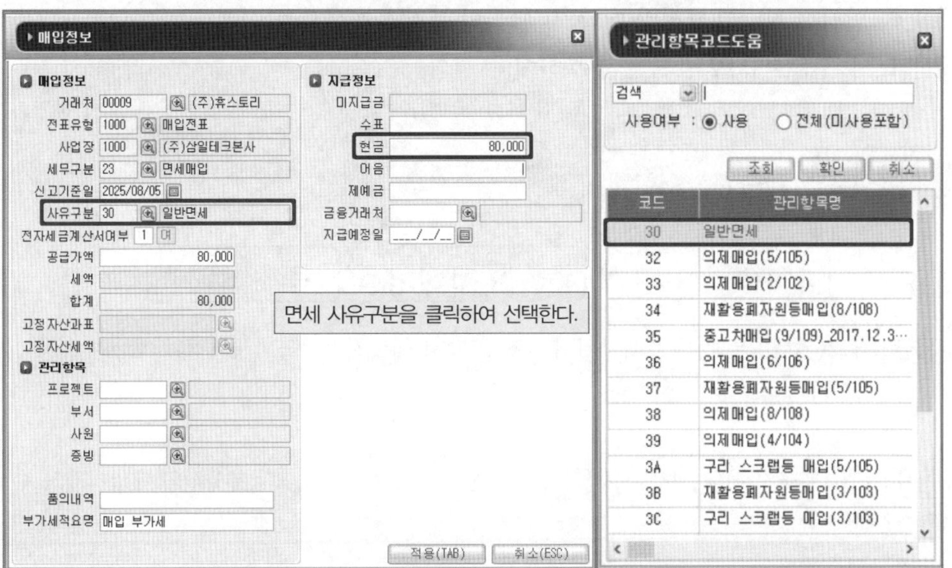

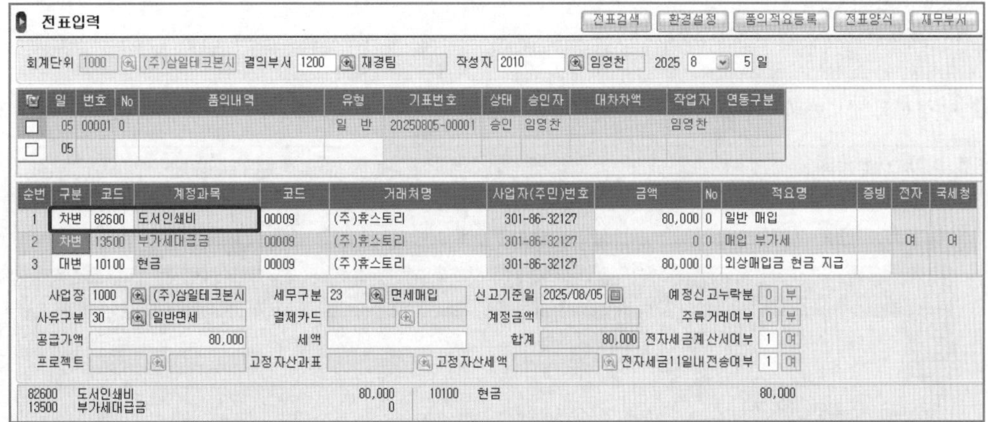

※ '14600.상품' 계정을 '82600.도서인쇄비' 계정으로 수정한다.

핵심ERP실무

필요 지식

1.3 세금계산서합계표와 계산서합계표

(1) 세금계산서합계표

매출 시 발급한 세금계산서와 매입 시 발급받은 세금계산서를 집계하는 표로서, 부가가치세신고 시 부속서류로 반드시 첨부하여야 한다.

수행 내용 세금계산서합계표

회계관리 ➡ 부가가치세관리 ➡ 세금계산서합계표

❶ (주)삼일테크(본사)의 제2기 부가가치세 예정신고 시 매출전자세금계산서의 총매수와 총공급가액은 얼마인가?

❷ (주)삼일테크(대구지사)의 제2기 부가가치세 예정신고 시 매입전자세금계산서의 매입거래처 수는 몇 곳인가?

수행 결과 세금계산서합계표

❶ 예정신고 시 매출전자세금계산서 총매수와 공급가액 ➡ 4매, 36,000,000원

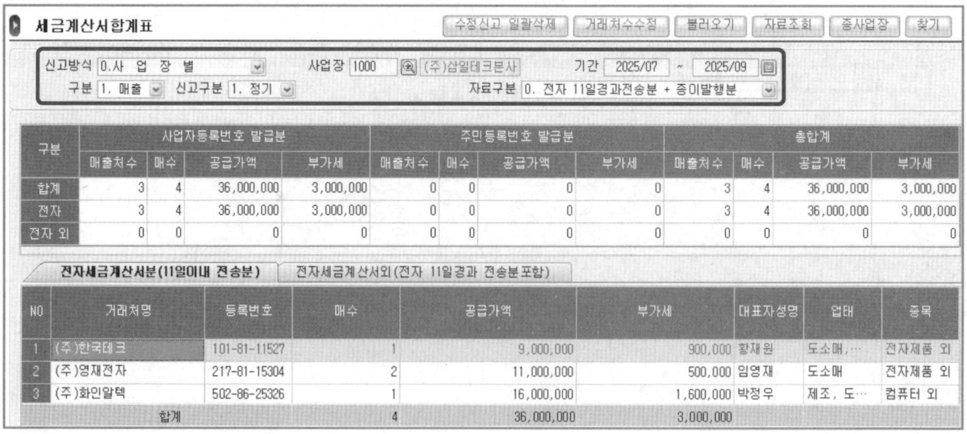

세금계산서합계표 [수정신고 일괄삭제] [거래처수수정] [불러오기] [자료조회] [종사업장] [찾기]

신고방식 0.사 업 장 별 | 사업장 1000 (주)삼일테크본사 | 기간 2025/07 ~ 2025/09
구분 1. 매출 | 신고구분 1. 정기 | 자료구분 0. 전자 11일경과전송분 + 종이발행분

구분	사업자등록번호 발급분				주민등록번호 발급분				총합계			
	매출처수	매수	공급가액	부가세	매출처수	매수	공급가액	부가세	매출처수	매수	공급가액	부가세
합계	3	4	36,000,000	3,000,000	0	0	0	0	3	4	36,000,000	3,000,000
전자	3	4	36,000,000	3,000,000	0	0	0	0	3	4	36,000,000	3,000,000
전자 외	0	0	0	0	0	0	0	0	0	0	0	0

전자세금계산서분(11일이내 전송분) | 전자세금계산서외(전자 11일경과 전송분포함)

NO	거래처명	등록번호	매수	공급가액	부가세	대표자성명	업태	종목
1	(주)한국테크	101-81-11527	1	9,000,000	900,000	황재원	도소매,…	전자제품 외
2	(주)영재전자	217-81-15304	2	11,000,000	500,000	임영재	도소매	전자제품 외
3	(주)화인알텍	502-86-25326	1	16,000,000	1,600,000	박정우	제조, 도…	컴퓨터 외
	합계		4	36,000,000	3,000,000			

❷ 예정신고 시 매입전자세금계산서의 매입거래처 수 ➡ 3곳

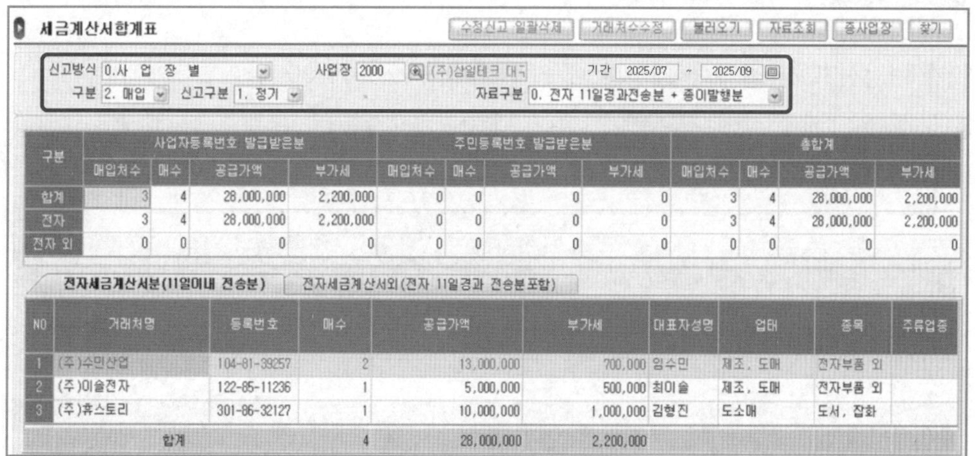

세금계산서합계표

수정신고 일괄삭제 | 거래처수수정 | 불러오기 | 자료조회 | 종사업장 | 찾기

신고방식 0.사 업 장 별 | 사업장 2000 (주)삼일테크 대구 | 기간 2025/07 ~ 2025/09
구분 2. 매입 | 신고구분 1. 정기 | 자료구분 0. 전자 11일경과전송분 + 종이발행분

구분	사업자등록번호 발급받은분				주민등록번호 발급받은분				총합계			
	매입처수	매수	공급가액	부가세	매입처수	매수	공급가액	부가세	매입처수	매수	공급가액	부가세
합계	3	4	28,000,000	2,200,000	0	0	0	0	3	4	28,000,000	2,200,000
전자	3	4	28,000,000	2,200,000	0	0	0	0	3	4	28,000,000	2,200,000
전자 외	0	0	0	0	0	0	0	0	0	0	0	0

전자세금계산서분(11일이내 전송분) | 전자세금계산서외(전자 11일경과 전송분포함)

NO	거래처명	등록번호	매수	공급가액	부가세	대표자성명	업태	종목	주류업종
1	(주)수민산업	104-81-39257	2	13,000,000	700,000	임수민	제조, 도매	전자부품 외	
2	(주)이솔전자	122-85-11236	1	5,000,000	500,000	최이솔	제조, 도매	전자부품 외	
3	(주)휴스토리	301-86-32127	1	10,000,000	1,000,000	김형진	도소매	도서, 잡화	
	합계		4	28,000,000	2,200,000				

꼭 알아두기

- 매출처별세금계산서합계표에 반영되는 세무구분 유형:
  11.과세매출, 12.영세매출, 33.과세매출 매입자발행세금계산서
- 매입처별세금계산서합계표에 반영되는 세무구분 유형:
  21.과세매입, 22.영세매입, 24.매입불공제, 25.수입
- 매입자발행세금계산서합계표에 반영되는 세무구분 유형:
  29.과세매입 매입자발행세금계산서(단, 핵심ERP에서는 제공되지 않음)

(2) 계산서합계표

계산서가 발급된 거래유형과 계산서를 발급받은 거래유형으로 입력된 매출부가세, 매입부가세 전표에 의해 계산서합계표에 자동 반영된다. 부가가치세신고 시 부속서류로 반드시 첨부하여야 한다.

(주)삼일테크(본사)의 제2기 부가가치세 예정신고 시 발급한 계산서 매출(수입) 금액은 얼마인가?

수행 결과 계산서합계표

제2기 예정신고 시 발급한 계산서 매출(수입)금액 ➡ 900,000원

계산서합계표 (거래처수수정 | 불러오기 | 일괄삭제 | 자료조회 | 종사업장 | 찾기)

신고방식 0.사 업 장 별 | 사업장 1000 (주)삼일테크본사 | 기간 2024/07 ~ 2024/09

구분 1. 매출 | 신고구분 0. 정기 | 자료구분 0. 전자 11일경과전송분 + 종이발행분

구분	사업자등록번호 발급분			주민등록번호 발급분			총합계		
	매출처수	매수	매출(수입)금액	매출처수	매수	매출(수입)금액	매출처수	매수	매출(수입)금액
합계	1	1	900,000	0	0	0	1	1	900,000
전자	1	1	900,000	0	0	0	1	1	900,000
전자 외	0	0	0	0	0	0	0	0	0

전자계산서분(11일이내 전송분) | 전자계산서외(전자 11일경과 전송분포함)

NO	거래처명	등록번호	매수	매출(수입)금액	대표자성명	업태	종목
1	(주)한국테크	101-81-11527	1	900,000	황재원	도소매, 서비스	전자제품 외
	합계		1	900,000			

출제유형 ···› 매출&매입 부가가치세 거래

문1) 부가가치세 10%가 과세되는 재화를 공급하고 세금계산서를 발급한 거래의 세무구분 번호는?

① 11.과세매출 ② 12.영세매출
③ 13.면세매출 ④ 21.과세매입

문2) 부가가치세 0%가 과세되는 재화를 공급받고 세금계산서를 수취한 거래의 세무구분 번호는?

① 12.영세매출 ② 21.과세매입
③ 22.영세매입 ④ 23.면세매입

문3) 7월 거래내용 중 (주)삼일테크 본사에서 전자세금계산서가 발급되지 않은 거래는?

① (주)한국테크 ② (주)영재전자
③ (주)화인알텍 ④ (주)이솔전자

문4) 2기 예정 부가가치세 신고기간 중 (주)삼일테크 대구지사에서 수취한 전자세금계산서의 거래처와 공급가액으로 옳은 것은?

① (주)수민산업 6,000,000원 ② (주)이솔전자 10,000,000원
③ (주)휴스토리 5,000,000원 ④ (주)수민산업 13,000,000원

[답안] 문1) ①, 문2) ③, 문3) ④, 문4) ④

02 부가가치세 신고하기(NCS 능력단위요소명)

학습목표(NCS 수행준거)

3.1 부가가치세법에 따른 과세기간을 이해하여 예정·확정 신고를 할 수 있다.
3.5 부가가치세법에 따른 부가가치세 신고서를 작성할 수 있다.

필요 지식

2.1 부가가치세신고서

부가가치세신고서는 각 신고기간에 대한 부가가치세 과세표준과 납부세액 또는 환급세액 등을 기재하여 관할 세무서에 신고하는 서류이다. 유형별로 입력한 자료가 자동반영되어 작성된다. 부가가치세의 과세기간과 예정신고기간은 다음과 같다.

과세기간	예정신고기간과 과세기간 최종 3개월		신고납부기한
제1기 1월 1일~6월 30일	예정신고기간	1월 1일~ 3월 31일	4월 25일
	과세기간 최종 3개월	4월 1일~ 6월 30일	7월 25일
제2기 7월 1일~12월 31일	예정신고기간	7월 1일~ 9월 30일	10월 25일
	과세기간 최종 3개월	10월 1일~12월 31일	다음해 1월 25일

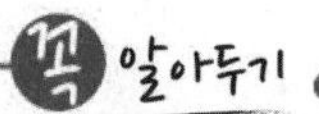

법인사업자의 과세기간은 1년을 1기와 2기로 나누나, 부가가치세신고·납부는 예정신고기간으로 인하여 3개월마다 해야 한다.(단, 개인사업자와 직전 과세기간 공급가액의 합계액이 1억 5천만 원 미만인 법인사업자는 예정신고기간에 고지세액을 납부한다.)

수행 내용 부가가치세신고서

회계관리 ➡ 부가가치세관리 ➡ 부가세신고서

❶ (주)삼일테크의 각 사업장별 제2기 부가가치세 예정신고 시 납부(또는 환급)할 세액은 얼마인가?

❷ (주)삼일테크(본사와 대구지사 포함)의 제2기 부가가치세 예정신고 시 과세표준은 얼마인가?

수행 결과 부가가치세신고서

❶ 제2기 예정신고 시 납부할 세액 ➡ 800,000원 (본사 3,000,000원, 대구지사 -2,200,000원)

1) (주)삼일테크 본사

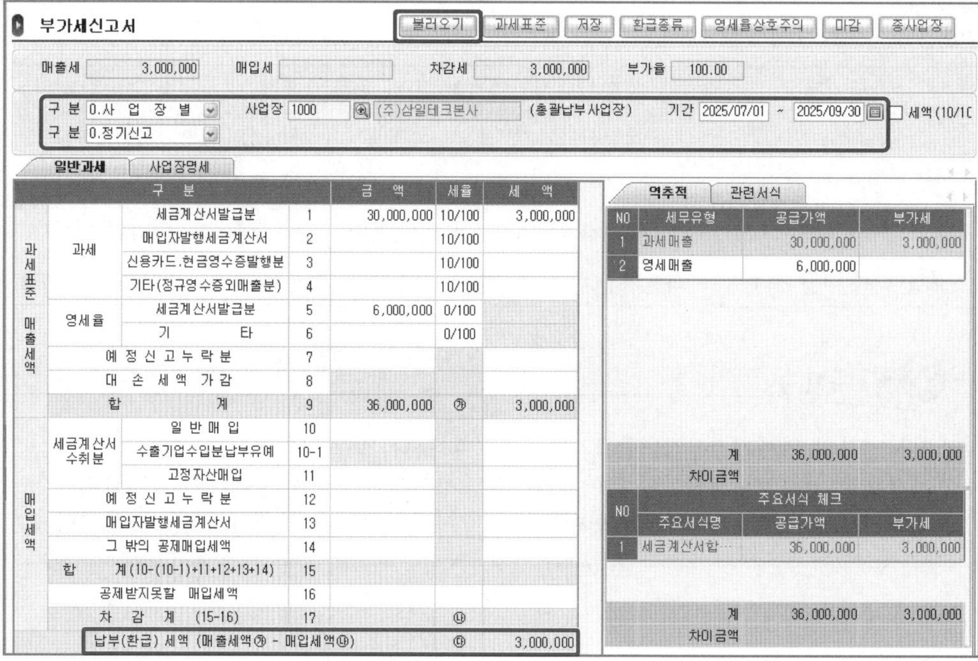

2) (주)삼일테크 대구지사

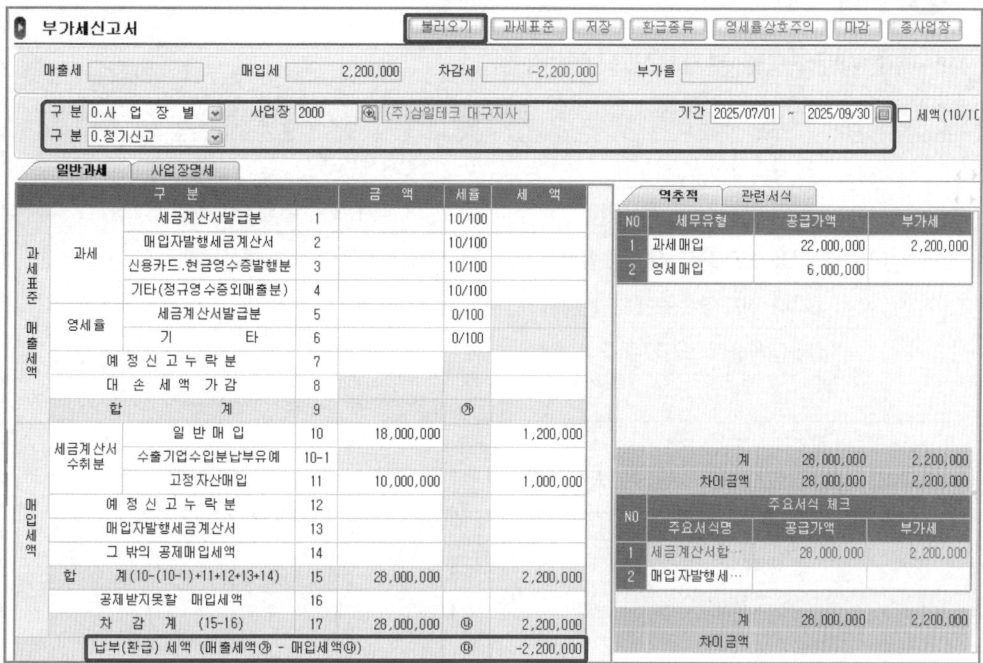

부가세신고서 [불러오기] [과세표준] [저장] [환급종류] [영세율상호주의] [마감] [종사업장]

매출세 | 매입세 2,200,000 | 차감세 -2,200,000 | 부가율

구 분 0.사 업 장 별 | 사업장 2000 (주)삼일테크 대구지사 | 기간 2025/07/01 ~ 2025/09/30 | 세액(10/10

구 분 0.정기신고

일반과세 | 사업장명세

구분				금액	세율	세액
과세표준 매출세액	과세	세금계산서발급분	1		10/100	
		매입자발행세금계산서	2		10/100	
		신용카드.현금영수증발행분	3		10/100	
		기타(정규영수증외매출분)	4		10/100	
	영세율	세금계산서발급분	5		0/100	
		기타	6		0/100	
	예정신고누락분		7			
	대손세액가감		8			
	합계		9		㉮	
매입세액	세금계산서 수취분	일반매입	10	18,000,000		1,200,000
		수출기업수입분납부유예	10-1			
		고정자산매입	11	10,000,000		1,000,000
	예정신고누락분		12			
	매입자발행세금계산서		13			
	그 밖의 공제매입세액		14			
	합계(10-(10-1)+11+12+13+14)		15	28,000,000		2,200,000
	공제받지못할 매입세액		16			
	차감계 (15-16)		17	28,000,000	㉯	2,200,000
납부(환급)세액(매출세액㉮ - 매입세액㉯)					㉰	-2,200,000

역추적 | 관련서식

NO	세무유형	공급가액	부가세
1	과세매입	22,000,000	2,200,000
2	영세매입	6,000,000	
	계	28,000,000	2,200,000
	차이금액	28,000,000	2,200,000

주요서식 체크

NO	주요서식명	공급가액	부가세
1	세금계산서합…	28,000,000	2,200,000
2	매입자발행세…		
	계	28,000,000	2,200,000
	차이금액		

❷ (주)삼일테크(본사와 대구지사 포함) 제2기 예정신고 시 과세표준 ➡ 36,000,000원

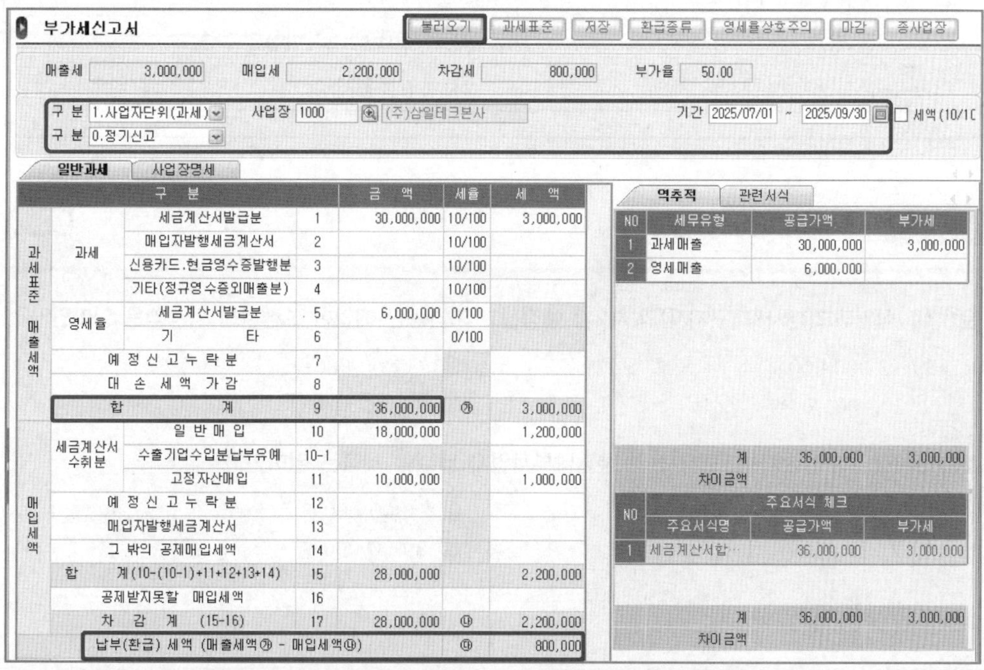

부가세신고서 [불러오기] [과세표준] [저장] [환급종류] [영세율상호주의] [마감] [종사업장]

매출세 3,000,000 | 매입세 2,200,000 | 차감세 800,000 | 부가율 50.00

구 분 1.사업자단위(과세) | 사업장 1000 (주)삼일테크본사 | 기간 2025/07/01 ~ 2025/09/30 | 세액(10/10

구 분 0.정기신고

일반과세 | 사업장명세

구분				금액	세율	세액
과세표준 매출세액	과세	세금계산서발급분	1	30,000,000	10/100	3,000,000
		매입자발행세금계산서	2		10/100	
		신용카드.현금영수증발행분	3		10/100	
		기타(정규영수증외매출분)	4		10/100	
	영세율	세금계산서발급분	5	6,000,000	0/100	
		기타	6		0/100	
	예정신고누락분		7			
	대손세액가감		8			
	합계		9	36,000,000	㉮	3,000,000
매입세액	세금계산서 수취분	일반매입	10	18,000,000		1,200,000
		수출기업수입분납부유예	10-1			
		고정자산매입	11	10,000,000		1,000,000
	예정신고누락분		12			
	매입자발행세금계산서		13			
	그 밖의 공제매입세액		14			
	합계(10-(10-1)+11+12+13+14)		15	28,000,000		2,200,000
	공제받지못할 매입세액		16			
	차감계 (15-16)		17	28,000,000	㉯	2,200,000
납부(환급)세액(매출세액㉮ - 매입세액㉯)					㉰	800,000

역추적 | 관련서식

NO	세무유형	공급가액	부가세
1	과세매출	30,000,000	3,000,000
2	영세매출	6,000,000	
	계	36,000,000	3,000,000
	차이금액		

주요서식 체크

NO	주요서식명	공급가액	부가세
1	세금계산서합…	36,000,000	3,000,000
	계	36,000,000	3,000,000
	차이금액		

※ 과세표준은 신고서 상단 [과세표준]을 클릭하여 과세표준명세를 확인할 수도 있다.

꼭 알아두기

■ 매출 세무코드별 부가세신고서 반영

부가세신고서 구분			번호	세무코드
매출세액	과세	세금계산서발급분	1	11.과세매출
		매입자발행세금계산서	2	33.과세매출 매입자발행세금계산서
		신용카드, 현금영수증발행분	3	17.카드과세, 31.현금과세
		기타(정규영수증제외발행분)	4	14.건별
	영세	세금계산서 발급분	5	12.영세매출
		기타	6	16.수출

■ 매입 세무코드별 부가세신고서 반영

부가세신고서 구분			번호	세무코드
매입세액	세금계산서 수취분	일반매입	10	21.과세매입, 22.영세매입 24.매입불공제, 25.수입
		고정자산매입	11	21.과세매입, 22.영세매입 24.매입불공제, 25.수입 중 고정자산매입분
	매입자발행세금계산서		13	29.과세매입 매입자발행세금계산서
	그 밖의 공제매입세액		14	27.카드매입, 28.현금영수증
	공제받지 못할 매입세액		16	24.매입불공제

출제유형 ···▶ **부가가치세 신고서**

문1) (주)삼일테크(본사&대구지사)의 제2기 예정신고 기간동안 매입한 고정자산의 세액은 얼마인가?

① 1,000,000원　② 2,200,000원
③ 10,000,000원　④ 28,000,000원

문2) (주)삼일테크(본사&대구지사)의 총괄납부사업자 납부할 세액은 얼마인가?

① 80,000원　② 800,000원
③ 2,200,000원　④ 3,000,000원

[답안] 문1) ①, 문2) ②

2.2 부가가치세 관련 계정의 정리분개

필요 지식

부가가치세는 매출세액(부가세예수금)에서 매입세액(부가세대급금)을 차감한 금액을 납부한다. 따라서 부가가치세과세기간 종료일(3/31, 6/30, 9/30, 12/31)에 매출세액과 매입세액을 상계 처리하는 분개를 하고, 차액은 '미지급세금' 혹은 '미수금'으로 회계처리 한다.

구 분		분 개			
납부세액인 경우	정리분개	(차) 부가세예수금	×××	(대) 부가세대급금 미지급세금	××× ×××
	납부 시	(차) 미지급세금	×××	(대) 현금	×××
환급세액인 경우	정리분개	(차) 부가세예수금 미수금	××× ×××	(대) 부가세대급금	×××
	환급 시	(차) 보통예금	×××	(대) 미수금	×××

꼭 알아두기

전자신고세액공제분(확정신고 시 10,000원)과 공제 및 경감세액은 잡이익으로, 가산세가 발생하는 경우에는 세금과공과금으로 회계처리 한다.

수행 내용 부가가치세 관련 계정의 정리분개

(주)삼일테크(본사와 대구지사 포함)의 제2기 부가가치세 예정신고서를 참고하여 다음을 수행하시오.(사업자단위로 조회할 것)

❶ [9월 30일] 부가가치세 관련 계정에 대한 정리분개를 수행하시오.

❷ [10월 25일] 부가가치세 납부세액을 기업은행 보통예금계좌에서 이체하여 납부하였다. 거래자료를 입력하시오.

핵심ERP실무

수행 결과 부가가치세 관련 계정의 정리분개

❶ [9월 30일] (차) 부가세예수금 3,000,000원 (대) 부가세대급금 2,200,000원
미지급세금 800,000원

	구 분	코 드	계정과목	코 드	거래처명	적 요
분개	3.차변	25500	부가세예수금			1.부가세대급금과 상계
	4.대변	13500	부가세대급금			7.부가세예수금과 상계
	4.대변	26100	미지급세금			8.부가세의 미지급계상

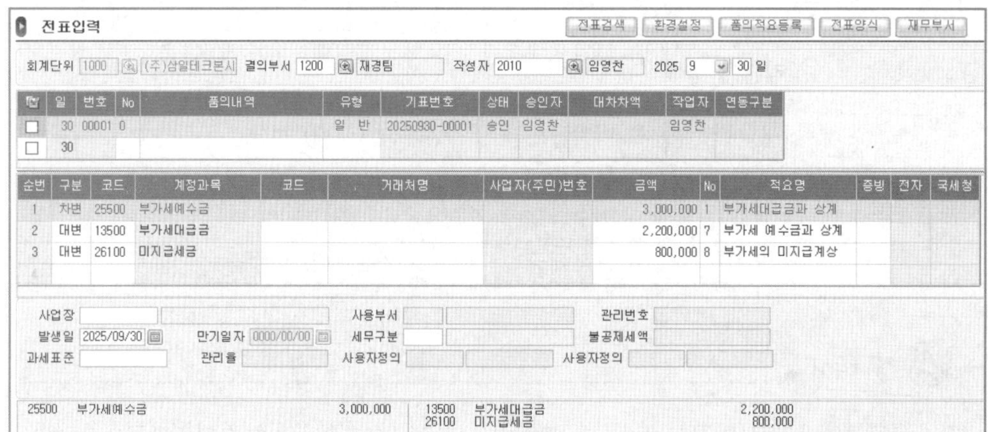

❷ [10월 25일] (차) 미지급세금 800,000원 (대) 보통예금 800,000원

	구 분	코 드	계정과목	코 드	거래처명	적 요
분개	3.차변	26100	미지급세금			11.미지급부가세등 납부
	4.대변	10301	보통예금	10001	기업은행(보통)	0.미지급부가세등 납부

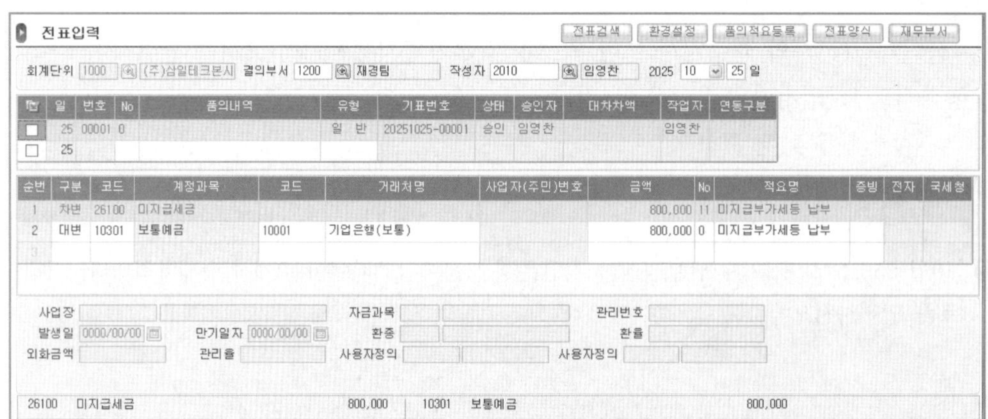

03 부가가치세 부속서류 작성하기(NCS 능력단위요소명)

★ **학습목표(NCS 수행준거)**

2.1 부가가치세법에 따라 수출실적명세서를 작성할 수 있다.
2.2 부가가치세법에 따라 대손세액공제신고서를 작성하여 세액공제를 받을 수 있다.
2.3 부가가치세법에 따라 공제받지 못할 매입세액명세서와 불공제분 대한 계산근거를 작성할 수 있다.
2.4 부가가치세법에 따라 신용카드매출전표 등 수령명세서를 작성해 매입세액을 공제 받을 수 있다.
2.5 부가가치세법에 따라 부동산임대공급가액명세서를 작성하고 간주임대료를 계산할 수 있다.
2.6 부가가치세법에 따라 건물 등 감가상각자산취득명세서를 작성할 수 있다.
2.7 부가가치세법에 따라 의제매입세액공제신고서를 작성하여 의제매입세액공제를 받을 수 있다.

필요 지식

3.1 신용카드발행집계표와 수취명세서 작성하기

신용카드발행집계표는 신용카드매출전표(현금영수증)를 통하여 발행한 금액에 대해 집계한 서식으로, 부가가치세신고 시 부속서류로 반드시 첨부하여야 한다.

신용카드수취명세서는 신용카드매출전표(현금영수증)를 통하여 구매한 거래 중 부가가치세 공제요건을 갖춘 경우 매입세액을 공제받을 수 있으며, 부가가치세신고 시 부속서류로 반드시 첨부하여야 한다.

수행 내용 **신용카드발행집계표와 수취명세서 작성하기**

(주)삼일테크의 신용카드와 현금영수증 자료는 다음과 같다. 거래자료를 입력하고, 신용카드발행집계표와 신용카드/현금영수증수취명세서 작성을 수행하시오.

구분		일자	내 용
1	카드매출	11월 2일	본사는 (주)화인알텍에 제품 4,400,000원(VAT포함)을 판매하고, 대금은 비씨카드로 결제받았다.
2	현금과세	11월 3일	본사는 (주)한국테크에 제품 6,600,000원(VAT포함)을 현금판매하고, 현금영수증(지출증빙)을 발급하였다.
3	카드매입	11월 4일	본사는 (주)대한해운에 제품 운송료 330,000원(VAT포함)을 신한카드로 결제하였다.(신용카드 공제요건 충족)
4	현금영수증 매입	11월 5일	본사는 (주)휴스토리에서 A4용지를 구입하고, 대금 220,000원(VAT포함)을 현금으로 결제하고 현금영수증(지출증빙)을 발급받았다. (사무용품비로 회계처리)

수행 결과 신용카드발행집계표와 수취명세서 작성하기

❶ 거래자료 입력

1) [11월 2일] (차) 외상매출금 4,400,000원 (대) 국내제품매출액 4,000,000원
부가세예수금 400,000원

	구 분	코 드	계정과목	코 드	거래처명	적 요
분개	대변	40401	국내제품매출액	00003	(주)화인알텍	0. 일반 매출
	대변	25500	부가세예수금	00003	(주)화인알텍	0. 매출 부가세
	차변	10800	외상매출금	10004	비씨카드	0. 외상매출금 발생

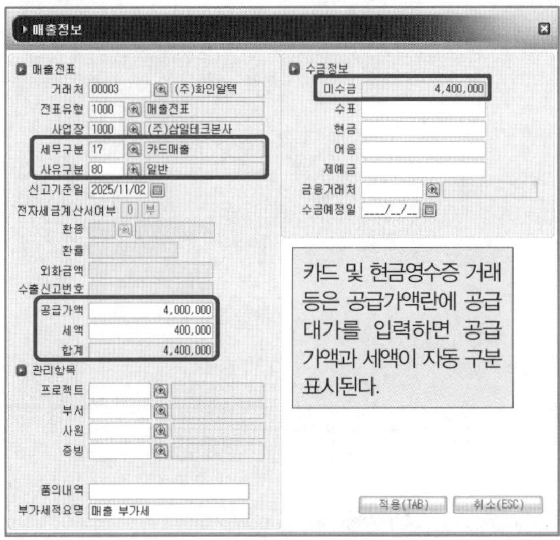

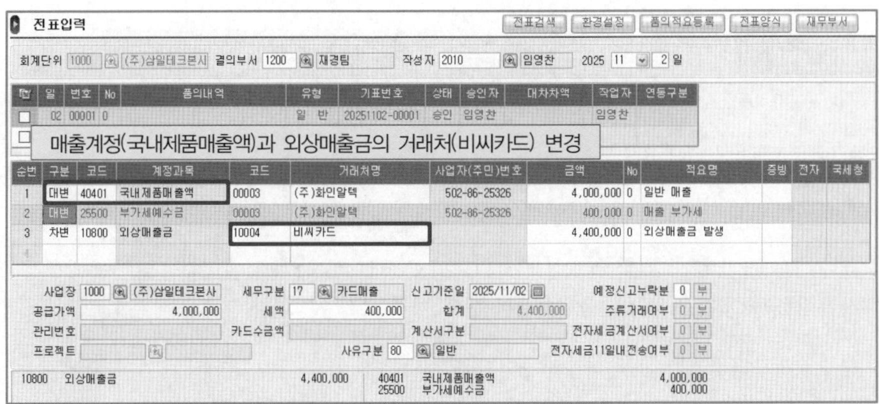

※ 페이머니, 제로페이 등의 전자지급수단으로 결제하는 경우 사유구분을 [1.전자지급수단]으로 선택하면 신용카드매출발행집계표의 [8.직불전자지급 수단 및 기명식 선물]란에 반영된다.

2) [11월 3일] (차) 현금 6,600,000원 (대) 국내제품매출액 6,000,000원
부가세예수금 600,000원

	구 분	코 드	계정과목	코 드	거래처명	적 요
분개	대변	40401	국내제품매출액	00002	(주)한국테크	0. 일반 매출
	대변	25500	부가세예수금	00002	(주)한국테크	0. 매출 부가세
	차변	10100	현금	00002	(주)한국테크	0. 일반 매출 현금 입금

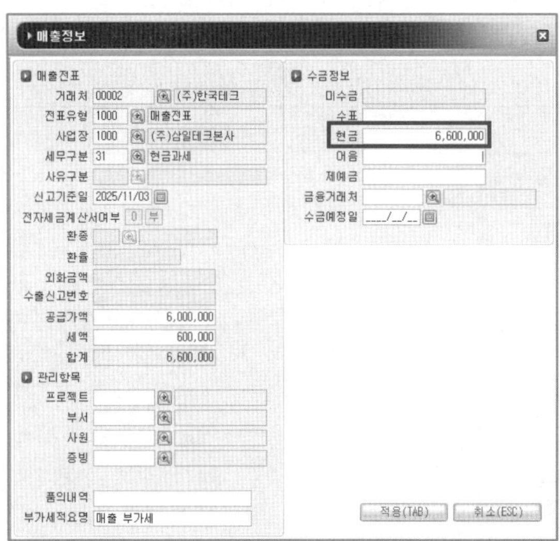

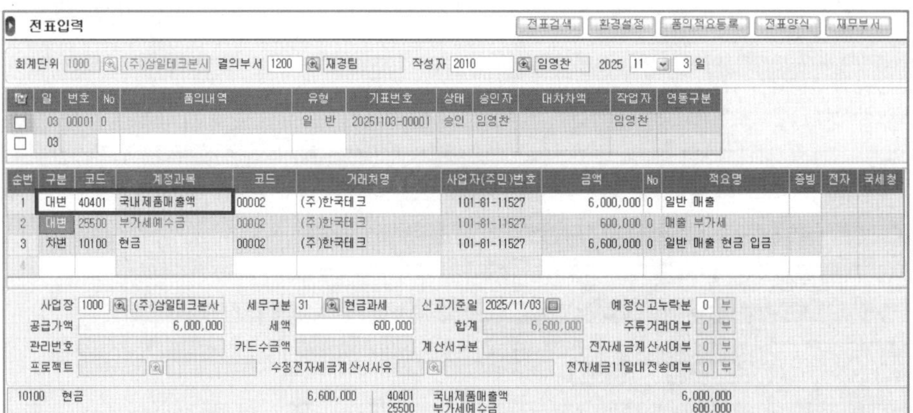

※ '40101.국내상품매출액' 계정을 '40401.국내제품매출액' 계정으로 수정한다.

3) [11월 4일] (차) (판)운반비　　　　　300,000원　(대) 미지급금　　　　　330,000원
　　　　　　　　　부가세대급금　　　　30,000원

	구 분	코 드	계정과목	코 드	거래처명	적 요
분개	차변	82400	운반비	00008	(주)대한해운	0.일반 매입
	차변	13500	부가세대급금	00008	(주)대한해운	0.매입 부가세
	대변	25300	미지급금	10005	신한카드(법인)	0.카드미지급금 발생

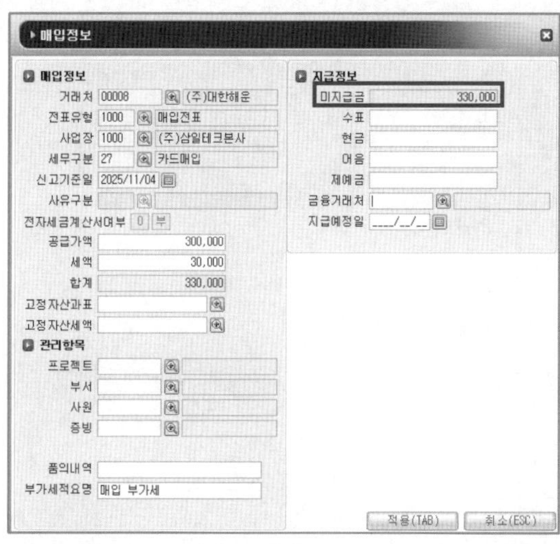

매입정보

매입정보
거래처 00008 (주)대한해운
전표유형 1000 매입전표
사업장 1000 (주)삼일테크본사
세무구분 27 카드매입
신고기준일 2025/11/04
사유구분
전자세금계산서여부 0 부
공급가액 300,000
세액 30,000
합계 330,000
고정자산과표
고정자산세액

관리항목
프로젝트
부서
사원
증빙

품의내역
부가세적요명 매입 부가세

지급정보
미지급금 330,000
수표
현금
어음
제예금
금융거래처
지급예정일 ___/__/__

적용(TAB) 취소(ESC)

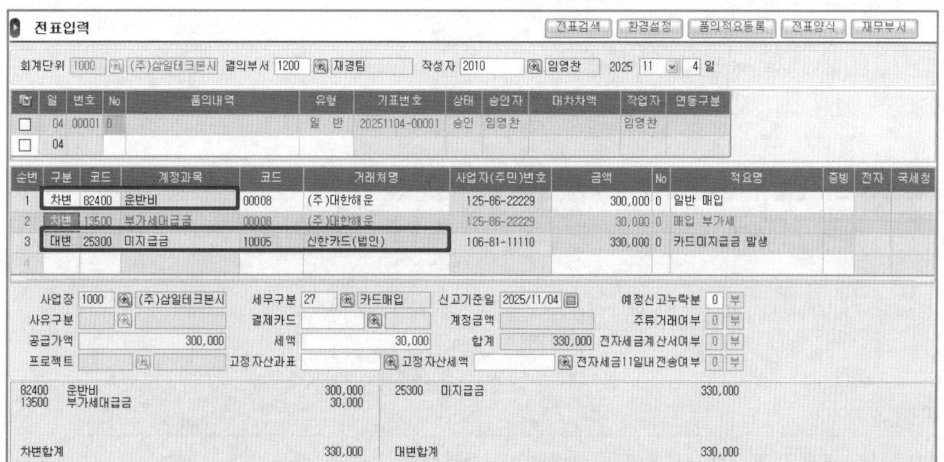

전표입력 　전표검색 환경설정 품의적요등록 전표양식 재무부서

회계단위 1000 (주)삼일테크본사 결의부서 1200 재경팀 작성자 2010 임영찬 2025 11 4 일

	일	번호	No	품의내역	유형	기표번호	상태	승인자	대차차액	작업자	연동구분
□	04	00001	0		일 반	20251104-00001	승인	임영찬		임영찬	
□	04										

순번	구분	코드	계정과목	코드	거래처명	사업자(주민)번호	금액	No	적요명	증빙	전자	국세청
1	차변	82400	운반비	00008	(주)대한해운	125-86-22229	300,000	0	일반 매입			
2	차변	13500	부가세대급금	00008	(주)대한해운	125-86-22229	30,000	0	매입 부가세			
3	대변	25300	미지급금	10005	신한카드(법인)	106-81-11110	330,000	0	카드미지급금 발생			
4												

사업장 1000 (주)삼일테크본사 세무구분 27 카드매입 신고기준일 2025/11/04 예정신고누락분 0 부
사유구분 결제카드 계정금액 주류거래여부 0 부
공급가액 300,000 세액 30,000 합계 330,000 전자세금계산서여부 0 부
프로젝트 고정자산과표 고정자산세액 전자세금11일내전송여부 0 부

차변			대변		
82400	운반비	300,000	25300	미지급금	330,000
13500	부가세대급금	30,000			
차변합계		330,000	대변합계		330,000

※ '14600.상품' 계정을 '82400.운반비' 계정으로 '10800.외상매출금' 계정을 '25300.미지급금' 계정으로 수정하며, 미지급금의 거래처도 변경한다.

4) [11월 5일] (차) (판) 사무용품비 200,000원 (대) 현금 220,000원
부가세대급금 20,000원

	구 분	코 드	계정과목	코 드	거래처명	적 요
분개	차변	82900	사무용품비	00009	(주)휴스토리	0.일반 매입
	차변	13500	부가세대급금	00009	(주)휴스토리	0.매입 부가세
	대변	10100	현금	00009	(주)휴스토리	0.일반 매입 현금 지급

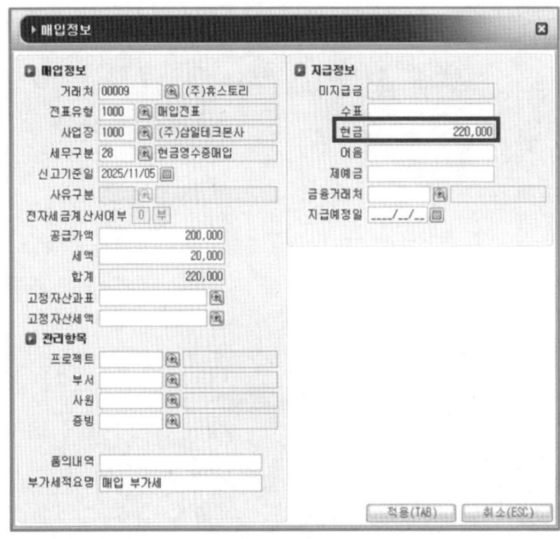

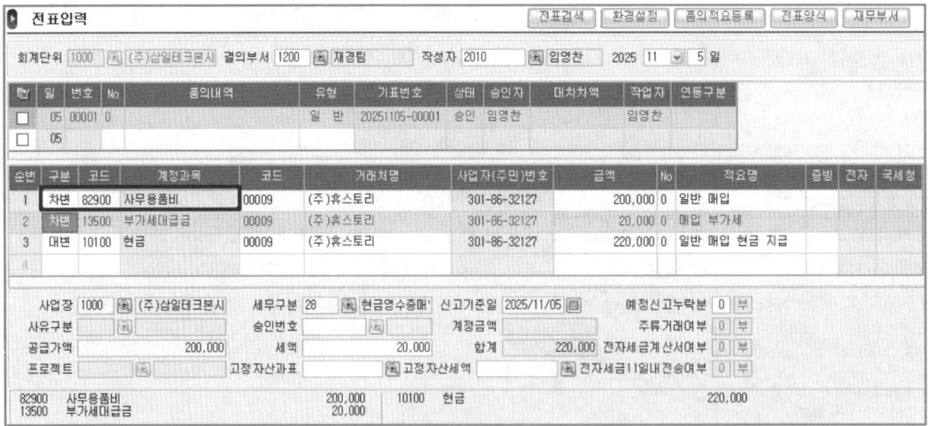

※ '14600.상품' 계정을 '82900.사무용품비' 계정으로 수정한다.

❷ 신용카드매출발행집계표 작성

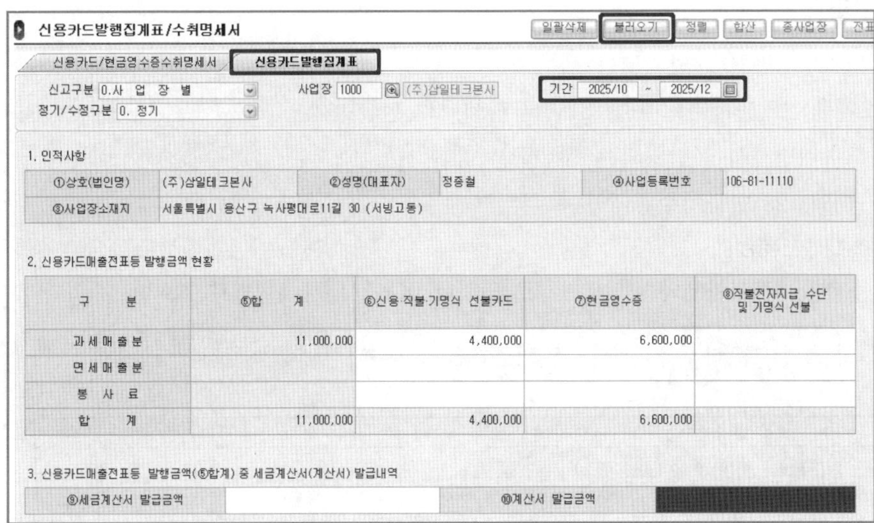

신용카드발행집계표/수취명세서

신고구분 0.사 업 장 별 / 사업장 1000 (주)삼일테크본사 / 기간 2025/10 ~ 2025/12

정기/수정구분 0. 정기

1. 인적사항

①상호(법인명)	(주)삼일테크본사	②성명(대표자)	정종철	④사업등록번호	106-81-11110
⑤사업장소재지	서울특별시 용산구 녹사평대로11길 30 (서빙고동)				

2. 신용카드매출전표등 발행금액 현황

구 분	⑤합 계	⑥신용·직불·기명식 선불카드	⑦현금영수증	⑧직불전자지급 수단 및 기명식 선불
과세매출분	11,000,000	4,400,000	6,600,000	
면세매출분				
봉 사 료				
합 계	11,000,000	4,400,000	6,600,000	

3. 신용카드매출전표등 발행금액(⑤합계) 중 세금계산서(계산서) 발급내역

⑨세금계산서 발급금액		⑩계산서 발급금액	

❸ 신용카드/현금영수증수취명세서 작성

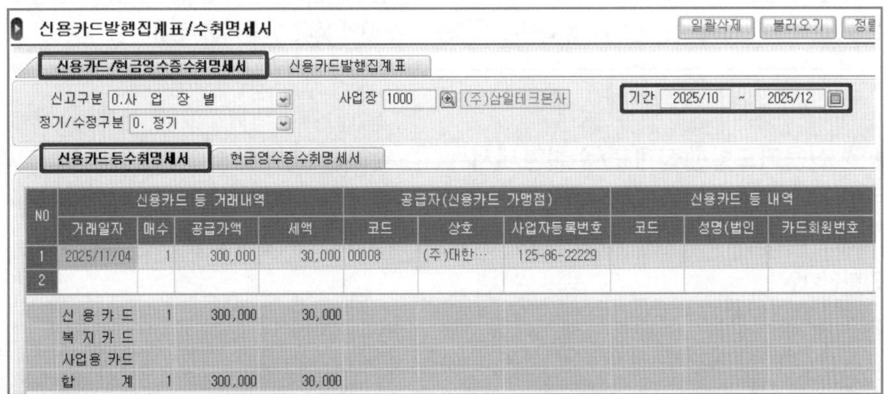

신용카드발행집계표/수취명세서

신용카드/현금영수증수취명세서 / 신용카드발행집계표

신고구분 0.사 업 장 별 / 사업장 1000 (주)삼일테크본사 / 기간 2025/10 ~ 2025/12

정기/수정구분 0. 정기

신용카드등수취명세서 / 현금영수증수취명세서

NO	신용카드 등 거래내역				공급자(신용카드 가맹점)			신용카드 등 내역		
	거래일자	매수	공급가액	세액	코드	상호	사업자등록번호	코드	성명(법인	카드회원번호
1	2025/11/04	1	300,000	30,000	00008	(주)대한…	125-86-22229			
2										
	신용카드	1	300,000	30,000						
	복지카드									
	사업용 카드									
	합 계	1	300,000	30,000						

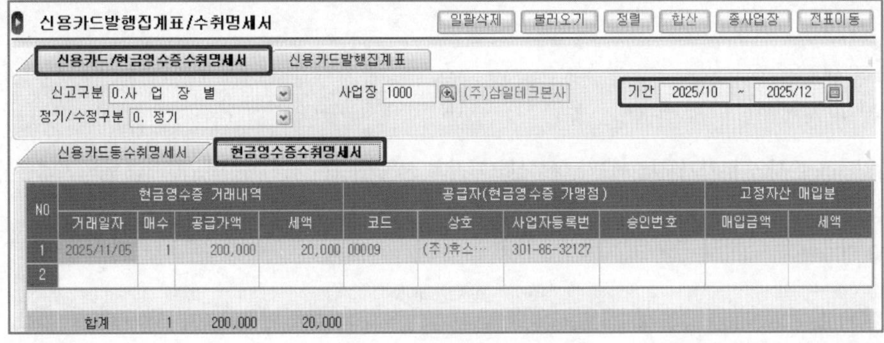

신용카드발행집계표/수취명세서

신용카드/현금영수증수취명세서 / 신용카드발행집계표

신고구분 0.사 업 장 별 / 사업장 1000 (주)삼일테크본사 / 기간 2025/10 ~ 2025/12

정기/수정구분 0. 정기

신용카드등수취명세서 / 현금영수증수취명세서

NO	현금영수증 거래내역				공급자(현금영수증 가맹점)				고정자산 매입분	
	거래일자	매수	공급가액	세액	코드	상호	사업자등록번	승인번호	매입금액	세액
1	2025/11/05	1	200,000	20,000	00009	(주)휴스…	301-86-32127			
2										
	합계	1	200,000	20,000						

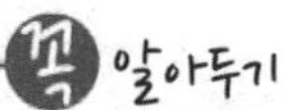

- 신용카드발행집계표에 반영되는 세무구분 유형:
  17.카드매출, 18.면세카드매출, 31.현금과세, 32.현금면세
- 신용카드수취명세서에 반영되는 세무구분 유형:
  27.카드매입, 28.현금영수증매입
- 매입매출장 활용하기
  매입매출장은 매출부가세와 매입부가세로 입력한 내용을 과세유형별로 조회할 수 있다.

회계관리 → 전표/장부관리 → 매입매출장

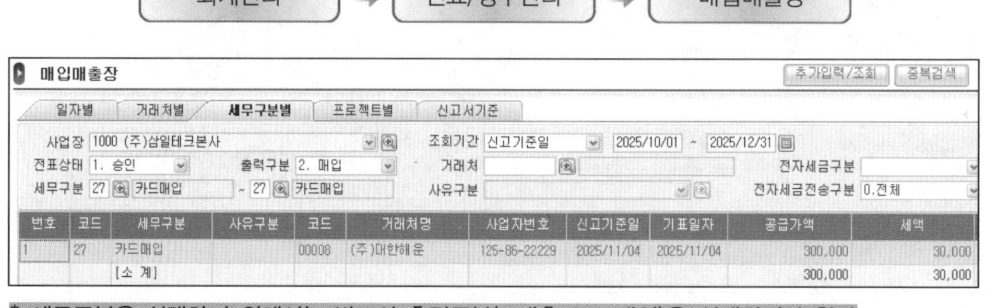
매입매출장 (추가입력/조회) (중복검색)

일자별 | 거래처별 | 세무구분별 | 프로젝트별 | 신고서기준

사업장 1000 (주)삼일테크본사 / 조회기간 신고기준일 2025/10/01 ~ 2025/12/31
전표상태 1. 승인 / 출력구분 2. 매입 / 거래처 / 전자세금구분
세무구분 27 카드매입 ~ 27 카드매입 / 사유구분 / 전자세금전송구분 0.전체

번호	코드	세무구분	사유구분	코드	거래처명	사업자번호	신고기준일	기표일자	공급가액	세액
1	27	카드매입		00008	(주)대한해운	125-86-22229	2025/11/04	2025/11/04	300,000	30,000
		[소 계]							300,000	30,000

* 세무구분을 선택하기 위해서는 반드시 출력구분(1.매출 & 2.매입)을 선택하여야 한다

출제유형 ···▶ 신용카드발행집계표/수취명세서

문1) (주)삼일테크 본사의 부가가치세 제2기 확정신고기간에 발생한 신용카드(현금영수증 제외) 발행금액은 얼마인가?

① 330,000원 ② 4,400,000원
③ 6,600,000원 ④ 11,000,000원

문2) (주)삼일테크 본사의 부가가치세 제2기 확정신고기간에 과세 신용카드 · 현금영수증발행분 세액은 얼마인가?

① 50,000원 ② 400,000원
③ 1,000,000원 ④ 10,000,000원

문3) (주)삼일테크 본사의 부가가치세 제2기 확정신고기간에 신용카드(현금영수증 제외) 매입 공급가액은 얼마인가?

① 200,000원 ② 220,000원
③ 300,000원 ④ 500,000원

[답안] 문1) ②, 문2) ③, 문3) ③

필요 지식

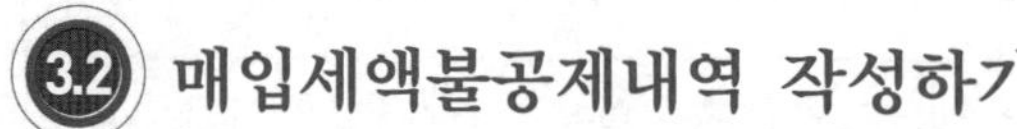

3.2 매입세액불공제내역 작성하기

10%의 부가가치세가 과세된 세금계산서를 발급받았으나 매입세액공제가 불가능한 사유에 해당하는 경우 작성하여 제출하는 부가가치세 부속서류이다.

수행 내용 매입세액불공제내역 작성하기

(주)삼일테크(본사)의 매입세액불공제 관련 거래자료를 입력하고, 매입세액불공제내역 작성을 수행하시오.

구 분	일 자	내 용
매입불공제	11월 6일	매출처에 선물용으로 지급할 선물세트(800,000원, VAT별도)를 (주)휴스토리에서 외상으로 구입하고, 본사 사업장을 공급받는자로 하여 전자세금계산서를 발급받았다. (접대비: 접대비-일반접대비)
	11월 9일	복지센터에 연말을 맞아 기부할 사무용품(300,000원, VAT별도)을 (주)휴스토리에서 현금으로 구입하고, 본사 사업장을 공급받는자로 하여 전자세금계산서를 발급받았다.

꼭 알아두기

- 매입세액불공제는 분개상 매입부가세 연동계정(13500.부가세대급금)의 금액은 '0'으로 처리하고, 세무구분을 '24.매입불공제'를 선택한 후 공급가액과 세액(세금계산서내용)을 보조화면상에 입력한다. 회계처리 시 세액은 원가에 산입하여야 한다.

꼭 알아두기

▣ 매입세액 불공제 사유

불공제 사유	내 용
필요적 기재사항 누락	세금계산서를 미수취 및 부실 기재한 경우, 매입처별세금계산서합계표를 미제출 · 부실 기재한 경우
사업과 직접 관련이 없는 지출	사업과 직접 관련이 없는 지출에 대한 매입세액
비영업용 소형승용차 구입 및 유지	개별소비세가 과세되는 자동차(영업용 제외) 구입과 유지 및 임차비용에 관한 매입세액(1,000cc 이하의 국민차는 제외)
접대비 관련 매입세액	접대비 및 이와 유사한 비용의 지출에 관련된 매입세액
면세사업과 관련된 분	면세사업에 관련된 매입세액
토지의 자본적 지출 관련	토지의 자본적 지출비용에 관련된 매입세액
사업자등록 전 매입세액	사업자등록 전 수취한 매입세금계산서(단, 공급시기가 속하는 과세기간이 끝난 후 20일 이내에 등록 신청한 경우는 매입세액 공제가능)
금 · 구리 거래계좌 미사용 매입세액	금 · 구리 거래계좌 미사용 관련 매입세액

수행 결과 매입세액불공제내역 작성하기

❶ 거래자료 입력 (세무구분: 24.매입불공제)

[11월 6일] (차) (판)접대비-일반접대비 880,000원 (대) 미지급금 880,000원
부가세대급금 0원

	구 분	코 드	계정과목	코 드	거래처명	적 요
분개	차변	81301	접대비-일반접대비	00009	(주)휴스토리	0.일반 매입
	차변	13500	부가세대급금	00009	(주)휴스토리	0.매입 부가세
	대변	25300	미지급금	00009	(주)휴스토리	0.미지급금 발생

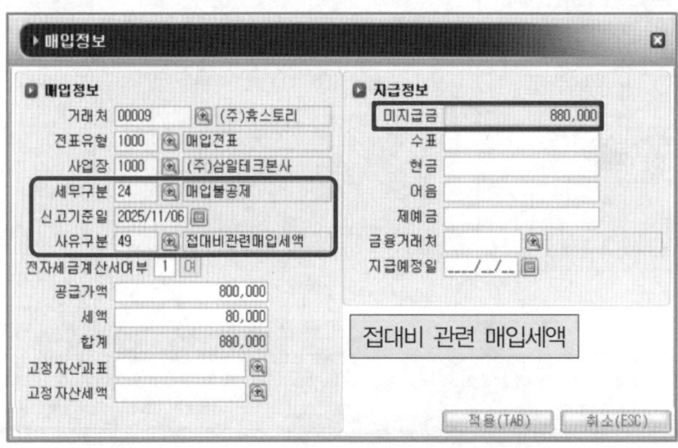

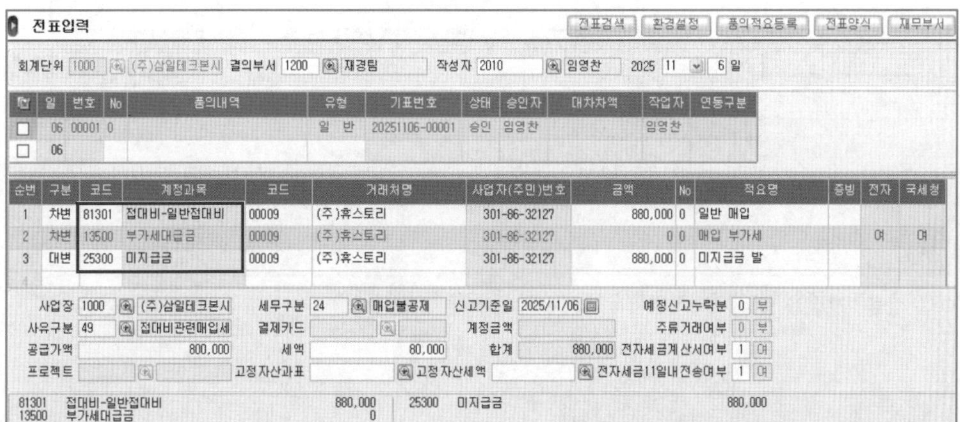

※ '14600.상품' 계정을 '81301.접대비-일반접대비' 계정으로 '25100.외상매입금' 계정을 '25300.미지급금' 계정으로 수정한다.

[11월 9일] (차) 기부금 330,000원 (대) 현금 330,000원
부가세대급금 0원

	구분	코드	계정과목	코드	거래처명	적요
분개	차변	93300	기부금	00009	(주)휴스토리	0.일반 매입
	차변	13500	부가세대급금	00009	(주)휴스토리	0.매입 부가세
	대변	10100	현금	00009	(주)휴스토리	0.일반 매입 현금지급

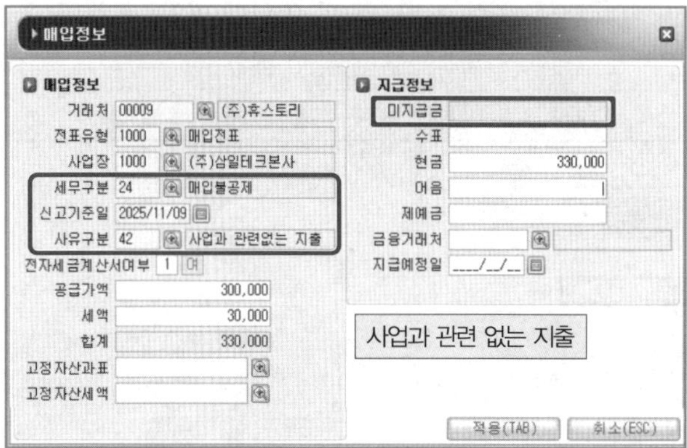

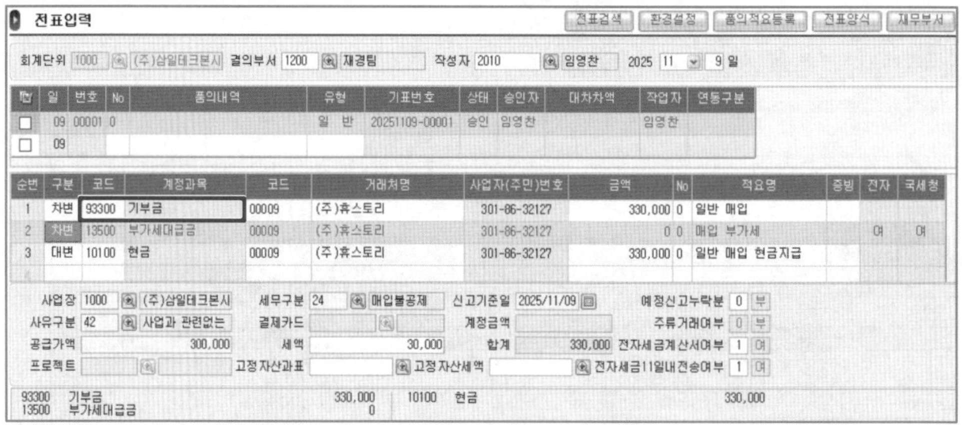

※ '14600.상품' 계정을 '93300.기부금' 계정으로 수정한다.

❷ 매입세액불공제내역

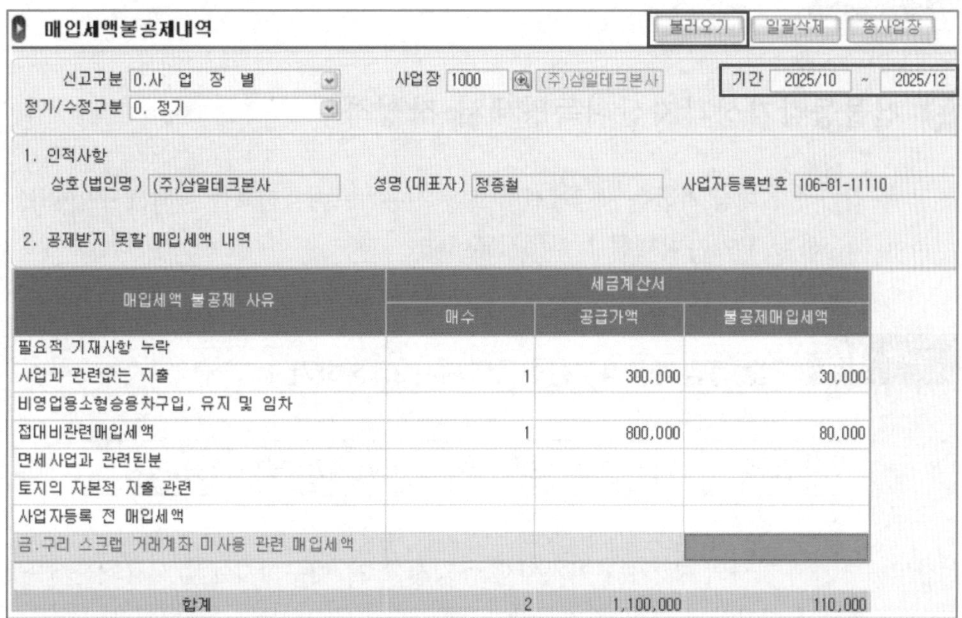

매입세액불공제내역

신고구분 0.사 업 장 별 / 사업장 1000 (주)삼일테크본사 / 기간 2025/10 ~ 2025/12
정기/수정구분 0. 정기

1. 인적사항
상호(법인명) (주)삼일테크본사 / 성명(대표자) 정종철 / 사업자등록번호 106-81-11110

2. 공제받지 못할 매입세액 내역

매입세액 불공제 사유	세금계산서		
	매수	공급가액	불공제매입세액
필요적 기재사항 누락			
사업과 관련없는 지출	1	300,000	30,000
비영업용소형승용차구입, 유지 및 임차			
접대비관련매입세액	1	800,000	80,000
면세사업과 관련된분			
토지의 자본적 지출 관련			
사업자등록 전 매입세액			
금.구리 스크랩 거래계좌 미사용 관련 매입세액			
합계	2	1,100,000	110,000

출제유형 ···› 매입세액불공제내역

문1) (주)삼일테크 본사의 부가가치세 제2기 확정신고기간에 발생한 매입세액불공제사유에 해당하는 것은?

① 토지의 자본적 지출관련
② 비영업용 소형승용차 구입 · 유지 및 임차
③ 면세사업과 관련된 분
④ 사업과 관련 없는 지출

문2) (주)삼일테크 본사의 부가가치세 제2기 확정신고기간에 발생한 공제받지못할 매입세액은 얼마인가?

① 30,000원 ② 80,000원
③ 110,000원 ④ 1,100,000원

[답안] 문1) ④, 문2) ③

필요 지식

3.3 건물등감가상각자산취득명세서 작성하기

건물 등 감가상각 대상 자산을 세금계산서 또는 신용카드매출전표를 통해서 구입한 경우 작성하여 제출하는 부가가치세신고 부속서류이다.

수행 내용 건물등감가상각자산취득명세서 작성하기

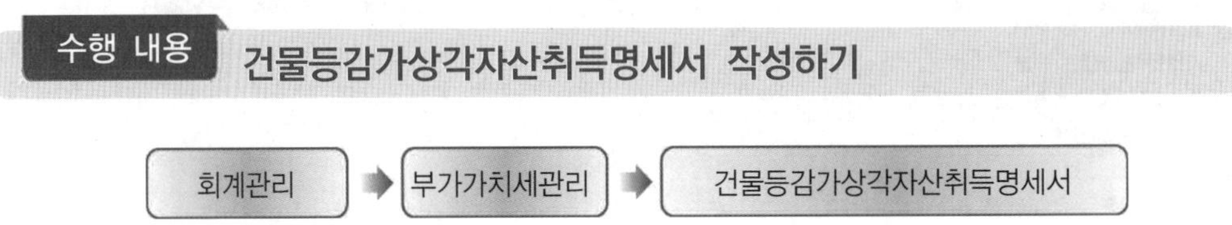

(주)삼일테크 대구지사의 제2기 부가가치세 예정신고 시 대구지사에서 세금계산서를 발급받고 구매한 유형자산에 대한 감가상각자산취득명세서 작성을 수행하시오.

수행 결과 건물등감가상각자산취득명세서 작성하기

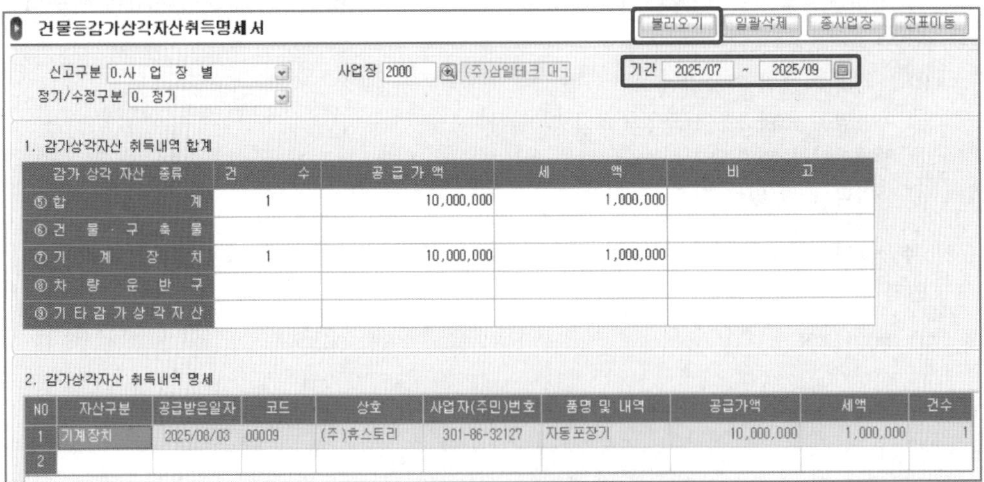

건물등감가상각자산취득명세서

불러오기 | 일괄삭제 | 종사업장 | 전표이동

신고구분 0.사 업 장 별 | 사업장 2000 (주)삼일테크 대구 | 기간 2025/07 ~ 2025/09

정기/수정구분 0. 정기

1. 감가상각자산 취득내역 합계

감가 상각 자산 종류	건 수	공 급 가 액	세 액	비 고
⑤ 합 계	1	10,000,000	1,000,000	
⑥ 건 물 · 구 축 물				
⑦ 기 계 장 치	1	10,000,000	1,000,000	
⑧ 차 량 운 반 구				
⑨ 기 타 감 가 상 각 자 산				

2. 감가상각자산 취득내역 명세

NO	자산구분	공급받은일자	코드	상호	사업자(주민)번호	품명 및 내역	공급가액	세액	건수
1	기계장치	2025/08/03	00009	(주)휴스토리	301-86-32127	자동포장기	10,000,000	1,000,000	1
2									

3.4 수출매출거래 작성하기

영세율이란 일정한 재화 또는 용역의 공급에 대하여 영의 세율을 적용하는 제도로, 그 결과 부가가치세의 부담이 완전히 제거되는 완전 면세제도로 현재 수출하는 재화 및 정책적인 목적에서 조특법에서 규정한 일부거래에 대하여 영(0)의 세율을 적용한다.

세금계산서발급의무가 없는 직수출거래는 16.수출매출로 입력하고 부가가치세 신고 시 수출실적명세서를 작성하여 제출한다.

수행 내용 **수출실적명세서 작성하기**

회계관리 ➡ 부가가치세관리 ➡ 수출실적명세서

(주)삼일테크(본사)의 수출 관련 거래자료를 입력하고, 수출실적명세서 작성을 수행하시오.

구 분	일 자	내 용
수출	11월 11일	본사에서는 IBM CO.,LTD.에 제품을 수출(신고번호: 04010-07-111111-00)하고, 대금은 미화 $8,000를 외화로 받아 기업은행 보통예금 통장으로 입금하였다. (1$당 환율은 1,250원 적용, '해외제품매출액' 계정 사용)

수행 결과 수출실적명세서 작성하기

❶ 거래자료 입력 (세무구분: 16.수출)

[11월 11일] (차) 보통예금 10,000,000원 (대) 해외제품매출액 10,000,000원

부가세예수금 0원

	구분	코드	계정과목	코드	거래처명	적요
분개	대변	40402	해외제품매출액	00004	IBM CO., LTD.	0.일반 매출
	대변	25500	부가세예수금	00004	IBM CO., LTD.	0.매출 부가세
	차변	10301	보통예금	10001	기업은행(보통)	0.일반매출 보통예금 입금

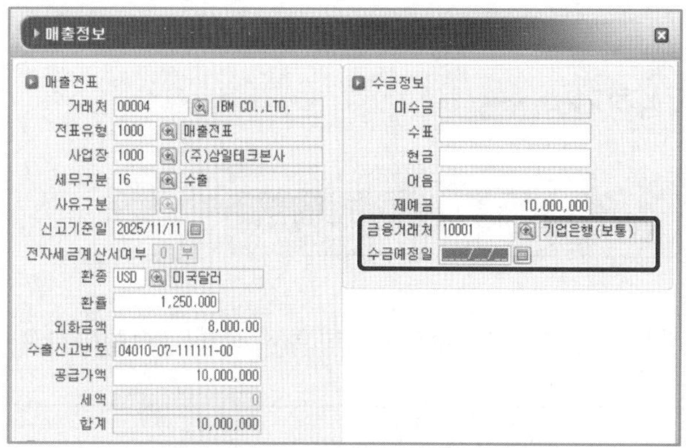

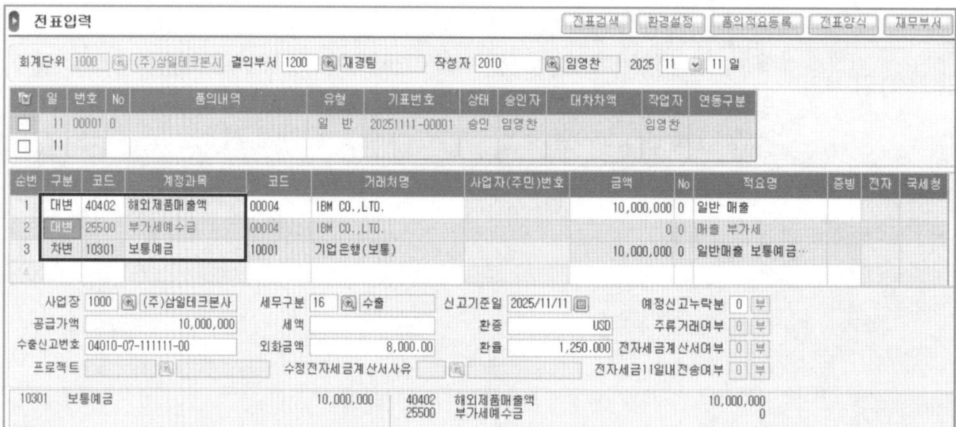

※ '40201.국내상품매출액' 계정을 '40402.해외제품매출액' 계정으로 '10300.제예금' 계정을 '10301.보통예금' 계정으로 수정한다.

❷ 수출실적명세서

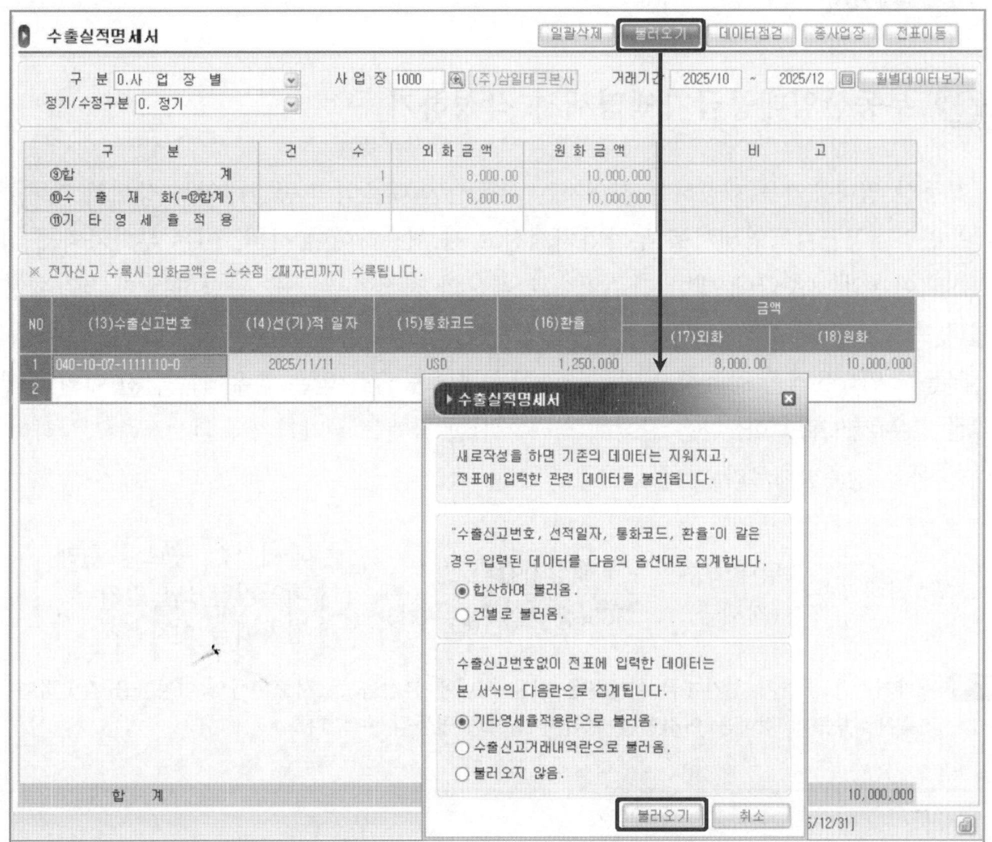

출제유형 ···▶ 건물등감가상각자산취득명세서 작성 & 수출매출거래 작성

문1) (주)삼일테크 대구지사의 2기 예정 부가가치세 신고기간 중 취득한 감가상각자산에 해당하는 것은?

① 건물 · 구축물 ② 차량운반구
③ 기타감가상각자산 ④ 기계장치

문2) (주)삼일테크 본사의 2기 확정 부가가치세 신고기간 중 수출신고서에 의한 수출 외화금액 총액은 얼마인가?

① $ 1,000 ② $ 8,000
③ $ 80,000 ④ $ 100,000

[답안] 문1) ④, 문2) ②

필요 지식

3.5 부동산임대공급가액명세서 작성하기

부동산 임대용역을 제공하는 사업자는 부동산 임대용역의 공급내역을 상세히 기록한 부동산임대공급가액명세서를 부가가치세신고 시 제출하여야 하며, 이는 부가가치세 성실신고여부와 보증금에 대한 간주임대료 계산의 적정여부 등을 판단하는 자료로 활용된다.

부동산 임대용역을 공급하고 전세금 또는 임대보증금을 받은 경우에는 금전 이외의 대가를 받은 것으로 보아, 다음 산식에 의해 계산한 금액을 부가가치세 과세표준으로 하며, 이를 통상 간주임대료라 한다.

$$\text{간주임대료} = \begin{matrix}\text{임대보증}\\ \text{(전세금)}\end{matrix} \times \frac{\text{대상기간의 일수}}{\text{365(윤년의 경우 366)}} \times \left\{\begin{matrix}\text{과세기간 종료일 현재}\\ \text{계약기간 1년 만기}\\ \text{정기예금 이자율}\end{matrix}\right\}$$

주의 계약기간 1년 만기 정기예금 이자율은 서울 시내에 본점을 둔 시중은행의 이자율을 감안하여 기획재정부령이 정하는 이자율을 말하며 수시로 변동될 수 있다.

수행 내용 부동산임대공급가액명세서 작성하기

회계관리 ➡ 부가가치세관리 ➡ 부동산임대공급가액명세서

(주)삼일테크(본사)의 부동산관련 계약서를 참고하여 제2기 부가가치세 확정신고를 위한 [부동산임대공급가액명세서] 작성 및 간주임대료 관련 회계처리를 수행하시오.(본 문제에 한하여 부동산임대업을 겸업하고 있다고 가정하며, '동' 입력은 생략하고, 이자율은 3.1% 적용을 가정한다. 프로그램 이자율이 다를 경우 상단 이자율 란을 직접 수정 입력하여 적용한다.)

(사 무 실) 월 세 계 약 서				■ 임대인용 □ 임차인용 □ 사무소보관용		
부동산의 표시	소재지	서울 용산구 한강대로 112 우장빌딩 3층 304호				
	구 조	철근콘크리트조	용도	사무실	면적	200㎡
월 세 보 증 금		**금 100,000,000원정**		**월세 2,000,000원정(VAT 별도)**		

제 1 조 위 부동산의 임대인과 임차인 합의하에 아래와 같이 계약함.
제 2 조 위 부동산의 임대차에 있어 임차인은 보증금을 아래와 같이 지불키로 함.
제 3 조 위 부동산의 간주임대료는 임대인이 부담하기로 함.

계 약 금	1,000,000원정은 계약 시 지불하고
중 도 금	원정은 년 월 일 지불하며
잔 금	99,000,000원정은 2025년 11월 30일 중개업자 입회하에 지불함.

제 3 조 위 부동산의 명도는 **2025년 12월 1일**로 함.
제 4 조 임대차 기간은 **2025년 12월 1일로부터 (24)개월**로 함.

구분	항목	내용				
임 대 인	주 소	서울시 용산구 녹사평대로11길 30(서빙고동)				
	사업자등록번호	106-81-11110	전화번호	02-552-1234	성명	(주)삼일테크 ㉿
임 차 인	주 소	서울 중구 남대문로 11(남대문로4가)				
	사업자등록번호	104-81-39257	전화번호	02-323-7250	성명	(주)수민산업 ㉿
중개업자	주 소	서울 용산구 한강대로 257 청룡빌딩 101호			허가번호	92240000-004
	상 호	한강공인중개사	전화번호	02-572-6262	성명	김 광 언 ㉿

참고 본 월세계약서의 보증금과 월세에 대한 거래자료 입력은 생략하기로 한다.

수행 결과 부동산임대공급가액명세서 작성하기

❶ 부동산임대공급가액명세서 작성

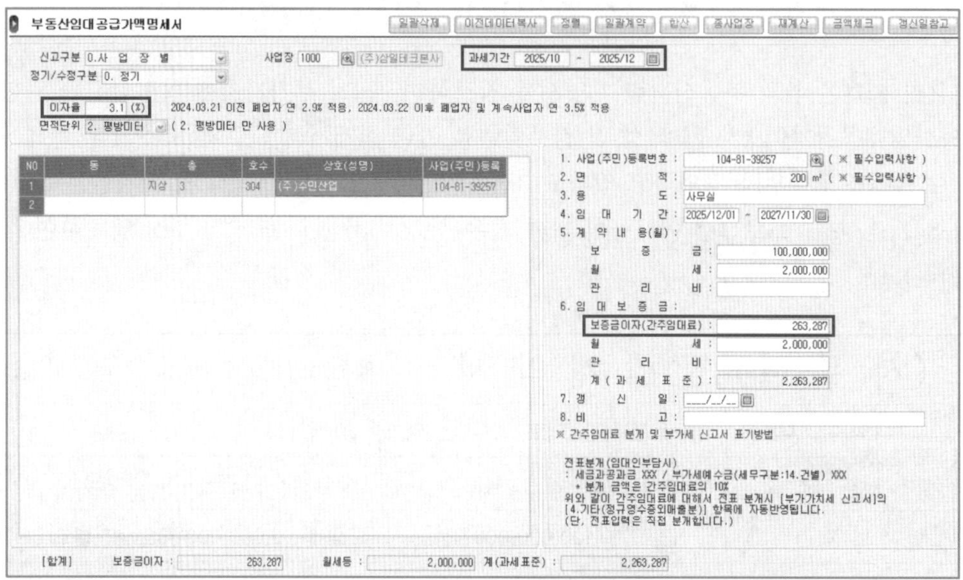
부동산임대공급가액명세서
일괄삭제 | 이전데이터복사 | 정렬 | 일괄계약 | 합산 | 종사업장 | 재계산 | 금액체크 | 갱신일참고

신고구분 0.사 업 장 별　사업장 1000 (주)삼일테크본사　과세기간 2025/10 ~ 2025/12
정기/수정구분 0. 정기
이자율 3.1 (%)　2024.03.21 이전 폐업자 연 2.9% 적용, 2024.03.22 이후 폐업자 및 계속사업자 연 3.5% 적용
면적단위 2. 평방미터 (2. 평방미터 만 사용)

NO	동	층	호수	상호(성명)	사업(주민)등록
1		지상 3	304	(주)수민산업	104-81-39257
2					

1. 사업(주민)등록번호 : 104-81-39257 (※ 필수입력사항)
2. 면　적 : 200 ㎡ (※ 필수입력사항)
3. 용　도 : 사무실
4. 임 대 기 간 : 2025/12/01 ~ 2027/11/30
5. 계 약 내 용(월) :
보 증 금 : 100,000,000
월 세 : 2,000,000
관 리 비 :
6. 임 대 보 증 금 :
보증금이자(간주임대료) : 263,287
월 세 : 2,000,000
관 리 비 :
계 (과 세 표 준) : 2,263,287
7. 갱 신 일 : ___/__/__
8. 비 고 :
※ 간주임대료 분개 및 부가세 신고서 표기방법

전표분개(임대인부담시)
: 세금과공과금 XXX / 부가세예수금(세무구분:14.건별) XXX
* 분개 금액은 간주임대료의 10%
위와 같이 간주임대료에 대해서 전표 분개시 [부가가치세 신고서]의 [4.기타(정규영수증외매출분)] 항목에 자동반영됩니다.
(단, 전표입력은 직접 분개합니다.)

[합계]　보증금이자 : 263,287　월세등 : 2,000,000　계(과세표준) : 2,263,287

❷ 간주임대료 관련 회계처리(세무구분: 14.건별매출)

[12월 31일]　(차) (판) 세금과공과금　26,328원　(대) 부가세예수금　26,328원

	구 분	코 드	계정과목	코 드	거래처명	적 요
분개	대변	25500	부가세예수금			0.간주임대료에 대한 부가세
	차변	81700	세금과공과금			0.간주임대료에 대한 부가세

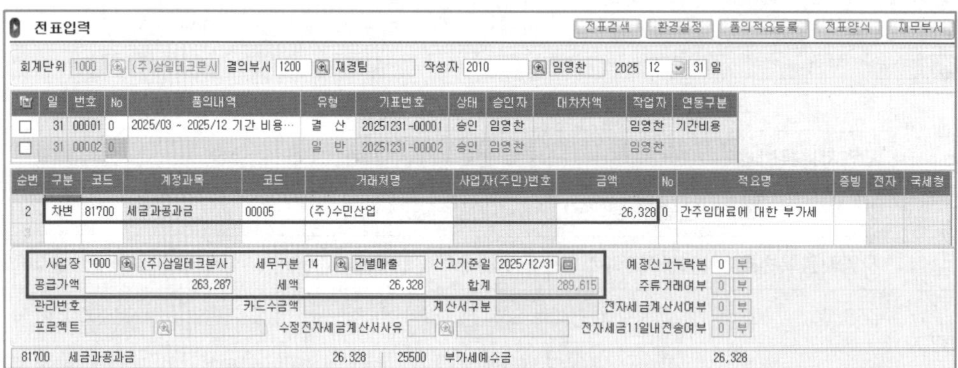
전표입력
전표검색 | 환경설정 | 품의적요등록 | 전표양식 | 재무부서

회계단위 1000 (주)삼일테크본사　결의부서 1200 재경팀　작성자 2010 임영찬　2025 12 31 일

일	번호	No	품의내역	유형	기표번호	상태	승인자	대차차액	작업자	연동구분
31	00001	0	2025/03 ~ 2025/12 기간 비용…	결 산	20251231-00001	승인	임영찬		임영찬	기간비용
31	00002	0		일 반	20251231-00002	승인	임영찬		임영찬	

순번	구분	코드	계정과목	코드	거래처명	사업자(주민)번호	금액	No	적요명	증빙	전자	국세청
2	차변	81700	세금과공과금	00005	(주)수민산업		26,328	0	간주임대료에 대한 부가세			

사업장 1000 (주)삼일테크본사　세무구분 14 건별매출　신고기준일 2025/12/31　예정신고누락분 0 부
공급가액 263,287　세액 26,328　합계 289,615　주류거래여부 0 부
관리번호　카드수금액　계산서구분　전자세금계산서여부 0 부
프로젝트　수정전자세금계산서사유　전자세금11일내전송여부 0 부

81700 세금과공과금 26,328 | 25500 부가세예수금 26,328

※ 간주임대료 회계처리는 수동으로 입력하는 것을 추천한다.

필요 지식

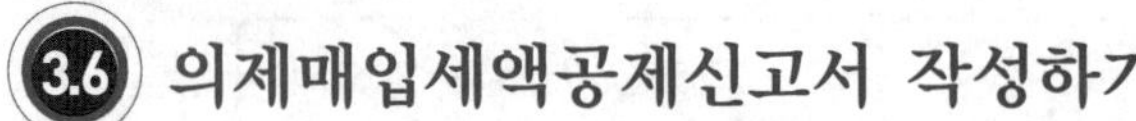

3.6 의제매입세액공제신고서 작성하기

사업자가 부가가치세가 면제되는 농·축·수·임산물 등 원재료를 공급받아서 이를 제조, 가공한 재화 또는 용역이 과세되는 경우에는 그 원재료 가액의 일정금액을 매입세액으로 공제받을 수 있으며, 이를 의제매입세액공제라고 한다.

매입세액으로 공제받기 위해서는 부가가치세신고 시 의제매입세액공제신고서를 매입처별계산서합계표 또는 신용카드매출전표 등 수령합계표와 함께 제출하여야 한다.

① 의제매입세액공제액＝면세농산물 등의 가액×공제율

구 분		공제율
일반업종		2/102
중소제조업 및 개인사업자		4/104(6/106)*
음식점	법인사업자	6/106
	개인사업자	8/108(9/109)**
	과세유흥장소	2/102

* 최종소비자 대상 개인제조업자(과자점업, 도정업, 제분업, 떡방앗간) 6/106 적용

** 과세표준이 2억 원(연매출 4억 원) 이하인 음식점을 경영하는 개인사업자 9/109 적용

② 의제매입세액 공제한도(법인사업자): (과세표준×50%)×공제율

③ 의제매입세액 공제요건

- 사업자로부터 면세농산물 등을 공급받은 경우: 정규증명서류(계산서, 신용카드매출전표, 현금영수증 등) 수취
- 농어민으로부터 직접 공급받은 경우: 공급자의 인적사항이 기재된 구매계약서 등 수취(일반과세 음식점업자는 제외)

수행 내용 의제매입세액공제신고서 작성하기

회계관리 ➡ 부가가치세관리 ➡ 의제매입세액공제신고서

❶ (주)삼일테크(대구지사)의 면세매입 관련 거래자료를 확인하고, 의제매입세액공제신고서 작성을 위한 회계처리를 수행하시오.

구분	일자	내 용
면세매입	10월30일	대구지사에서 사용할 원재료 100EA를 (주)이솔전자에서 1,000,000원에 구입하고 <u>본사를 공급받는자로</u> 전자계산서를 발급받았으며, 대금은 전액 외상으로 하였다.(의제매입세액공제율 4/104)

❷ (주)삼일테크(대구지사)에서 구입한 면세재화에 대한 의제매입세액공제신고서를 작성하시오. (본 건의 면세 원재료는 제조에 투입하여 과세 재화를 생산하는 중소기업이라 가정한다.)

❸ (주)삼일테크(대구지사)의 의제매입세액공제분에 대해서는 "부가세대급금" 계정을 사용하여 의제매입세액공제관련 회계처리를 수행하시오.

수행 결과 의제매입세액공제신고서 작성하기

❶ 거래자료 입력(23.면세매입)

[10월 30일] (차) 원재료 1,000,000원 (대) 외상매입금 1,000,000원
부가세대급금 0원

	구 분	코 드	계정과목	코 드	거래처명	적 요
분개	차변	14900	원재료	00006	(주)이솔전자	0.일반 매입
	차변	13500	부가세대급금	00006	(주)이솔전자	0.매입 부가세
	대변	25100	외상매입금	00006	(주)이솔전자	0.외상매입금 발생

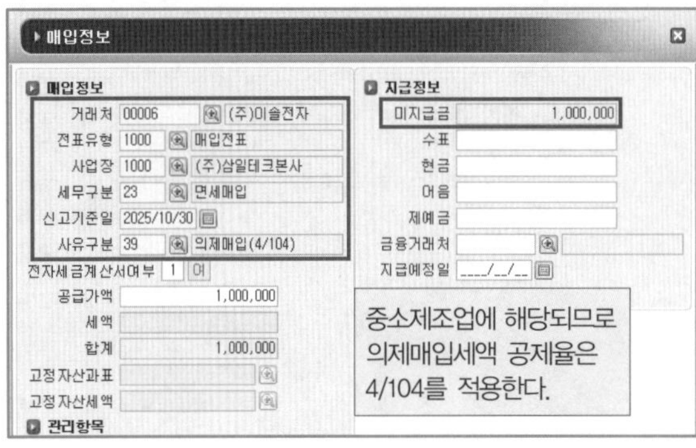

품목 입력창에 품목과 수량을 입력한다.

품목입력
품목 원재료
수량 100.00
차량번호
차대번호
거래품목중 대표 품목을 입력합니다.
부가세 부속서류에 반영됩니다.
확 인(ESC)

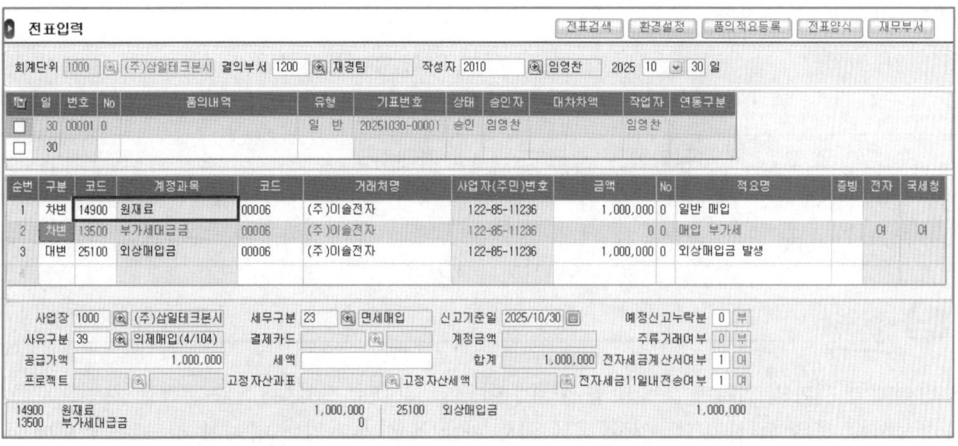

※ '14600.상품' 계정을 '14900.원재료' 계정으로 수정한다.

❷ 의제매입세액공제신고서 작성

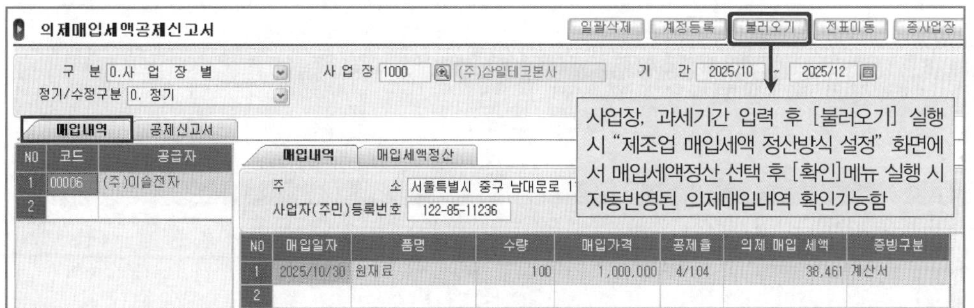

참고 부가가치세 확정신고 시에 수행하여야 하는 의제매입세액정산 관련 작업은 생략하기로 한다.

❸ 의제매입세액 자료 입력

[12월 31일] (차) (대) 부가세대급금 - 38,461원

원재료 38,461원

	구 분	코 드	계정과목	코 드	거래처명	적 요
분개	대변	13500	부가세대급금			0.의제매입세액
	대변	14900	원재료			0.의제매입세액

꼭 알아두기

- 면세매입 재화의 의제매입세액 공제액에 대해 [13500.부가세대급금] 계정을 차변으로 작성하는 경우, 핵심ERP특성상 세무구분, 사유 등을 추가입력 하여야 하므로, 대변에 음수(-)금액으로 회계처리 하여 매입세액에 가산한다.

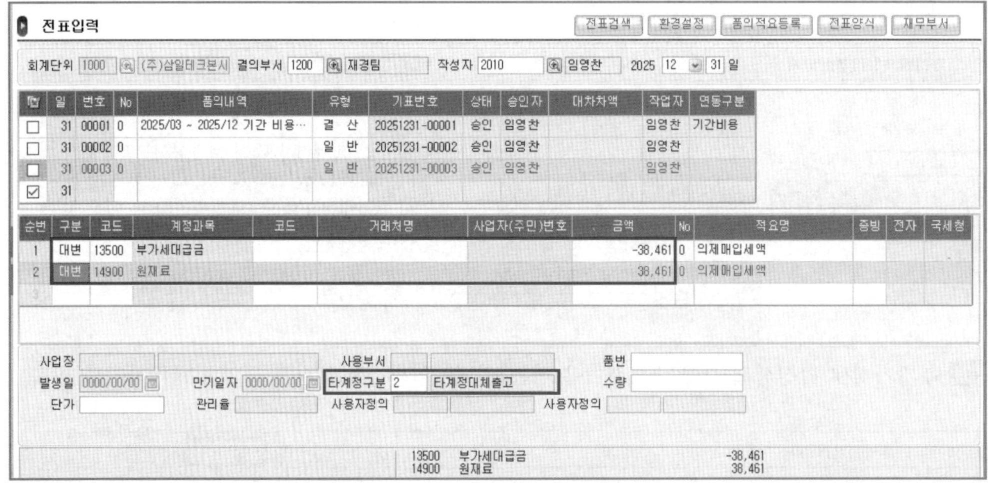

참고 결산자료입력 시 원재료 차감분을 반영하기 위해서는 타계정구분을 선택하여야 한다.

3.7 부가가치세부속서류와 관련된 부가가치세신고서 작성하기

수행 내용 부가가치세신고 작성하기

(주)삼일테크(본사)의 제2기 부가가치세 확정신고서 작성을 수행하시오.

수행 결과 부가가치세신고 작성하기

❶ 사업장 1000 (주)삼일테크 본사

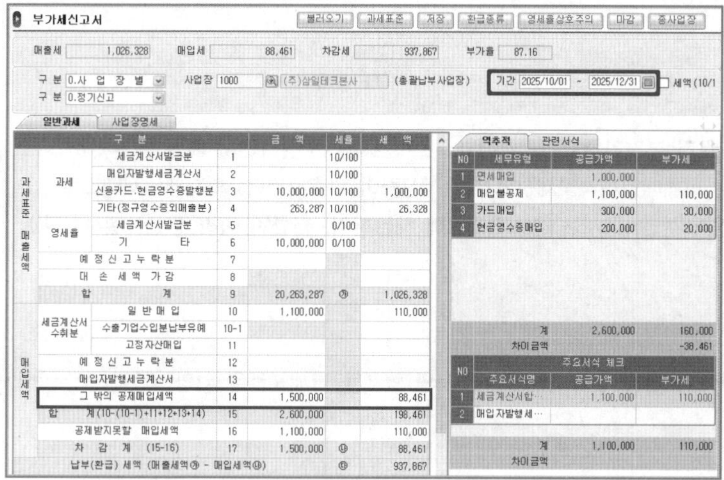

❷ 과세표준 명세서

꼭 알아두기

핵심ERP 교육용에서는 의제매입세액공제신고서의 의제매입세액이 부가세신고서(그 밖의 공제매입세액)에 자동 반영되지 않으므로 클릭 후 강제로 입력 하여야 함

출제유형 ···▶ 부가가치세부속서류와 부가세신고서 작성

문1) (주)삼일테크 본사는 제2기 부가가치세 확정 신고 시 부동산임대공급가액명세서를 작성하고 간주임대료를 포함하여 신고하였다. 부가가치세신고서에 반영되는 간주임대료(보증금이자)에 대한 매출세액은 얼마인가?(단, 부가가치세신고서 반영은 생략할 것)

① 26,328원 ② 263,287원
③ 1,000,000원 ④ 1,029,726원

문2) (주)삼일테크 본사는 제2기 부가가치세 확정 신고 시 계산서를 수취하면서 매입한 원재료 1,000,000원에 대해서 의제매입세액공제신고서를 작성하여 제출하였다. 의제매입세액으로 공제받는 금액은 얼마인가?(단, 당사는 중소제조업에 해당하며, 원단위 이하금액은 절사한다.)

① 19,607원 ② 38,461원
③ 50,000원 ④ 88,461원

문3) (주)삼일테크 본사의 제2기 확정 부가가치세 신고서의 영세율 과세표준은 얼마인가?

① 297,260원 ② 1,029,726원
③ 10,000,000원 ④ 20,297,260원

문4) (주)삼일테크 본사는 제2기 확정 부가세신고서를 작성하여 신고하려고 한다. 제2기 확정 부가세 신고서 제출대상 부속서류가 아닌것은?

① 수출실적명세서 ② 매출세금계산서합계표
③ 신용카드매출발행집계표 ④ 매입세액불공제내역

[답안] 문1) ①, 문2) ②, 문3) ③, 문4) ②

(NCS 능력단위 0203020104_23v5)

결산처리

NCS 능력단위요소

01 결산분개하기

02 장부마감하기

03 재무제표 작성하기

NCS 능력단위: 결산처리(0203020104_23v5)

결산처리	재고조사표, 시산표 및 정산표를 작성하는 결산 예비절차와 각 계정을 정리하여 집합계정과 자본계정에 대체하고, 장부를 마감할 수 있다.

직종	분류번호	능력단위	능력단위요소	수준
회계 감사	0203020104_23v5	결산처리	01 결산준비하기	2
			02 결산분개하기	2
			03 장부마감하기	2

능력단위요소	수행준거
01 결산준비하기	1.1 회계의 순환과정을 파악할 수 있다.
	1.2 회계관련규정에 따라 시산표를 작성할 수 있다.
	1.3 회계관련규정에 따라 재고조사표를 작성할 수 있다.
	1.4 회계관련규정에 따라 정산표를 작성할 수 있다.
02 결산분개하기	2.1 손익 관련 결산분개를 할 수 있다.
	2.2 자산 · 부채계정에 관한 결산정리사항을 분개할 수 있다.
	2.3 손익 계정을 집합계정에 대체할 수 있다.
03 장부마감하기	3.1 회계관련규정에 따라 주요 장부를 마감할 수 있다.
	3.2 회계관련규정에 따라 보조장부를 마감할 수 있다.
	3.3 회계관련규정에 따라 각 장부의 오류를 수정할 수 있다.
	3.4 자본거래를 파악하여 자본의 증감여부를 확인할 수 있다.

01 결산분개하기(NCS 능력단위요소명)

★ **학습목표(NCS 수행준거)**

2.1 손익 관련 결산분개를 할 수 있다.
2.2 자산·부채계정에 관한 결산정리사항을 분개할 수 있다.
2.3 손익 계정을 집합계정에 대체할 수 있다.

필요 지식

 결산

결산이란 기업의 경영활동에서 발생한 회계기록을 정리하고 마감하여 기업의 재무상태와 경영성과를 정확하게 파악하는 절차를 말한다.

❙ 핵심ERP 결산항목 구분 ❙

수동결산항목	자동결산항목
수동결산정리사항에 해당하는 내용을 정리하여 [전표입력]에 결산일자로 입력한다.	[결산자료입력]에 자동결산정리사항을 입력한 후 결산자동분개를 생성한다.
수익의 발생과 비용의 발생 (미수수익, 미지급비용)	재고자산의 매출원가 대체
수익의 이연과 비용의 이연 (선수수익, 선급비용)	감가상각비(유형, 무형자산) 계상
소모품과 소모품비 정리	퇴직급여충당부채 추가 설정
자산·부채의 평가	대손상각비 계상
현금과부족 등 임시계정 정리	법인세등 계상

1.2 고정자산등록과 감가상각

핵심ERP를 이용해 감가상각을 하는 경우 감가상각비 계산에 필요한 요소를 입력하면 감가상각비가 자동 산출되므로, 감가상각에 대한 구체적인 이론적 학습 없이도 쉽게 감가상각비를 산출할 수 있다. 또한 감가상각 자료를 한 번만 입력하면 차기에 자동으로 이월되어 자동으로 감가상각비가 계산된다.

❙ 고정자산관리 프로세스 ❙

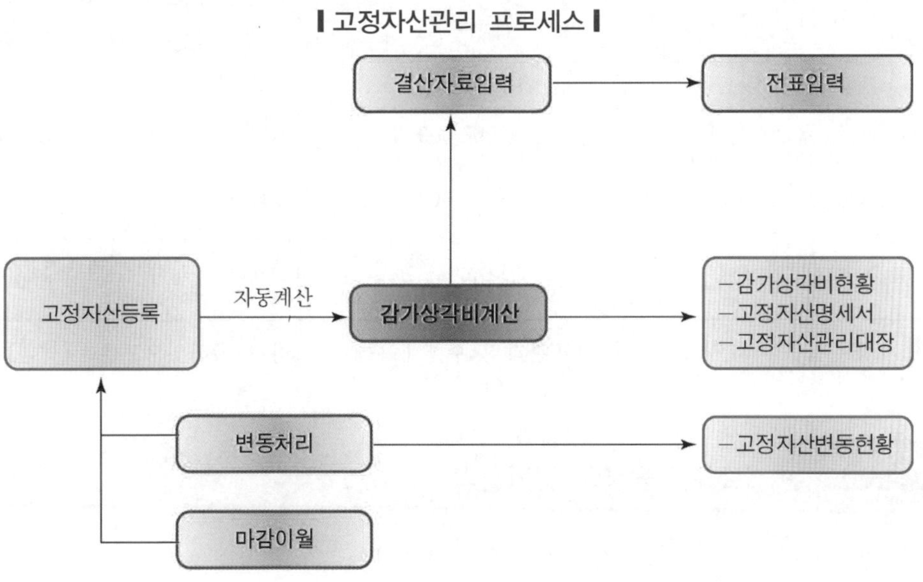

(1) 고정자산등록

고정자산 등록은 기업이 경영활동에 사용하기 위해 취득한 유형자산과 무형자산의 세부내용을 등록하고 관리하기 위한 메뉴이다. 고정자산을 등록하여 자산관리와 동시에 감가상각비를 계산하며, [결산자료입력]에 해당 금액을 반영한다.

수행 내용 고정자산등록과 감가상각

(주)삼일테크의 고정자산 내역은 다음과 같다. 고정자산등록 메뉴에 입력하여 당기 감가상각비 산출을 수행하시오.

자산코드	자산유형	자산명	취 득 일	취득금액	감가상각 누 계 액	상각 방법	내용 연수	관리 부서	경비 구분
1000	기계장치	자동포장기	2025.08.03.	10,000,000	0	정률법	8년	생산팀	500번대
2000	비 품	커피머신	2025.01.01.	4,000,000	0	정액법	4년	재경팀	800번대
3000	차량운반구	포터(7942)	2024.10.02.	29,000,000	3,500,000	정률법	5년	국내 영업팀	800번대
3001	차량운반구	제네시스	2025.01.01.	50,000,000	0	정액법	5년	국내 영업팀	800번대

주의 차량운반구 제네시스는 2장 전표관리의 수행내용에서 미리 등록하였으므로 생략한다.

수행 결과 고정자산등록과 감가상각

❶ 기계장치 [자동포장기]의 감가상각비 ➡ 1,304,166원

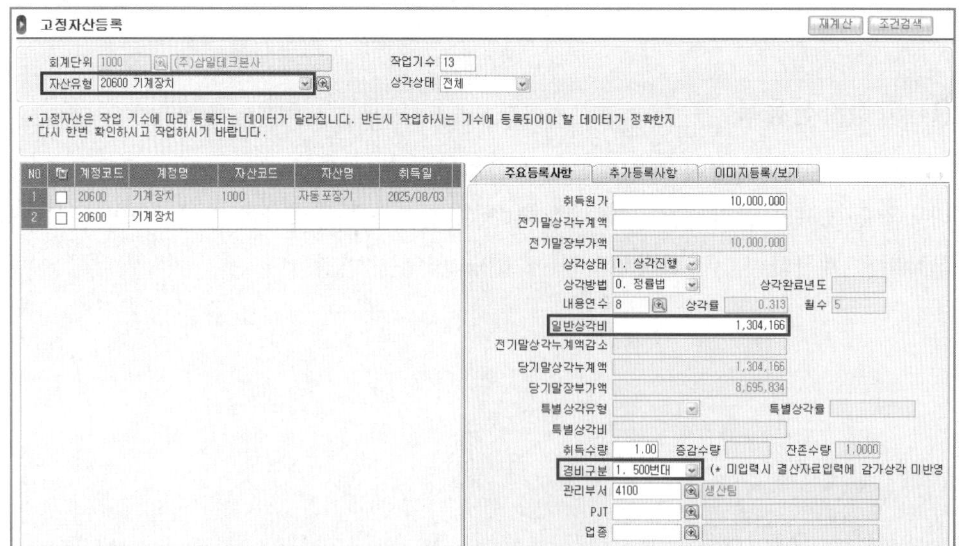

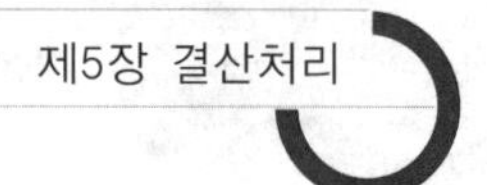

❷ 비품 [커피머신]의 감가상각비 ➡ 1,000,000원

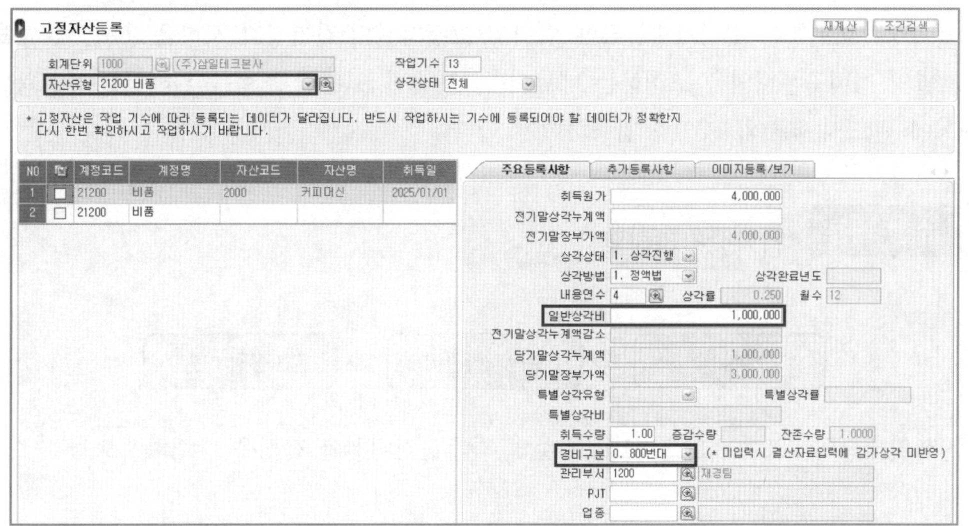

❸ 차량운반구 [포터(7942)]의 감가상각비 ➡ 11,500,500원

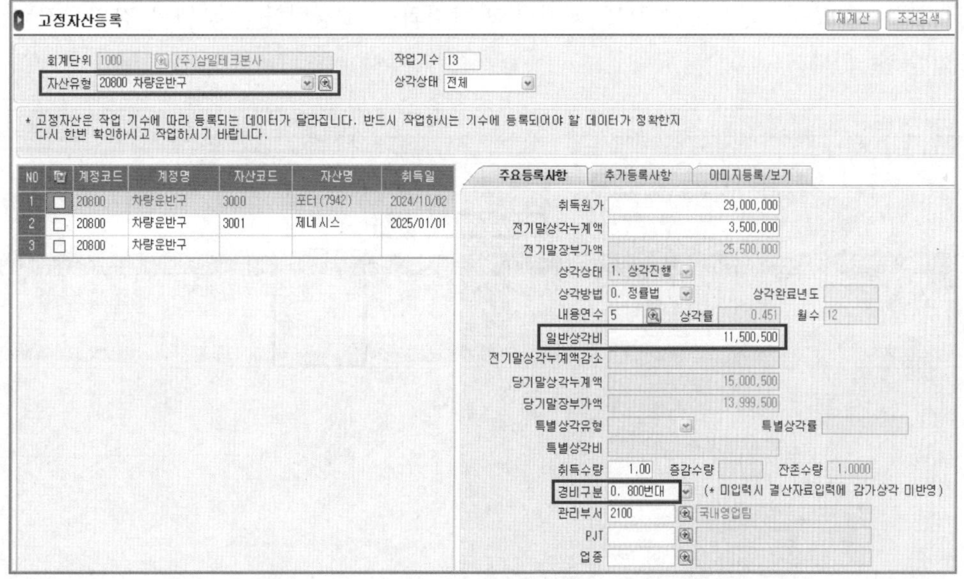

❹ 차량운반구 [제네시스]의 감가상각비 ➡ 10,000,000원

※ 업무용승용차 차량등록에서 등록하였으므로, 이 부분은 금액만 확인한다.

(2) 감가상각비현황

감가상각비현황은 고정자산등록에 입력된 고정자산의 감가상각 사항을 총괄, 부서별, PJT별의 경비구분내역을 조회하는 메뉴이다. 부서별, PJT별 조회를 위해서는 주요등록사항에 반드시 부서와 PJT를 입력하여야 한다.

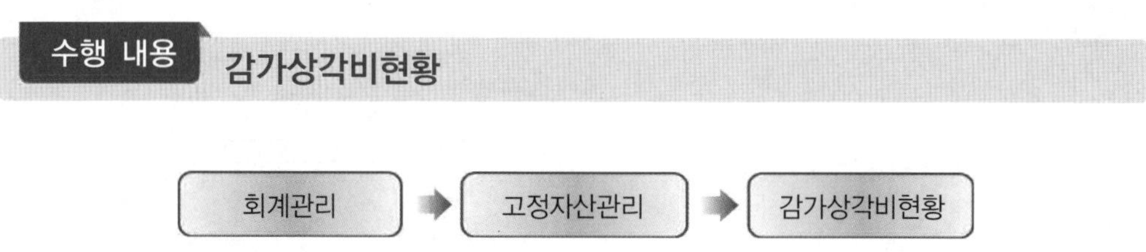

(주)삼일테크의 2025년 12월 31일 기준의 감가상각비현황 작성을 수행하시오.

수행 결과 감가상각비현황

경비구분(500번대 및 800번대)을 통해서 판관비와 제조경비를 구분해서 감가상각비를 조회할 수 있다.

감가상각비현황

총괄 | 부서별 | PJT별

회계단위 1000 (주)삼일테크본사 / 경비구분 전체 / 변동구분 0. 전체 / 출력구분 전체 / 부서 ~ / PJT ~ / 기간 2025/01 ~ 2025/12

NO	코드	계정과목명	기초가액	당기증가액	당기감소액	기말잔액	전기충당금누계액	당기감가상각비	충당금감소액	감가상각누계액	미상각잔액
1	20600	기계장치		10,000,000		10,000,000		1,304,166		1,304,166	8,695,834
2	20800	차량운반구	29,000,000	50,000,000		79,000,000	3,500,000	21,500,500		25,000,500	53,999,500
3	21200	비품		4,000,000		4,000,000		1,000,000		1,000,000	3,000,000
		계	29,000,000	64,000,000	0	93,000,000	3,500,000	23,804,666	0	27,304,666	65,695,334

필요 지식

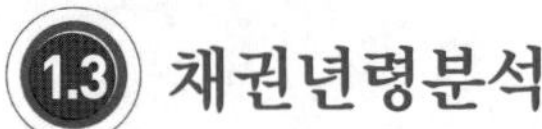

1.3 채권년령분석

기업의 채권을 연령별로 분석하여 회수가능성을 검토하여 대손을 예측하는데 활용하는 메뉴이다. 거래처 채권에 대하여 채권잔액일자로부터 연령별로 분석하며, 연령이 높을수록 채권 회수가능성이 낮고 대손가능성이 높다.

따라서 기업은 연령분석법을 활용하여 채권에 대한 회수가능성을 분석하고, 그에 따른 대손충당금 설정금액 등을 판단하게 된다.

(주)삼일테크의 당기말 외상매출금 잔액에 대한 채권년령분석을 수행하시오.
(전개월수: 6, 채권잔액일자: 2025/12/31)

수행 결과 **채권년령분석**

외상매출금 채권에 대하여 채권년령분석을 12월 31일로 조회하여 작성한다.

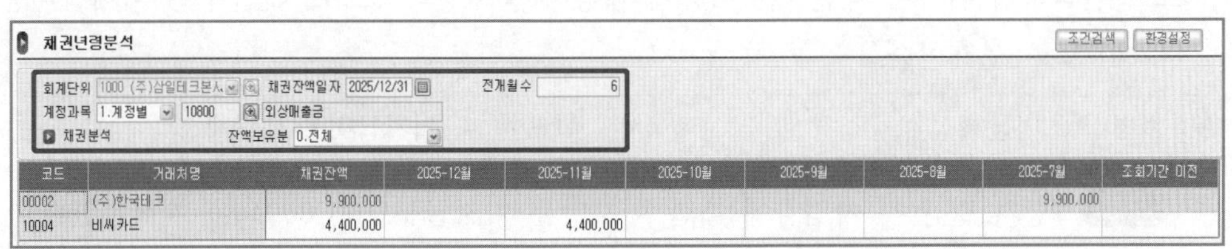

코드	거래처명	채권잔액	2025-12월	2025-11월	2025-10월	2025-9월	2025-8월	2025-7월	조회기간 이전
00002	(주)한국테크	9,900,000						9,900,000	
10004	비씨카드	4,400,000		4,400,000					

필요 지식

1.4 수동결산 분개하기

(1) 손익의 결산정리

기업은 인위적인 회계기간에 대하여 경영성과를 보고하게 된다. 당기의 경영성과를 정확하게 측정하기 위해서는 발생기준에 의해서 당기에 실현된 수익과 발생된 비용이 정확하게 반영되어야 하지만, 실무상 현금의 수입 혹은 지출 시에 처리하는 현금주의 기준에 의해서 수익과 비용을 기록하는 경우도 있다. 따라서 결산 시에는 수익과 비용을 실현주의(수익)와 발생주의(비용)에 의하여 정확하게 조정하기 위해 수정분개를 하여야 한다.

① 수익의 발생(미수수익)

당기에 속하는 수익이지만 결산일까지 수익으로 계상되지 않은 부분을 당기의 수익으로 인식하기 위하여 대변에는 수익에 해당하는 계정과목으로, 차변에는 '미수수익(자산)'으로 분개한다.

차변	미수수익(자산계정)	×××	대변	수익계정	×××

사례 당기결산 시 은행예금에 대한 이자수익 미수분 30,000원을 계상하였다.
(차) 미수수익 30,000원 (대) 이자수익 30,000원

② 비용의 발생(미지급비용)

당기에 속하는 비용이지만 결산일까지 비용으로 계상되지 않은 부분을 당기의 비용으로 인식하기 위하여 차변에는 비용에 해당하는 계정과목으로, 대변에는 '미지급비용(부채)'으로 분개한다.

차변	비용계정	×××	대변	미지급비용(부채계정)	×××

사례 당기 결산 시 차입금에 대한 이자비용 미지급분 100,000원을 계상하였다.
(차) 이자비용 100,000원 (대) 미지급비용 100,000원

③ 수익의 이연(선수수익)

당기에 받은 수익 중에서 차기에 속하는 부분을 계산하여 차기로 이연시키기 위하여 차변에는 당기의 수익에서 차감되는 수익계정과목으로, 대변에는 '선수수익(부채)'으로 분개한다.

차변	수익계정	×××	대변	선수수익(부채계정)	×××

▶ 사례 1년분 임대료 120,000원을 현금으로 수령하였다.

(차) 현금 120,000원 (대) 임대료수익 120,000원

당기결산 시 장부에 계상된 임대료 중 60,000원은 차기분으로 확인되었다.

(차) 임대료수익 60,000원 (대) 선수수익 60,000원

④ 비용의 이연(선급비용)

당기에 지급한 비용 중에서 차기에 속하는 부분을 계산하여 차기로 이연시키기 위하여 차변에는 '선급비용(자산)'으로, 대변에는 당기의 비용에서 차감하는 비용계정 과목으로 분개한다.

차변	선급비용(자산계정)	×××	대변	비용	×××

▶ 사례 1년분 보험료 120,000원을 현금으로 지급하였다.

(차) 보험료 120,000원 (대) 현금 120,000원

당기 결산 시 장부에 계상된 보험료 중 60,000원은 차기분으로 확인되었다.

(차) 선급비용 60,000원 (대) 보험료 60,000원

(2) 소모품과 소모품비의 정리

소모품은 구입 시 자산(소모품)으로 처리하거나 비용(소모품비)으로 처리할 수 있다. 단, 결산시점에 사용액과 미사용액을 구분하여 당기 사용액은 비용으로 처리하고, 미사용액은 자산으로 처리하는 정리분개를 한다.

① 구입 시 자산처리법

구입 시 '소모품'으로 처리하며, 기말에 당기 사용 금액을 '소모품비'로 대체한다. 차변에는 '소모품비' 계정으로, 대변에는 '소모품' 계정으로 분개한다.

차변	소모품비	×××	대변	소모품	×××

▶ 사례 **(구입 시)** 소모품 100,000원을 현금으로 구입하다.

(차) 소모품 100,000원 (대) 현금 100,000원

(결산 시) 소모품 사용액이 70,000원이다.

(차) 소모품비 70,000원 (대) 소모품 70,000원

② 구입 시 비용처리법

구입 시 '소모품비'로 처리하며, 기말에 당기 미사용 금액을 '소모품'으로 대체한다. 차변에는 '소모품' 계정으로, 대변에는 '소모품비' 계정으로 분개한다.

차변	소모품	×××	대변	소모품비	×××

사례 **(구입 시)** 소모품 100,000원을 현금으로 구입하다.

(차) 소모품비 100,000원 (대) 현금 100,000원

(결산 시) 소모품 미사용액이 30,000원이다.

(차) 소모품 30,000원 (대) 소모품비 30,000원

(3) 단기매매증권의 평가

단기매매증권은 기말 결산 시 공정가치로 평가하여야 한다.

① 장부금액 < 공정가치: 단기매매증권평가이익

차변	단기매매증권	×××	대변	단기매매증권평가이익	×××

사례 단기매매증권의 장부금액은 10,000원이며, 기말 공정가치는 12,000원이다.

(차) 단기매매증권 2,000원 (대) 단기매매증권평가이익 2,000원

② 장부금액 > 공정가치: 단기매매증권평가손실

차변	단기매매증권평가손실	×××	대변	단기매매증권	×××

사례 단기매매증권의 장부금액은 10,000원이며, 기말 공정가치는 8,000원이다.

(차) 단기매매증권평가손실 2,000원 (대) 단기매매증권 2,000원

(4) 현금과부족의 정리

현금과부족은 장부상 현금잔액과 실제 현금잔액이 일치하지 않을 경우 실제 현금잔액을 기준으로 장부를 일치시킬 때 사용하는 임시계정과목이며, 결산 시까지 현금과부족의 원인이 밝혀지지 않을 경우 '잡이익'이나 '잡손실' 계정으로 대체한다.

결산일 당일에 현금과부족이 발생하면 바로 '잡이익'이나 '잡손실'로 대체한다.

① 기중 현금불일치의 결산정리

[장부상 현금잔액 < 실제 현금잔액]

차변	현금과부족	×××	대변	잡이익	×××

사례 **(현금과잉)** 장부상 현금은 50,000원이고, 실제 현금은 60,000원이다.
(차) 현금 10,000원 (대) 현금과부족 10,000원
(결 산 시) 현금과부족 10,000원의 원인이 밝혀지지 않았다.
(차) 현금과부족 10,000원 (대) 잡이익 10,000원

[장부상 현금잔액 > 실제 현금잔액]

차변	잡손실	×××	대변	현금과부족	×××

사례 **(현금부족)** 장부상 현금은 50,000원이고, 실제 현금은 40,000원이다.
(차) 현금과부족 10,000원 (대) 현금 10,000원
(결 산 시) 현금과부족 10,000원의 원인이 밝혀지지 않았다.
(차) 잡손실 10,000원 (대) 현금과부족 10,000원

② 결산일 당일의 현금불일치 분개

[결산일 기준 장부상 현금잔액 〈 실제 현금잔액]

차변	현금	×××	대변	잡이익	×××

[결산일 기준 장부상 현금잔액 〉 실제 현금잔액]

차변	잡손실	×××	대변	현금	×××

사례 **(현금과잉)** 결산 당일 장부상 현금은 50,000원이고, 실제 현금은 80,000원이다.
(차) 현금 30,000원 (대) 잡이익 30,000원
(현금부족) 결산 당일 장부상 현금은 50,000원이고, 실제 현금은 30,000원이다.
(차) 잡손실 20,000원 (대) 현금 20,000원

(5) 선납세금의 정리

기중에 법인세 중간예납액과 이자수익 등에 대한 원천징수세액을 선납세금으로 분개하고, 결산 시 선납세금을 법인세등으로 대체하는 분개를 한다.

차변	법인세등	×××	대변	선납세금	×××

(6) 비유동부채의 유동성대체

결산일을 기준으로 1년 이내에 상환하여야 하는 비유동부채를 유동부채(유동성장기부채)로 대체하는 분개를 한다.

차변	장기차입금	×××	대변	유동성장기부채	×××

▶ 사례 결산일 현재 장기차입금 500,000원의 상환기일이 내년으로 도래하였다.
(차) 장기차입금 500,000원 (대) 유동성장기부채 500,000원

(7) 화폐성 외화자산과 부채

화폐성 외화자산과 부채는 결산일 현재 기준환율로 환산한 금액을 재무상태표상 금액으로 하여야 한다.

① 외화자산

[장부금액 〉 기말평가금액]

차변	외화환산손실	×××	대변	외화예금	×××

[장부금액 〈 기말평가금액]

차변	외화예금	×××	대변	외화환산이익	×××

▶ 사례 외화장기성예금 50,000원의 결산일 기준환율 평가금액은 40,000원이다.
(차) 외화환산손실 10,000원 (대) 외화장기성예금 10,000원

② 외화부채

[장부금액 〉 기말평가금액]

차변	외화차입금	×××	대변	외화환산이익	×××

[장부금액 〈 기말평가금액]

차변	외화환산손실	×××	대변	외화차입금	×××

▶ 사례 외화차입금 50,000원의 결산일 기준환율 평가금액은 40,000원이다.
(차) 외화차입금 10,000원 (대) 외화환산이익 10,000원

(8) 대손충당금의 환입

결산일에 매출채권 잔액에 대손설정률을 곱한 대손추정액보다 대손충당금잔액이 클 경우 초과되는 금액에 대해 환입시키는 분개를 한다.

차변	대손충당금 ×××	대변	대손충당금환입 ××× (판매비와관리비 차감계정)

▶▷ 사례 결산일의 외상매출금 잔액이 200,000원이고 대손설정률은 1%이다. 결산 전 대손충당금잔액은 3,000원으로 확인된다.

(차) 대손충당금 1,000원 (대) 대손충당금환입 1,000원

(9) 기타의 대손상각비

일반적인 상거래 이외의 기타채권(미수금, 대여금 등) 중에는 차기 이후에 대손이 예상되는 금액이 포함되어 있다. 따라서 결산 시 대손예상액만큼을 대손충당금으로 설정한다.

차변	기타의대손상각비 ××× (영업외비용)	대변	대손충당금 ×××

▶▷ 사례 결산일의 대여금 잔액이 200,000원이고 대손설정률은 1%이다. 결산 전 대손충당금잔액은 0원으로 확인된다.

(차) 기타의대손상각비 2,000원 (대) 대손충당금 2,000원

필요 지식

1.5 자동결산 분개하기

결산기준일의 정리사항을 요약한 다음 '수동결산자료'를 [전표입력] 메뉴의 결산기준일로 입력한 이후에 [결산자료입력] 메뉴에서 '자동결산자료'를 입력하고 난 다음 화면 상단의 [분개]키를 이용하여 결산대체분개를 자동으로 생성한다.

(1) 제품매출원가의 계상

[결산자료입력]에서 기말제품 재고액을 입력한다.

> 제품매출원가 = 기초제품재고액 + 당기제품제조원가 - 기말제품재고액
> ↳ 합계잔액시산표의 제품잔액 - 매출에누리및환입 - 매출할인

차변	제품매출원가	×××	대변	제품	×××

(2) 매출채권에 대한 대손예상액 계상

합계잔액시산표상 매출채권(외상매출금, 받을어음)의 기말잔액 중에는 차기 이후에 대손이 예상되는 금액이 포함되어 있기 때문에 결산 시 대손예상액만큼을 대손충당금으로 설정하기 위하여 [결산자료입력]에서 추가 설정액을 입력한다.

> 대손충당금 추가 설정액 = (기말매출채권 × 설정률) - 결산 전 대손충당금잔액

차변	대손상각비	×××	대변	대손충당금	×××

(3) 감가상각비의 계상

고정자산은 이를 사용하거나 시간의 경과 또는 기술적 진보에 따라 물리적·경제적으로 그 가치가 점차 감소되어 가는데 이러한 가치감소분을 감가상각비라 하며, 그 금액을 재무상태와 경영성과에 반영시킨다.

[결산자료입력]에서 상단부의 [감가상각]을 누른 후 [분개]를 누르거나 감가상각비 금액을 입력한 후 [분개]를 클릭하면 자동으로 관련 분개가 생성된다.

차변	감가상각비	×××	대변	감가상각누계액	×××

(4) 퇴직급여의 계상(퇴직급여 전입액 입력)

결산일 현재 지급하여야 할 퇴직급여추계액에서 기 설정된 퇴직급여충당부채를 차감한 금액을 추가로 계상한다.

[결산자료입력]에서 퇴직급여전입액을 입력한 후 분개를 클릭하면 자동으로 관련 분개가 생성된다.

퇴직급여충당부채 추가 설정액 = 퇴직급여추계액 - 결산 전 퇴직급여충당부채잔액

차변	퇴직급여	×××	대변	퇴직급여충당부채	×××

(5) 법인세등의 입력

법인세추산액에서 기중에 납부한 법인세(선납세금)를 차감한 금액을 추가로 계상한다. [결산자료입력]에서 법인세 계상액을 입력한 후 분개를 클릭하면 자동으로 관련 분개가 생성된다.

법인세 추가 계상액 = 법인세 추산액 - 선납세금

차변	법인세등	×××	대변	미지급세금	×××

주의 선납세금이 있는 경우 선납세금을 법인세등으로 대체하는 분개를 일반전표입력에 한 후 [결산자료입력]의 '법인세 계상'란에 추가 계상액을 입력한다.

수행 내용 결산분개하기

(주)삼일테크의 기말정리사항은 다음과 같다. 기말 결산분개를 수행하시오.

구 분	내 용
1	[결산자료입력] 메뉴에서 결산 자동분개 생성을 위한 [계정생성] 작업을 하시오.
2	기말재고자산의 금액은 다음과 같다. 원재료 8,000,000원 재공품 3,000,000원 제품 2,000,000원
3	매출채권(외상매출금, 받을어음) 잔액에 대하여 1%의 대손상각비를 계상하시오. (보충법)
4	당기감가상각비 계상액은 [고정자산등록] 메뉴에 입력된 자료를 이용한다.
5	'생산직 1,000,000원, 사무직 1,500,000원'의 퇴직급여충당부채를 설정하시오.
6	법인세비용 500,000원을 계상하시오.
7	자동결산 정리사항을 [결산자료입력] 메뉴에서 자동분개하시오.
8	[결산자료입력] 메뉴에서 발생시킨 전표를 [승인] 처리하시오.

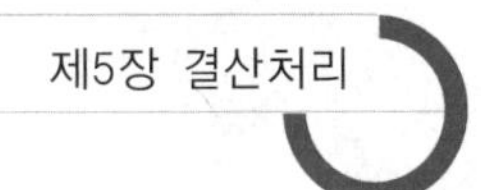

수행 결과 결산분개하기

❶ [결산자료입력] 메뉴의 계정생성

1) [계정설정] 탭에서 계정생성 시작

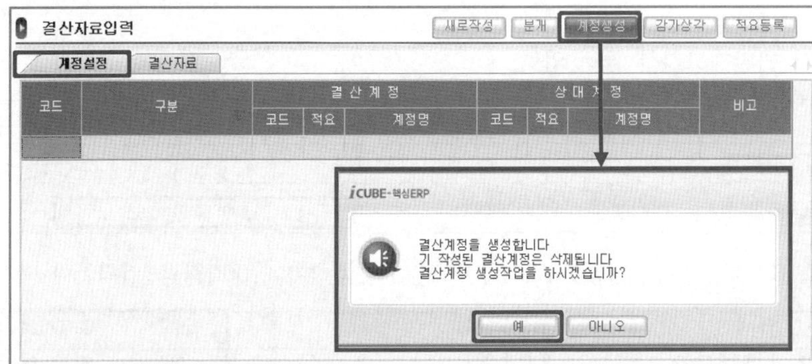

2) 매출원가 및 원가경비를 입력(45500.제품출원가, 1.제조, 1.500번대 제조, 1.제조원가명세서) 한 후 선택하고 확인

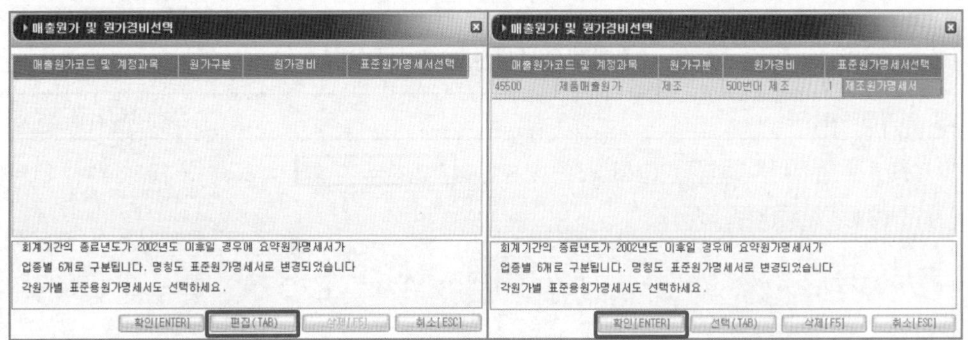

3) 계정생성 완료

계정설정 | 결산자료

코드	구분	결산계정 코드	결산계정 적요	결산계정 계정명	상대계정 코드	상대계정 적요	상대계정 계정명	비고
10100	상 품 매 출 원 가	45100	1	상품매출원가	00000	0		
11000	제 품 매 출 원 가	45500	1	제품매출원가	00000	0		
11100	재 료 비(…	50100	1	원재료비	00000	0		
11200	부 재 료 비(…	50200	1	부재료비	00000	0		
11310	퇴직급여 충당금 전 입(…	50800	1	퇴직급여충당금전입	29500	4	퇴직급여충당금	
11320	단체퇴직급여충당금전입(…	50900	1	단퇴급여충당금전입	29600	4	단체퇴직급여충당금	
11710	감 가 상 각 비(…	51800	1	감가상각비	20300	4	감가상각누계액	건물

참고

- 배출원가코드 및 계정선택: [F2]조회 버튼을 이용하여 "제품매출원가" 선택
- 원가구분: '1.제조, 2.도급, 3.분양' 중 '1'을 입력
- 원가경비: '1.500번대, 2.600번대, 3.700번대' 중 '1'을 입력
- 표준원가명세서선택: '1.제조원가, 2.공사원가, 3.임대원가, 4.분양원가, 5.운송원가, 6.기타원가' 중 '1'을 입력
- 입력한 확인한 후 [선택(TAB)]을 클릭하고 [확인]을 누른다.

❷ [결산자료] 탭에서 기말재고자산 금액 입력

기말재고액 '원재료 8,000,000원, 재공품 3,000,000원, 제품 2,000,000원'을 입력한다.

(5) 기말 원재료 재 고 액	8,000,000		8,000,000
(4) 기말 재 공 품 재 고 액	3,000,000		3,000,000
(5)기 말 제 품 재 고 액	2,000,000		2,000,000

❸ 대손충당금 추가 설정액에 외상매출금 93,000원, 받을어음 106,000원을 입력한다.

▌합계잔액시산표 조회화면▐

합계잔액시산표 양식선택 환경설정

회계단위 1000 (주)삼일테크본사 기간 2025/12/31 □ 당월포함 □ 요약

계정별 세목별 제출용

차변 잔액	차변 합계	계정과목	대변 합계	대변 잔액
106,480,000	130,335,000	[유 동 자 산]	24,005,000	150,000
79,518,461	103,335,000	<당 좌 자 산>	23,966,539	150,000
14,495,000	18,050,000	현 금	3,555,000	
2,970,000	4,970,000	당 좌 예 금	2,000,000	
25,200,000	26,000,000	제 예 금	800,000	
1,800,000	1,800,000	단 기 매 매 증 권		
14,300,000	19,300,000	외 상 매 출 금	5,000,000	
		대 손 충 당 금	50,000	50,000
20,600,000	30,600,000	받 을 어 음	10,000,000	
		대 손 충 당 금	100,000	100,000

대손충당금 추가설정액 = (기말 매출채권잔액 × 설정률) - 기설정 대손충당금

* 외상매출금 대손충당금 추가설정액 = (14,300,000원 × 1%) − 50,000원 = 93,000원
* 받 을 어 음 대손충당금 추가설정액 = (20,600,000원 × 1%) − 100,000원 = 106,000원

▎분개대상금액 입력 보조화면(TAB를 누르면 보조화면이 나타남) ▎

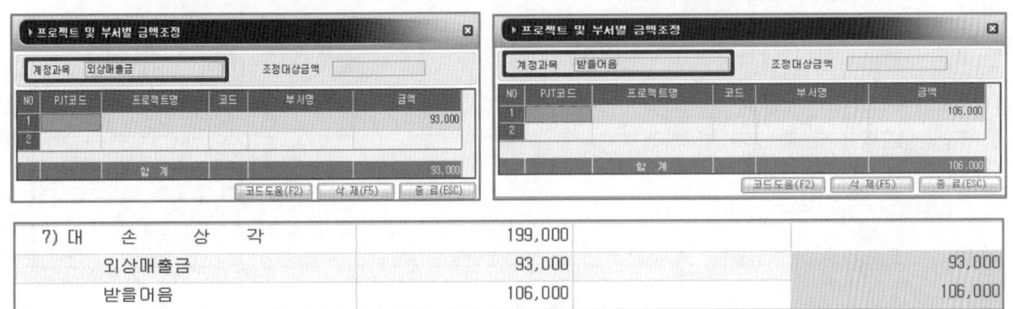

7) 대 손 상 각	199,000		
외상매출금	93,000		93,000
받을어음	106,000		106,000

❹ 감가상각비를 반영한다. 화면 우측 상단에 있는 [감가상각]을 클릭하여 [고정자산등록] 메뉴에 입력된 당기상각비를 원가경비별로 구분하여 조회한다.

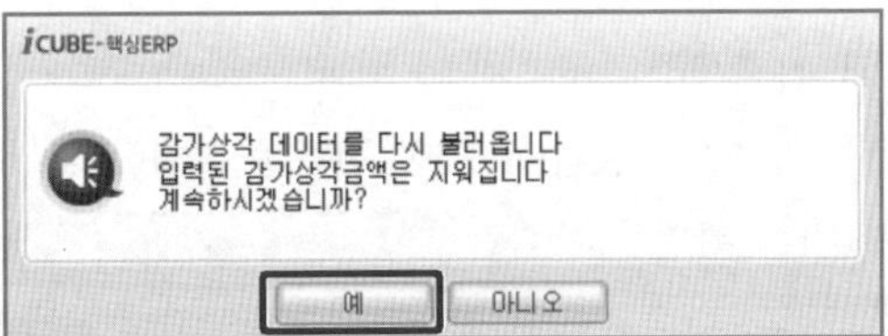

1) 제조원가의 경비(500번대 감가상각비)

(3) 감 가 상 각 비	1,304,166		
건물			
구축물			
기계장치	1,304,166		1,304,166
차량운반구			
공구와기구			
비품			

2) 판매비와관리비(800번대 감가상각비)

5) 감 가 상 각 비	22,500,500		
건물			
구축물			
기계장치			
차량운반구	21,500,500		21,500,500
공구와기구			
비품	1,000,000		1,000,000

❺ 퇴직급여충당금전입란에 생산직과 사무직 금액을 각각 입력한다.

1) 생산직은 노무비의 퇴직급여충당금 전입란에 1,000,000원을 입력한다.

3) 노 무 비		1,000,000	
(2) 퇴직급여 충당금 전 입		1,000,000	
퇴직급여충당금전입		1,000,000	1,000,000
(3) 단체퇴직급여충당금전입			
단퇴급여충당금전입			

2) 사무직은 판매비와 일반관리비의 퇴직급여충당금전입란에 1,500,000원을 입력한다.

3) 퇴직급여 충당금 전 입		1,500,000	
퇴직급여충당금전입		1,500,000	1,500,000
4) 단체퇴직급여충당금전입			
단퇴급여충당금전입			

❻ 법인세등란에 500,000원을 입력한다.

9. 법 인 세 등		500,000	
법인세등	500,000		500,000

❼ 결산자료입력을 이용한 전표생성

1) [결산자료입력]을 통해 [분개대상금액]에 대한 전표를 발행하기 위해 상단부 [분개]를 클릭한다. [결산분개 내역보기]를 확인하고 하단의 [전표 발행]을 클릭한다.

결산분개 내역보기

회계단위 1000 (주)삼일테크본사 결의부서 1200 재경팀 작성자 2010 임영찬

결의일	계정코드	계정명	대차	차변	대변		적요명
2025/12/31	50100	원재료비	차변	13,961,539		1	원재료사용분 재료비대체
2025/12/31	14900	원재료	대변		13,961,539	0	결산정리
2025/12/31	50800	퇴직급여충당금전입	차변	1,000,000		1	퇴직충당금 당기분전입액
2025/12/31	29500	퇴직급여충당금	대변		1,000,000	4	퇴직충당금의 당기설정액
2025/12/31	51800	감가상각비	차변	1,304,166		1	당기말 감가상각비 계상
2025/12/31	20700	감가상각누계액	대변		1,304,166	4	당기감가충당금 설정
2025/12/31	50100	원재료비	대변		13,961,539	0	결산정리
2025/12/31	50800	퇴직급여충당금전입	대변		1,000,000	0	결산정리
2025/12/31	51800	감가상각비	대변		1,304,166	0	결산정리
2025/12/31	53000	소모품비	대변		80,000	0	결산정리
2025/12/31	15700	재공품	차변	16,345,705		0	결산정리
2025/12/31	15700	재공품	대변		13,345,705	0	결산정리
2025/12/31	14700	제품	차변	13,345,705		0	결산정리
2025/12/31	14700	제품	대변		16,345,705	0	결산정리
2025/12/31	45500	제품매출원가	차변	16,345,705		0	결산정리

전표 발행 취 소

2) 전표입력 메뉴에서 12월 31일 결산자료입력을 통해 생성된 전표를 확인한다.

회계관리 ➡ 전표/장부관리 ➡ 전표입력

	일	번호	No	품의내역	유형	기표번호	상태	승인자	대차차액	작업자	연동구분
☐	31	00001	0	2025/03 ~ 2025/12 기간 비용…	결 산	20251231-00001	승인	임영찬		임영찬	기간비용
☐	31	00002	0		일 반	20251231-00002	승인	임영찬		임영찬	
☐	31	00003	0		일 반	20251231-00003	승인	임영찬		임영찬	
☐	31	00004	0	202512결산분개	결 산		미결			임영찬	결산(원가)
☐	31	00005	0	202512결산분개	결 산		미결			임영찬	결산(원가)
☐	31	00006	0	202512결산분개	결 산		미결			임영찬	결산(원가)
☐	31	00007	0	202512결산분개	결 산		미결			임영찬	결산(원가)
☐	31	00008	0	202512결산분개기타	결 산		미결			임영찬	결산전표
☐	31										

순번	구분	코드	계정과목	코드	거래처명	사업자(주민)번호	금액	No	적요명	증빙	전자	국세청
1	차변	50100	원재료비				13,961,539	1	원재료사용분 재료비대체			
2	대변	14900	원재료				13,961,539	0	결산정리			
3	차변	50800	퇴직급여충당금전입				1,000,000	1	퇴직충당금 당기분전입액			
4	대변	29500	퇴직급여충당금				1,000,000	4	퇴직충당금의 당기설정액			
5	차변	51800	감가상각비				1,304,166	1	당기말 감가상각비 계상			
6	대변	20700	감가상각누계액				1,304,166	4	당기감가충당금 설정			

❽ 결산대체분개 미결전표 승인처리하기: [전표승인해제] 메뉴에서 미결전표를 승인처리 한다.

회계관리 ➡ 전표/장부관리 ➡ 전표승인해제

☑	결의일자	번호	품의내역	유형	기표일	No	승인자	작업자	차변	대변	연동구분
☑	2025/12/31	00004	202512결산분개	결 산				임영찬	16,265,705	16,265,705	결산(원가)
☑	2025/12/31	00005	202512결산분개	결 산				임영찬	16,345,705	16,345,705	결산(원가)
☑	2025/12/31	00006	202512결산분개	결 산				임영찬	13,345,705	13,345,705	결산(원가)
☑	2025/12/31	00007	202512결산분개	결 산				임영찬	16,345,705	16,345,705	결산(원가)
☑	2025/12/31	00008	202512결산분개기타	결 산				임영찬	24,699,500	24,699,500	결산전표

순번	구분	코드	계정과목	코드	거래처명	사업자(주민)번호	금액	NO	적요명	증빙
1	차변	50100	원재료비				13,961,539	1	원재료사용분 재…	
2	대변	14900	원재료				13,961,539	0	결산정리	
3	차변	50800	퇴직급여충당금전입				1,000,000	1	퇴직충당금 당기…	
4	대변	29500	퇴직급여충당금				1,000,000	4	퇴직충당금의 당…	
5	차변	51800	감가상각비				1,304,166	1	당기말 감가상각…	
6	대변	20700	감가상각누계액				1,304,166	4	당기감가충당금…	

주요항목 설명

❶ [새로작성]: 입력된 결산자료가 일괄 삭제되며, 각 계정별 금액을 다시 불러온다.

❷ [분개]: 입력된 결산자료를 근거로 전표를 발행한다. 분개 화면에서 분개하고자 하는 항목을 체크하고 [분개] 버튼을 클릭하면 해당항목의 전표가 전표 입력에 일괄 삽입된다. 결산전표의 발행은 화면의 결산기간 마지막 월로 한 번만 발행되며, 재발행하고자 할 경우 [분개] 버튼을 클릭하면 일괄 삭제되고 재발행된다.

❸ [감가상각]: 입력된 결산자료의 감가상각 금액을 삭제하고 고정자산 명세서에 의해 감가상각비를 다시 불러온다.

꼭 알아두기

▣ 미결전표 발생원인

- 사원등록 메뉴에서 입력방식이 '미결'로 등록된 사원이 전표를 입력한 경우
- 회계모듈이 아닌 영업, 구매/자재관리, 생산관리, 인사/급여관리 등의 모듈에서 입력한 전표
- 차변과 대변의 합계금액이 틀리게 입력된 경우
- 결산자료입력에서 발생시킨 전표
- [이익잉여금처분계산서]에서 발생시킨 '손익대체분개' 전표

02 장부마감하기(NCS 능력단위요소명)

★ **학습목표(NCS 수행준거)**

2.1 회계 관련 규정에 따라 주요장부를 마감할 수 있다.
2.2 회계 관련 규정에 따라 보조장부를 마감할 수 있다.
2.3 회계 관련 규정에 따라 각 장부의 오류를 수정할 수 있다.
2.4 자본거래를 파악하여 자본의 증감여부를 확인할 수 있다.

필요 지식

2.1 손익계산서계정의 마감

손익계산서계정인 수익과 비용계정은 당기의 경영성과를 보여주며 차기의 경영활동에 영향을 미치지 않으므로 잔액은 손익(집합손익) 계정으로 대체하여 마감한다.

- 수익계정의 잔액을 손익(집합손익) 계정으로 대체한다.
  (차) 수익계정 ××× (대) 손익계정 ×××
- 비용계정의 잔액을 손익(집합손익) 계정으로 대체한다.
  (차) 손익계정 ××× (대) 비용계정 ×××
- 손익계정의 잔액을 미처분이익잉여금 계정으로 대체한다.
  (차) 손익계정 ××× (대) 미처분이익잉여금 ×××

2.2 재무상태표계정의 마감(마감 후 이월)

재무상태표계정인 자산, 부채, 자본계정은 당기의 재무상태가 보고된 이후에도 잔액이 '0'으로 되지 않고 이월되어 차기의 재무상태에 영향을 미치게 된다. 당기의 경영활동에 의한 경영성과와 재무상태를 파악하기 위하여 기말수정분개를 하고 난 후 각 계정을 마감하여 다음 회계기간의 경영활동을 기록하기 위한 준비를 한다.

2.3 마감및년도이월

회계모듈에서 최종적으로 결산작업이 마무리되고 재무제표 확정 후 차기로 이월시키는 메뉴이다. 마감 후에는 전표의 추가, 수정, 삭제가 불가능하다.

03 재무제표 작성하기

필요 지식

3.1 합계잔액시산표 작성하기

합계잔액시산표의 차변합계액과 대변합계액은 대차평균의 원리에 의하여 반드시 일치하여야 한다. 차변합계와 대변합계가 일치하지 않는다면 입력오류가 발생한 것이므로, 오류를 조사하여 이를 수정하여야 한다. 즉, [합계잔액시산표]는 입력된 전표가 대차차액 없이 적정하게 처리되었는지 정확성 여부를 검증하는 것이다.

수행 내용 합계잔액시산표 작성하기

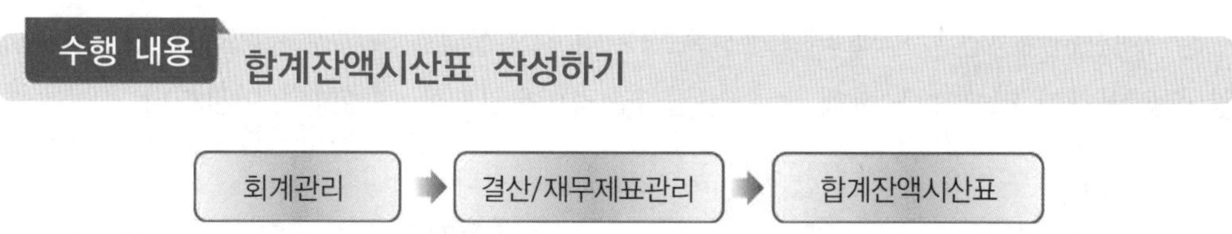

(주)삼일테크의 12월 31일 합계잔액시산표 작성을 수행하시오.

수행 결과 합계잔액시산표 작성하기

합계잔액시산표를 12월 31일로 조회하여 작성한다. 합계잔액시산표에서 대차차액이 발생하면 관련 전표의 오류를 수정하여야 한다.

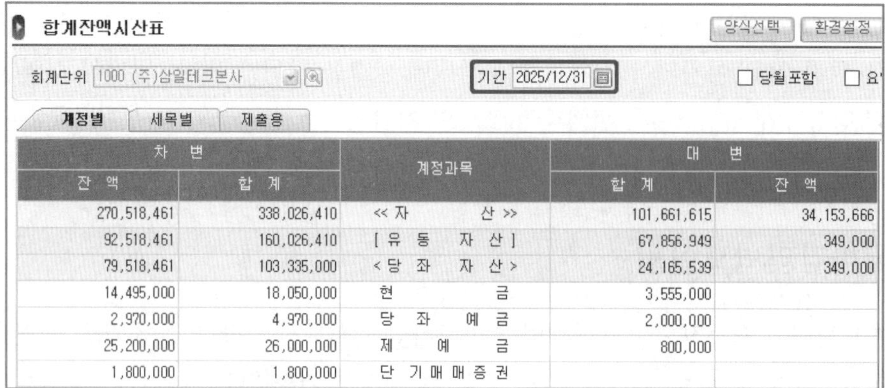

합계잔액시산표 양식선택 환경설정

회계단위 1000 (주)삼일테크본사 기간 2025/12/31 당월포함

계정별 세목별 제출용

차변 잔액	차변 합계	계정과목	대변 합계	대변 잔액
270,518,461	338,026,410	<< 자 산 >>	101,661,615	34,153,666
92,518,461	160,026,410	[유 동 자 산]	67,856,949	349,000
79,518,461	103,335,000	< 당 좌 자 산 >	24,165,539	349,000
14,495,000	18,050,000	현 금	3,555,000	
2,970,000	4,970,000	당 좌 예 금	2,000,000	
25,200,000	26,000,000	제 예 금	800,000	
1,800,000	1,800,000	단 기 매 매 증 권		

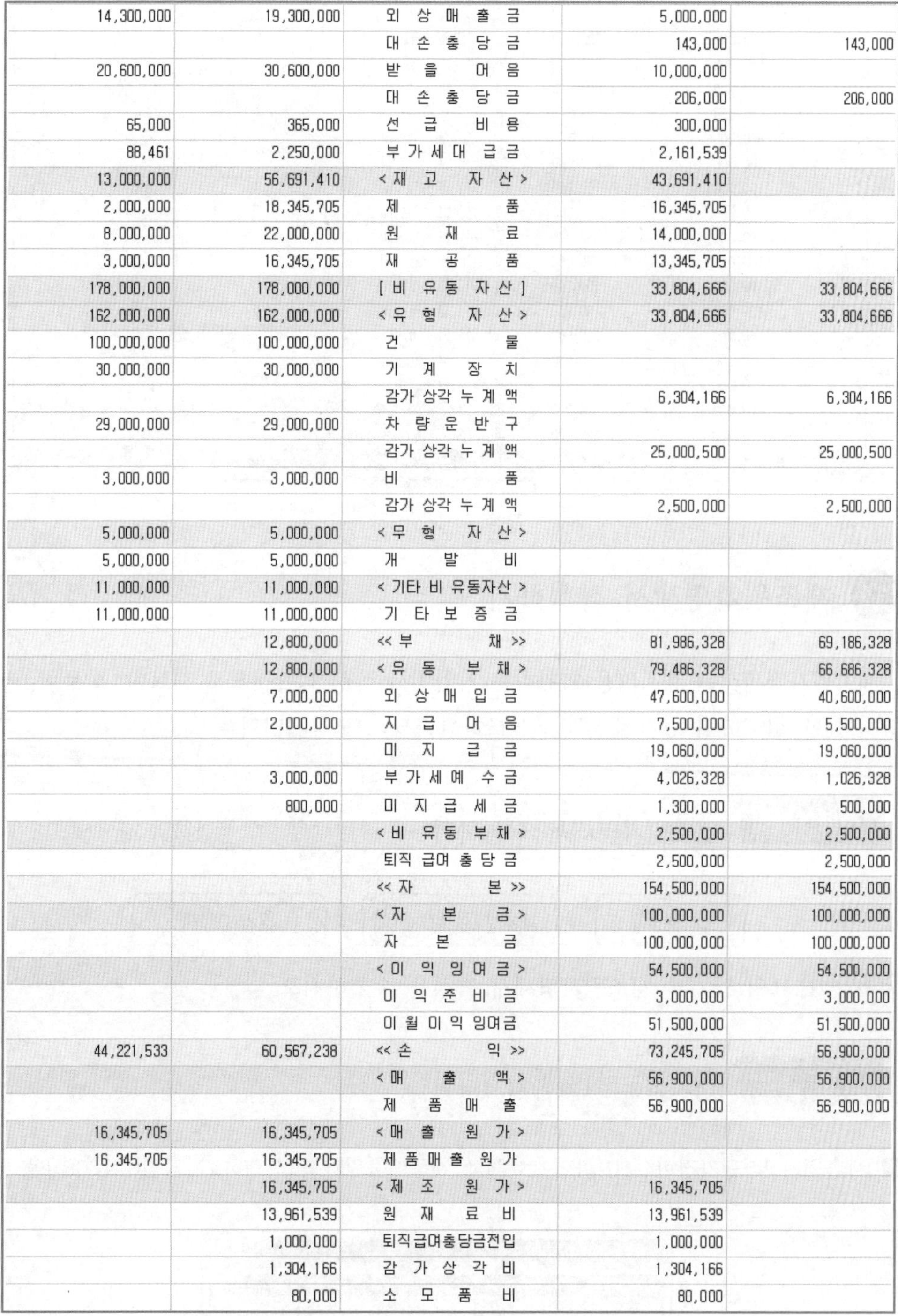

14,300,000	19,300,000	외상매출금	5,000,000	
		대손충당금	143,000	143,000
20,600,000	30,600,000	받을어음	10,000,000	
		대손충당금	206,000	206,000
65,000	365,000	선급비용	300,000	
88,461	2,250,000	부가세대급금	2,161,539	
13,000,000	56,691,410	<재고자산>	43,691,410	
2,000,000	18,345,705	제품	16,345,705	
8,000,000	22,000,000	원재료	14,000,000	
3,000,000	16,345,705	재공품	13,345,705	
178,000,000	178,000,000	[비유동자산]	33,804,666	33,804,666
162,000,000	162,000,000	<유형자산>	33,804,666	33,804,666
100,000,000	100,000,000	건물		
30,000,000	30,000,000	기계장치		
		감가상각누계액	6,304,166	6,304,166
29,000,000	29,000,000	차량운반구		
		감가상각누계액	25,000,500	25,000,500
3,000,000	3,000,000	비품		
		감가상각누계액	2,500,000	2,500,000
5,000,000	5,000,000	<무형자산>		
5,000,000	5,000,000	개발비		
11,000,000	11,000,000	<기타비유동자산>		
11,000,000	11,000,000	기타보증금		
	12,800,000	<<부채>>	81,986,328	69,186,328
	12,800,000	<유동부채>	79,486,328	66,686,328
	7,000,000	외상매입금	47,600,000	40,600,000
	2,000,000	지급어음	7,500,000	5,500,000
		미지급금	19,060,000	19,060,000
	3,000,000	부가세예수금	4,026,328	1,026,328
	800,000	미지급세금	1,300,000	500,000
		<비유동부채>	2,500,000	2,500,000
		퇴직급여충당금	2,500,000	2,500,000
		<<자본>>	154,500,000	154,500,000
		<자본금>	100,000,000	100,000,000
		자본금	100,000,000	100,000,000
		<이익잉여금>	54,500,000	54,500,000
		이익준비금	3,000,000	3,000,000
		이월이익잉여금	51,500,000	51,500,000
44,221,533	60,567,238	<<손익>>	73,245,705	56,900,000
		<매출액>	56,900,000	56,900,000
		제품매출	56,900,000	56,900,000
16,345,705	16,345,705	<매출원가>		
16,345,705	16,345,705	제품매출원가		
	16,345,705	<제조원가>	16,345,705	
	13,961,539	원재료비	13,961,539	
	1,000,000	퇴직급여충당금전입	1,000,000	
	1,304,166	감가상각비	1,304,166	
	80,000	소모품비	80,000	

27,015,828	27,015,828	< 판 매 관 리 비 >		
1,500,000	1,500,000	퇴직급여충당금전입		
550,000	550,000	복 리 후 생 비		
1,000,000	1,000,000	접 대 비		
26,328	26,328	세 금 과 공 과 금		
22,500,500	22,500,500	감 가 상 각 비		
300,000	300,000	보 험 료		
150,000	150,000	차 량 유 지 비		
330,000	330,000	운 반 비		
80,000	80,000	도 서 인 쇄 비		
200,000	200,000	사 무 용 품 비		
100,000	100,000	광 고 선 전 비		
199,000	199,000	대 손 상 각 비		
360,000	360,000	< 영 업 외 비 용 >		
330,000	330,000	기 부 금		
30,000	30,000	매 출 채권처분손실		
500,000	500,000	< 법 인 세 등 >		
500,000	500,000	법 인 세 등		
314,739,994	411,393,648	합 계	411,393,648	314,739,994

3.2 제조원가명세서 작성하기

제조원가명세서는 제조업을 영위하는 기업에서 작성하는 것으로 재료비, 노무비, 제조경비 등을 집계하여 당기제품제조원가를 산출하는 보고서이다.

수행 내용 제조원가명세서 작성하기

(주)삼일테크의 당기분 제조원가명세서 작성을 수행하시오.

수행 결과 제조원가명세서 작성하기

❶ [매출원가 및 원가경비선택] 화면에서 '455.제품매출원가'를 선택하고 [확인(ENTER)]을 클릭한다.

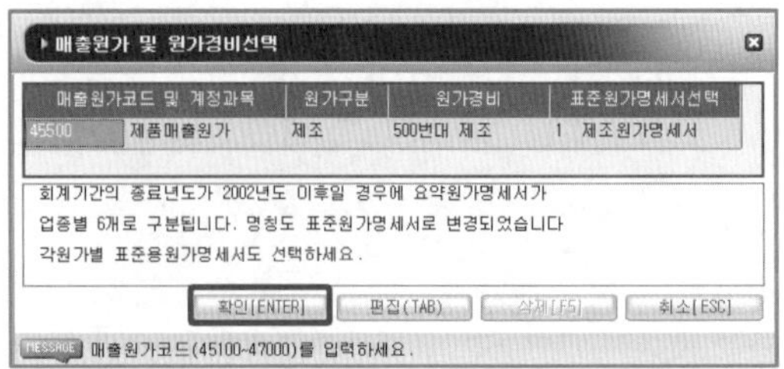

❷ 제조원가명세서를 12월 31일로 조회하여 작성한다.

원가보고서 | 통합계정 | 제목편집 | 환경설정

회계단위 1000 (주)삼일테크본사 | 제조 | 기간 2025/12/31

관리용 | 제출용 | 세목별

과 목	제 13 (당)기		제 12 (전)기	
	금 액		금 액	
Ⅰ.재 료 비		13,961,539		29,000,000
원 재 료 비		13,961,539		29,000,000
기초 원재료 재고액	3,000,000		2,000,000	
당기 원재료 매입액	19,000,000		30,000,000	
타계정으로 대체액	38,461			
기말 원재료 재고액	8,000,000		3,000,000	
Ⅱ.부 재 료 비				
Ⅲ.노 무 비		1,000,000		30,500,000
임 금			30,500,000	
퇴직급여충당금전입	1,000,000			
Ⅳ.제 조 경 비		1,384,166		27,000,000
복 리 후 생 비			6,600,000	
가 스 수 도 료			1,650,000	
전 력 비			4,200,000	
세 금 과 공 과 금			1,680,000	
감 가 상 각 비	1,304,166		4,230,000	
수 선 비			2,956,000	
보 험 료			1,320,000	
차 량 유 지 비			1,200,000	
소 모 품 비	80,000		3,164,000	
Ⅴ.당 기 총 제 조 비 용		16,345,705		86,500,000
Ⅵ.기 초 재 공 품 재 고 액				
Ⅶ.타 계 정 에 서 대 체 액				
Ⅷ.합 계		16,345,705		86,500,000
Ⅸ.기 말 재 공 품 재 고 액		3,000,000		
Ⅹ.타 계 정 으 로 대 체 액				
ⅩⅠ.당 기 제 품 제 조 원 가		13,345,705		86,500,000

주의 [제조원가보고서]의 당기제품제조원가는 [손익계산서] 제품매출원가 항목의 당기제품제조원가 금액과 일치한다.

필요 지식

3.3 손익계산서 작성하기

손익계산서는 일정 기간 동안 기업의 경영성과를 나타내는 결산보고서이다. [결산/재무제표]의 [손익계산서]를 12월로 조회하여 당기순이익을 확인한다.

수행 내용 손익계산서 작성하기

회계관리 ➡ 결산/재무제표관리 ➡ 손익계산서

(주)삼일테크의 당기분 손익계산서 작성을 수행하시오.

수행 결과 손익계산서 작성하기

손익계산서 [주식입력] [양식선택] [통합계정] [환경설정]

회계단위 1000 (주)삼일테크본사 기간 2025/12/31 단위 0. 원

관리용 | 제출용 | 세목별

(단위 : 원)

과 목	제 13 (당)기 금 액		제 12 (전)기 금 액	
Ⅰ. 매 출 액		56,900,000		200,000,000
제 품 매 출	56,900,000		200,000,000	
Ⅱ. 매 출 원 가		16,345,705		86,000,000
제 품 매 출 원 가		16,345,705		86,000,000
기초 제품 재고액	5,000,000		4,500,000	
당기 제품 제조원가	13,345,705		86,500,000	
기말 제품 재고액	2,000,000		5,000,000	
Ⅲ. 매 출 총 이 익		40,554,295		114,000,000
Ⅳ. 판 매 관 리 비		27,015,828		97,110,000
직 원 급 여			46,000,000	
퇴직급여충당금전입	1,500,000			
복 리 후 생 비	550,000		12,000,000	
여 비 교 통 비			4,500,000	
접 대 비	1,080,000		9,250,000	
통 신 비			3,560,000	
세 금 과 공 과 금	26,328		13,500,000	
감 가 상 각 비	22,500,500			
보 험 료	300,000		2,500,000	
차 량 유 지 비	150,000			
운 반 비	330,000			
도 서 인 쇄 비	80,000			
사 무 용 품 비	200,000			
소 모 품 비			5,650,000	
광 고 선 전 비	100,000			
대 손 상 각 비	199,000		150,000	
Ⅴ. 영 업 이 익		13,538,467		16,890,000
Ⅵ. 영 업 외 수 익				
Ⅶ. 영 업 외 비 용		360,000		1,200,000
이 자 비 용			1,200,000	
기 부 금	330,000			
매 출 채권처분손실	30,000			
Ⅷ. 법인세비용차감전순이익		13,178,467		15,690,000
Ⅸ. 법 인 세 비 용		500,000		
법 인 세 등	500,000			
Ⅹ. 당 기 순 이 익		12,678,467		15,690,000

필요 지식

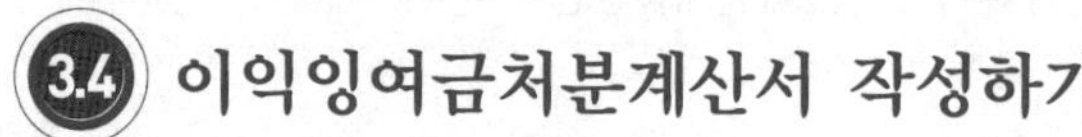

3.4 이익잉여금처분계산서 작성하기

이익잉여금처분계산서는 전기이월미처분이익잉여금에 당기순이익을 더한 미처분이익잉여금의 금액과 이익잉여금처분내역, 차기이월미처분이익잉여금이 나타나는 결산보고서이다.

수행 내용 이익잉여금처분계산서 작성하기

회계관리 ➡ 결산/재무제표관리 ➡ 이익잉여금처분계산서

❶ (주)삼일테크의 전기분 이익잉여금처분계산서 작성을 수행하시오.
(처분확정일: 2025년 2월 28일, 전기이월미처분이익잉여금: 35,810,000원, 당기순이익 15,690,000원)

❷ (주)삼일테크의 당기분 이익잉여금처분계산서 작성을 수행하시오.
(처분확정일: 당기 2026년 2월 28일, 전기이월미처분이익잉여금: 51,500,000원)

❸ (주)삼일테크의 당기분 손익대체분개를 생성하고, [전표/장부관리]의 [전표승인해제]에서 미결전표에 대한 승인처리를 수행하시오.

수행 결과 이익잉여금처분계산서 작성하기

❶ 전기분 이익잉여금처분계산서 작성하기: [이익잉여금처분계산서] 상단부의 전기분작성 을 클릭하여 전기분이익잉여금처분계산서를 작성한다.

전기분 작성

제 12기 2024년 01월 01일 부터 2024년 12월 31일 까지 처분확정일 2025/02/28

과 목	제 12 (전)기	
	금 액	
Ⅰ.미 처 분 이 익 잉 여 금		51,500,000
1.전기 이월 미처분 잉여금	35,810,000	
2.회계변경의 누 적 효 과		
3.전 기 오 류 수 정 이 익		
4.전 기 오 류 수 정 손 실		
5.중 간 배 당 액		
6.당 기 순 이 익	15,690,000	
Ⅱ.임의적립금등의 이 입 액		
합 계		51,500,000

❷ 당기분 이익잉여금처분계산서 작성하기: [이익잉여금처분계산서] 상단부에 [처분확정일]을 입력하고, 새로작성 을 클릭하면 자동으로 작성된다.

이익잉여금처분계산서 전기분작성 새로작성 항목추가 전표생성 저장

제 13기 2025년 01월 01일 부터 2025년 12월 31일 까지 처분확정일 2025/12/31

과 목	계정과목		제 13 (당)기	
	코드	과목명	금 액	
Ⅰ.미 처 분 이 익 잉 여 금				64,178,467
1.전기 이월 미처분 잉여금	37500	이월이익잉여금	51,500,000	
2.회계변경의 누 적 효 과	36900	회계변경의누적효과		
3.전 기 오 류 수 정 이 익	37000	전기오류수정이익		
4.전 기 오 류 수 정 손 실	37100	전기오류수정손실		
5.중 간 배 당 액	26500	미지급배당금		
6.당 기 순 이 익			12,678,467	
Ⅱ.임의적립금등의 이 입 액				
합 계				64,178,467
Ⅲ.이 익 잉 여 금 처 분 액				
1.이 익 준 비 금				
2.기 타 법 정 적 립 금				
3.주식할인발행차금 상각액				
4.배 당 금				
가.현 금 배 당				
나.주 식 배 당				
5.사 업 확 장 적 립 금				
6.감 채 적 립 금				
Ⅳ.차기이월미처분이익잉여금				64,178,467

주의 [이익잉여금처분계산서]의 당기순이익과 [손익계산서]의 당기순이익은 일치한다.

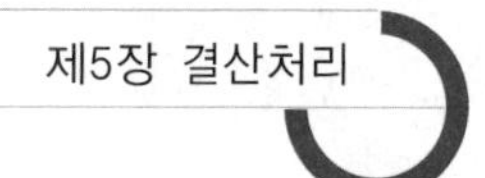

❸ [이익잉여금처분계산서] 상단부 전표생성 을 클릭하여 손익대체분개를 생성한 후 [전표승인해제] 메뉴에서 미결전표를 승인처리 한다.

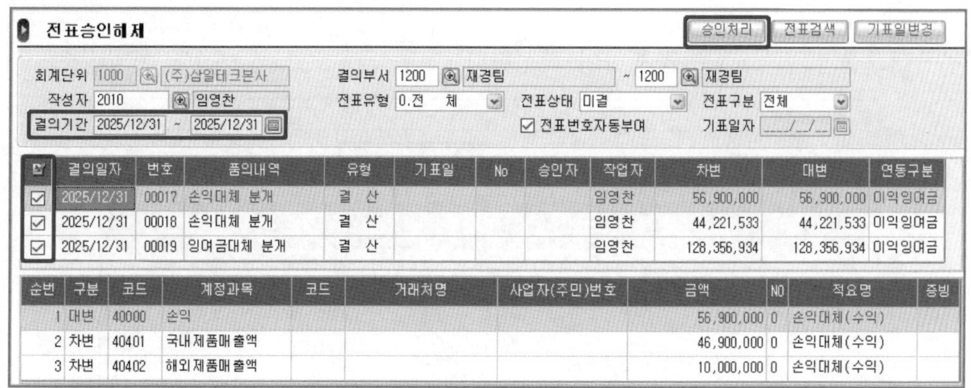

전표승인해제 (승인처리 / 전표검색 / 기표일변경)

회계단위 1000 (주)삼일테크본사 　결의부서 1200 재경팀 ~ 1200 재경팀
작성자 2010 임영찬 　전표유형 0.전체 　전표상태 미결 　전표구분 전체
결의기간 2025/12/31 ~ 2025/12/31 　☑ 전표번호자동부여 　기표일자 ____/__/__

☑	결의일자	번호	품의내역	유형	기표일	No	승인자	작업자	차변	대변	연동구분
☑	2025/12/31	00017	손익대체 분개	결 산				임영찬	56,900,000	56,900,000	이익잉여금
☑	2025/12/31	00018	손익대체 분개	결 산				임영찬	44,221,533	44,221,533	이익잉여금
☑	2025/12/31	00019	잉여금대체 분개	결 산				임영찬	128,356,934	128,356,934	이익잉여금

순번	구분	코드	계정과목	코드	거래처명	사업자(주민)번호	금액	NO	적요명	증빙
1	대변	40000	손익				56,900,000	0	손익대체(수익)	
2	차변	40401	국내제품매출액				46,900,000	0	손익대체(수익)	
3	차변	40402	해외제품매출액				10,000,000	0	손익대체(수익)	

필요 지식

3.5 재무상태표 작성하기

재무상태표는 일정 시점의 기업의 재무상태를 나타내는 결산보고서이다.

[결산/재무제표]의 [재무상태표]를 12월로 조회하여 자산, 부채, 자본의 상태를 확인하고 기말 자본을 확인한다.

수행 내용 **재무상태표 작성하기**

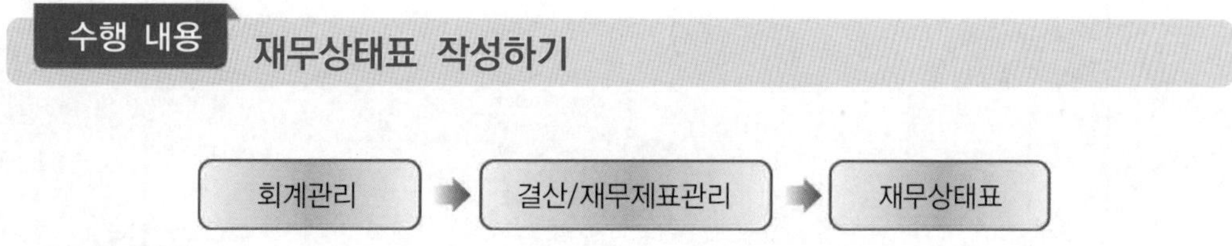

(주)삼일테크의 당기분 재무상태표 작성을 수행하시오.

수행 결과 재무상태표 작성하기

재무상태표를 12월 31일로 조회하여 작성한다.

재무상태표 [양식선택] [통합계정] [환경설정]

회계단위 1000 (주)삼일테크본사 기간 2025/12/31 단위 0. 원

관리용 | 제출용 | 세목별 (단위 : 원

과목	제 13 (당)기		제 12 (전)기	
	금액		금액	
자 산				
Ⅰ. 유 동 자 산		92,169,461		35,900,000
(1) 당 좌 자 산		79,169,461		27,900,000
현 금		14,495,000		3,050,000
당 좌 예 금		2,970,000		
제 예 금		25,200,000		10,000,000
단 기 매 매 증 권		1,800,000		
외 상 매 출 금	14,300,000		5,000,000	
대 손 충 당 금	143,000	14,157,000	50,000	4,950,000
받 을 어 음	20,600,000		10,000,000	
대 손 충 당 금	206,000	20,394,000	100,000	9,900,000
선 급 비 용		65,000		
부 가 세 대 급 금		88,461		
(2) 재 고 자 산		13,000,000		8,000,000
제 품		2,000,000		5,000,000
원 재 료		8,000,000		3,000,000
재 공 품		3,000,000		
Ⅱ. 비 유 동 자 산		144,195,334		158,000,000
(1) 투 자 자 산				
(2) 유 형 자 산		128,195,334		142,000,000
건 물		100,000,000		100,000,000
기 계 장 치	30,000,000		20,000,000	
감가 상각 누 계 액	6,304,166	23,695,834	5,000,000	15,000,000
차 량 운 반 구	29,000,000		29,000,000	
감가 상각 누 계 액	25,000,500	3,999,500	3,500,000	25,500,000
비 품	3,000,000		3,000,000	
감가 상각 누 계 액	2,500,000	500,000	1,500,000	1,500,000
(3) 무 형 자 산		5,000,000		5,000,000
개 발 비		5,000,000		5,000,000
(4) 기타 비유동자산		11,000,000		11,000,000
기 타 보 증 금		11,000,000		11,000,000
자 산 총 계		236,364,795		193,900,000
부 채				
Ⅰ. 유 동 부 채		66,686,328		39,400,000
외 상 매 입 금		40,600,000		32,900,000
지 급 어 음		5,500,000		
미 지 급 금		19,060,000		6,500,000
부 가 세 예 수 금		1,026,328		
미 지 급 세 금		500,000		
Ⅱ. 비 유 동 부 채		2,500,000		
퇴직 급여 충 당 금		2,500,000		
부 채 총 계		69,186,328		39,400,000
자 본				
Ⅰ. 자 본 금		100,000,000		100,000,000
자 본 금		100,000,000		100,000,000
Ⅱ. 자 본 잉 여 금				
Ⅲ. 자 본 조 정				
Ⅳ. 기타포괄손익누계액				
Ⅴ. 이 익 잉 여 금		67,178,467		54,500,000
이 익 준 비 금		3,000,000		3,000,000
미처분 이익 잉여금		64,178,467		51,500,000
(당 기 순 이 익)				
당기 : 12,678,467				
전기 : 15,690,000				
자 본 총 계		167,178,467		154,500,000
부 채 및 자 본 총 계		236,364,795		193,900,000

과 목	제 13 (당)기		제 12 (전)기	
	금 액		금 액	
자 본				
Ⅰ. 자 본 금		100,000,000		100,000,000
자 본 금		100,000,000		100,000,000
Ⅱ. 자 본 잉 여 금				
Ⅲ. 자 본 조 정				
Ⅳ. 기타포괄손익누계액				
Ⅴ. 이 익 잉 여 금		67,178,467		54,500,000
이 익 준 비 금		3,000,000		3,000,000
미처분 이익 잉여금		64,178,467		51,500,000
(당 기 순 이 익)				
당기 : 12,678,467				
전기 : 15,690,000				
자 본 총 계		167,178,467		154,500,000
부 채 및 자 본 총 계		236,364,795		193,900,000

주 [재무상태표]의 미처분이익잉여금은 [이익잉여금처분계산서]의 차기이월미처분이익잉여금과 일치한다.

출제유형 ···▸ 재무제표관리

문1) (주)삼일테크의 6월 30일 현재 다음의 당좌자산 계정과목별 금액이 옳은 것은?

① 현금 3,050,000원　　② 당좌예금 4,970,000원
③ 제예금 1,000,000원　　④ 단기매매증권 1,800,000원

문2) (주)삼일테크의 6월 30일 현재 매입채무 금액은 얼마인가?

① 7,000,000원　　② 9,000,000원
③ 25,900,000원　　④ 32,900,000원

문3) (주)삼일테크의 전기 발행주식 총수가 1,000주인 경우 손익계산서를 조회하여 전기 주당순이익을 계산하면 얼마인가?

① 7,845원　　② 9,639원
③ 15,690원　　④ 19,279원

문4) 다음의 내용 중 전표상태가 '미결'인 경우가 아닌 것은?

① 차변과 대변의 금액이 불일치하는 경우　　② 기간비용현황에서 전표발행한 경우
③ 결산자료입력에서 전표생성한 경우　　④ 이익잉여금처분계산서에서 전표생성한 경우

문5) (주)삼일테크의 기간별손익계산서에서 확인되는 분기별 영업이익 중 그 금액이 가장 높은 분기는?

① 1/4분기　　② 2/4분기
③ 3/4분기　　④ 4/4분기

[답안] 문1) ④, 문2) ③, 문3) ③, 문4) ②, 문5) ③

제4부

합격 문제풀이

유형별 연습문제

01 ERP 시스템의 이해

1.1 ERP 개념과 등장

01 ERP에 대한 아래 설명 중 가장 적절하지 않은 것은?

① ERP라는 용어는 가트너 그룹에서 최초로 사용하였다.
② ERP는 생산, 회계, 인사 등의 업무프로세스를 지원하는 각각의 개별시스템이다.
③ ERP를 통해 BPR이 이루어져 프로세스 개선이 효율적으로 수행될 수 있다.
④ ERP 소프트웨어는 경영혁신의 도구이다.

02 ERP에 대한 설명으로 틀린 것은?

① 인사, 영업, 구매, 생산, 회계 등 기업의 업무가 통합된 시스템이다.
② 기능 최적화에서 전체 최적화를 목표로 한 시스템이다.
③ 모든 사용자들은 쉽게 기업의 정보에 접근할 수 있다.
④ 신속한 의사결정을 지원하는 경영정보시스템이다.

03 다음 중 ERP에 대한 설명으로 옳지 않은 것은?

① 투명경영의 수단으로 쓰인다.
② '전사적 자원관리시스템'이라고 불린다.
③ 전산시스템은 회계, 인사, 자재관리 등의 각 시스템이 분야별로 개발 및 운영된다.
④ 모든 자원의 흐름을 기업 전체의 흐름에서 최적관리를 가능하게 하는 통합시스템이다.

04 다음 중 ERP에 대한 설명으로 바르지 않은 것은?

① 경영혁신 환경을 뒷받침하는 새로운 경영업무 시스템 중 하나이다.
② 기업의 전반적인 업무과정이 컴퓨터로 연결되어 실시간 관리를 가능하게 한다.
③ 기업 내 각 영역의 업무프로세스를 지원하고 단위별 업무처리의 강화를 추구하는 시스템이다.
④ 전통적 정보시스템과 비교하여 보다 완벽한 형태의 통합적인 정보인프라 구축을 가능하게 해주는 신경영혁신의 도구이다.

05 ERP에 대한 다음 설명 중 타당하지 않은 것은?

① ERP란 전사적 자원관리로 선진업무프로세스(Best Practice)와 최신 IT기술을 기반으로 한다.
② 기업 내 모든 업무를 실시간, 통합적으로 수행할 수 있다.
③ 전사적 자원의 최적 활용이 가능하여 업무생산성 증대, 고객서비스 개선, 투명성이 제고된다.
④ 효율적이고 효과적인 기업경영을 위하여 인사급여, 재무회계, 생산, 유통 등 주요 기능별로 최적화된 시스템이다.

06 ERP(Enterprise Resource Planning)와 관련된 다음의 설명 중 가장 거리가 먼 것은?

① 판매, 생산, 재고관리 등의 시스템들이 상호 연동하여 사용자가 요청하는 작업을 즉시 수행할 수 있도록 해주는 통합시스템이다.
② 업무의 표준화, 자료의 표준화에 의한 시스템 통합으로 전사차원에서 통합된 데이터베이스를 구축하여 정보의 일관성 유지는 가능하나 관리의 중복을 배제할 수는 없다.
③ 기업으로 하여금 글로벌 환경에 쉽게 대응할 수 있도록 한다.
④ 정보시스템을 통해 회사의 경영에 필요한 조기경보체제를 구축할 수 있다.

07 다음 중 BPR(업무 재설계)의 필요성이라고 볼 수 없는 것은?

① 기존업무 방식의 고수
② 경영 환경 변화에의 대응
③ 조직의 복잡성 증대와 효율성 저하에의 대처
④ 정보기술을 통한 새로운 기회의 모색

08 다음 설명 중 가장 적합하지 않은 것은?

① ERP에 내장되어 있는 Best Practice를 자사의 업무 프로세스에 맞추어 가는 것 자체가 기업이 추구하는 프로세스 혁신(PI: Process Innovation)이기 때문에 기업업무 전반에 걸친 Business Process Model을 제대로 검토하는 것이 매우 중요하다.
② ERP 시스템 도입 전 PI를 실행함으로써 ERP 시스템에 대한 적응기간을 단축하는 효과를 가져올 수 있다.
③ BPR은 경쟁우위 확보를 위해 기업의 핵심 부문에 대한 비용, 품질, 서비스, 속도와 같은 요인을 획기적으로 향상시킬 수 있도록 업무 프로세스를 근간으로 경영시스템을 근본적으로 재설계하여 극적인 성과를 추구하는 것이다.
④ ERP 시스템을 도입하여 업무에 적용함으로써 BPR이 저절로 수행되는 효과를 기대할 수 있다.

09 다음 중 ERP와 기존의 정보시스템(MIS) 특성 간의 차이점에 대한 설명으로 가장 적절하지 않은 것은?

① 기존 정보시스템(MIS)의 업무범위는 단위업무이고, ERP는 통합업무를 담당한다.
② 기존 정보시스템(MIS)의 전산화 형태는 중앙집중식이고, ERP는 분산처리구조이다.
③ 기존 정보시스템(MIS)은 수평적으로 업무를 처리하고, ERP는 수직적으로 업무를 처리한다.
④ 기존 정보시스템(MIS)의 데이터베이스 형태는 파일시스템이고, ERP는 관계형 데이터베이스 시스템(RDBMS)이다.

10 다음 [보기]의 (   ) 안에 공통적으로 들어갈 용어는 무엇인가?

보기
- (   )은 정보기술을 활용한 리엔지니어링을 의미하며, ERP 시스템은 이것을 추진하기 위한 핵심 도구로 활용될 수 있다. - (   )은 기업의 업무처리 방식, 정보기술, 조직 등에서 불필요한 요소들을 제거하고 효과적으로 재설계함으로써 기업 가치를 극대화하기 위한 경영기법이다. - (   )은 1992년에 하버드 비즈니스 스쿨의 토마스 데이븐포트(Thomas H. Davenport) 교수가 출간한 책의 제목에서 사용된 용어이다.

① BPR
② 리스트럭처링(Restructuring)
③ 프로세스 혁신(PI, Process Innovation)
④ 전사적 품질경영(TQM, Total Quality Management)

1.2 ERP 발전과정과 특징

01 다음은 ERP의 발전과정을 나타낸 것이다. [보기]의 (   ) 안에 들어갈 단계를 가장 알맞게 나타낸 것은?

보기
MRP → (   ) → ERP → (   )

① SCM, 확장형 ERP ② MRP II, 확장형 ERP
③ CRM, 확장형 ERP ④ MIS, 확장형 ERP

02 다음의 용어와 설명이 맞지 않는 것은?

① MRP Ⅰ - Material Requirement Planning(자재소요계획)
② MRP Ⅱ - Man Resource Planning(인적자원계획)
③ ERP - Enterprise Resource Planning(전사적 자원관리)
④ EERP - Extended ERP(확장형 ERP)

03 다음은 ERP의 발전과정을 도표로 정리한 것이다. 빈칸에 들어갈 말로 올바른 것은?

보기

1970년대	1980년대	1990년대	2000년대
MRP1	(A)	ERP	(B)
(C)	제조자원관리	(D)	기업간 최적화
재고최소화	원가절감	경영혁신	WIN-WIN-WIN

	(A)	(B)	(C)	(D)
①	MRP Ⅱ	확장형 ERP	자재수급관리	전사적 자원관리
②	MRP Ⅱ	CRM	자재공급관리	고객관계관리
③	MIS	확장형 ERP	고객관계관리	공급사슬망관리
④	MIS	SCM	자재수급관리	제조자원관리

04 다음 [보기]의 (　　)에 들어갈 적당한 용어는 무엇인가?

> **보기**
>
> (　　　　)는 생산현장의 실제 데이터와 제조자원의 용량제한을 고려하고, 자동화된 공정데이터의 수집, 수주관리, 재무관리, 판매주문관리 등의 기능이 추가되어 실현 가능한 생산계획을 제시하면서 제조활동을 더 안정된 분위기에서 가장 효율적인 관리를 위해 탄생되었다.

① MRP Ⅰ　　② MRP Ⅱ　　③ ERP　　④ 확장형 ERP

05 다음 중 ERP의 기능적 특징에 해당하지 않는 것은?

① 다국적, 다통화, 다언어 지원
② 통합업무 시스템 – 중복업무의 배제 및 실시간 정보처리체계 구축
③ Best Practice Business Process를 공통화, 표준화
④ 불투명 경영의 수단으로 활용

06 다음 중 ERP의 기능적 특징으로 바르지 않은 것은?

① 중복적, 반복적으로 처리하던 업무를 줄일 수 있다.
② 실시간으로 데이터 입·출력이 이루어지므로 신속한 정보사용이 가능하다.
③ ERP를 통해 기업의 투명회계 구현이라는 성과를 가져올 수 있다.
④ 조직의 변경이나 프로세스의 변경에 대한 대응은 가능하나 기존 하드웨어와의 연계에 있어서는 보수적이다.

07 ERP의 특징 중 기술적 특징에 해당하지 않는 것은?

① 다국적, 다통화, 다언어 지원
② 관계형 데이터베이스(RDBMS) 채택
③ 4세대 언어(4GL) 활용
④ 객체지향기술(Object Oriented Technology) 사용

08 ERP 시스템이 갖는 특징을 기능적 특징과 기술적 특징으로 구분할 수 있는데, 그중에서 기술적 특징에 해당되는 것은?

① 경영정보제공 및 경영조기경보체계를 구축
② 객체지향기술 사용
③ 표준을 지향하는 선진화된 최고의 실용성을 수용
④ 투명경영의 수단으로 활용

09 다음은 ERP의 특징을 설명한 것이다. 특징과 설명을 잘못 연결한 것은?

① 다국적, 다통화, 다언어: 각 나라의 법률과 대표적인 상거래 습관, 생산방식이 시스템에 입력되어 있어서 사용자는 이 가운데 선택하여 설정할 수 있다.

② 통합업무시스템: 세계 유수기업이 채용하고 있는 Best Practice Business Process를 공통화, 표준화시킨다.

③ Open Multi-Vendor: 특정 H/W 업체에 의존하는 Open 형태를 채택, C/S형의 시스템 구축이 가능하다.

④ Parameter 설정에 의한 단기간의 도입과 개발이 가능: Parameter 설정에 의해 각 기업과 부문의 특수성을 고려할 수 있다.

10 다음 [보기]의 (　　)에 들어갈 가장 적절한 용어는 무엇인가?

보기
- ERP 시스템은 범용패키지로 각 프로세스나 기능별로 다양한 선택 가능한 조건들인 (　　)을(를) 포함하고 있어서 회사의 실정에 맞도록 시스템을 설정할 수 있다. - (　　)설정을 통한 도입 방식은 기존의 S/W 자체개발 방식에 비해 상대적으로 시스템의 구축기간이 짧고, 유지보수 비용이 적다는 장점이 있다.

① 파라미터(Parameter)

② 미들웨어(Middleware)

③ 그래픽 유저 인터페이스(GUI, Graphic User Interface)

④ 기업애플리케이션통합(EAI, Enterprise Application Integration)

1.3 ERP 도입과 구축

01 ERP 도입의 효과로 가장 바람직한 것은 무엇인가?

① 비즈니스 프로세스 혁신　　② 자동화

③ 매출증대 및 인원절감　　④ 불량품 감소

02 ERP 도입의 예상효과로 볼 수 없는 것은?

① 투명한 경영　　② 고객서비스 개선

③ 결산작업의 증가　　④ 재고물류비용 감소

03 다음 중 ERP 도입의 예상 효과로 적절하지 않은 것은?

① 업무효율성의 증가　　② 정보체계의 표준화, 단순화, 코드화

③ 투명한 경영환경 구축　　④ 리드타임(Lead Time) 증가

04 다음 중 ERP 도입 효과로 가장 적합하지 않은 것은?

① 불필요한 재고를 없애고 물류비용을 절감할 수 있다.
② 업무의 정확도가 증대되고 업무 프로세스가 단축된다.
③ 업무시간을 단축할 수 있고 필요인력과 필요자원을 절약할 수 있다.
④ 의사결정의 신속성으로 인한 정보 공유의 공간적, 시간적 한계가 있다.

05 다음은 ERP 도입 의의를 설명한 것이다. 가장 올바르지 않은 것은?

① 기업의 프로세스를 재검토하여 비즈니스 프로세스를 변혁시킨다.
② ERP 도입의 가장 큰 목표는 업무효율화를 통해 새로운 비즈니스 모델을 창출하며, 이를 통해 사업을 다각화 시키는 데 있다.
③ 기업의 입장에서 ERP 도입을 통해 업무 프로세스를 개선함으로써 업무의 비효율을 줄이는 것이다.
④ 고객의 입장에서 ERP 도입은 공급사슬의 단축, 리드타임의 감소, 재고절감 등을 이룩한다.

06 다음 중 'Best Practice' 도입을 목적으로 ERP 패키지를 도입하여 시스템을 구축하고자 할 경우 가장 바람직하지 않은 방법은?

① 기존 업무처리에 따라 ERP 패키지를 수정하는 방법
② BPR을 실시한 후에 이에 맞도록 ERP 시스템을 구축하는 방법
③ BPR과 ERP 시스템 구축을 병행하는 방법
④ ERP 패키지에 맞추어 BPR을 추진하는 방법

07 다음 중 ERP의 장점 및 효과에 대한 설명으로 가장 적절하지 않은 것은?

① ERP는 다양한 산업에 대한 최적의 업무관행인 Best Practices를 담고 있다.
② ERP 시스템 구축 후 업무재설계(BPR)를 수행하여 ERP 도입의 구축성과를 극대화할 수 있다.
③ ERP는 모든 기업의 업무 프로세스를 개별 부서원들이 분산처리 하면서도 동시에 중앙에서 개별 기능들을 통합적으로 관리할 수 있다.
④ 차세대 ERP는 인공지능 및 빅데이터 분석기술과의 융합으로 선제적 예측과 실시간 의사결정지원이 가능하다.

08 다음 중 ERP 시스템 구축의 장점으로 볼 수 없는 것은?

① ERP 시스템은 비즈니스 프로세스의 표준화를 지원한다.
② ERP 시스템의 유지보수비용은 ERP 시스템 구축 초기보다 증가할 것이다.
③ ERP 시스템은 이용자들이 업무처리를 하면서 발생할 수 있는 오류를 예방한다.
④ ERP 구현으로 재고비용 및 생산비용의 절감효과를 통한 효율성을 확보할 수 있다.

09 다음 중 ERP시스템에 대한 투자비용에 관한 개념으로 시스템의 전체 라이프사이클(life-cycle)을 통해 발생하는 전체 비용을 계량화하는 것을 무엇이라 하는가?

① 유지보수 비용(Maintenance Cost)
② 시스템 구축비용(Construction Cost)

③ 소프트웨어 라이선스비용(Software License Cost)
④ 총소유비용(Total Cost of Ownership)

10 다음 중 ERP가 성공하기 위한 요건으로 볼 수 없는 것은?

① 경영자의 관심과 기업 구성원 전원이 참여하는 분위기 조성
② 경험과 지식을 겸비한 최고의 인력으로 TFT(Task Force Team)를 구성
③ 업무환경에 맞는 우수한 ERP package 선정
④ 도입 초기에만 집중적으로 교육 및 훈련 실시

11 기업에 ERP 시스템이 성공적으로 도입되고 운영되기 위해서는 많은 요소들을 고려해야 한다. 다음 중 ERP 시스템 도입을 위한 성공요인으로 적절하지 않은 것은?

① 업무 단위별 추진
② 경영진의 확고한 의지
③ 지속적인 교육 및 훈련
④ 현업 중심의 프로젝트 진행

12 다음 중에서 ERP를 도입할 때 선택기준으로 가장 적절하지 않은 것은?

① 경영진의 확고한 의지가 있어야 한다.
② 경험 있는 유능한 컨설턴트를 활용하여야 한다.
③ 전사적으로 전 임직원의 참여를 유도하여야 한다.
④ 다른 기업에서 가장 많이 사용하는 패키지이어야 한다.

13 상용화 패키지에 의한 ERP 시스템 구축 시, 성공과 실패를 좌우하는 요인으로 보기 어려운 것은?

① 시스템 공급자와 기업 양쪽에서 참여하는 인력의 자질
② 기업환경을 최대한 고려하여 개발할 수 있는 자체개발인력 보유 여부
③ 제품이 보유한 기능을 기업의 업무환경에 얼마만큼 잘 적용하는지에 대한 요인
④ 사용자 입장에서 ERP 시스템을 충분히 이해하고 사용할 수 있는 반복적인 교육훈련

14 ERP의 구축단계를 순서대로 바르게 나타낸 것은?

① 분석 → 설계 → 구현 → 구축
② 설계 → 구현 → 분석 → 구축
③ 분석 → 설계 → 구축 → 구현
④ 설계 → 분석 → 구축 → 구현

15 ERP 구축절차에 대한 설명으로 가장 바르지 않은 것은?

① 구현단계에서 전 직원을 상대로 요구분석을 실시한다.
② 패키지를 설치한 후 각 모듈별 및 통합테스트를 실시한다.
③ 초기단계에서 AS-IS를 파악한 후 TO-BE PROCESS를 도출한다.
④ 최종적으로 시험가동 및 데이터 전환을 실시하고 실제로 운영해 본 후의 유지보수 과정이 필요하다.

유형별연습문제

16 ERP 구축절차 중 모듈조합화, 테스트 및 추가개발 또는 수정기능 확정을 하는 단계는 다음 중 어느 단계에 해당하는가?

① 구현단계 ② 분석단계
③ 설계단계 ④ 구축단계

17 다음 ERP의 4단계 구축 과정 중 분석단계에 해당하지 않는 것은 무엇인가?

① 모듈의 조합화 및 GAP 분석 ② 목표와 범위 설정
③ 경영전략 및 비전 도출 ④ 현재 시스템의 문제 파악

18 다음 중 ERP 구축 전에 수행되는 단계적으로 시간의 흐름에 따라 비즈니스 프로세스를 개선해가는 점증적 방법론을 무엇이라 하는가?

① BPI(Business Process Improvement)
② BPR(Business Process Re-Engineering)
③ ERD(Entity Relationship Diagram)
④ MRP(Material Requirement Program)

19 다음 중 ERP 도입전략으로 ERP 자체개발 방법에 비해 ERP 패키지를 선택하는 방법의 장점으로 가장 적절하지 않은 것은?

① 검증된 방법론 적용으로 구현 기간의 최소화가 가능하다.
② 검증된 기술과 기능으로 위험 부담을 최소화할 수 있다.
③ 시스템의 수정과 유지보수가 주기적이고 지속적으로 단시간에 이루어질 수 있다.
④ 향상된 기능과 최신의 정보기술이 적용된 버전(version)으로 업그레이드(upgrade)가 가능하다.

20 다음 중 ERP 구축 시 컨설턴트를 고용함으로써 얻는 장점으로 가장 적절하지 않은 것은?

① 프로젝트 주도권이 컨설턴트에게 넘어갈 수 있다.
② 숙달된 소프트웨어 구축방법론으로 실패를 최소화할 수 있다.
③ ERP 기능과 관련된 필수적인 지식을 기업에 전달할 수 있다.
④ 컨설턴트는 편견이 없고 목적 지향적이기 때문에 최적의 패키지를 선정하는데 도움이 된다.

1.4 확장형 ERP

01 다음 중 확장형 ERP 시스템에 포함되어야 할 내용으로 적절하지 않은 것은?

① 산업유형 지원 확대 ② 그룹웨어기능의 포함
③ 전문화 확대 적용 ④ 고유기능의 축소

02 확장형 ERP 시스템은 기업의 핵심기능인 기본형 ERP 시스템과 경영에 필요한 정보를 제공해 주는 전략적 기업경영(SEM: Strategic Enterprise Management) 시스템으로 구성된다. 그 외 인터넷 기반의 정보교환, 제품거래 역할을 담당하는 e-비즈니스 지원시스템도 포함된다. 다음의 단위시스템 중 e-비즈니스 지원 시스템에 포함되지 않는 것은?

① 공급망관리(SCM) 시스템
② 생산자원관리(MRP Ⅱ) 시스템
③ 지식경영시스템(KMS)
④ 고객관계관리(CRM) 시스템

03 전략적 기업경영(SEM) 시스템은 기업운영을 위한 전략적인 부분을 지원하고, 경영에 필요한 정보를 제공해 주는 것으로 단위시스템들로 구성될 수 있다. 이 중 가장 적합하지 않은 것은?

① 성과측정관리(BSC, Balanced Score Card)
② 부가가치경영(VBM, Valued-Based Management)
③ 활동기준경영(ABM, Activity-Based Management)
④ 제조자원계획(MRP II, Manufacturing Resource Planning)

04 다음 중 확장된 ERP 시스템의 공급망관리(SCM) 모듈을 실행함으로써 얻는 장점으로 가장 적절하지 않은 것은?

① 공급사슬에서의 가시성 확보로 공급 및 수요변화에 대한 신속한 대응이 가능하다.
② 정보투명성을 통해 재고수준 감소 및 재고회전율(inventory turnover) 증가를 달성할 수 있다.
③ 공급사슬에서의 계획(plan), 조달(source), 제조(make) 및 배송(deliver) 활동 등 통합 프로세스를 지원한다.
④ 마케팅(marketing), 판매(sales) 및 고객서비스(customer service)를 자동화함으로써 현재 및 미래 고객들과 상호작용할 수 있다.

05 다음 [보기]의 (   )에 들어갈 용어로 맞는 것은 무엇인가?

보기

확장된 ERP 시스템 내의 (   )모듈은 공급자부터 소비자까지 이어지는 물류, 자재, 제품, 서비스, 정보의 흐름 전반에 걸쳐 계획하고 관리함으로써 수요와 공급의 일치를 최적으로 운영하고 관리하는 활동이다.

① ERP(Enterprise Resource Planning)
② SCM(Supply Chain Management)
③ CRM(Customer Relationship Management)
④ KMS(Knowledge Management System)

06 다음 중 ERP 아웃소싱(Outsourcing)의 장점으로 가장 적절하지 않은 것은?

① ERP 아웃소싱을 통해 기업이 가지고 있지 못한 지식을 획득할 수 있다.
② ERP 개발과 구축, 운영, 유지보수에 필요한 인적 자원을 절약할 수 있다.
③ IT 아웃소싱 업체에 종속성(의존성)이 생길 수 있다.
④ ERP 자체개발에서 발생할 수 있는 기술력 부족의 위험요소를 제거할 수 있다.

07 다음 중 ERP와 CRM 간의 관계에 대한 설명으로 가장 적절하지 않은 것은 무엇인가?

① ERP와 CRM 간의 통합으로 비즈니스 프로세스의 투명성과 효율성을 확보할 수 있다.
② ERP시스템은 비즈니스 프로세스를 지원하는 백오피스 시스템(Back-Office System)이다.
③ CRM시스템은 기업의 고객대응활동을 지원하는 프런트오피스 시스템(Front-Office System)이다.
④ CRM시스템은 조직 내의 인적자원들이 축적하고 있는 개별적인 지식을 체계화하고 공유하기 위한 정보시스템으로 ERP시스템의 비즈니스 프로세스를 지원한다.

08 ERP시스템의 SCM 모듈을 실행함으로써 얻는 장점으로 가장 적절하지 않은 것은?

① 공급사슬에서의 가시성 확보로 공급 및 수요변화에 대한 신속한 대응이 가능하다.
② 정보투명성을 통해 재고수준 감소 및 재고회전율(inventory turnover) 증가를 달성할 수 있다.
③ 공급사슬에서의 계획(plan), 조달(source), 제조(make) 및 배송(deliver) 활동 등 통합 프로세스를 지원한다.
④ 마케팅(marketing), 판매(sales) 및 고객서비스(customer service)를 자동화함으로써 현재 및 미래 고객들과 상호작용할 수 있다.

1.5 4차 산업혁명과 스마트 ERP

01 다음 중 클라우드 ERP와 관련된 설명으로 가장 적절하지 않은 것은?

① 클라우드를 통해 ERP 도입에 관한 진입장벽을 높일 수 있다.
② IaaS 및 PaaS 활용한 ERP를 하이브리드 클라우드 ERP라고 한다.
③ 서비스형 소프트웨어 형태의 클라우드로 ERP를 제공하는 것을 SaaS ERP라고 한다.
④ 클라우드 ERP는 고객의 요구에 따라 필요한 기능을 선택·적용한 맞춤형 구성이 가능하다.

02 다음 중 클라우드 서비스 기반 ERP와 관련된 설명으로 가장 적절하지 않은 것은?

① ERP 구축에 필요한 IT 인프라 자원을 클라우드 서비스로 빌려 쓰는 형태를 IaaS라고 한다.
② ERP 소프트웨어 개발을 위한 플랫폼을 클라우드 서비스로 제공받는 것을 PaaS라고 한다.
③ PaaS에는 데이터베이스 클라우드 서비스와 스토리지 클라우드 서비스가 있다.
④ 기업의 핵심 애플리케이션인 ERP, CRM 솔루션 등의 소프트웨어를 클라우드 서비스를 통해 제공받는 것을 SaaS라고 한다.

03 클라우드 서비스 사업자가 클라우드 컴퓨팅 서버에 ERP 소프트웨어를 제공하고, 사용자가 원격으로 접속해 ERP 소프트웨어를 활용하는 서비스를 무엇이라 하는가?

① IaaS(Infrastructure as a Service)　② PaaS(Platform as a Service)
③ SaaS(Software as a Service)　④ DaaS(Desktop as a Service)

04 다음 중 차세대 ERP의 인공지능(AI), 빅데이터(BigData), 사물인터넷(IoT) 기술의 적용에 관한 설명으로 가장 적절하지 않은 것은?

① 현재 ERP는 기업 내 각 영역의 업무프로세스를 지원하고, 단위별 업무처리의 강화를 추구하는 시스템으로 발전하고 있다.
② 제조업에서는 빅데이터 분석기술을 기반으로 생산자동화를 구현하고 ERP와 연계하여 생산계획의 선제적 예측과 실시간 의사결정이 가능하다.
③ 차세대 ERP는 인공지능 및 빅데이터 분석기술과의 융합으로 상위계층의 의사결정을 지원할 수 있는 지능형시스템으로 발전하고 있다.
④ ERP에서 생성되고 축적된 빅데이터를 활용하여 기업의 새로운 업무개척이 가능해지고, 비즈니스 간 융합을 지원하는 시스템으로 확대가 가능하다.

05 다음 [보기]의 (   )에 들어갈 용어로 가장 적절한 것은 무엇인가?

보기
ERP 시스템 내의 데이터 분석 솔루션인 (   )은(는) 구조화된 데이터(structured data)와 비구조화된 데이터(unstructured data)를 동시에 이용하여 과거 데이터에 대한 분석뿐만 아니라, 이를 통한 새로운 통찰력 제안과 미래 사업을 위한 시나리오를 제공한다.

① 리포트(Report)
② SQL(Structured Query Language)
③ 비즈니스 애널리틱스(Business Analytics)
④ 대시보드(Dashboard)와 스코어카드(Scorecard)

06 다음 중 차세대 ERP의 비즈니스 애널리틱스(Business Analytics)에 관한 설명으로 가장 적절하지 않은 것은?

① 비즈니스 애널리틱스는 구조화된 데이터(structured data)만을 활용한다.
② ERP 시스템 내의 방대한 데이터 분석을 위한 비즈니스 애널리틱스가 ERP의 핵심요소가 되었다.
③ 비즈니스 애널리틱스는 질의 및 보고와 같은 기본적 분석기술과 예측 모델링과 같은 수학적으로 정교한 수준의 분석을 지원한다.
④ 비즈니스 애널리틱스는 리포트, 쿼리, 대시보드, 스코어카드뿐만 아니라 예측모델링과 같은 진보된 형태의 분석기능도 제공한다.

07 스마트공장의 구성영역 중에서 생산계획 수립, 재고관리, 제조자원관리, 품질관리, 공정관리, 설비제어 등을 담당하는 것은?

① 제품개발　　② 현장자동화
③ 공장운영관리　　④ 공급사슬관리

08 클라우드 서비스의 비즈니스 모델에 관한 설명으로 옳지 않은 것은?

① 공개형 클라우드는 사용량에 따라 사용료를 지불하며 규모의 경제를 통해 경쟁력 있는 서비스 단가를 제공한다는 장점이 있다.
② 공개형 클라우드는 데이터의 소유권 확보와 프라이버시 보장이 필요한 경우 사용된다.
③ 폐쇄형 클라우드는 특정한 기업 내부 구성원에게만 제공되는 서비스를 말한다.
④ 혼합형 클라우드는 특정 업무는 폐쇄형 클라우드 방식을 이용하고 기타 업무는 공개형 클라우드 방식을 이용하는 것을 말한다.

09 인공지능의 기술발전에 대한 설명으로 옳지 않은 것은?

① 계산주의는 인간이 보유한 지식을 컴퓨터로 표현하고 이를 활용해 현상을 분석하거나 문제를 해결하는 지식기반시스템을 말한다.
② 연결주의는 지식을 직접 제공하기보다 지식과 정보가 포함된 데이터를 제공하고 컴퓨터가 스스로 필요한 정보를 학습한다.
③ 연결주의 시대는 학습에 필요한 빅데이터와 컴퓨팅 파워의 부족이라는 한계를 극복하였다.
④ 딥러닝은 입력층(input layer)과 출력층 (output layer) 사이에 다수의 숨겨진 은닉층(hidden layer)으로 구성된 심층신경망(Deep Neural Networks)을 활용한다.

10 다음 중 세계경제포럼(World Economic Forum)에서 발표한 인공지능 규범(AI code)의 5개 원칙에 해당하지 않는 것은?

① 인공지능은 인류의 공동 이익과 이익을 위해 개발되어야 한다.
② 인공지능은 투명성과 공정성의 원칙에 따라 작동해야 한다.
③ 인공지능이 개인, 가족, 지역 사회의 데이터 권리 또는 개인정보를 감소시켜야 한다.
④ 인간을 해치거나 파괴하거나 속이는 자율적 힘을 인공지능에 절대로 부여하지 않는다.

11 인공지능 기반의 빅데이터 분석기법에 대한 설명으로 적절하지 않은 것은?

① 텍스트마이닝 분석을 실시하기 위해서는 불필요한 정보를 제거하는 데이터 전처리(data pre-pro cessing) 과정이 필수적이다.
② 텍스트마이닝은 자연어(natural language) 형태로 구성된 정형데이터에서 패턴 또는 관계를 추출하여 의미 있는 정보를 찾아내는 기법이다.
③ 데이터마이닝은 대규모로 저장된 데이터 안에서 다양한 분석기법을 활용하여 전통적인 통계학 이론으로는 설명이 힘든 패턴과 규칙을 발견한다.
④ 데이터마이닝은 분류(classification), 추정(estimation), 예측(prediction), 유사집단화(affinity grouping), 군집화(clustering)의 5가지 업무영역으로 구분할 수 있다.

12 빅데이터의 주요 특성(5V)으로 옳지 않은 것은?

① 속도　　② 다양성
③ 정확성　　④ 일관성

13 스마트팩토리의 주요 구축 목적이 아닌 것은?

① 생산성 향상
② 유연성 향상
③ 고객서비스 향상
④ 제품 및 서비스의 이원화

14 [보기]에서 설명하는 RPA 적용단계는 무엇인가?

| 보기 |

빅데이터 분석을 통해 사람이 수행하는 복잡한 의사결정을 내리는 수준이다. 이것은 RPA가 업무 프로세스를 스스로 학습하면서 자동화하는 단계이다.

① 인지자동화
② 데이터전처리
③ 기초프로세스 자동화
④ 데이터 기반의 머신러닝(기계학습) 활용

15 [보기]는 무엇에 대한 설명인가?

| 보기 |

실제의 물리적인 제품, 생산설비, 공정, 공장을 사이버 공간에 그대로 구현하고 서로 긴밀하게 통합되어 동작하는 통합시스템으로, 공장운영 전반의 데이터를 실시간으로 수집하여 공장운영 현황을 모니터링하고 설비와 공정을 제어함으로써 공장운영의 최적화를 수행하는 것

① 제조실행시스템(MES)
② 전사적자원관리(ERP)
③ 사이버물리시스템(CPS)
④ 제품수명주기관리(PLM)시스템

16 [보기]는 무엇에 대한 설명인가?

| 보기 |

- 제품, 공정, 생산설비, 공장 등에 대한 실제 환경과 가상 환경을 연결하여 상호작용하는 통합 시스템
- 실시간으로 수집되는 빅데이터를 가상 모델에서 시뮬레이션하여 실제 시스템의 성능을 최적으로 유지

① 비즈니스 애널리틱스(Business Analytics)
② 사이버물리시스템(Cyber Physical System, CPS)
③ 공급사슬관리(Supply Chain Management, SCM)
④ 전사적 자원관리(Enterprise Resource Planning, ERP)

17 머신러닝 워크플로우 프로세스의 순서를 고르시오.

① 데이터 수집 → 점검 및 탐색 → 전처리 및 정제 → 모델링 및 훈련 → 평가 → 배포
② 점검 및 탐색 → 데이터 수집 → 전처리 및 정제 → 모델링 및 훈련 → 평가 → 배포
③ 데이터 수집 → 전처리 및 정제 → 모델링 및 훈련 → 평가 → 배포 → 점검 및 탐색
④ 데이터 수집 → 전처리 및 정제 → 점검 및 탐색 → 모델링 및 훈련 → 평가 → 배포

18 기계학습의 종류에 해당하지 않는 것은?

① 지도학습(Supervised Learning)
② 강화학습(Reinforcement Learning)
③ 비지도학습(Unsupervised Learning)
④ 시뮬레이션학습(Simulation Loarning)

19 인공지능 비즈니스 적용 프로세스의 순서로 올바른 것은?

① 비즈니스 영역 탐색 → 비즈니스 목표 수립 → 데이터 수집 및 적재 → 인공지능 모델 개발 → 인공지능 배포 및 프로세스 정비
② 비즈니스 목표 수립 → 비즈니스 영역 탐색 → 데이터 수집 및 적재 → 인공지능 모델 개발 → 인공지능 배포 및 프로세스 정비
③ 비즈니스 목표 수립 → 데이터 수집 및 적재 → 인공지능 모델 개발 → 인공지능 배포 및 프로세스 정비 → 비즈니스 영역 탐색
④ 비즈니스 영역 탐색 → 비즈니스 목표 수립 → 데이터 수집 및 적재 → 인공지능 배포 및 프로세스 정비 → 인공지능 모델 개발

20 [보기]는 무엇에 대한 설명인가?

보기

- 분산형 데이터베이스(distributed database)의 형태로 데이터를 저장하는 연결구조체
- 모든 구성원이 네트워크를 통해 데이터를 검증 및 저장하여 특정인의 임의적인 조작이 어렵도록 설계된 저장플랫폼

① 챗봇(Chatbot)
② 블록체인(Blockchain)
③ 메타버스(Metaverse)
④ RPA(Robotic Process Automation)

21 [보기]는 무엇에 대한 설명인가?

보기

- 축적된 대용량 데이터를 통계기법 및 인공지능기법을 이용하여 분석하고 이에 대한 평가를 거쳐 일반화시킴으로써 새로운 자료에 대한 예측 및 추측을 할 수 있는 의사결정을 지원한다.
- 대규모로 저장된 데이터 안에서 다양한 분석기법을 활용하여 전통적인 통계학 이론으로는 설명이 힘든 패턴과 규칙을 발견한다.
- 분류(classification), 추정(estimation), 예측(prediction), 유사집단화(affinity grouping), 군집화(clustering) 등의 다양한 기법이 사용된다.

① 챗봇(Chat Bot)
② 블록체인(Block Chain)
③ 스마트계약(Smart Contract)
④ 데이터마이닝(Data Mining)

22 인공지능 규범(AI CODE)의 5대 원칙으로 적절하지 않은 것은?

① 인공지능은 투명성과 공정성의 원칙에 따라 작동해야 한다.
② 인공지능이 개인, 가족, 사회의 데이터 권리를 감소시켜서는 안된다.
③ 모든 시민은 인공지능을 통해서 정신적, 정서적, 경제적 번영을 누리도록 교육받을 권리를 가져야 한다.
④ 인간을 해치거나 파괴하거나 속이는 자율적 힘을 인간의 통제하에서 인공지능에게 부여할 수 있다.

23 기계학습에 대한 설명으로 옳지 않은 것은?

① 비지도학습 방법에는 분류모형과 회귀모형이 있다.
② 비지도학습은 입력값에 대한 목표치가 주어지지 않는다.
③ 지도학습은 학습 데이터로부터 하나의 함수를 유추해내기 위한 방법이다.
④ 강화학습은 선택 가능한 행동들 중 보상을 최대화하는 행동 혹은 순서를 선택하는 방법이다.

제 2 부 재무회계 이론

2.1 회계의 기본개념

01 다음은 기업의 이해관계자와 관련된 내용이다. 다음 중 성격이 다른 하나는 무엇인가?

① 채권자 ② 투자자
③ 종업원 ④ 금융기관

02 다음 중 회계정보와 이해관계자와의 관계를 잘못 설명한 것은?

① 세무당국은 법인소득세를 정확히 계산하기 위하여 해당 기업의 회계정보를 필요로 한다.
② 노동조합과 근로자들은 임금협상을 위해서 기업의 회계정보를 활용한다.
③ 경영자는 회계정보를 공급하는 자로서 이해관계자의 범주에 들 수 없다.
④ 투자자들은 기업의 주식에 대한 투자 여부를 결정하기 위해서 기업의 수익성에 관한 회계정보를 활용한다.

03 다음 재무회계 전반에 대한 내용 중 가장 올바르지 않은 것은?

① 회계의 목적은 회계정보이용자의 합리적인 의사결정에 유용한 정보를 제공하는 것이다.
② 재무제표의 작성과 표시에 대한 책임은 대주주에게 있다.
③ 재무제표에는 재무상태표, 손익계산서, 자본변동표, 현금흐름표, 주석이 포함된다.
④ 경영자, 주주, 채권자 등은 회계정보이용자에 해당된다.

04 다음 [보기]는 회계정보의 특성 중 무엇에 대한 설명인가?

보기
정보이용자의 의사결정 목적에 적합한 정보를 제공해야 한다.

① 적시성 ② 비교가능성
③ 검증가능성 ④ 목적적합성

05 다음 [보기]의 내용이 설명하고 있는 것은?

보기
특정 거래나 경제적 사건에 대하여 두 가지 이상의 대체적인 회계처리 방법이 선택 가능한 경우, 재무적 기초를 견고히 하는 관점에서 이익을 낮게 보고하는 방법을 선택하는 속성을 말한다.

① 신뢰성 ② 중요성
③ 보수주의 ④ 목적적합성

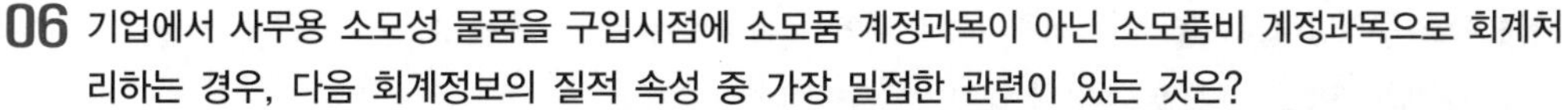

06 기업에서 사무용 소모성 물품을 구입시점에 소모품 계정과목이 아닌 소모품비 계정과목으로 회계처리하는 경우, 다음 회계정보의 질적 속성 중 가장 밀접한 관련이 있는 것은?

① 적시성　　② 중요성
③ 비교가능성　　④ 이해가능성

07 다음 중 보수주의에 의한 회계처리방식이 아닌 것은?

① 미지급비용은 확정적일 경우에 합리적으로 인식한다.
② 재고자산평가는 저가법에 따른다.
③ 우발이익은 실현될 때까지 인식하지 않으나, 우발손실은 당기에 인식한다.
④ 자산취득 후 정액법보다는 가속상각법에 따라 감가상각처리한다.

08 다음 중 회계정보의 질적 특성중 "신뢰성"과 관련된 특성이 아닌 것은?

① 중립성　　② 검증가능성
③ 표현의 충실성　　④ 적시성

09 다음 [보기]의 설명은 재무회계의 개념체계에 대한 기본가정 중 무엇에 해당하는 설명인가?

보기
- 기업실체의 존속기간을 일정한 기간 단위로 분할하여 각 기간별로 재무제표를 작성 - 기업의 지속적인 영업을 6개월 또는 1년 등으로 인위적으로 구분하여 재무제표를 작성

① 기업실체의 가정　　② 계속기업의 가정
③ 기간별보고의 가정　　④ 연결재무제표의 가정

유형별연습문제

2.2

01 다음 중 재무제표의 종류에 속하지 않는 것은?

① 주기　　② 재무상태표
③ 손익계산서　　④ 자본변동표

02 다음 기본 재무제표의 표시일자 및 표시기간의 연결이 올바르지 않은 것은?

① 재무상태표: 일정시점　　② 손익계산서: 일정기간
③ 현금흐름표: 일정시점　　④ 자본변동표: 일정기간

03 다음 우리나라의 일반 기업회계기준에 대한 규정의 설명 중 바르지 않은 것은?

① 재무제표의 작성과 표시에 대한 책임은 경영진에게 있다.
② 일반 기업회계기준에는 재무제표의 작성과 표시에 관한 기준을 정하는 목적이 포함되어 있다.
③ 일반 기업회계기준의 재무제표는 재무대조표, 손익성과표, 현금흐름표, 자본변동표로 구성되며, 주석이 포함된다.
④ 일반 기업회계기준은 「주식회사의 외부감사에 관한 법률」의 적용대상 기업 중 한국채택국제회계기준에 따라 회계처리하지 아니하는 비상장법인의 회계처리에 적용한다.

04 재무상태표가 제공하는 기본정보라 할 수 없는 것은?

① 채권자 및 투자자에 대한 청구권 정보
② 경영활동 성과에 대한 분석정보
③ 회계주체의 지급능력 또는 유동성에 관한 정보
④ 회계주체의 경제적 자원에 관한 정보

05 다음의 자산 중 재무상태표에 유동성 기준으로 배열할 때 가장 먼저 표시되는 계정과목은 무엇인가?

① 상품
② 건물
③ 외상매출금
④ 투자부동산

06 다음 중 손익계산서에 대한 설명으로 맞는 것은?

① 일정 기간 동안 경영성과에 대한 정보를 제공해주는 재무제표이다.
② 일정 시점에 기업이 보유하고 있는 비용, 수익에 대한 정보를 제공해주는 재무제표이다.
③ 미실현손익은 당기의 손익계산서에 포함하는 것을 원칙으로 한다.
④ 비용은 실현주의를 수익은 발생주의를 적용하며, 수익과 비용은 순액주의에 의하여 기록됨을 원칙으로 한다.

07 기업회계기준에 의한 손익계산서의 작성기준 중 틀린 것은?

① 수익은 실현시기를 기준으로 계상한다.
② 수익과 비용은 총액에 의해 기재됨을 원칙으로 한다.
③ 미실현수익은 당기의 손익계산에 산입함을 원칙으로 한다.
④ 모든 수익과 비용은 그것이 발생한 시기에 정당하게 배분되도록 처리해야 한다.

08 현금흐름표에 대한 설명으로 틀린 것은?

① 영업활동뿐 아니라 재무활동과 투자활동에 대한 정보도 제공한다.
② 현금흐름표는 현금 및 현금성 자산의 증감변화 내용을 보고한다.
③ 손익계산서와 마찬가지로 발생주의로 작성한다.
④ 차입금의 상환 및 신주발행은 재무활동, 배당금의 수령은 영업활동, 유형자산의 매각은 투자활동에 해당하는 현금흐름이다.

09 다음은 재무제표에 대한 설명이다. 가장 적절하지 않은 것은?

① 재무상태표는 정태적 보고서로서, 일정 시점의 재무상태를 나타낸다.
② 손익계산서는 일정 기간의 경영성과를 나타내며, 영업활동의 결과에 의한 재무상태의 변동을 설명하는 동태적 보고서이다.
③ 현금흐름표는 영업활동, 투자활동, 재무활동에 의한 현금의 변화를 설명하는 정태적 보고서이다.
④ 자본변동표는 한 회계기간 동안 발생한 자본의 변동을 설명하는 동태적 보고서이다.

10 재무제표 구성요소의 인식요건에 대한 다음의 설명 중 가장 올바르지 않은 것은?

① 회계상 거래를 인식하기 위해서는 재무제표 요소의 정의에 부합되어야 한다.
② 수익은 실현주의에 따라 인식하고, 비용은 관련수익이 보고되는 다음 기간에 대응하여 인식한다.
③ 재무상태표의 자본은 별도로 정의된 것이 없고, 자산에서 부채를 차감하여 산출한다.
④ 회계상 거래로 인해 미래 경제적 효익의 창출가능성이 존재하면 자산으로 인식한다.

11 다음 재무상태표에 대한 설명으로 적절하지 않은 것은?

① 일정 시점 현재 기업이 보유하고 있는 자산, 부채 및 자본에 대한 정보를 제공하는 정태적 재무보고서이다.
② 장기차입금은 상환기일에 상관없이 비유동부채로 관리한다.
③ 자산과 부채는 유동성이 큰 항목부터 배열하는 것을 원칙으로 한다.
④ 자산, 부채, 자본 중 중요한 항목은 재무상태표 본문에 별도 항목으로 구분하여 표시한다.

12 다음 일반기업회계기준에 의한 손익계산서에 대한 설명으로 틀린 것은?

① 매출원가의 산출 과정은 손익계산서 본문에 표시하거나 주석으로 기재한다.
② 수익과 비용은 각각 순액으로 보고하는 것을 원칙으로 한다.
③ 손익계산서는 당해 회계기간의 경영성과를 나타낼 뿐만 아니라 기업의 미래 현금흐름과 수익창출 능력 등의 예측에 유용한 정보를 제공한다.
④ 모든 수익과 비용은 그것이 발생한 시기에 정당하게 배분되도록 처리해야 한다.

13 다음 [보기]의 자료를 보고 당기순이익을 계산하면 얼마인가?

보기

- 기초자산	5,000,000원	- 기초부채	3,000,000원
- 기말자산	6,000,000원	- 기말부채	2,000,000원

① 1,000,000원 ② 2,000,000원
③ 3,000,000원 ④ 4,000,000원

유형별연습문제

14 다음 [보기]의 자료를 활용하여 확인되는 당기 비용 총액은 얼마인가?

보기

- 기초자산	8,400,000원	- 기초부채	3,700,000원
- 기말자산	13,000,000원	- 기말부채	5,000,000원
- 수익	4,720,000원		

① 1,420,000원
② 3,300,000원
③ 1,400,000원
④ 3,000,000원

15 다음 [보기]의 내용은 손익계산서 구조이다. 괄호에 들어갈 내용으로 올바른 것은?

보기

- 매출총이익 = 매출액 - (가)
- (나) = 매출총이익 - (다)
- 법인세차감전순이익 = (라) + (마) - 영업외비용
- 당기순이익 = 법인세차감전순이익 - 법인세비용

① 가: 순매출액, 나: 영업이익
② 다: 영업이익, 라: 판매관리비
③ 가: 매출원가, 마: 영업외수익
④ 나: 판매비와관리비, 라: 총매출액

16 전문기술인 엔지니어가 회계를 배워야 한다고 주장했을 때 잘못 설명한 것은?

① 최고경영자 또는 임원으로 성장하려면 전문 기술력과 함께 회계정보의 산출과정에 대한 지식으로 기업 전체를 표현할 수 있는 능력이 필수적이다.
② 벤처기업인이 자금조달을 위해서 수익모델에 관한 현금흐름의 회계적 수치로 나타낼 수 있어야만 투자자로부터 신뢰를 받을 수 있는 것은 아니다.
③ 기업의 주력상품을 확대하려고 할 때, 제품에 대한 원가계산이 개발초기에 결정된다는 점에서, 연구개발자도 제품원가를 통제할 수 있는 회계지식이 필요하다.
④ 신제품개발 투자자를 모집하는 단계에서는 기술력과 신제품이 어떻게 이익을 가져 오게 되는가 하는 회계수치만이 설득력과 신뢰감을 주게 된다.

17 재무제표에 포함되어 있는 자료를 중심으로 의사결정자에게 유용한 정보를 창출하는 과정을 재무제표분석이라 한다. 다음 중 재무제표 정보에 관한 분석에 대해서 잘못 설명한 것은?

① 재무제표 정보는 수치를 통해 나타나기 때문에 그 분석자료는 어떤 문제점도 가질 수 없다.
② 기준연도를 정해놓고 재무제표 항목의 변동크기 및 그 방향을 파악하는 추세분석도 가능하다.
③ 의사결정자는 재무제표상에 공표된 자료 이외에 감사보고서나 부속명세서와 같은 추가자료를 통해서도 의사결정을 내리게 된다.
④ K그룹 회장은 "재무제표를 모르면 임원 될 생각을 말라"며 계열사 임직원들에게 메시지를 보냈다고 한다. 이는 재무제표를 통해 매출 및 경상수익과 같은 경영전반 활동을 꿰뚫어 볼 수 있기 때문이다.

2.3 회계의 순환과정

01 회계상 거래로 인식되기 위한 필요조건으로 볼 수 없는 것은?

① 거래로 인한 변동액이 객관적으로 측정 가능해야 한다.
② 자산, 부채, 자본, 수익, 비용 중의 하나 혹은 그 이상에 영향을 미쳐야 한다.
③ 기업의 재무상태에 변동을 가져오는 경제적 사건이어야 한다.
④ 회계거래와 일반적인 의미에서의 거래는 동일한 개념이다.

02 다음 중 회계상의 거래에 해당하지 않는 것은?

① 회사 창고에 화재가 발생하여 10,000,000원의 제품 및 상품이 소실되었다.
② 회사는 인터넷쇼핑몰에서 컴퓨터 2대(@700,000원)를 주문하고 카드로 결제하였다.
③ 대졸 신입직원에게 월급으로 2,000,000원, 상여금 400%를 지급하기로 근로계약을 맺었다.
④ 본사 사무실을 이전하기 위해 오피스텔을 임차하기로 계약하고, 계약금 1,000,000원을 계좌이체를 통하여 지급하였다.

03 다음 중 회계 거래요소의 결합관계가 잘못 표시된 것은 무엇인가?

① (차) 자산의 증가 (대) 부채의 감소
② (차) 자산의 증가 (대) 수익의 발생
③ (차) 부채의 감소 (대) 자산의 감소
④ (차) 비용의 발생 (대) 부채의 증가

04 다음 중 계정에 대한 설명으로 틀린 것은?

① 계정의 왼쪽을 차변, 오른쪽을 대변이라고 한다.
② 자산의 증가는 차변에, 부채와 자본의 증가는 대변에 기입된다.
③ 수익의 발생은 차변에, 비용의 발생은 대변에 기록된다.
④ 어떤 계정이든 잔액은 일반적으로 증가가 기입되는 편에 나타난다.

05 다음 중 회계순환과정에 대해서 잘못 설명한 것은?

① 상품매매업과 제조업에서만 회계순환과정이 이루어진다.
② 회계순환과정의 결과는 재무제표라는 회계보고서로 나타난다.
③ 회계순환과정은 회계기간 중의 분개와 전기라는 체계적 기록과정과 회계기간 말에 최종적으로 재무제표가 작성되는 결산과정으로 구분된다.
④ 회계순환과정 중 회계기간 말에 이루어지는 결산과정 중에도 분개와 전기가 발생할 수 있다.

06 다음 [보기]가 설명하는 회계상 용어는 무엇인가?

| 보기 |

- 복식부기의 근본원리
- 거래의 요소들이 서로 결합하여 2개 이상의 대립된 형태로 나타나는 것
- 어떠한 거래가 발생하더라도 하나의 거래는 차변과 대변에 동일한 금액이 발생

① 분개 ② 거래의 8요소
③ 대차평균의 원리 ④ 거래의 이중성

07 다음 중 분개에 대해서 잘못 설명한 것은?

① 분개장에 거래를 기록하는 절차를 분개라고 한다.
② 기업의 거래발생 사실을 기록하기 위하여 분개장의 대용으로 사용하는 서식이 전표이다.
③ 자산과 비용은 차변에서, 부채와 자본과 수익은 대변에서 각각 증가와 발생을 나타내며, 감소와 소멸은 그 반대쪽에 나타내게 된다.
④ 분개는 거래사실에 대한 계정과목과 금액을 확정 지은 후 왼쪽의 대변과 오른쪽의 차변에 기록하여, 내용상 원인과 결과를 나타내는 형식이 된다.

08 다음 중 설명이 올바른 것은 무엇인가?

① 자산의 감소와 부채의 증가는 서로 결합될 수 있다.
② 일정 기간의 재무상태를 나타내는 것이 재무상태표이다.
③ 보관 중이던 상품이 화재로 소실된 경우는 회계상의 거래가 아니다.
④ 수익과 비용이 발생하여 손익에 영향을 미치는 거래를 손익거래라고 한다.

09 다음 중 시산표 작성 시 발견될 수 있는 오류는 무엇인가?

① 하나의 거래에 대하여 차변, 대변의 계정과목을 반대로 기입하였다.
② 하나의 거래가 이중으로 분개되어 입력되었다.
③ 하나의 거래에 대하여 차변과 대변 모두 동일한 금액으로 분개되었다.
④ 하나의 거래에 대하여 차변, 대변의 금액을 다르게 분개하였다.

10 다음 [보기]의 일자별 회계처리에 대한 거래의 종류로 가장 올바른 것은?

| 보기 |

- 9/5: (차) 현금	52,000원	(대) 단기대여금	50,000원
		이자수익	2,000원
- 9/7: (차) 소모품비	30,000원	(대) 보통예금	30,000원

① 9/5: 교환거래, 9/7: 혼합거래 ② 9/5: 교환거래, 9/7: 손익거래
③ 9/5: 혼합거래, 9/7: 손익거래 ④ 9/5: 혼합거래, 9/7: 교환거래

11 다음 [보기]의 설명이 의미하는 것은?

보기
- 대표적인 주요부이다. - 회계상 거래에 대해서 분개 후 각각의 계정에 전기하는 장부이다.

① 정산표　　② 시산표
③ 분개장　　④ 총계정원장

당좌자산

01 다음 현금및현금성자산 중 현금계정으로 처리할 수 없는 것은?

① 우편환증서　　② 동점발행수표
③ 당점발행수표　　④ 받아두었던 타인발행수표

02 다음 중 통화대용증권으로 분류할 수 없는 것은?

① 송금수표　　② 자기앞수표
③ 선일자수표　　④ 공사채이자표

03 다음 [보기]의 자료에 의할 때 기업회계기준상 현금및현금성자산에 기록될 금액은?

보기			
- 지폐	5,000,000원	- 배당금지급 통지표	500,000원
- 선일자수표	200,000원		

① 5,000,000원　　② 5,200,000원
③ 5,500,000원　　④ 5,700,000원

04 다음 [보기]의 내용이 설명하고 있는 것은 무엇인가?

보기
- 큰 거래 비용 없이 현금으로 전환이 용이하다. - 이자율 변동에 따른 가치변동의 위험이 없다. - 취득 당시 만기일이 3개월 이내에 도래하는 것

① 현금　　② 당좌예금
③ 소액현금　　④ 현금성자산

05 현금을 지급하였으나 그 금액이나 목적이 확실하지 않을 때 사용하는 계정과목은?

① 가수금　　② 가지급금
③ 선급금　　④ 선수금

06 다음 중 매출채권에 해당하는 거래는 어느 것인가?

① 자동차 대리점에서 판매용으로 보유하던 소형승용차를 외상으로 판매하였다.
② 컴퓨터 대리점에서 업무용으로 사용하던 소형승용차를 약속어음을 받고 판매하였다.
③ 회사에서 투자목적으로 보유하던 건물을 외상으로 판매하였다.
④ 회사 사옥을 이전하면서 사옥 대금의 일부는 현금, 나머지는 외상으로 판매하였다.

07 다음 [보기]의 거래를 회계처리 할 경우 발생하는 가장 적절한 계정과목은 무엇인가?

| 보기 |

실제로 현금의 유입이나 지출은 있었으나 계정과목과 금액을 확정하지 못하여 임시로 기록하는 계정과목

① 선급금과 선수금 ② 가수금과 가지급금
③ 선급비용과 선수수익 ④ 미수수익과 미지급비용

08 다음 중 받을어음과 지급어음 계정의 대변에 기록될 수 없는 것은?

① 받을어음의 만기 회수 ② 지급어음의 발생
③ 받을어음의 할인 ④ 지급어음의 만기 지급

09 다음 [보기]의 거래는 '받을어음 거래 유형' 중 어떤 유형에 대한 설명인가?

| 보기 |

어음의 소지인이 은행에 액면금액에서 만기일까지의 이자를 공제하고 매각하는 경우로서 수수료 등은 매출채권처분손실 계정으로 처리한다.

① 받을어음의 할인 ② 받을어음의 부도
③ 받을어음의 배서양도 ④ 받을어음의 만기결제

10 다음 중 매출채권에 대한 설명으로 잘못된 것은?

① 외상매출금과 받을어음을 매출채권이라 한다.
② 기업의 일반적인 상거래 이외에 유형자산 구입관련과 관련된 외상대금도 포함된다.
③ 제품을 매출한 후 제품의 파손, 부패 등의 사유로 값을 할인해 주는 것을 매출에누리라 한다.
④ 매출채권이란 영업활동으로 제품이나 서비스를 제공하고 아직 대금을 받지 못한 경우의 금액을 말한다.

11 다음 [보기]의 분개에 대한 설명으로 맞는 것은?

| 보기 |

(차)			(대)	
대손충당금	1,000,000원		외상매출금	1,500,000원
대손상각비	500,000원			

① 외상매출금 잔액에 대하여 대손충당금 500,000원을 추가로 설정하다.
② 외상매출금 1,500,000원이 회수 불능이다.
③ 회수 불능이라고 처리했던 외상매출금 중 500,000원이 회수되었다.
④ 회수 불능이라고 처리했던 외상매출금 1,500,000원이 회수되었다.

12 **매출채권에 대한 대손충당금 설정과 관련된 다음 [보기]의 12월 31일 결산 시 수정분개사항을 토대로 결산 이전까지의 장부상 대손충당금 잔액으로 올바른 것은?**

보기

(주)한라의 12월 31일 현재의 기말 매출채권계정의 잔액은 500,000,000원이었다. 회계담당자는 과거의 경험에 의하여 대손예상액을 매출채권 잔액의 1%로 계상하기로 하였다. 이에 따라 기말 결산 시 아래와 같은 수정분개를 하였다.
(차) 대손상각비 1,000,000원 (대) 대손충당금 1,000,000원

① 1,000,000원
② 2,000,000원
③ 4,000,000원
④ 5,000,000원

13 **1월 5일에 전기 외상매출금 중 (주)세기물류의 부도로 외상대금 700,000원 전액을 대손처리하였다. 대손처리 직전 외상매출금계정이 다음 [보기]와 같을 때, 올바른 회계처리는 무엇인가?**

보기

* 1월 5일

요약 재무상태표		
외상매출금	10,000,000	
대손충당금	(500,000)	9,500,000

* (주)세기물류의 외상매출금에 대해서는 대손상각 요건이 충족하였다.

	차변	금액	대변	금액
①	(차) 대손충당금	500,000원	(대) 외상매출금	700,000원
	대손상각비	200,000원		
②	(차) 대손상각비	700,000원	(대) 외상매출금	700,000원
③	(차) 대손상각비	700,000원	(대) 대손충당금	500,000원
			외상매출금	200,000원
④	(차) 대손충당금	200,000원	(대) 외상매출금	700,000원
	대손상각비	500,000원		

14 **외상매출금의 대손충당금이 10,000,000원이 있다. 실제 거래처의 부도 5,000,000원이 확정되어 대손처리하였다. 이 경우 재무제표에 미치는 영향으로 올바른 것은?**

① 외상매출금의 감소와 매출의 감소
② 재무상태표의 자산총계는 변동 없음
③ 외상매출금의 감소와 이익의 감소
④ 외상매출금의 감소와 이익의 증가

유형별연습문제

15 다음 [보기]의 자료는 대전상사의 매출채권 정보이다. 연령분석법으로 계산할 경우 대손설정액은 얼마인가? 단, 기말 현재 매출채권 잔액 5,000,000원이며, 대손충당금 잔액은 60,000원. 또한 경과기간별 금액과 대손추정률은 다음과 같다.

| 보기 |

(경과기간)	(금액)	(대손추정률)
01~30일 경과	1,000,000원	0.02
31~90일 경과	3,000,000원	0.03
90일 이상 경과	1,000,000원	0.05

① 100,000원　　② 120,000원
③ 140,000원　　④ 160,000원

 재고자산

01 다음 [보기]의 일반 기업회계기준의 재고자산에 대한 설명 중 연결 관계가 적절한 계정과목은 무엇인가?

| 보기 |

재고자산은 정상적인 영업활동 과정에서 (A) 판매를 목적으로 보유하거나 (B) 판매할 제품의 생산에 사용되거나 소비될 자산을 의미한다.

① (A) 제품, (B) 상품　　② (A) 상품,　(B) 제품
③ (A) 상품, (B) 원재료　　④ (A) 재공품, (B) 제품

02 다음 중 기업회계기준상 기말재고자산에 속하지 않는 것은?

① 도착지인도조건으로 매입한 미착상품
② 위탁판매용으로 수탁자가 보관 중인 적송품
③ 매입자가 매입의사표시를 하기 전인 시송품
④ 저당권이 실행되기 전인 저당상품

03 다음 중 매출할인과 매입할인에 대한 설명으로 올바른 것은?

① 매입할인은 매입액에서 차감한다.
② 매출할인은 영업외비용으로 처리한다.
③ 매출할인은 판매비와관리비로 처리한다.
④ 매입할인은 영업외수익으로 처리한다.

04 다음 [보기]의 자료를 이용하여 순매입액을 계산하면 얼마인가?

| 보기 |

- 총매입액	10,000,000원	- 매입할인	500,000원
- 매입에누리	200,000원	- 매입환출	100,000원
- 매입운임	100,000원		

① 9,400,000원
② 9,300,000원
③ 9,200,000원
④ 9,100,000원

05 다음 [보기]는 (주)삼일의 매출관련 자료이다. 상품매출원가를 계산하면 얼마인가?

| 보기 |

- 기초상품재고액	70,000원	- 총매입액	400,000원
- 매입환출액	30,000원	- 매입에누리액	25,000원
- 총매출액	500,000원	- 매출환입액	40,000원
- 매출에누리액	20,000원	- 기말상품재고액	50,000원

① 340,000원
② 345,000원
③ 350,000원
④ 365,000원

06 다음 [보기]의 자료를 기준으로 확인되는 상품의 판매가능액은?

| 보기 |

- 기초상품재고액	600,000원	- 기말상품재고액	300,000원
- 당기상품매입액	2,000,000원	- 당기상품매출액	1,500,000원
- 외상매출금	500,000원	- 외상매입금	700,000원

① 1,500,000원
② 2,000,000원
③ 2,300,000원
④ 2,600,000원

07 다음 [보기]의 자료에서 확인되는 자산의 기말재고액은?

| 보기 |

- 기초재고자산	100,000원	- 당기총매입액	900,000원
- 매입에누리	50,000원	- 당기출고원가	600,000원
- 매입할인	10,000원		

① 340,000원
② 360,000원
③ 440,000원
④ 460,000원

08 다음 [보기]는 (주)삼일의 매출관련 자료이다. 순매출액을 계산하면 얼마인가?

| 보기 |

- 기초상품재고액 70,000원
- 총매출액 500,000원
- 환입액 40,000원
- 매출에누리액 20,000원
- 총매입액 400,000원
- 매입에누리액 25,000원
- 환출액 30,000원
- 기말상품재고액 50,000원

① 430,000원 ② 440,000원
③ 460,000원 ④ 480,000원

09 다음 [보기]는 (주)삼일의 회계 자료 중 일부이다. (주)삼일의 매출총이익은 얼마인가?

| 보기 |

- 당기상품매출액 12,000,000원
- 기초상품재고액 700,000원
- 당기상품매입액 8,800,000원
- 기말상품재고액 800,000원
- 기말재고자산 중 감모손실액 500,000원 (정상적 감모에 해당)
- 기말재고자산 중 평가손실액 100,000원

① 2,100,000원 ② 2,600,000원
③ 2,700,000원 ④ 3,300,000원

10 다음 내용을 참고하여 계산한 '기초상품재고액'과 '매출총이익' 금액은 각각 얼마인가?

기초 상품 재고액	총 매입액	환출 및 매입 에누리	순 매입액	총 매출액	환입 및 매출 에누리액	순 매출액	기말 상품 재고액	매출 원가	매출 총이익
( )	( )	25,000	300,000	500,000	( )	450,000	50,000	350,000	( )

① 100,000원 / 100,000원 ② 110,000원 / 150,000원
③ 125,000원 / 100,000원 ④ 105,000원 / 150,000원

11 회계담당자의 실수로 결산작업시 기말재고자산을 과소계상한 경우 회계정보에 미치는 영향으로 옳은 것은?

	(매출원가)	(매출총이익)	(당기순이익)
①	과다계상	과소계상	과소계상
②	과소계상	과다계상	과다계상
③	과다계상	과다계상	과다계상
④	과소계상	과소계상	과소계상

12 기말상품재고액이 3,000,000원 과대평가되었을 경우, 다음 중 바른 내용은?

① 기말자산은 3,000,000원 과소계상, 매출원가는 3,000,000원 과대계상된다.
② 기말자산은 3,000,000원 과대계상, 매출원가는 3,000,000원 과대계상된다.
③ 기말자산은 3,000,000원 과대계상, 매출원가는 3,000,000원 과소계상된다.
④ 기말자산은 3,000,000원 과소계상, 매출원가는 3,000,000원 과소계상된다.

13 다음 중 재고자산의 평가방법이 아닌 것은?

① 이동평균법
② 후입선출법
③ 단순평균법
④ 총평균법

14 다음 중 기말재고수량 결정방법에 해당하는 것은?

① 정률법
② 총평균법
③ 계속기록법
④ 연수합계법

15 재고자산 평가방법 중 일반적인 물량흐름과 일치하지 않지만 수익과 비용대응의 원칙에 가까운 평가방법은?

① 개별법
② 선입선출법
③ 평균법
④ 후입선출법

16 재고자산의 평가 시 인플레이션하에서 재고자산의 수량도 계속 증가할 경우 손익계산서에 반영되는 매출원가의 크기를 정확하게 표시하는 것은 다음 중 어느 것인가?

① 선입선출법 〈 이동평균법 ≤ 총평균법 〈 후입선출법
② 선입선출법 〈 이동평균법 = 총평균법 〈 후입선출법
③ 선입선출법 〉 이동평균법 ≥ 총평균법 〉 후입선출법
④ 선입선출법 〉 이동평균법 = 총평균법 〉 후입선출법

17 재고자산 기말재고액 평가에 대한 설명으로 가장 옳지 않은 것은?

① 선입선출법: 매출원가는 과거 시점의 구입가격으로 계산되는 반면, 기말재고상품은 최근의 구입가격으로 계산됨
② 후입선출법: 매출총이익률이 기간별로 변하지 않고 일정하다는 가정을 전제로 계산됨
③ 이동평균법: 특정시점에서 매출되는 상품은 그 시점에 기업이 보유하고 있는 상품일 수밖에 없으며, 이들은 동일한 상품인 한 동일한 원가로 평가되어야 한다는 가정
④ 총평균법: 일정 기간에 매출되는 상품은 동일한 원가로 평가되어야 한다는 가정

18 다음 [보기]는 A상품에 관한 상품재고장 내역이다. 선입선출법으로 작성할 경우 매출원가는 얼마인가?

| 보기 |

- 10월 2일	매입	300개	@ 820원	246,000원
- 10월 5일	매입	300개	@1,020원	306,000원
- 10월 11일	매출	400개	@1,200원	480,000원

① 348,000원
② 480,000원
③ 368,000원
④ 388,000원

19 다음 재고자산 평가에 관한 설명 중 가장 올바르지 않은 것은?

① 정상적인 재고자산감모손실은 매출원가에 가산한다.
② 비정상적인 재고자산감모손실은 영업외비용으로 분류한다.
③ 재고자산의 시가가 취득원가보다 하락한 경우 저가법을 사용한다.
④ 재고자산평가손실은 영업외비용으로 분류한다.

20 다음은 재고자산 회계처리에 대한 설명이다. 다음 중 가장 적절하지 않은 것은?

① 재고자산 평가손실은 매출원가로 분류한다.
② 재고자산 감모손실은 원가성 유무에 따라 매출원가나 영업외비용으로 분류한다.
③ 재고자산은 유동자산으로 분류되므로 취득과 관련된 원가는 당기 비용으로 처리한다.
④ 재고자산을 일괄 구입한 경우에는 총 매입원가를 각 재고자산의 공정가치 비율에 따라 배분한다.

21 재고조사를 한 결과 상품 A가 장부재고수량은 100개이지만 실제재고수량은 90개인 것으로 판명되었다. 상품 A의 매입단가가 200원인 경우 재고자산감모손실은 얼마인가?

① 1,000원
② 2,000원
③ 9,000원
④ 10,000원

22 다음 [보기]가 설명하고 있는 용어로 가장 적절한 것은?

| 보기 |

- 재고자산의 분실, 파손, 도난 등의 원인으로 재고자산의 수량부족으로 발생하는 손실
- 실제 보유재고와 장부재고의 차이에 의해 발생하는 손실
- 계속기록법에서는 확인할 수 있으나 실지재고조사법 에서는 확인할 수 없다.

① 재고자산평가손실
② 재고자산감모손실
③ 유형자산처분손실
④ 유형자산평가손실

23 다음 [보기] 내용을 참고하여 물음에 답하시오. 재고자산감모손실(비정상), 재고자산평가손실의 금액을 순서대로 바르게 표기한 것은?

보기

(주)삼일의 12월 31일 A상품에 대한 내역이다.
- A상품의 장부상 재고수량은 200,000개, 취득원가(1개당) 1,500원
  A상품에 대한 실제 재고수량은 140,000개, 감모수량 중 70%는 정상적으로 발생한 것임.
- 12월 31일 현재 (주)삼일의 A상품에 대한 재고자산 취득단가는 1,100원으로 하락하였다.

	(재고자산감모손실)	(재고자산평가손실)
①	29,000,000원	53,000,000원
②	28,000,000원	54,000,000원
③	28,000,000원	55,000,000원
④	27,000,000원	56,000,000원

24 다음 [보기]의 거래 내용을 참고로 하여 계산한 12월 31일 결산 시 차변계정과목과 금액을 바르게 표기한 것은?

보기

- 2월 1일: 사무용품 300,000원을 현금으로 구입하고 비용처리 하였다.
- 12월 31일: 결산 시 소모품미사용액은 100,000원이다.

① 소모품 200,000원
② 소모품 100,000원
③ 소모품비 200,000원
④ 소모품비 100,000원

25 다음 [보기]의 내용을 참고하여 12월 31일 결산 시 결산수정분개를 진행 할 경우 차변의 계정과목과 분개대상금액은 각각 얼마인가?

보기

- 7월 1일 사무용 소모품 100,000원을 구입하고 현금으로 지급하고 자산처리 하였다.
- 12월 31일 결산 시 소모품 미사용액이 20,000원 있는 것을 확인했다.
  차변계정과목 분개대상 금액

① 소모품 20,000원
② 소모품 80,000원
③ 소모품비 20,000원
④ 소모품비 80,000원

26 다음 [보기]의 (　　)에 들어갈 것으로 용어로 옳은 것은?

보기

이연이란 (　　)과 같이 미래에 수익을 인식하기 위해 현재의 현금유입액을 부채로 인식하거나, (　　　　　)과 같이 미래에 비용을 인식하기 위해 현재의 현금유출액을 자산으로 인식하는 회계과정을 의미한다.

① 미수수익, 선급비용　　② 선수수익, 선급비용
③ 미수수익, 미지급비용　　④ 선수수익, 미지급비용

27 다음 [보기]의 (가)와 (나)에 해당하는 계정과목이 바르게 짝지어진 것은?

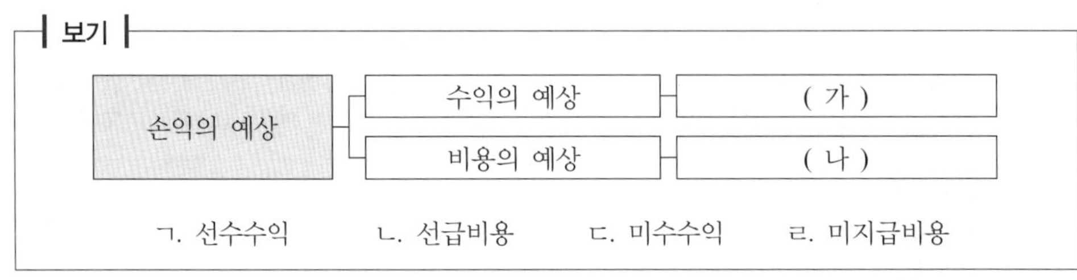

① (가): ㄱ, (나): ㄴ　　② (가): ㄱ, (나): ㄹ
③ (가): ㄴ, (나): ㄷ　　④ (가): ㄷ, (나): ㄹ

28 다음 [보기]의 내용에서 확인되는 기업회계기준상 인식되는 매출액은?

보기

제품 1,000,000원을 외상으로 매출하면서 20일 이내에 대금을 지급하면 5%의 금액을 할인해 주기로 하였으며, 외상매출 후 회계상사에서 15일 만에 현금으로 회수 하였다.

① 900,000원　　② 9500,000원
③ 1,000,000원　　④ 1,050,000원

2.6 투자자산

01 다음 [보기]의 유가증권의 취득원가는 얼마인가?(단, 일반기업회계기준을 적용함)

보기

단기매매증권으로 분류되는 주식 1,000주를 주당 5,000원에 취득하면서 수수료 300,000원과 증권거래세 200,000원을 지급하였다.

① 5,000,000원　　② 5,200,000원
③ 5,300,000원　　④ 5,500,000원

02 다음 중 일반기업회계기준상 단기매매증권으로 분류하기 위한 특징에 해당되지 않는 것은?

① 유가증권
② 단기간 내의 매매차익 목적
③ 적극적이고 빈번한 매수와 매도 행위
④ 만기까지 보유할 적극적 의도와 능력

03 다음 일반기업회계기준에 의한 유가증권 관련 계정 중 분류의 성격이 다른 하나는 무엇인가?

① 단기매매증권평가이익
② 단기매매증권처분손실
③ 매도가능증권처분이익
④ 매도가능증권평가손실

04 다음 중 유가증권에 대한 구분과 설명이 맞지 않는 것은?

① 단기매매증권: 1년 내에 매도할 의도가 있으나 시장성이 없는 주식이나 채권
② 매도가능증권: 1년 후에 매도할 의도가 있는 주식이나 채권
③ 만기보유증권: 만기까지 보유할 능력이 있고, 의도가 있는 채권
④ 지분법 적용투자주식: 특정회사의 의결권이 있는 주식을 20% 이상 보유하는 경우

05 다음 [보기]의 내용이 설명하는 주식을 구입하였을 때, 무엇으로 분류해야 하는가?

보기

- 취득일로부터 1년 이내에 매각할 예정
- 비상장회사의 주식

① 단기매매증권
② 매도가능증권
③ 만기보유증권
④ 지분법적용투자주식

06 다음 금융자산 중 일반기업회계기준에서 지분증권으로 분류할 수 없는 계정과목은 무엇인가?

① 단기매매증권
② 매도가능증권
③ 만기보유증권
④ 지분법적용투자주식

07 다음 [보기]의 자료와 같이 전년도 11월에 구입하여 당해년도 1월에 처분한 단기매매증권의 처분손익은 얼마인가?

보기

- 구입금액 1,000,000원
- 장부금액 1,200,000원
- 처분금액 1,100,000원

① 처분이익: 100,000원
② 처분손실: 100,000원
③ 처분이익: 200,000원
④ 처분손실: 200,000원

08 (주)한국은 장기투자목적으로 금융자산을 보유하고 있다. 다음 [보기]의 자료를 참고로 하여 계산한 2025년도 말 현재 매도가능증권평가손익은 얼마인가?

보기

- 2024/ 8/25: 장기투자목적의 주식 200주를 @10,000원(액면 @5,000원)에 현금취득하다.
- 2024/12/31: 보유 중인 주식의 공정가치를 @11,000원으로 평가하다.
- 2025/12/31: 보유 중인 주식의 공정가치를 @ 8,000원으로 평가하다.

① 매도가능증권평가손실 400,000원
② 매도가능증권평가이익 400,000원
③ 매도가능증권평가손실 500,000원
④ 매도가능증권평가이익 500,000원

2.7 유형자산

01 다음 중 유형자산으로 볼 수 없는 것은?

① 회사에서 판매 목적으로 보유하고 있는 중고차량
② 회사 식당에 종업원 복지를 위해 설치한 LCD TV
③ 회사의 업무용 트럭
④ 회사에서 제작 중인 기계장치

02 다음 [보기]의 설명은 어떤 유형자산에 대한 내용인가?

보기

(가) 기업이 소유하고 있는 건물 이외의 토목설비, 공작물 및 부속설비로서 여기에는 굴뚝, 교량, 안벽, 부교, 주차장, 정원, 저수지 등이 해당된다.
(나) 미완성 건물의 건설을 위한 지출이나, 기계설비의 제작을 위한 지출을 건설의 완성 또는 기계설비의 완성에 이르기까지 일시적으로 처리하는 계정이다.

	(가)	(나)
①	토지	구축물
②	구축물	건설중인자산
③	구축물	투자부동산
④	투자부동산	건설중인자산

03 다음 [보기]에서 설명하고 있는 자산의 종류는 무엇인가?

보기

- 보고기간종료일로부터 1년 이상 장기간 사용가능한 자산
- 영업활동에 사용할 목적으로 보유한 자산
- 물리적 형태가 있는 자산

① 비품
② 개발비
③ 영업권
④ 임차보증금

04 다음 중 자본적 지출로 구분할 수 있는 것은?

① 건물 벽의 페인트칠
② 빌딩의 피난시설 설치
③ 건물의 파손된 유리 교체
④ 기계의 소모성 부속품 교체

05 다음 중 건물의 원가로 처리해야 하는 것이 아닌 것은?

① 건물을 리모델링하였다.
② 건물에 엘리베이터를 설치하였다.
③ 건물에 누수가 발견되어 옥상에 방수공사를 하였다.
④ 건물을 구입하면서 등기수수료를 지급하였다.

06 감가상각을 행하는 주된 목적을 바로 서술한 것은?

① 유형자산의 현행가치 평가과정이다.
② 보수주의에 따른 회계처리방식이다.
③ 법인세를 절감하기 위한 방편이다.
④ 취득원가의 배분과정이다.

07 감가상각에 대한 설명으로 틀린 것은?

① 감가상각의 3요소는 취득원가, 내용연수, 잔존가치이다.
② 감가상각대상금액은 취득원가에 감가상각누계액을 차감한 금액이다.
③ 감가상각누계액은 원칙적으로 유형자산의 취득원가에서 차감하는 형식으로 기록한다.
④ 유형자산처분손익의 크기는 감가상각의 방법과 관련이 있다.

08 감가상각 계산 시 유형자산의 취득원가에 포함되지 않는 것은?

① 자산 구입 시 중개인에게 지급한 중개수수료
② 자산 구입 시 지급한 운반비
③ 설치 후 자산에 대한 보험료
④ 설치 후 자산의 내용연수를 증가시키는 리모델링 공사비

09 다음 중 차량운반구 취득 시 차량운반구의 취득원가에 포함되지 않는 것은?

① 취득세 ② 자동차세
③ 취득 시 운반비 ④ 취득 시 중개수수료

10 유형자산에 대한 다음 설명 중 틀린 것은?

① 장기간에 걸쳐 정상적인 영업활동에 사용할 목적으로 취득한 형태가 있는 유형의 자산을 말한다.
② 유형자산의 취득원가는 순수구입대금에 부대비용을 합쳐서 산정한다.
③ 유형자산에는 토지, 건물, 구축물, 기계장치, 차량운반구 등이 있다.
④ 모든 유형자산은 감가상각의 대상이 된다.

11 유형자산의 회계처리에 대한 설명으로 틀린 것은?

① 회사 본사 사옥을 신규 건축하기 위해 구입한 대지와 건물을 구입하고 기존 건물을 철거하는 비용과 기존건물의 취득원가는 토지의 취득원가에 포함시킨다.
② 기계장치의 시운전비와 기계 운반비는 취득원가에 포함시킨다.
③ 건물을 리모델링하였다면 건물 취득 시 경제적 가치를 상승시켰으므로 자본적 지출로 처리한다.
④ 건물을 감가상각(간접법)하는 경우의 분개는 '(차) 감가상각비 (대) 건물'이다.

12 공시지가에 의한 평가금액이 2,000,000원인 토지에 대해서 1,700,000원의 현금을 지급하면서, 100,000원의 취득세를 현금 지급하였다. 토지의 취득원가는 얼마인가?

① 1,800,000원　② 1,600,000원
③ 2,000,000원　④ 1,700,000원

13 다음은 유형자산의 감가상각에 대한 내용이다. 틀린 것은?

① 유형자산의 취득원가에는 취득부대비용이 포함된다.
② 일반회계기준상 감가상각방법에는 정액법, 정률법, 연수합계법 등이 있다.
③ 정률법에 의할 경우 감가상각비는 초기에 적고, 나중으로 갈수록 많이 계상된다.
④ 장부금액(미상각잔액)에 일정한 상각률을 곱하여 당기의 감가상각비를 산출하는 방식을 정률법이라 한다.

14 다음 유형자산 감가상각 방법에 대한 설명 중 가장 잘못된 설명은?

① 감가상각 초기에는 정률법에 의한 감가상각액이 정액법에 의한 감가상각액보다 일반적으로 크게 계산된다.
② 내용연수 동안 동일한 감가상각액이 계산되는 방법으로 정액법이 있다.
③ 연수합계법을 적용하는 경우 잔존가치를 고려하지 않는다.
④ 기말에 감가상각 회계처리가 누락되면 해당 자산의 장부금액은 과대계상된다.

15 다음 중 유형자산에 대한 감가상각방법이 아닌 것은?

① 정률법　② 정액법
③ 생산량비례법　④ 유효이자율법

16 12월 31일 결산법인인 (주)삼일은 2025년 7월 1일 잔존가치가 100,000원, 내용연수가 10년인 기계장치를 1,000,000원에 구입하였다. 정액법을 사용하여 월할 상각할 경우 2025년도에 기록되는 감가상각비는 얼마인가?

① 45,000원　② 50,000원
③ 90,000원　④ 100,000원

17 다음 [보기]의 내용을 참고하여 2025년 6월 30일 처분시점의 차량운반구에 대한 장부금액을 계산하면 얼마인가?

보기

(주)부산은 2023년 1월 1일 차량운반구를 10,000,000원에 구입하였다. 내용연수는 10년, 잔존가치는 0원, 정액법을 적용하여 감가상각을 하며, 결산일은 12월 31일이다. 차량운반구를 2025년 6월 30일에 현금 5,000,000원을 받고 (주)울산에 팔았다.
(단, 전년도 결산시점 감가상각누계액은 2,000,000원)

① 3,000,000원　② 7,000,000원
③ 7,500,000원　④ 8,000,000원

18 (주)삼일은 공장을 건립하고자 건물이 딸린 토지를 350,000원에 구입하였는데, 이 토지에 낡은 건물을 헐고 새 건물의 공사를 착공하여 2025년 1월 초에 사용 가능하게 되었다. 2025년 12월 말 감가상각비 계산에 필요한 내용연수는 10년이고, 잔존가치는 없이 정액법으로 상각한다. 다음 [보기]의 자료를 이용하여 공장건물에 대한 2025년 12월 말 감가상각비를 계산하면 얼마인가?

보기	
- 토지구입에 소요된 부대비용	25,000원
- 기존 건물 철거에 소요된 비용	50,000원
- 건축설계사에 지급된 설계비용	85,000원
- 새 건물 건설에 소요된 비용	1,750,000원

① 226,000원
② 188,500원
③ 183,500원
④ 175,000원

19 어느 기업에서 취득한 기계장치의 취득원가는 1,200,000원이고, 3년 후 감가상각누계액은 600,000원이었다. 이 기계장치를 이듬해 7월 1일에 현금 700,000원을 받고 처분하였다. 유형자산처분이익이 200,000원으로 계상되었다면, 처분된 해에 계상된 감가상각비는 얼마인가?

① 100,000원
② 200,000원
③ 500,000원
④ 700,000원

2.8 무형자산

01 다음 중 무형자산에 속하지 않는 것은?

① 임차보증금
② 산업재산권
③ 개발비
④ 소프트웨어

02 무형자산인 영업권을 상각하는 회계처리로 맞는 것은?

	차변	금액	대변	금액
①	(차) 감 가 상 각 비	******	(대) 감가상각누계액	******
②	(차) 무형자산상각비	******	(대) 영 업 권	******
③	(차) 감 가 상 각 비	******	(대) 영 업 권	******
④	(차) 무형자산상각비	******	(대) 감가상각누계액	******

03 일반기업회계기준하에서의 무형자산에 대한 다음 설명 중 가장 적합한 것은?

① 무형자산의 상각은 대부분 정률법으로 한다.
② 무형자산은 미래효익의 실현에 대한 확실성이 높다.
③ 무형자산의 회수가능액은 순매각가능액과 사용가치 중 적은 금액으로 결정한다.
④ 특정기업에 가치가 있는 자산으로 그 기업과 분리하여 존재할 수 없는 자산이다.

유형별연습문제

04 다음 중 일반기업회계기준에서 무형자산으로 인식하기 위한 조건에 해당되지 않는 것은?

① 자산의 화폐성　　② 자산의 식별가능성
③ 자산의 통제가능성　　④ 자산의 사용에 따른 미래의 경제적 효익

05 다음 [보기]의 내용이 설명하고 있는 것은?

보기
기업이 계속적으로 경영을 유지하는 경우 다른 기업에 비해 지리적 조건, 종업원의 우수한 서비스, 경제적 우위, 경쟁적 우위 등에 의해 발생한 것으로 정상적인 수익력을 초과하는 초과수익력을 말한다.

① 유형자산처분이익　　② 영업권
③ 자산수증이익　　④ 산업재산권

06 (주)대한은 2025년 3월 5일 (주)민국을 인수합병하면서 현금 5억 원을 지급하였다. (주)민국의 2025년 3월 5일 현재 자산의 공정가치는 7억 원, 부채의 공정가치는 3억 원인 경우 영업권의 가치는 얼마인가?

① 1억 원　　② 2억 원
③ 3억 원　　④ 5억 원

 유동부채

01 다음 중 유동부채로 분류할 수 없는 것은?

① 사채　　② 예수금
③ 선수수익　　④ 미지급비용

02 다음 중 계정과목의 성격이 다른 것은?

① 선수금　　② 사채
③ 미지급금　　④ 예수금

03 일반적인 상거래 이외의 거래에서 비용이 발생하였으나 아직 현금으로 지급하지 않은 경우, 다음 중 어느 계정으로 기록해야 하는가?

① 미지급금　　② 미지급비용
③ 매입채무　　④ 단기차입금

04 다음 [보기]의 내용 중에서 부채 항목만으로 묶여진 것은?

보기		
ㄱ. 선수수익	ㄴ. 매입채무	ㄷ. 선급보험료
ㄹ. 미지급금	ㅁ. 미수수익	ㅂ. 매출채권

① ㄱ, ㄴ, ㄹ
② ㄱ, ㄴ, ㅂ
③ ㄴ, ㄹ, ㅁ
④ ㄷ, ㄹ, ㅁ

05 다음 중 부채에 해당하지 않는 것은?

① 대손충당금
② 유동성장기부채
③ 외상매입금
④ 퇴직급여충당부채

06 (주)한국은 매입처 (주)대한에 대한 외상대금 3,000,000원을 다른 거래처 (주)민국이 발행한 당좌수표로 전액 지급하였다. 외상대금 지급시점의 가장 올바른 회계처리는?

①	(차) 현금	3,000,000원	(대) 외상매입금	3,000,000원
②	(차) 당좌예금	3,000,000원	(대) 외상매입금	3,000,000원
③	(차) 외상매입금	3,000,000원	(대) 현금	3,000,000원
④	(차) 외상매입금	3,000,000원	(대) 당좌예금	3,000,000원

07 다음 [보기]의 내용 중 2025년 1월 6일 거래에서 발생하지 않는 계정과목은?

보기

- 2025년 1월 5일
  종업원 갑에 대한 급여 5,000,000원을 지급하면서 소득세 및 지방소득세 300,000원과 건강보험료 150,000원을 공제한 잔액을 현금으로 지급하였다.
- 2025년 1월 6일
  소득세 및 지방소득세 300,000원과 직원분 건강보험료 150,000원, 회사 부담분 150,000원의 건강보험료를 현금으로 납부하였다.

① 보험료
② 예수금
③ 복리후생비
④ 현금

유형별 연습문제

08 **유동부채 항목에 대한 설명 중 틀린 것은?**

① 외상매입금은 일반적인 상거래에서 재화 또는 용역을 구입하고 그 대금을 구입 시점 이후에 지급하기로 약정함으로써 발생한다.
② 지급어음은 일반적인 상거래에서 나타난 어음상의 채무이고, 매입채무로 통합하여 재무상태표에 기록된다.
③ 당좌차월은 당좌예금의 일시적 예금잔액 초과금액을 말하며, 재무상태표에 당좌차월 항목으로 보고된다.
④ 가수금은 미결산계정으로 현금이나 수표 등에 의한 수입은 이미 이루어졌으나, 이를 정확하게 기입할 계정과목이나 금액이 아직 확정되지 않은 경우에 발생한다.

09 **다음 부채에 대한 설명으로 틀린 것은?**

① 단기차입금은 재무상태표일로부터 1년 이내에 상환될 부채이다.
② 유동성장기부채는 비유동부채 중 재무상태표일로부터 1년 이내에 상환될 부채이다.
③ 퇴직급여충당부채는 비유동부채에 속한다.
④ 매입채무는 단기, 장기 구분없이 유동부채에 해당된다.

10 **다음의 외상거래에서 미수금 또는 미지급금으로 처리해야 할 거래는?**

① 제품을 판매하고 한 달 후에 3개월 어음으로 받다.
② 원재료를 외상으로 구입하고 한 달 후에 현금으로 지급하다.
③ 상품을 외상으로 구입하고 한 달 후에 3개월 어음을 지급하다.
④ 생산설비부족으로 외주가공을 하고 대금은 한 달 후에 현금 지급하다.

11 **다음 [보기] 자료에 의한 거래가 순서대로 반영될 경우 기말 당좌차월 금액은 얼마인가?(단, 당좌차월 계약 한도 범위액은 10,000,000원이다.)**

보기	
- 기초 당좌예금 잔액:	10,000,000원
- 기중 상품 매출 당좌예금 입금액:	4,000,000원
- 기중 당좌수표 발행액:	20,000,000원

① 4,000,000원 ② 6,000,000원
③ 10,000,000원 ④ 20,000,000원

2.10 비유동부채

01 **다음 중 비유동부채에 해당하지 않는 것은?**

① 퇴직급여충당부채 ② 유동성장기부채
③ 사채 ④ 장기차입금

02 다음 사채발행에 대한 내용 중 그 연결이 가장 적절한 것은?

① 액면이자율 〉 시장이자율 = 할인발행　　② 액면이자율 〉 시장이자율 = 할증발행
③ 액면이자율 〈 시장이자율 = 액면발행　　④ 유효이자율 〈 시장이자율 = 할인발행

03 사채를 발행한 회사에서 약속한 날짜에 사채이자를 지급할 때 기준이 되는 금액은?

① 액면금액　　② 공정가치
③ 발행금액　　④ 취득금액

04 다음 중 사채할인발행차금에 대해서 잘못 설명한 것은?

① 사채할인발행차금은 사채의 차감항목으로써 대변에 계상된다.
② 사채할인발행차금은 사채의 액면금액과 발행금액과의 차액이다.
③ 사채할인발행차금은 사채와 관련한 이자비용의 일부를 만기에 원금에 가산하여 지급하는 것이 된다.
④ 사채할인발행차금은 사채기간 동안에 적절한 방법(유효이자율법)에 의하여 이자비용으로 인식하기 위한 결산정리분개가 필요하다.

05 (주)한국은 기말 결산 시 사채할인발행차금의 상각을 누락하는 오류가 발생되었다. 결산 시 이러한 오류가 재무제표에 미치는 영향으로 가장 적절한 것은?

① 이자비용 과대계상　　② 당기순이익 과소계상
③ 사채 장부금액 과소계상　　④ 사채할인발행차금이 과소계상

06 결산 시 사채할인발행차금을 상각하였다. 재무상태표에 미치는 영향은?

① 사채의 장부금액이 감소한다.
② 사채의 장부금액이 증가한다.
③ 사채의 장부금액은 변동이 없다.
④ 사채가 시장가치로 표시된다.

07 2025년 7월 25일 액면금액이 1,000,000원인 사채를 1,200,000원에 발행하면서 사채발행비 30,000원을 차감한 잔액을 당좌예금 계좌로 입금받았다. 이 거래에 대한 올바른 회계처리는?

①	(차) 당좌예금	1,170,000원	(대) 사채	1,200,000원
	사채발행비	30,000원		
②	(차) 당좌예금	1,200,000원	(대) 사채	1,000,000원
	사채발행비	30,000원	사채할증발행차금	230,000원
③	(차) 당좌예금	1,200,000원	(대) 사채	1,200,000원
	사채발행비	30,000원	사채할증발행차금	30,000원
④	(차) 당좌예금	1,170,000원	(대) 사채	1,000,000원
			사채할증발행차금	170,000원

08 다음 [보기]의 자료를 참고하여 기말 손익계산서에 기록될 퇴직급여 금액을 계산하면 얼마인가?

| 보기 |

- 기초 퇴직급여충당부채: 5,000,000원
- 당기 중 지급된 퇴직급여: 3,500,000원
- 당기 말 회사의 전 임직원이 일시에 퇴직할 경우 지급해야 할 퇴직금추계액: 7,500,000원

① 1,000,000원
② 4,500,000원
③ 6,000,000원
④ 9,000,000원

09 다음 중 충당부채 설정요건으로서 가장 거리가 먼 것은?

① 장래에 지출될 것이 확실해야 한다.
② 당기에 수익에 대응하는 비용이어야 한다.
③ 의무이행금액을 신뢰성 있게 추정할 수 있어야 한다.
④ 과거사건의 결과로 존재하는 현재의무는 법적의무에 한정된다.

2.11 자본

01 다음 자본항목 중 성격이 다른 하나는?

① 자기주식
② 감자차손
③ 미교부주식배당금
④ 주식발행초과금

02 다음 중 자본항목의 연결이 올바른 것은?

① 자본잉여금 – 주식발행초과금
② 이익잉여금 – 감자차손
③ 자본조정 – 자기주식처분이익
④ 기타포괄손익누계액 – 감자차익

03 다음 중 자본잉여금으로 분류할 수 있는 것은?

① 자기주식
② 감자차손
③ 주식발행초과금
④ 주식할인발행초과금

04 다음 배당에 대한 설명 중 잘못된 것은?

① 배당이란 회사자산을 주주의 소유지분에 비례하여 주주에게 분배하는 것을 말한다.
② 이익잉여금이 충분할 때는 항상 배당이 이루어진다.
③ 배당이 선언되어 지급되면 회사의 자본과 자산이 모두 감소한다.
④ 배당에 관한 회계처리에 있어서 중요한 시점은 그 발생순서에 따라 기준일, 배당선언일, 지급일이다.

05 회사의 기초 자본금은 1억 원(액면금액 5,000원, 발행주식수 20,000주)이다. 신규 사업 진출을 위해 회사는 주당 10,000원(액면금액 5,000원)에 1,000주를 증자하였을 경우, 기말 자본금은 얼마인가?

① 100,000,000원　② 105,000,000원
③ 110,000,000원　④ 115,000,000원

06 (주)대한은 주주총회 결의에 의해 회사 주식(1,000주, 액면가 10,000원)을 9,500원에 발행하고 주식 발행관련비용 150,000원을 차감한 잔액을 모두 당좌예금계좌로 입금하였다. 기존 주식발행초과금 잔액이 100,000원이었을 때, 회계처리한 것으로 맞는 것은?

	차변	금액	대변	금액
①	(차) 당좌예금	9,500,000원	(대) 자본금	9,500,000원
②	(차) 당좌예금	9,350,000원	(대) 자본금	10,000,000원
	신주발행비	150,000원		
	주식할인발행차금	500,000원		
③	(차) 당좌예금	9,500,000원	(대) 자본금	10,000,000원
	주식발행초과금	100,000원		
	주식할인발행차금	400,000원		
④	(차) 당좌예금	9,350,000원	(대) 자본금	10,000,000원
	주식발행초과금	100,000원		
	주식할인발행차금	550,000원		

07 다음 [보기]는 (주)A의 이익잉여금 처분과 관련된 자료이다. 이를 실행하여 회계처리할 경우 이익준비금의 금액은?

보기

- 자본금: 10,000,000원
- 이익준비금: 상법상 최소 한도액만 적립함
- 주주배당금: 자본금의 10%(현금 배당 6%, 주식 배당 4%)

① 60,000원　② 100,000원
③ 600,000원　④ 1,000,000원

08 다음 [보기]의 자료를 근거로 회계처리를 할 경우 감자차익은 얼마인가?

보기

- 감자주식 수: 100주
- 주당 액면가액: 5,000원
- 주식구입 현금지급액: 400,000원

① 50,000원　② 100,000원
③ 150,000원　④ 500,000원

09 다음 [보기]의 이월결손금 보전을 올바르게 분개한 것은?

> **보기**
>
> 이월결손금 4,000,000원을 보전하기 위해 발행주식수 2,000주(액면가 5,000원)를 1,000주로 병합하였다.

	차변	금액	대변	금액
①	(차) 자본금	4,000,000원	(대) 이월결손금	4,000,000원
②	(차) 자본금	10,000,000원	(대) 이월결손금	4,000,000원
			자 본 금	6,000,000원
③	(차) 자본금	5,000,000원	(대) 이월결손금	4,000,000원
			자기주식처분이익	1,000,000원
④	(차) 자본금	5,000,000원	(대) 이월결손금	4,000,000원
			감자차익	1,000,000원

2.12 수익과 비용

01 다음 항목 중 비용에 해당하지 않는 것은?

① 건물에 대한 임차료
② 주주에 대한 배당금의 지급
③ 종업원에 대한 급료
④ 상품의 매출원가

02 다음 중 판매비와관리비에 해당하지 않는 것은?

① 종업원 급여
② 임대료
③ 경상연구개발비
④ 접대비

03 다음 중 연결이 바르지 않은 것은?

① 영업외비용 – 임차료
② 영업외수익 – 임대료
③ 영업외수익 – 외환차익
④ 판매비와관리비 – 대손상각비

04 다음 중 제조기업 (주)A의 손익계산서에 판매비와관리비로 분류하여야 하는 거래는 무엇인가?

① 제품 판매장 임차료
② 은행차입금 관련 이자비용
③ 원재료 매입 거래처 접대비
④ 생산부 사용 기계장치 감가상각비

05 다음 중 영업외수익에 속하지 않는 것은?

① 배당금수익
② 감자차익
③ 외환차익
④ 자산수증이익

06 다음 중 당기순손익에 영향을 미치는 계정과목에 해당하지 않는 것은?

① 채무면제이익
② 자산수증이익
③ 매도가능증권평가손익
④ 재해손실

07 다음 중 판매비와관리비에 관련된 설명으로 맞지 않는 것은?

① 판매비와관리비는 상품/제품의 판매활동 또는 기업의 관리 및 유지와 관련된 비용이다.
② 공장의 제품 납품용 화물차와 관련된 모든 비용은 판매비와관리비로 처리한다.
③ 발생주의 회계에서도 판매비와관리비는 현금이 지출될 때 결산에 반영한다.
④ 판매비와관리비는 매출원가에 속하지 않는 모든 영업비용을 포함한다.

08 다음 자료에서 확인되는 영업이익은 얼마인가?

매출액	20,000,000원	매출원가	12,000,000원
복리후생비	2,000,000원	이자비용	500,000원
보험료	1,000,000원	여비교통비	500,000원
외환차익	500,000원	외화환산이익	3,000,000원

① 1,500,000원 ② 4,000,000원
③ 4,500,000원 ④ 5,000,000원

09 다음 중 영업이익에 영향을 주는 거래가 아닌 것은?

① 당월 중 사무직 종업원의 급여를 미지급금으로 계상하였다.
② 단기매매증권을 현금 매각(장부가격: 10,000원, 매매가격: 12,000원)하였다.
③ 당월분 건물 임차료 1백만 원을 현금으로 지급하였다.
④ 회사의 단골 식당에 당월분 종업원 중식대 2,000,000원을 현금 지급하였다.

10 다음과 [보기]의 자료를 이용할 때 당해 연도의 영업이익에 미치는 영향은 얼마인가?

보기

- 매입상품 중 반품처리분 800,000원
- 상품재고의 증가 200,000원
- 급여 중 4대보험 개인부담증가 500,000원
- 건물 임차료 상승분 50,000원

① 950,000원 감소 ② 950,000원 증가
③ 1,150,000원 증가 ④ 1,150,000원 감소

11 다음 [보기]는 (주)민국의 손익계산서 자료이다. 이 자료를 기초로 계산한 매출총이익과 영업이익은 각각 얼마인가?

보기

- 기초상품 200,000원
- 매출액 20,000,000원
- 급여 1,000,000원
- 감가상각비 80,000원
- 접대비 20,000원
- 단기매매증권처분이익 30,000원
- 기말상품 500,000원
- 매입 7,000,000원
- 대손상각비 50,000원
- 유형자산처분손실 20,000원
- 이자수익 80,000원
- 기타의대손상각비 50,000원

	매출총이익	영업이익		매출총이익	영업이익
①	14,000,000원	10,000,000원	②	13,300,000원	12,150,000원
③	13,000,000원	12,000,000원	④	12,750,000원	11,000,000원

12 다음 [보기]는 무엇에 대한 설명인가?

보기
수익을 인식할 때 수익획득 과정에서 발생한 관련 비용을 함께 인식하여야 한다는 기준

① 발생주의
② 실현주의
③ 저가기준
④ 수익비용의 대응

13 다음 [보기] 내용이 설명하는 손익계산서 작성기준에 해당하는 것은 무엇인가?

보기
현금의 유입 및 출입시기와 관계없이 경제적 사건이 발생한 회계기간에 수익과 비용을 인식하는 수익인식 기준

① 총액주의
② 발생주의
③ 현금주의
④ 실현주의

14 다음의 수익인식기준에 대한 설명으로 옳지 않은 것은?

① 배당금수익: 배당금을 받을 권리와 금액이 확정되는 시점
② 예약매출: 예약계약의 성립시점
③ 장단기용역매출: 모두 진행기준 적용
④ 시용판매: 매입자로부터 매입의사표시를 받은 날

15 다음 설명 중 수익의 개념과 거리가 가장 먼 것은?

① 옆 점포에서 의자를 빌려서 사용했다.
② 개업식에 거래처로부터 ERP 프로그램을 기증받았다.
③ 거래처로부터 외상매입금을 면제받았다.
④ 1개월 전에 거래처로부터 현금을 차입했는데 이자를 받지 않겠다고 통보를 받았다.

16 비용 및 손실의 인식으로 잘못된 것은?

① 매출원가는 매출액 발생 시 비용으로 인식한다.
② 일반 소모품비나 복리후생비 등의 판매비와관리비는 발생 즉시 비용으로 처리한다.
③ 유, 무형자산은 합리적 기준에 의해 감가상각이나 무형자산상각을 통해서 비용으로 처리한다.
④ 개발비는 발생 즉시 비용으로 처리한다.

17 다음 중 기말결산수정분개 사항에 해당하지 않는 것은?

① 장기차입금의 유동성대체　　② 대손충당금의 회수
③ 미지급비용의 계상　　④ 선수수익의 계상

18 다음 결산절차 중 가장 마지막에 수행하는 절차는?

① 결산수정분개
② 수정전시산표의 작성
③ 재무상태표계정의 마감
④ 손익계산서계정의 마감

19 2025년 10월 1일에 손해보험에 가입하고 12개월분 보험료 12,000원을 한꺼번에 현금으로 지급하면서 (차) 보험료 12,000원 (대) 현금 12,000원으로 분개하였다면, 2025년 12월 31일 결산 시점에서 필요한 결산정리분개는?

① (차) 선급보험료 3,000원 (대) 보험료 3,000원
② (차) 선급금 9,000원 (대) 보험료 9,000원
③ (차) 선급보험료 9,000원 (대) 보험료 9,000원
④ (차) 미지급보험료 9,000원 (대) 보험료 9,000원

20 (주)한국은 2025년 3월 1일에 1년치 임대료 2,400,000원을 현금으로 수취하였다. 2025년 12월 말 결산 시 이에 대한 회계처리로 가장 적절한 것은?

① (차) 선수수익 400,000원 (대) 임대료 400,000원
② (차) 임대료 400,000원 (대) 선수수익 400,000원
③ (차) 선수수익 2,000,000원 (대) 임대료 2,000,000원
④ (차) 임대료 2,000,000원 (대) 선수수익 2,000,000원

21 결산정리사항 중 결산일 당일의 [현금 실제잔액은 340,000원, 장부잔액은 360,000원이며, 부족액은 원인불명이다.]에 대한 결산정리분개로 옳은 것은?

① (차) 현금과부족 20,000원 (대) 현금 20,000원
② (차) 잡손실 20,000원 (대) 현금 20,000원
③ (차) 현금 20,000원 (대) 현금과부족 20,000원
④ (차) 현금 20,000원 (대) 잡이익 20,000원

22 당기에 수익으로 인식해야 할 임대료수익에 대한 결산정리분개가 누락될 경우, 기업에 미치는 영향은?

① 자산, 순이익, 자본의 과소계상
② 부채의 과소계상, 순이익과 자본의 과대계상
③ 자산, 순이익, 자본의 과대계상
④ 자산과 부채의 과대계상, 순이익과 자본의 과대계상

23 다음 중 결산정리 과정을 잘못 설명한 것은?

① 결산 시점에서 수정사항을 분개하는 것을 결산정리분개라고 부른다.
② 회계의 자기검증기능이 가장 잘 나타나는 절차가 시산표의 작성이며, 잔액시산표와 합계시산표 및 이월시산표가 여기에 해당된다.
③ 수익계정과 비용계정을 마감하기 위해서 집합손익계정을 활용하며, 수익계정은 손익계정의 대변에 집계되고, 비용계정은 손익계정의 차변에 집계된다.
④ 결산정리분개의 목적은 재무상태표에 기말의 자산 및 부채가 올바른 금액으로 나타나도록 하는 데 있다.

24 다음의 [보기]의 내용을 참고할 때 당사의 당기순이익 증감액은?

보기			
- 보험료 선급분	20,000원	- 이자비용 미계상분	50,000원
- 임대료 선수분	40,000원	- 수수료 미수분	30,000원

① 40,000원 감소　　② 40,000원 증가
③ 60,000원 감소　　④ 80,000원 증가

25 다음의 [보기]를 참고할 때 당기의 재무보고에 미치는 영향은?

보기
결산 시까지 수수료 미수분 200,000원이 미계상 되어있다.

	(자산)	(수익)	(자본)
①	과소계상	과소계상	과소계상
②	과대계상	과소계상	과대계상
③	영향없음	과소계상	과대계상
④	과소계상	과대계상	영향없음

26 다음의 [보기]를 참고할 때 보험료로 지급된 현금의 금액은 얼마인가?

보기			
- 기초 선급보험료	10,000원	- 기초 미지급보험료	16,000원
- 기말 선급보험료	18,000원	- 기말 미지급보험료	14,000원
- 손익계정을 대체된 보험료	60,000원		

① 50,000원　　② 54,000원
③ 66,000원　　④ 70,000원

회계 2급 기출문제

회계 2급 2025년 1회 (2025년 1월 25일 시행)

[이론]

[과목: 경영혁신과 ERP]

01 빅데이터의 주요 특성(5V)으로 옳지 않은 것은?

① 속도(Velocity)
② 규모(Volume)
③ 필수성(Vital)
④ 다양성(Variety)

02 챗봇(ChatBot)에 대한 설명으로 적절하지 않은 것은?

① 단순한 고객상담 등의 업무를 일부 대체할 수 있다.
② 대부분 대화형 인터페이스를 통해 서비스를 제공한다.
③ 법률자문, 헬스케어 등 다양한 분야에서 시장이 성장하고 있다.
④ 분산형 데이터베이스의 형태로 데이터를 저장하는 연결구조체를 의미한다.

03 ERP와 기존의 정보시스템(MIS) 특성 간의 차이점에 대한 설명으로 가장 적절하지 않은 것은?

① 기존 정보시스템의 업무범위는 단위업무이고, ERP는 통합업무를 담당한다.
② 기존 정보시스템의 전산화 형태는 중앙집중식이고, ERP는 분산처리구조이다.
③ 기존 정보시스템은 수평적으로 업무를 처리하고, ERP는 수직적으로 업무를 처리한다.
④ 기존 정보시스템은 파일시스템을 이용하고, ERP는 관계형 데이터베이스시스템(RDBMS)을 이용한다.

04 차세대 ERP의 비즈니스 애널리틱스(Business Analytics)에 관한 설명으로 가장 적절하지 않은 것은?

① 비즈니스 애널리틱스는 구조화된 데이터(structured data)만 분석대상으로 한다.
② ERP시스템의 방대한 데이터 분석을 위해 비즈니스 애널리틱스가 차세대 ERP의 핵심요소가 되고 있다.
③ 비즈니스 애널리틱스는 리포트, 쿼리, 대시보드, 스코어카드뿐만 아니라 예측모델링과 같은 진보된 형태의 분석기능도 제공한다.
④ 비즈니스 애널리틱스는 질의 및 보고와 같은 기본적 분석기술뿐만 아니라 예측 모델링과 같은 수학적으로 정교한 수준의 분석을 지원한다.

[과목: 재무회계의 이해]

05 [보기]에서 설명하는 회계의 기본가정(선제조건)을 고르시오.

보기
- 기업을 소유주와는 독립적으로 존재하는 회계단위로 간주한다. - 하나의 기업을 하나의 회계단위의 관점에서 재무정보를 측정, 보고한다. - 소유주와 별도의 회계단위로서 기업실체를 인정하는 것이다.

① 회계분류의 가정
② 계속기업의 가정
③ 기업실체의 가정
④ 기간별 보고의 가정

06 [보기]의 내용이 설명하고 있는 것은?

보기
회계정보가 신뢰성을 갖기 위해서는 그 정보가 기업의 경제적 자원과 의무 그리고 이들의 변동을 초래하는 거래나 사건을 충실하게 표현해야 한다.

① 중립성
② 피드백가치
③ 검증가능성
④ 표현의 충실성

07 [보기]의 오류가 당기 손익계산서에 미치는 영향으로 가장 적절한 것은?

보기
정확한 기말재고금액은 120,000원이지만, 기말 재고자산을 150,000원으로 잘못 계상하였다.

① 매출원가 : 과대 / 당기순이익 : 과대
② 매출원가 : 과대 / 당기순이익 : 과소
③ 매출원가 : 과소 / 당기순이익 : 과대
④ 매출원가 : 과소 / 당기순이익 : 과소

08 ㈜생산성기업은 임차료 1년분(2024년 8월 1일부터 2025년 7월 31일까지)을 8월1일에 360,000원을 현금으로 지급하고 비용으로 처리하였다. 12월 31일 기말 결산 시의 임차료선급액은 얼마인가?

① 210,000원
② 240,000원
③ 280,000원
④ 360,000원

09 [보기]의 지급 내역 중 복리후생비는 총 얼마인가?

보기	
- 종업원 회식비	500,000원
- 거래처 선물대금	300,000원
- 회사의 인터넷통신 요금	200,000원
- 출장사원 고속도로 통행료	100,000원
- 총무팀 직원의 피복비	250,000원

① 250,000원　② 750,000원
③ 800,000원　④ 1,050,000원

10 [보기]에서 설명하는 계정과목은 무엇인가?

> **보기**
> 주문한 물품과 상이한 물품의 인도 또는 불량품 발생 등으로 인하여 판매물품의 거래처로부터 반송된 경우 그 금액

① 매출할인　② 매출환입
③ 매출에누리　④ 매출채권처분손실

11 [보기]의 거래요소 결합관계를 나타내는 거래로 옳은 것은?

> **보기**
> (차변) 자산의 증가　(대변) 부채의 증가

① 미지급한 퇴직금을 지급하다.
② 외상매출금을 어음으로 회수하다.
③ 외상매입금을 현금으로 지급하다.
④ 기계기구를 구매하고 대금은 1개월 후에 지급하기로 하다.

12 현금과부족의 원인을 조사한 결과 회계담당자가 실수하여 건물임대수익 ₩20,000을 받은 것이 누락되었음이 발견되었다. 분개로 옳은 것은?

① (차)현금과부족 ₩20,000 / (대)현　　금 ₩20,000
② (차)현　　금 ₩20,000 / (대)현금과부족 ₩20,000
③ (차)임 차 료 ₩20,000 / (대)현금과부족 ₩20,000
④ (차)현금과부족 ₩20,000 / (대)임 대 료 ₩20,000

기출문제

13 물가가 지속해서 상승하는 경제 상황을 가정할 때, 다음 중 당기순이익이 가장 크게 계상되는 재고자산 가격결정방법 순서로 옳은 것은?

① 후입선출법 > 이동평균법 > 총평균법 > 선입선출법
② 후입선출법 > 총평균법 > 이동평균법 > 선입선출법
③ 선입선출법 > 이동평균법 > 총평균법 > 후입선출법
④ 선입선출법 > 총평균법 > 이동평균법 > 후입선출법

14 건물취득가액 40,000,000원, 내용연수 20년, 잔존가액 20%를 정액법에 의해 상각하면 해당 건물의 감가상각비는 얼마인가?

① 1,600,000원 ② 2,000,000원
③ 2,600,000원 ④ 3,100,000원

15 일반기업회계기준상 무형자산의 상각에 관한 내용으로 적절하지 않은 것은?

① 무형자산의 잔존가치는 없는 것을 원칙으로 하나, 예외도 존재한다.
② 무형자산의 상각방법은 정액법, 정률법 등 합리적인 방법을 적용할 수 있다.
③ 무형자산의 상각기간은 예외적인 경우를 제외하고는 10년을 초과할 수 없다.
④ 내부적으로 창출한 영업권은 원가의 신뢰성 문제로 자산으로 인정되지 않는다.

16 [보기] ㈜생산성의 매출관련 자료이다. 순매출액을 계산하면 얼마인가?

보기

- 기초상품재고액	80,000원	- 총매입액	600,000원
- 총매출액	600,000원	- 매입에누리액	35,000원
- 매출환입액	70,000원	- 매입환출액	60,000원
- 매출에누리액	50,000원	- 기말상품재고액	70,000원

① 460,000원 ② 480,000원
③ 510,000원 ④ 530,000원

17 [보기]는 당기의 자산과 부채의 변동액이다. 기말자본금은 얼마인가?

보기

- 기 초 자 산	300,000원	- 당기자산증가분	180,000원
- 기 초 부 채	120,000원	- 당기부채감소분	60,000원

① 420,000원 ② 480,000원
③ 500,000원 ④ 520,000원

18 소유하고 있던 ㈜생산성기업의 발행 주식 3,000주에 대한 배당금 900,000원을 현금으로 받은 경우, 옳은 분개는?

① (차)현　　금　900,000원　(대)배당금수익　900,000원
② (차)현　　금　900,000원　(대)수수료수익　900,000원
③ (차)현　　금　900,000원　(대)이 자 수 익　900,000원
④ (차)현　　금　900,000원　(대)당기손익증권　900,000원

19 영업활동의 사무실 전기요금 300,000원을 보통예금 계좌에서 자동이체 납부된 경우 옳은 분개는?

① (차)수도광열비　100,000원　(대)현　　금　100,000원
② (차)복리후생비　100,000원　(대)보통예금　100,000원
③ (차)보통예금　100,000원　(대)수도광열비　100,000원
④ (차)수도광열비　300,000원　(대)보통예금　300,000원

20 [보기]에서 설명하는 계정과목은 무엇인가?

보기
물품의 판매에 있어서 판매한 상품 또는 제품에 대한 부분적인 감량 · 변질 · 파손 등에 의하여 매출가액에서 직접 공제하는 금액

① 매출할인　② 매출환입
③ 매출에누리　④ 매출채권처분손실

기출문제

[실무]

> 실무문제는 [실기메뉴]를 활용하여 답하시오.
> 웹하드(http://www.webhard.co.kr)에서 Guest(ID: samil3489, PASSWORD: samil3489)로 로그인하여 백데이터를 다운받아 설치 후 회계 2급 2024년 6회 김은찬으로 로그인한다.

[과목: ERP 회계 기본정보관리]

01 당사의 시스템환경설정에 대한 설명으로 옳지 않은 것을 고르시오.(단, 시스템환경설정은 추가 변경하지 않는다.)

① 수량의 소숫점 자리수는 2자리로 설정하였다.
② 예산통제구분값은 '사용부서'로 설정하였다.
③ 전표를 입력 후 전표 복사 기능을 사용할 수 없다.
④ 고정자산 상각 시 비망가액을 설정하여 관리 할 수 있다.

02 다음 중 당사의 계정과목에 대한 설명으로 옳지 않은 것을 고르시오.

① [20100.토지] 계정은 비상각 계정과목이다.
② [25900.선수금] 계정은 거래처를 필수 입력하도록 설정하였다.
③ [81100.복리후생비] 계정은 세목으로 세분화하여 관리하고 있다.
④ [84800.잡비] 계정은 전표입력 시 증빙을 필수 입력하도록 설정하였다.

03 다음 중 당사의 부서등록과 사원등록에 대한 설명으로 옳지 않은 것을 고르시오.

① ERP를 운용할 수 없는 사원은 총 2명이다.
② 당사에 등록된 부문은 ㈜유명 본점, ㈜유명 지점 2개 이다.
③ 전윤호 사원은 차대가 일치하는 전표를 입력 시 승인전표로 반영된다.
④ 김종민 사원은 조회권한이 사업장 권한으로 영업부의 전표도 조회할 수 있다.

04 (주)유명 본점의 2025년 1월부터 4월까지 [40100.상품매출] 금액이 가장 많이 발생한 월은 언제인지 고르시오.

① 1월　　② 2월
③ 3월　　④ 4월

05 (주)유명 본점은 업무용승용차를 사원별로 관리하고 있다. 다음 중 [ERP13A02.김은찬] 사원이 관리하고 있는 업무용 승용차의 경비구분이 800번대인 차량번호를 고르시오.

① 12가 0102 ② 14가 0717
③ 17가 8087 ④ 34가 0616

06 (주)유명 본점의 손익계산서에서 2025년 한 해 동안 [81100.복리후생비] 계정이 가장 많이 발생한 분기를 고르시오.

① 1/4분기 ② 2/4분기
③ 3/4분기 ④ 4/4분기

07 2025년 4월 한 달간 현금 입금액과 출금액은 얼마인지 고르시오.

① 입금액 : 5,000,000원, 출금액 : 3,440,000원
② 입금액 : 5,000,000원, 출금액 : 7,105,000원
③ 입금액 : 102,860,000원, 출금액 : 7,105,000원
④ 입금액 : 107,860,000원, 출금액 : 10,545,000원

08 (주)유명 본점은 결산 시 외화예금 통장의 외화금액을 평가하여 재무제표에 반영하고자 한다. 2025년 12월 말 결산 시 기준 환율이 1$당 1,100원 일 때, 외화환산손익은 얼마인지 고르시오.

① 외화환산 이익 : 75,000원
② 외화환산 손실 : 75,000원
③ 외화환산 이익 : 250,000원
④ 외화환산 손실 : 250,000원

09 (주)유명 본점은 사용부서와 프로젝트로 복리후생비(판매관리비)를 관리하고 있다. 2025년 상반기 동안 [1001.재경부]부서에서 복리후생비(판매관리비)가 가장 많이 증가한 프로젝트를 고르시오.

① 1000.서울공장 ② 1002.부산공장
③ 1003.울산공장 ④ 1004.대전공장

10 (주)유명 본점의 업무용승용차 [12가 0102.티볼리] 차량에 대하여 운행기록부를 작성하였다. 2025년 1월 한 달 동안 해당 차량의 업무사용비율을 고르시오.

① 67% ② 75%
③ 81% ④ 90%

11 당사는 반기 결산을 하는데 2025년 6월 말 결산 시 소모품 기말 재고액은 6,500,000원 이다. 장부의 금액을 확인한 후 결산분개를 입력한다고 할 때, 6월 말 결산 수정 분개로 옳은 것을 고르시오. (단 소모품 취득은 자산으로 처리하고 사용은 판관비로 처리했다.)

① (차)소 모 품 4,000,000원 (대)소모품비 4,000,000원
② (차)소 모 품 6,500,000원 (대)소모품비 6,500,000원
③ (차)소모품비 4,000,000원 (대)소 모 품 4,000,000원
④ (차)소모품비 6,500,000원 (대)소 모 품 6,500,000원

12 (주)유명 본점의 2025년 상반기 손익계산서에 대한 설명 중 옳지 않은 것은?

① 매출액은 897,500,000원 이다.
② 당기 상품 매입액은 321,300,000원 이다.
③ 판매관리비가 감소하면 당기순이익도 감소한다.
④ 이자수익이 영업외수익으로 100,000원 발생하였다.

13 2025년 1분기 동안 (주)유명 본점에서 현금 지출이 가장 많았던 판매관리비 계정과목은 무엇인가?

① 81100.복리후생비 ② 81200.여비교통비
③ 82200.차량유지비 ④ 82900.사무용품비

14 다음 [보기]내용을 참고하여 고정자산등록 메뉴에 입력한 후 당해 감가상각비 합계금액을 조회하면 얼마인지 고르시오.

보기
유명 본점은 2025년 5월 1일에 비품자산 [21200009.팩스기]를 취득부대비용 포함하여 3,000,000원에 신규 취득하였다. (상각방법 : 정액법, 내용연수 : 5년)

① 400,000원 ② 720,000원
③ 7,245,000원 ④ 7,645,000원

15 (주)유명 본점의 부가세 신고 방법에 대한 설명으로 옳지 않은 것을 고르시오.

① 관할세무서는 서초세무서 이다.
② 업태는 도소매이며 종목은 소프트웨어이다.
③ 부가세 신고 및 납부는 주사업장에서 진행한다.
④ 부가세 신고는 각 사업장별로 하고 납부는 주사업장에서 진행한다.

16 (주)유명 본점의 2025년 2기 부가가치세 확정신고 시 세금계산서합계표를 작성하였다. 다음 중 세금계산서합계표에 대한 설명으로 옳지 않은 것을 고르시오.

① 매출세금계산서의 부가세액 총합계는 57,580,000원이다.
② 정우실업(유) 거래처에 수취한 세금계산서는 총 8매이다.
③ (주)성호기업 거래처에 발급한 부가세액은 24,200,000원이다.
④ 매입세금계산서 중 전자세금계산서외 거래건의 부가세 합계액은 53,000,000원이다.

17 (주)유명 본점의 2025년 1기 부가가치세 예정신고 시 신용카드매출 거래건 중 세금계산서가 발급된 금액을 고르시오.

① 1,000,000원 ② 1,500,000원
③ 2,000,000원 ④ 2,500,000원

18 (주)유명 본점의 2025년 1기 부가가치세 확정 신고에 대한 설명으로 옳지 않은 것은 무엇인가?

① 부가가치세 총괄납부사업장 이다.
② 고정자산 매입분은 세금계산서 수취분만 존재한다.
③ 과세표준 매출세액의 부가세 합계액은 402,000,000원이다.
④ 1기 부가가치세 확정신고 시 납부할 세액은 24,150,000원이다.

19 (주)유명 본점은 부동산임대업을 겸업하고 있어 부가가치세 신고 시 간주임대료를 포함하여 신고하려고 한다. 2025년 2기 부가가치세 확정 신고 시 다음 [부동산임대내역]의 자료를 입력한 후 보증금이자(간주임대료)를 계산하면 얼마인지 고르시오. 단, 보증금이자(간주임대료) 계산 시 소수점 이하는 절사한다.

보기

[부동산임대내역]
- 동 : 1111065000.서울특별시 종로구 혜화동
- 층 / 호수 : 지상 3층 / 301호
- 상호(성명) : 도민실업(주)
- 면적 / 용도 : 200㎡ / 사무실
- 임대기간 : 2025/10/01 ~ 2026/09/30
- 보증금 : 270,000,000원
- 월세 : 3,000,000원
- 관리비 : 700,000원

(이자율은 2.9%로 계산한다.)

① 1,973,589원 ② 1,998,278원
③ 2,031,458원 ④ 2,066,141원

20 (주)유명 본점의 2025년 2기 부가가치세 예정신고 시 발생하지 않은 세무구분을 고르시오.

① 11.과세매출 ② 17.카드매출
③ 25.수입 ④ 28.현금영수증매입

기출문제

회계 2급 2024년 6회 (2024년 11월 23일 시행)

[이론]

[과목: 경영혁신과 ERP]

01 인공지능 기반의 빅데이터 분석기법에 대한 설명으로 적절하지 않은 것은?

① 텍스트마이닝 분석을 실시하기 위해서는 불필요한 정보를 제거하는 데이터 전처리(data pre-processing) 과정이 필수적이다.
② 텍스트마이닝은 자연어(natural language) 형태로 구성된 정형데이터에서 패턴 또는 관계를 추출하여 의미 있는 정보를 찾아내는 기법이다.
③ 데이터마이닝은 대규모로 저장된 데이터 안에서 다양한 분석기법을 활용하여 전통적인 통계학 이론으로는 설명이 힘든 패턴과 규칙을 발견한다.
④ 데이터마이닝은 분류(classification), 추정(estimation), 예측(prediction), 유사집단화(affinity grouping), 군집화(clustering)의 5가지 업무영역으로 구분할 수 있다.

02 [보기]에서 설명하는 RPA 적용단계는 무엇인가?

보기
빅데이터 분석을 통해 사람이 수행하는 복잡한 의사결정을 내리는 수준이다. 이것은 RPA가 업무 프로세스를 스스로 학습하면서 자동화하는 단계이다.

① 인지자동화
② 데이터전처리
③ 기초프로세스 자동화
④ 데이터 기반의 머신러닝(기계학습) 활용

03 ERP 도입 목적에 대한 설명으로 가장 적절하지 않은 것은?

① 고객 요구에 대한 조직의 일관적이고 신속한 대응
② 급변하는 경영환경의 변화와 정보기술의 발전에 대응
③ 회계·인사·생산·물류 등 각 분야별 독립적인 업무 처리
④ 복잡해지는 기업 환경에 따라 통합 업무처리시스템의 필요성 증대

04 ERP 구축 전에 수행되는 단계적으로 시간의 흐름에 따라 비즈니스 프로세스를 개선해가는 점증적 방법론은 무엇인가?

① ERD(Entity Relationship Diagram)
② BPI(Business Process Improvement)
③ MRP(Material Requirement Program)
④ SFS(Strategy Formulation & Simulation)

[과목: 재무회계 이론]

05 회계의 기본가정으로 옳은 것은?

보기
기업실체 존속기간을 일정한 단위로 분할하여 각 기간에 대한 경제적 의사결정에 유용한 정보를 보고하는 것이다.

① 기업실체의 가정　② 계속기업의 가정
③ 기간별 보고의 가정　④ 화폐단위 측정의 가정

06 [보기]의 (　　)에 들어갈 수 있는 계정과목은?

보기
- 김대리 : 전기대비 영업이익은 증가하였는데 당기순이익이 감소한 원인은 무엇인가요? - 박사원 : 당기순이익이 감소한 원인은 (　　)이(가) 증가하였기 때문입니다.

① 급여　② 이자비용
③ 매출원가　④ 여비교통비

07 [보기]는 무엇에 대한 설명인가?

보기
모든 거래내용을 발생한 순서대로 분개하는 장부로, 총계정원장에 전기하는데, 기초가 되는 장부이다.

① 계정　② 분개장
③ 역사적원가　④ 거래의 이중성

08 미수수익을 장부에 기장하는 것을 누락한 경우에는 재무제표에 어떠한 영향은 미치는가?

① 수익이 과대계상 된다.　② 수익이 과소계상 된다.
③ 자산이 과대계상 된다.　④ 부채가 과소계상 된다.

기출문제

09 [보기]는 ㈜생산성에서 구입한 명절선물세트 구매영수증이다. (가), (나)의 계정과목으로 적절한 것은?([보기]는 이미지를 참고하시오.)

보기

- (가) 명절선물세트를 ㈜생산성 직원에게 제공하는 경우
- (나) 거래처 직원 명절선물로 제공하는 경우

영 수 증

2024.09.01

ABC 마트 Tel. 02)123-5555
서울시 행복구 행복로 1길
123-45-67891

종명	수량	단가	금액
명절선물세트			1,500,000
		합계	1,500,000

감사합니다.

① (가)복리후생비 (나)접대비
② (가)접대비 (나)복리후생비
③ (가)복리후생비 (나)기부금
④ (가)기부금 (나)복리후생비

10 ㈜생산성에 근무하는 홍길동 사원에게 2024년 7월 출장 시, 출장비를 가지급금으로 지급하고 7월 31일에 여비 정산 후 여비 잔액을 현금으로 반납받았다. [보기]를 참고하여, 회계처리로 옳은 것을 고르시오.

보기

- 출장기간 : 2024.07.02.~2024.07.03.
- 출장비 지급일자 : 2024.07.02.
- 정산일자 : 2024.07.31.
- 출장비 : 400,000원
- 실제소요액 : 숙박비 150,000원, 유류비 100,000원, 식비 60,000원
- 여비반납액 : 90,000원

① 2024.07.02. (차변) 가지급금 310,000원
(대변) 현금 310,000원
② 2024.07.02. (차변) 여비교통비 310,000원
(대변) 현금 220,000원, 여비반납액 90,000원
③ 2024.07.31. (차변) 여비교통비 310,000원, 현금 90,000원
(대변) 가지급금 400,000원
④ 2024.07.31. (차변) 현금 90,000원
(대변) 가지급금 90,000원

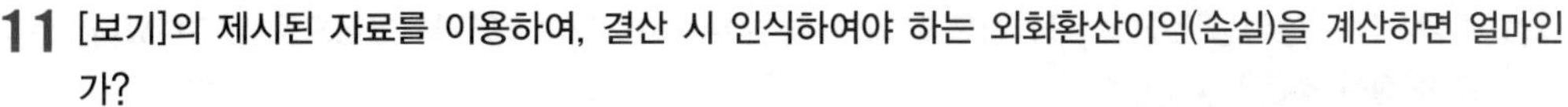

11 [보기]의 제시된 자료를 이용하여, 결산 시 인식하여야 하는 외화환산이익(손실)을 계산하면 얼마인가?

| 보기 |

- 2023. 9. 10 : $20,000(만기 2년) 외화장기차입금 발생
- 환율정보
  - 2023. 9. 10 : ₩1,100/ $
  - 2023. 12. 31 : ₩1,000/ $

① 외화환산이익 1,000,000원　② 외화환산손실 1,000,000원
③ 외화환산이익 2,000,000원　④ 외화환산손실 2,000,000원

12 [보기]의 (가)와 (나)에 들어갈 내용으로 옳은 것은?

| 보기 |

단기매매증권을 취득하면서 발생한 수수료는 (가)(으)로 처리하고, 건물을 취득하면서 발생한 취득세는 (나) (으)로 처리한다.

① (가)단기매매증권 (나)건물　② (가)단기매매증권 (나)세금과공과
③ (가)수수료비용 (나)건물　④ (가)수수료비용 (나)세금과공과

13 원자재 가격 상승으로 상품의 매입단가가 계속 오르고 있다. 이때 선입선출법에 의하여 재고자산을 평가할 경우, 이동평균법과 비교하여 재무제표에 미치는 영향으로 옳지 않은 것은?

① 당기의 순이익이 과소계상된다.
② 당기의 매출원가가 과소계상된다.
③ 차기의 기초상품재고액이 과대계상된다.
④ 당기의 기말상품재고액이 과대계상된다.

14 [보기]의 일반기업회계기준 – 유가증권에 대한 설명 중 (㉠), (㉡)에 들어갈 내용을 고르시오.

| 보기 |

만기가 확정된 채무증권으로 상환금액이 확정되거나 확정이 가능하며 만기까지 보유할 적극적인 의도와 능력이 있는 것으로, 만기까지 보유할 경영자의 적극적인 의도와 기업의 보유능력을 필요조건으로 하는 유가증권을 (㉠)(이)라고 하며, 타 기업을 지배, 통제할 목적으로 타사 발행 의결권이 있는 주식의 20% 이상 취득시 당해 주식은 (㉡)(이)라고 한다.

① ㉠ 매도가능증권 ㉡ 만기보유증권
② ㉠ 만기보유증권 ㉡ 지분법적용투자주식
③ ㉠ 지분법적용투자주식 ㉡ 단기매매증권
④ ㉠ 단기매매증권 ㉡ 지분법적용투자주식

15 ㈜생산성은 영업용 건물을 구입하였고 그에 따른 취득세 800,000원을 현금으로 납부하였다. 분개로 적절한 것은?

① (차) 세금과공과 800,000원 (대) 현금 800,000원
② (차) 건　　물 800,000원 (대) 현금 800,000원
③ (차) 취 득 세 800,000원 (대) 현금 800,000원
④ (차) 수수료비용 800,000원 (대) 현금 800,000원

16 ㈜생산성의 당기 지출 내역이다. [보기]의 자료 중 무형자산으로 기록할 수 있는 금액은 모두 얼마인가?

보기

- 기존 다른 기업이 가지고 있는 상표권 구입 비용 10,000,000원
- 신제품 특허권 취득 비용 20,000,000원
- 신제품의 연구단계에서 발생한 재료 구입 비용 1,800,000원

① 20,000,000원 ② 21,800,000원
③ 30,000,000원 ④ 31,800,000원

17 [보기]의 거래에 대한 사채발행 시 분개로 옳은 것은?

보기

- ㈜생산성출판사는 1월1일 사채 액면총액 200,000원(@20,000)을 액면발행하고 납입금은 당좌예금에 예입하였다.
- 단, 사채발행비는 없다.
- 상환기간 3년, 연이율10%, 이자지급 연1회, 결산일 12월31일

① (차) 사　　채 200,000원 (대) 당 좌 예 금 200,000원
② (차) 현　　금 200,000원 (대) 사　　채 200,000원
③ (차) 차 입 금 200,000원 (대) 당 좌 예 금 200,000원
④ (차) 당 좌 예 금 200,000원 (대) 사　　채 200,000원

18 ㈜생산철강의 재무상태가 [보기]와 같은 경우 순자산(자본)의 총계는 얼마인가?

보기

- 현　금	50,000원	- 매입채무	35,000원
- 매출채권	30,000원	- 비　품	80,000원
- 차 입 금	45,000원	- 재고자산	65,000원

① 115,000원 ② 125,000원
③ 145,000원 ④ 155,000원

19 **상품 500,000원을 매입하고 대금은 현금 250,000원과 약속어음 250,000원을 발행하여 지급할 경우 발생할 내용으로 적절한 것은?**

① 총자산과 총자본이 증가한다.
② 총자산과 총부채가 증가한다.
③ 총자산이 감소하고, 총자본은 감소한다.
④ 총자산이 감소하고, 총부채가 증가한다.

20 **자본조정항목은 자본에서 가산되거나 차감하는 형식으로 표시된다. 성격이 다른 하나를 고르시오.**

① 신주청약증거금
② 주식매수선택권
③ 미교부주식배당금
④ 자기주식처분손실

[실무]

> 실무문제는 [실기메뉴]를 활용하여 답하시오.
> 웹하드(http://www.webhard.co.kr)에서 Guest(ID: samil3489, PASSWORD: samil3489)로 로그인하여 백데이터를 다운받아 설치 후 회계 2급 2024년 6회 김은찬으로 로그인한다.

[과목: ERP 회계 기본정보관리]

01 다음 중 사원등록에 대한 설명으로 옳지 않은 것을 고르시오.

① ERP를 운용할 수 없는 사원은 총 1명이다.
② 당사에 등록된 사원은 전부 동일한 부서에 소속되어 있다.
③ 김종민 사원은 승인전표를 승인해제 한 뒤에 금액 수정이 가능하다.
④ 김은찬 사원은 조회권한이 회사 권한이므로 영업부의 전표를 조회할 수 있다.

02 당사에서 설정한 예산통제 구분은 무엇인지 고르시오.

① 결의부서　　② 사용부서
③ 프로젝트　　④ 예산관리 안 함

03 다음 회계관리 메뉴 중 [ERP13A03.김종민] 사원이 사용할 수 있는 메뉴는 무엇인지 고르시오.

① 분개장　　② 일월계표
③ 계정별원장　　④ 일자별자금계획입력

[과목: ERP 재무회계 프로세스의 이해]

04 (주)큐브의 2024년 11월에 발생한 전표 중 전표상태가 '미결'인 전표는 총 몇 건인지 고르시오.

① 총 1건　　② 총 2건
③ 총 3건　　④ 총 4건

05 (주)큐브의 2024년 하반기 중에서 [40100.상품매출] 금액이 가장 많이 발생한 월은 언제인지 고르시오.

① 9월　　② 10월
③ 11월　　④ 12월

06 (주)큐브는 업무용승용차를 사원별로 관리하고 있다. 다음 중 [ERP13A02.김은찬] 사원이 관리하고 있는 업무용승용차의 차량번호를 고르시오.

① 12A 8087
② 12B 0927
③ 12B 0316
④ 13B 0717

07 (주)큐브는 전년도 장부를 마감 후 2024년도로 이월하였다. 다음 중 전년도에서 이월한 [12000.미수금] 계정의 거래처별 내역이 일치하지 않은 것을 고르시오.

① 00001.(주)성호기업 27,500,000원
② 00004.(주)형광공업 8,000,000원
③ 00007.(주)나라상사 9,000,000원
④ 00008.도민실업(주) 11,000,000원

08 (주)큐브의 2024년 8월 31일 기준 외상매출금의 대손충당금으로 설정된 금액은 얼마인지 고르시오.

① 6,965,817원
② 8,317,414원
③ 11,965,817원
④ 12,000,677원

09 당사는 [82200.차량유지비] 계정에 사용부서를 'C1.사용부서' 관리항목으로 관리하고 있다. (주)큐브의 2024년 하반기 중 [82200.차량유지비] 계정의 지출금액이 가장 큰 부서는 어디인지 고르시오.

① 1001.재경부
② 2001.영업부
③ 3001.생산부
④ 4001.총무부

10 (주)큐브의 고정자산 중 차량운반구 [20800001.쏘렌토(12A8087)] 자산에 자산변동이 발생 하였다. 2024년 8월 2일 발생한 자산 변동사항은 무엇인지 고르시오.

① 자본적지출
② 사업장이동
③ 프로젝트이동
④ 부분양도

11 2024년 2분기 동안 재경부에서 사용한 예산 중 집행율이 가장 큰 계정과목을 고르시오.(단, 집행방식은 승인집행으로 조회)

① 81100.복리후생비
② 81200.여비교통비
③ 81400.통신비
④ 82200.차량유지비

12 (주)큐브는 거래처별 받을어음 관리를 하고 있다. 다음 중 2024.07.20. 만기도래하는 (주)주안실업 거래처에 발생한 어음번호로 옳은 것을 고르시오.(받을어음명세서에서 조되회는 어음번호 기준으로 정답을 고르시오.)

① 자가202402200001
② 자가202402200002
③ 자가202404060001
④ 자가202402200003

13 다음 중 (주)큐브에서 한 해 동안 상여금(판매관리비) 계정을 가장 많이 사용한 분기를 고르시오.

① 1/4분기　　② 2/4분기
③ 3/4분기　　④ 4/4분기

14 (주)큐브의 2024년 12월 말 결산 시 소모품의 기말 재고액은 2,000,000원이다. 장부의 금액을 확인 후 이와 관련된 2024년 12월 말 결산 수정분개로 가장 옳은 것을 고르시오.(단, 소모품은 취득 시 자산처리 하였다.)

① 차변) 소모품	4,000,000원	대변) 소모품비	4,000,000원
② 차변) 소모품비	4,000,000원	대변) 소모품	4,000,000원
③ 차변) 소모품	6,500,000원	대변) 소모품비	6,500,000원
④ 차변) 소모품비	6,000,000원	대변) 소모품	6,000,000원

15 (주)큐브는 2024년 2기 부가가치세 확정신고 시 세금계산서합계표를 작성하였다. 다음 중 세금계산서 합계표에 대한 설명으로 옳지 않은 것을 고르시오.

① 매입 세금계산서의 부가세액 총합계는 9,400,000원 이다.
② (주)성호기업 거래처에 발급한 세금계산서는 총 2매 이다.
③ 유신상사(주) 거래처에 수취한 부가세액은 1,400,000원 이다.
④ (주)신흥전자에 매입한 전자세금계산서 중 전자 11일 경과 전송분이 1매 존재한다.

16 (주)큐브의 2024년 2기 부가가치세 확정신고 기간에 매입 세액을 공제받지 못하는 거래를 확인하였다. 다음 중 거래처와 불공제 사유를 올바르게 연결한 것을 고르시오.

① 00007.(주)나라상사 – 접대비관련매입세액
② 00007.(주)나라상사 – 사업과 관련없는 지출
③ 00014.한국식당 – 면세사업과 관련된분
④ 00014.한국식당 – 접대비관련매입세액

17 다음 [보기]의 거래내역을 전표입력 후 (주)큐브의 2024년 2기 부가가치세 예정신고 기간에 직수출한 원화금액은 얼마인지 고르시오.

보기

- 회계단위 및 사업장 : [1000] (주)큐브
- 9월 13일 TOYOTA 거래처에 상품 ¥12,000 (JPY환율 ¥1당 900원)을 수출신고서(신고번호 12345-84-121212-X)에 의해 외상으로 직수출하였다.
  매출액 계정은 [40102.해외매출액] 계정을 사용하였다.

① 10,800,000원　　② 12,000,000원
③ 13,420,000원　　④ 15,000,000원

18 (주)큐브의 2024년 2기 부가가치세 확정신고 시 매입에 대한 예정신고 누락분이 있음을 확인하였다. 위 과세기간에 예정신고 누락분 부가세액 합계 금액은 얼마인지 고르시오.

① 1,000,000원 ② 1,100,000원
③ 1,200,000원 ④ 1,300,000원

19 (주)큐브 사업장의 회계담당자가 당사의 부가세 신고 관련하여 관할 세무서를 확인하려 할 때 다음 중 어느 메뉴에서 확인 가능한지 고르시오.

① 회사등록 ② 사업장등록
③ 시스템환경설정 ④ 회계초기이월등록

20 (주)큐브의 2024년 2기 부가가치세 확정 신고 시 신용카드로 매입한 내역에 대한 설명으로 옳지 않은 것을 고르시오.

① 신용카드 매입에 사용된 카드는 전부 사업용 카드를 사용하였다.
② 신용카드 매입내역 중 고정자산 매입분 금액은 존재하지 않는다.
③ 2024년 2기 부가가치세 확정 신고 시 신용카드 매입이 발생한 거래처는 총 4개 거래처이다.
④ 신용카드로 매입한 내역은 부가세신고서 매입세액 → 그 밖의 공제매입세액에 불러올 수 있다.

기출문제

회계 2급 2024년 5회 (2024년 09월 28일 시행)

[이론]

[과목: 경영혁신과 ERP]

01 차세대 ERP의 비즈니스 애널리틱스(Business Analytics)에 관한 설명으로 가장 적절하지 않은 것은?

① 비즈니스 애널리틱스는 구조화된 데이터(structured data)만 분석대상으로 한다.
② ERP시스템의 방대한 데이터 분석을 위해 비즈니스 애널리틱스가 차세대 ERP의 핵심요소가 되고 있다.
③ 비즈니스 애널리틱스는 리포트, 쿼리, 대시보드, 스코어카드뿐만 아니라 예측모델링과 같은 진보된 형태의 분석기능도 제공한다.
④ 비즈니스 애널리틱스는 질의 및 보고와 같은 기본적 분석기술과 예측 모델링과 같은 수학적으로 정교한 수준의 분석을 지원한다.

02 클라우드 서비스 사업자가 클라우드 컴퓨팅 서버에 ERP소프트웨어를 제공하고, 사용자가 원격으로 접속해 ERP소프트웨어를 활용하는 서비스를 무엇이라 하는가?

① PaaS(Platform as a Service)
② SaaS(Software as a Service)
③ DaaS(Desktop as a Service)
④ IaaS(Infrastructure as a Service)

03 ERP 아웃소싱(Outsourcing)에 대한 설명으로 적절하지 않은 것은?

① ERP 자체개발에서 발생할 수 있는 기술력 부족을 해결할 수 있다.
② ERP 아웃소싱을 통해 기업이 가지고 있지 못한 지식을 획득할 수 있다.
③ ERP 개발과 구축, 운영, 유지보수에 필요한 인적 자원을 절약할 수 있다.
④ ERP시스템 구축 후에는 IT아웃소싱 업체로부터 독립적으로 운영할 수 있다.

04 [보기]에서 가장 성공적인 ERP 도입이 기대되는 회사는 무엇인가?

| 보기 |

- 회사 A: 현재 업무 방식이 최대한 반영될 수 있도록 업무 단위에 맞추어 ERP 도입을 추진 중이다.
- 회사 B: 시스템의 전문지식이 풍부한 IT 및 전산 관련 부서 구성원으로 도입 TFT를 결성하였다.
- 회사 C: 프로세스 개선을 위해 효율적인 업무 프로세스를 재정립하고, 성공적인 ERP 도입을 위해 유능한 컨설턴트를 고용하고자 한다.
- 회사 D: ERP 도입 과정에서 부서 간 갈등 발생 시, 최고경영층의 개입이 최소화 될 수 있도록 하향식(Top-Down) 의사결정을 배제한다.

① 회사 A
② 회사 B
③ 회사 C
④ 회사 D

[과목: 재무회계 이론]

05 기업의 이해관계자와 관련된 내용이다. 다음 중 성격이 다른 하나는 무엇인가?

① 경영자
② 채권자
③ 투자자
④ 정부기관

06 관리회계와 비교할 때, 재무회계의 특징으로 가장 적절하지 않은 것은?

① 재무회계에서는 경영자의 경영의사결정만을 중요시 한다.
② 재무회계는 재무제표 작성을 위해 일반적으로 인정된 회계원칙을 준수한다.
③ 재무제표는 정보의 비교가능성을 위해 통일된 형식에 따라 작성 보고된다.
④ 재무회계는 수시로 정보를 제공하기 보다는 정기적으로 재무제표를 보고한다.

07 기초자본과 비용총액을 계산하면 얼마인가?

| 보기 |

- 기초자산	300,000원	- 기초부채	130,000원
- 기말자본	230,000원	- 수익총액	140,000원

① (기초자본) 60,000원 / (비용총액) 60,000원
② (기초자본) 60,000원 / (비용총액) 80,000원
③ (기초자본) 170,000원 / (비용총액) 60,000원
④ (기초자본) 170,000원 / (비용총액) 80,000원

08 일정기간의 경영성과를 나타내는 재무제표의 계정과목으로만 짝지어진 것을 고르시오.

① 접대비, 지급수수료
② 선급금, 외상매입금
③ 보통예금, 미지급금
④ 외상매출금, 임대보증금

기출문제

09 [보기]에서 설명하는 계정과목으로 가장 적절한 것은?

| 보기 |

현금지출이 발생했지만 거래내용이 불명확하여 임시로 처리한 가계정으로 계정과목과 금액이 확정되는 즉시 확정계정으로 대체하여 정리하여야 한다.

① 기부금
② 선급금
③ 가지급금
④ 지급어음

10 [보기]에 기계기구 구입과 관련한 분개에서 (　　) 안에 들어갈 수 없는 계정과목은 무엇인가?

| 보기 |

(차) 기계기구　1,000,000원　(대) (　　　)　1,000,000원

① 현금
② 보통예금
③ 미지급금
④ 외상매입금

11 [보기]는 계정내용 중 일부이다. 5월 5일 발생한 거래를 추정한 내용으로 맞는 것은?([보기]는 이미지를 참고하시오.

| 보기 |

대여금

	5/5 현금 50,000

이자수익

	5/5 현금 3,000

① 현금 50,000원을 대여하고, 그 이자로 현금 3,000원을 받다.
② 현금 53,000원을 대여하고, 현금 3,000원을 차입하다.
③ 대여금 50,000원을 회수하고, 그 이자로 현금 3,000원을 받다
④ 대여금 53,000원을 회수하고, 그 이자로 현금 3,000원을 받다.

12 [보기] 자료에서 재무상태표에 단기투자자산 항목으로 표시되는 금액은 얼마인가?

| 보기 |

- 현　금	600,000원	- 보통예금	600,000원
- 당좌예금	3,000,000원	- 단기매매증권	200,000원
- 받을어음	150,000원	- 단기대여금	220,000원

① 150,000원
② 330,000원
③ 420,000원
④ 570,000원

13 기말 결산 시에 임대료 선수분을 계상하지 않은 상태에서 당기순이익이 200,000원이었다. [보기] 자료와 같이 임대료 선수분을 계상할 경우 당기순이익의 변동은 어떻게 되는가?

보기
- 5월 1일 : 임대료 1년분 25,000원을 현금으로 받다. - 12월 31일 : 결산 기말에 임대료 선수분 6,000원을 계상하지 않았다.

① 당기순이익이 6,000원 증가한다.
② 당기순이익이 10,000원 증가한다.
③ 당기순이익이 6,000원 감소한다.
④ 당기순이익이 10,000원 감소한다.

14 일반기업회계기준에 따라 [보기]의 유가증권 취득원가를 구하시오.

보기
단기매매증권으로 분류되는 주식 3,000주를 주당 5,000원에 취득하면서 수수료 500,000원과 증권 거래세 300,000원을 지급하였다.

① 14,200,000원
② 14,500,000원
③ 15,000,000원
④ 15,800,000원

15 2024년 12월 31일 결산법인인 ㈜생산성기업은 2024년 8월 1일 잔존가치가 400,000원, 내용연수가 10년인 기계장치를 4,000,000원에 구입하였다. 정액법을 사용하여 월할 상각할 경우 2024년도에 기록되는 감가상각비는 얼마인가?

① 90,000원
② 110,000원
③ 130,000원
④ 150,000원

16 [보기]는 기계장치 처분과 관련된 자료이다. 해당 기계장치의 감가상각누계액은 얼마인가?

보기	
- 취득가액	650,000원
- 처분가액	650,000원
- 유형자산처분이익	450,000원

① 350,000원
② 450,000원
③ 550,000원
④ 650,000원

기출문제

17 [보기]의 일반기업회계기준의 개발비에 대한 설명 중 (㉠), (㉡)에 들어갈 내용을 고르시오.

보기
- 신제품과 신기술 등의 개발활동과 관련하여 발생한 지출로서 미래경제적 효익의 유입가능성이 높으며, (㉠)를 신뢰성 있게 측정할 수 있는 것을 말한다. - 신제품, 신기술 개발과 관련된 지출을 자산처리 할 경우에는 (㉡)로 처리한다.

① ㉠ 공정원가 ㉡ 시험비
② ㉠ 취득원가 ㉡ 개발비
③ ㉠ 처분원가 ㉡ 수선비
④ ㉠ 선입원가 ㉡ 세금과공과

18 [보기] 자료를 토대로 매출액을 계산하면 얼마인가?

보기
- 당기 총매출액 500,000원 - 당기에 매출채권의 회수기일보다 빨리 회수가 되어 약정된 기일까지 일수에 따라 할인해준 금액 50,000원 - 당기 제품 중 하자가 있어서 일부 할인해준 금액 150,000원

① 300,000원 ② 350,000원
③ 450,000원 ④ 500,000원

19 ㈜생산성에서 현금 500,000원을 8개월간 차입하고 차용증서를 발행하였다. 이 거래를 분개할 경우 대변계정으로 옳은 것은?

① 단기대여금 ② 단기차입금
③ 외상매출금 ④ 유동성장기부채

20 자본조정항목은 자본에서 가산되거나 차감하는 형식으로 표시된다. 성격이 다른 하나를 고르시오.

① 감자차손 ② 자기주식
③ 미교부주식배당금 ④ 자기주식처분손실

:: 실무문제는 [실기메뉴]를 활용하여 답하시오.
웹하드(http://www.webhard.co.kr)에서 Guest(ID: samil3489, PASSWORD: samil3489)로 로그인하여 백데이터를 다운받아 설치 후 회계 2급 2024년 5회 김은찬으로 로그인한다.

[과목: ERP 회계 기본정보관리]

01 당사의 시스템환경설정에 대한 설명으로 옳지 않은 것을 고르시오.(단, 시스템환경설정은 추가 변경하지 않는다.)

① 예산관리여부는 '여'로 설정 하였다.
② 고정자산 상각시 비망가액을 처리할 수 없다.
③ 거래처 등록시 거래처코드는 자동 부여되지 않는다.
④ 전표를 출력할 때 4번 양식을 기본양식으로 사용한다.

02 다음 중 당사의 계정과목에 대한 설명으로 옳지 않은 것을 고르시오.

① [20600.기계장치] 계정은 상각 계정과목이다.
② [81100.복리후생비] 계정은 세목으로 세분화하여 관리하고 있다.
③ [83700.건물관리비] 계정은 프로젝트별로 이월하도록 관리하고 있다.
④ [84800.잡비] 계정은 전표입력 시 증빙을 필수 입력하지 않도록 설정하였다.

03 다음 중 당사의 프로젝트중 원가구분이 '1.제조' 이면서 프로젝트의 진행구분이 '진행'인 '공통'유형의 프로젝트를 고르시오.

① 1000.서울공장　　② 1001.광주공장
③ 1002.부산공장　　④ 1003.울산공장

[과목: ERP 재무회계 프로세스의 이해]

04 (주)유명 본점의 2024년 1월에서 4월 중 [82200.차량유지비]계정 금액이 가장 많이 발생한 월은 언제인지 고르시오.

① 1월　　② 2월
③ 3월　　④ 4월

05 2024년 1분기 동안 재경부에서 사용한 예산 중 집행실적이 가장 큰 계정과목을 고르시오. (단, 집행방식은 승인집행방식으로 조회)

① 80200. 직원급여　　② 81100. 복리후생비
③ 81200. 여비교통비　　④ 83100. 지급수수료

06 2024년 3월 한 달간 현금 입금액과 출금액은 각각 얼마인지 고르시오.

① 입금액 : 5,000,000원, 출금액 : 2,495,000원
② 입금액 : 5,000,000원, 출금액 : 4,610,000원
③ 입금액 : 102,860,000원, 출금액 : 4,610,000원
④ 입금액 : 102,860,000원, 출금액 : 7,105,000원

07 (주)유명 본점은 외상매출금에 대하여 선입선출법 기준으로 채권을 관리하고 있다. 2024년 6월말 기준으로 3개월 전까지의 채권을 확인하여 조회기간 이전 채권잔액이 가장 큰 거래처를 고르시오.

① (주)성호기업　　② (주)주안실업
③ (주)한동테크　　④ (주)형광공업

08 2024년 8월 한 달 동안 (주)유명 본점에서 판매관리비로 지출된 금액 중 현금으로 지출한 금액이 가장 큰 계정과목을 고르시오.

① 복리후생비　　② 여비교통비
③ 차량유지비　　④ 사무용품비

09 (주)유명 본점에서 지출증빙서류검토표를 작성하던 중 핵심ERP의 증빙을 연결하는 작업에서 '10.신용카드(법인)'과 '11.신용카드(개인)'의 증빙연결이 누락된 것을 확인하였다. 아래 [적격증빙별 전표증빙]과 같이 누락된 증빙 연결후 2024년 한 해 동안 지출될 신용카드의 손익계산서 합계금액은 얼마인가?

적격증빙별 전표증빙

10.신용카드(법인) - 8.신용카드매출전표(법인)
11.신용카드(개인) - 8A.신용카드매출전표(개인)

① 1,670,000원　　② 2,630,000원
③ 3,300,000원　　④ 4,300,000원

10 (주)유명 본점은 매월 수입 및 지출에 대해 일자별자금계획을 수립하고 있다. 2024년 5월 고정적으로 지출되는 금액은 2024년 4월과 비교하여 얼마나 감소하였는가?

① 100,000원　　② 200,000원
③ 300,000원　　④ 400,000원

11 **(주)유명 본점의 한 해 동안 수도광열비(판매관리비) 계정을 가장 많이 사용한 분기가 언제인지 고르시오.**

① 1/4분기　　② 2/4분기
③ 3/4분기　　④ 4/4분기

12 **(주)유명 본점의 7월 31일 기준 재무상태표에 대한 설명으로 옳은 것은 무엇인가?**

① 부채의 총합계 금액은 9,408,100,000원 이다.
② 자본의 총합계 금액은 14,295,449,055원 이다.
③ 매출채권의 대손충당금 합계액은 5,271,310원 이다.
④ 현금 및 현금성자산의 합계액은 96,575,000원 이다.

13 **(주)유명 본점의 2024년 상반기 손익계산서에 대한 설명 중 옳지 않은 것은?**

① 당기상품매입액은 전기에 비해 감소하였다.
② 판매관리비가 증가하면 당기순이익도 증가한다.
③ 이자비용이 영업외비용으로 200,000원 발생하였다.
④ 판매관리비 중 가장 많은 비용이 발생한 계정은 상여금이다.

14 **다음 [보기]내용을 참고하여 고정자산등록 메뉴에 입력한 후 비품 자산의 당기 감가상각비 금액을 조회하면 얼마인지 고르시오.**

보기

(주)유명 본점은 2024년 6월1일에 비품자산 [21200009.팩스기]를 취득부대비용 포함하여 2,400,000원에 신규 취득하였다. (상각방법 : 정액법, 내용연수 : 5년)

① 280,000원　　② 599,000원
③ 768,104원　　④ 1,048,104원

15 **(주)유명 본점의 부가세 신고 방법에 대한 설명으로 옳지 않은 것을 고르시오.**

① 관할세무서는 서초세무서 이다.
② 업태는 도소매이며 종목은 소프트웨어이다.
③ 부가세 신고유형은 사업자단위과세 신고를 채택하고 있다.
④ 부가세 신고는 각 사업장별로 하고 납부는 주사업장에서 진행한다.

16 (주)유명 본점의 2024년 2기 부가가치세 예정신고시 세금계산서합계표를 작성하였다. 다음 중 세금계산서 합계표에 대한 설명으로 옳지 않은 것을 고르시오.

① 매출세금계산서의 부가세액 총합계는 48,000,000원이다.
② (주)한동테크 거래처에 발급한 세금계산서는 총 3매이다.
③ 민호빌딩(주) 거래처에 수취한 세금계산서 매수는 총 1매이다.
④ 매입세금계산서 중 전자세금계산서외 거래건의 부가세 합계액은 435,000원이다.

17 (주)유명 본점의 2024년 1기 부가가치세 확정신고시 매입세액 불공제내역 서식에 작성된 불공제 사유구분이 아닌 것을 고르시오.

① 접대비관련매입세액
② 필요적 기재사항 누락
③ 비영업용소형승용차구입 및 유지
④ 금, 구리 스크랩 거래계좌 미사용 관련 매입세액

18 (주)유명 본점의 2024년 1기 부가가치세 예정신고 기간에 카드로 자산을 매입한 거래 건이 발생하였다. 다음 중 어느 거래처에서 발생한 거래인지 고르시오.

① 00012.한국컴퓨터
② 00015.오피스세상
③ 00070.나라오피스
④ 00093.대한유통(주)

19 (주)유명 본점은 부동산임대업을 겸업하고 있어 부가가치세 신고시 간주임대료를 포함하여 신고하려고 한다. 2024년 2기 부가가치세 확정 신고 시 다음 [부동산임대내역]의 자료를 입력한 후 보증금이자(간주임대료)를 계산하면 얼마인지 고르시오. 단, 보증금이자(간주임대료) 계산시 소수점 이하는 절사한다.(이자율은 2.9%로 계산한다.)

부동산임대내역

- 동 : 1111065000.서울특별시 종로구 혜화동
- 층 / 호수 : 지상 3층 / 301호
- 상호(성명) : (주)중원
- 면적 / 용도 : 200㎡ / 사무실
- 임대기간 : 2024/10/01 ~ 2025/09/30
- 보증금 : 150,000,000원
- 월세 : 2,200,000원
- 관리비 : 250,000원

① 970,994원
② 1,093,442원
③ 8,440,000원
④ 8,443,442원

20 (주)유명 본점의 2024년 1기 부가가치세 예정신고 기간에 발행한 신용카드매출액 중 세금계산서가 발급된 금액은 얼마인가?

① 2,000,000원
② 2,500,000원
③ 3,000,000원
④ 3,500,000원

회계 2급 2024년 4회 (2024년 07월 27일 시행)

[과목: 경영혁신과 ERP]

01 ERP시스템의 SCM 모듈을 실행함으로써 얻는 장점으로 가장 적절하지 않은 것은?

① 공급사슬에서의 가시성 확보로 공급 및 수요변화에 대한 신속한 대응이 가능하다.
② 정보투명성을 통해 재고수준 감소 및 재고회전율(inventory turnover) 증가를 달성할 수 있다.
③ 공급사슬에서의 계획(plan), 조달(source), 제조(make) 및 배송(deliver) 활동 등 통합 프로세스를 지원한다.
④ 마케팅(marketing), 판매(sales) 및 고객서비스(customer service)를 자동화함으로써 현재 및 미래 고객들과 상호작용할 수 있다.

02 ERP의 특징에 대한 설명으로 가장 옳지 않은 것은?

① Open Multi-vendor : 특정 H/W 업체에만 의존하는 open 형태를 채용, C/S형의 시스템 구축이 가능하다.
② 통합업무시스템 : 세계유수기업이 채용하고 있는 Best Practice Business Process를 공통화, 표준화 시킨다.
③ Parameter 설정에 의한 단기간의 도입과 개발이 가능 : Parameter 설정에 의해 각 기업과 부문의 특수성을 고려할 수 있다.
④ 다국적, 다통화, 다언어 : 각 나라의 법률과 대표적인 상거래 습관, 생산방식이 시스템에 입력되어 있어서 사용자는 이 가운데 선택하여 설정할 수 있다.

03 ERP시스템 투자비용에 관한 개념 중 '시스템의 전체 라이프사이클(life-cycle)을 통해 발생하는 전체 비용을 계량화한 비용'에 해당하는 것은?

① 유지보수 비용(Maintenance Cost)
② 시스템 구축비용(Construction Cost)
③ 총소유비용(Total Cost of Ownership)
④ 소프트웨어 라이선스비용(Software License Cost)

04 ERP 구축 순서로 가장 적절한 것은?

① 설계 - 분석 - 구현 - 구축
② 설계 - 분석 - 구축 - 구현
③ 분석 - 설계 - 구축 - 구현
④ 분석 - 설계 - 구현 - 구축

기출문제

[과목: 재무회계 이론]

05 [보기]의 재무상태표에 대한 설명으로 적절하지 않은 것은?([보기]는 이미지를 참고하시오.)

| 보기 |

2023년 12월 31일 현재

(단위: 원)

현금및현금성자산	50,000	매입채무	300,000
매출채권	700,000	장기차입금	1,000,000
상품	400,000	퇴직급여충당부채	200,000
투자부동산	100,000	자본금	1,200,000
건물	1,500,000	이익잉여금	50,000
합계	2,750,000	합계	2,750,000

① 자본은 1,250,000원이다.
② 유형자산은 1,600,000원이다.
③ 유동자산은 1,150,000원이다.
④ 비유동부채는 1,200,000원이다.

06 재무상태표의 설명으로 적절한 것은?

① 기업의 일정기간의 영업실적을 나타낸다.
② 기업의 일정시점의 영업실적을 나나낸다.
③ 기업의 일정시점의 재무상태를 나타낸다.
④ 기업의 일정기간의 재무상태를 나타낸다.

07 기업의 손익계산서에 영업외비용으로 적절하지 않은 것은?

① 감가상각비
② 외화환산손실
③ 사채상환손실
④ 단기투자자산처분손실

08 [보기]의 계정별원장에 기입된 거래를 (　　)에 들어갈 수 있는 계정과목을 고르시오.([보기]는 이미지를 참고하시오.)

| 보기 |

(　　　　　)			
04월 15일	200,000원	기초	2,200,000원
12월 15일	800,000원	03월 05일	200,000원
기말	2,200,000원	11월 21일	800,000원

① 상품
② 미수금
③ 받을어음
④ 미지급금

09 일반기업회계기준에 의한 회계의 특징으로 볼 수 없는 것은?

① 단식부기 ② 복식부기
③ 발생주의 ④ 현금주의

10 [보기]에 비품 구입과 관련한 분개에서 (　　) 안에 들어갈 수 없는 계정과목은 무엇인가?

보기

(차) 비품 100,000원 (대) (　　　) 100,000원

① 현금 ② 보통예금
③ 미지급금 ④ 외상매입금

11 [보기]는 무엇에 대한 설명인가?

보기

기업에 있어서 수표의 발행은 원칙적으로 당좌예금잔액의 한도 내에서 발행하여야 한다. 당좌예금잔액을 초과하여 수표를 발행하여도 일정 한도까지는 부도처리하지 않고 정상적으로 수표가 발행되는 경우에 처리되는 계정과목

① 부도수표 ② 당좌예금
③ 당좌차월 ④ 당좌이월

12 [보기]의 거래에서 매출채권은 얼마인가?

보기

상품 500개를 개당 1,000원에 판매하고, 300,000원은 약속어음으로 받고, 남은 잔액과 운반비 50,000원은 현금으로 받기로 하다.

① 200,000원 ② 300,000원
③ 500,000원 ④ 550,000원

13 12월 31일 결산법인인 ㈜생산기업은 2024년 8월1일 잔존가치가 200,000원, 내용연수가 10년인 기계장치를 2,000,000원에 구입하였다. 정액법을 사용하여 월할 상각할 경우 2024년도에 기록되는 감가상각비는 얼마인가?

① 75,000원 ② 80,000원
③ 90,000원 ④ 95,000원

14 [보기]에서 제시된 상품 매매와 관련된 자료를 활용하여 계산한 매입채무 잔액은 얼마인가? 단, 기초 매입채무는 잔액은 50,000원 있다.

보기

- 현금매입액	80,000원
- 외상매입액	500,000원
- 외상대금 현금상환액	200,000원
- 외상대금 조기상환에 따른 할인액	10,000원

① 210,000원
② 280,000원
③ 340,000원
④ 500,000원

15 [보기]의 재무상태표에서 자본의 증가에 영향을 미치는 거래에 해당하는 것은?([보기]는 이미지를 참고하시오.)

보기

재무상태표

자산	1,000,000원	부채	300,000원
		자본	700,000원
자산의 총계	1,000,000원	부채 및 자본의 총계	1,000,000원

① 보통주를 신규발행하였다.
② 정기주주총회에서 현금배당을 하기로 결의하였다
③ 야근하는 직원들에게 야근수당을 현금으로 지급하였다.
④ 공장에서 사용할 비품을 구입하고 대금은 현금으로 지급하였다.

16 총수익 1,900,000원, 총비용 1,550,000원, 기말자본 700,000원이면 기초자본은 얼마인가?

① 200,000원
② 250,000원
③ 300,000원
④ 350,000원

17 수익과 비용에 대한 설명으로 가장 옳지 않은 것은?

① 수익은 실현주의에 따라 인식한다.
② 비용은 수익비용 대응의 원칙에 따라 인식한다.
③ 수익은 기업의 통상적인 경영활동에서 발생하는 경제적 효익의 총유출을 의미한다.
④ 비용은 기업의 주된 영업활동에서 발생한 비용과 일시적 또는 우연적인 거래로부터 발생하는 손실로 분류된다.

18 손익계산서상 구분표시가 다른 것은?

① 기부금 ② 이자비용
③ 외환차손 ④ 교육훈련비

19 [보기]의 자료를 근거로 회계처리 할 경우, 감자차익은 얼마인가?

보기

- 감자주식 수	100주
- 주당 액면가액	8,000원
- 주식구입 현금지급액	500,000원

① 300,000원 ② 500,000원
③ 700,000원 ④ 900,000원

20 [보기]에서 도소매업을 영위하는 기업의 판매비와관리비로 분류할 수 있는 것은 몇 개인가?

보기

- 접대비
- 기부금
- 이자비용
- 선급비용
- 교육훈련비
- 수도광열비
- 기타의 대손상각비

① 1개 ② 2개
③ 3개 ④ 4개

[실무]

> 실무문제는 [실기메뉴]를 활용하여 답하시오.
> 웹하드(http://www.webhard.co.kr)에서 Guest(ID: samil3489, PASSWORD: samil3489)로 로그인하여 백데이터를 다운받아 설치 후 회계 2급 2024년 4회 김은찬으로 로그인한다.

[과목: ERP 회계 기본정보관리]

01 거래처 구분이 '일반'으로 등록된 거래처 중 거래처분류가 '1000.강남구'로 설정된 거래처는 몇 개인가?

① 1개 ② 2개
③ 3개 ④ 4개

02 당사의 계정과목등록을 조회하여 보기의 계정과목 중 거래처별로 이월되는 계정과목을 고르시오.

① 10700.단기매매증권 ② 10800.외상매출금
③ 20600.기계장치 ④ 34200.감자차익

03 다음 사원 중 [전표승인해제] 메뉴를 이용하여 '미결' 전표를 '승인' 으로 승인처리 할 수 없는 사원을 고르시오.

① ERP13A02.김은찬 ② ERP13A03.김종민
③ ERP13A04.신서율 ④ ERP13A05.박혜수

[과목: ERP 재무회계 프로세스의 이해]

04 (주)큐브는 선급비용에 대해서 기간비용을 관리하고 있다. (주)큐브의 2024년 12월말 결산 시 당기비용으로 인식해야 할 금액은 얼마인가?

① 611,516원 ② 1,199,755원
③ 1,200,484원 ④ 2,400,000원

05 (주)큐브는 부문별로 판매비와관리비 사용내역을 관리하고 있는 도중 '4001.총무부' 부서의 부문이 잘못 등록된 것을 확인하였다. '4001.총무부' 부서의 부문을 '1001.관리부문'으로 변경작업을 진행하고 (주)큐브의 2024년 2분기에 '1001.관리부문'에서 판매비와관리비로 사용한 차량유지비 금액을 조회하면 얼마인가?

① 160,000원　　② 500,000원
③ 660,000원　　④ 1,460,000원

06 (주)큐브는 2024년 6월말 결산 시 받을어음에 대해 1%의 대손충당금을 설정하려고 한다. 다음 중 회계처리로 옳은 것은 무엇인가?

① (차) 대손상각비 1,450,000원　(대) 대손충당금 1,450,000원
② (차) 대손상각비 2,950,000원　(대) 대손충당금 2,950,000원
③ (차) 대손충당금 1,450,000원　(대) 대손충당금환입 1,450,000원
④ (차) 대손충당금 2,950,000원　(대) 대손충당금환입 2,950,000원

07 (주)큐브는 매월 수입 및 지출에 대해 일자별자금계획을 수립하고 있다. 2024년 4월 고정적으로 지출되는 금액은 2024년 3월과 비교하여 얼마나 감소하였는가?

① 600,000원　　② 2,000,000원
③ 2,600,000원　　④ 9,000,000원

08 (주)큐브의 업무용승용차 '12A 8087.쏘렌토' 차량에 대하여 운행기록부를 작성하였다. 2024년 1월 한 달 동안 해당 차량의 업무사용비율을 고르시오.

① 65%　　② 87%
③ 91%　　④ 93%

09 (주)큐브는 지출증빙서류검토표를 작성하던 중 핵심ERP의 증빙을 연결하는 작업에서 '20.현금영수증'과 '40.계산서' 증빙연결이 누락된 것을 확인하였다. 아래 [적격증빙별 전표증빙]과 같이 누락된 증빙 연결 후 2024년 한 해 동안 지출된 각 증빙별 합계금액으로 옳지 않은 것은 무엇인가?

적격증빙별 전표증빙

- 20.현금영수증 - 9A.현금영수증　　- 40.계산서 - 2.계산서

① 계산서 : 680,000원　　② 현금영수증 : 250,000원
③ 세금계산서 : 643,400,000원　　④ 신용카드(법인) : 3,500,000원

기출문제

10 (주)큐브의 2024년 11월 30일 발생한 미결 전표를 승인 처리 후 (주)큐브의 2024년 11월 30일 현금 계정의 잔액을 조회하면 얼마인가?

① 422,140,000원 ② 422,940,000원
③ 517,025,000원 ④ 517,825,000원

11 [보기]의 설명 중 (a)안에 들어갈 알맞은 계정과목으로 고르시오.

보기
- (a) 계정은 재고자산 계정이다.
- (주)큐브의 2024년 1월 (a) 계정의 매입금액은 52,000,000원 이다.
- (주)큐브의 2024년 12월 31일 기준 (a) 계정의 잔액은 485,650,000원이다.

① 14600.상품 ② 14700.제품
③ 15500.저장품 ④ 16400.임대주택자산

12 2024년 (주)큐브의 복리후생비(판매관리비) 계정의 상반기 지출액 대비 하반기 지출액의 증감율은 얼마인가?(단, 증감율 계산시 소수점 첫째자리에서 반올림 한다.)

① 10% ② 17%
③ 23% ④ 33%

13 다음 중 (주)큐브의 2024년 3월 신규취득한 자산은 무엇인가?

① 건물 – 202003.복지1동 ② 건물 – 202005.기숙사
③ 비품 – 21200004.노트북 ④ 비품 – 21200005.수납장

14 (주)큐브에서 2024년 1월 한 달 동안 발생한 사무용품비(판매비와관리비) 중 거래처가 등록되지 않은 전표의 합계액은 얼마인가?

① 100,000원 ② 200,000원
③ 350,000원 ④ 400,000원

15 (주)큐브의 2024년 1기 부가가치세 확정 신고기간에 발생한 신용카드매출액 중 세금계산서가 발급된 금액은 얼마인가?

① 25,000,000원 ② 30,000,000원
③ 50,250,000원 ④ 66,410,000원

16 (주)큐브의 2024년 1기 부가가치세 예정 신고기간에 매입한 자산 중 부가세신고시 신고서식에 작성되어야 하는 차량운반구의 세액은 얼마인가?

① 2,500,000원 ② 3,000,000원
③ 3,500,000원 ④ 3,600,000원

17 (주)큐브의 2024년 1기 부가가치세 예정 신고기간에 발생한 매입거래 중 매입세액 불공제 거래가 발생하였다. 다음 중 2024년 1기 부가가치세 예정 신고기간에 발생한 매입세액 불공제 사유에 해당하지 않는 것을 고르시오.

① 접대비관련매입세액 ② 사업과 관련없는 지출
③ 필요적 기재사항 누락 ④ 비영업용소형승용차구입 및 유지

18 (주)큐브의 2024년 1기 부가가치세 예정 신고기간에 '00004.(주)형광공업' 거래처에서 수취한 매입세금계산서 중 종이발행 분은 몇 건 인가?

① 1건 ② 3건
③ 10건 ④ 12건

19 (주)큐브의 2024년 2기 부가가치세 확정 신고 시 매입에 대한 예정신고 누락분 2건이 발생하였다. 해당 거래의 세액 합계 금액을 고르시오.

① 300,000원 ② 400,000원
③ 800,000원 ④ 1,100,000원

20 (주)큐브의 부가세 신고시 해당하는 주업종코드는 무엇인가?

① 142101. 광업 ② 322001. 제조업
③ 513320. 도매 및 소매업 ④ 722000. 정보통신업

회계 2급 2024년 3회 (2024년 05월 25일 시행)

[과목: 경영혁신과 ERP]

01 클라우드 서비스 사업자가 클라우드 컴퓨팅 서버에 ERP소프트웨어를 제공하고, 사용자가 원격으로 접속해 ERP소프트웨어를 활용할 수 있도록 제공하는 서비스를 무엇이라 하는가?

① PaaS(Platform as a Service)
② SaaS(Software as a Service)
③ DaaS(Desktop as a Service)
④ IaaS(Infrastructure as a Service)

02 ERP와 인공지능(AI), 빅데이터(Big Data), 사물인터넷(IoT) 등 혁신기술과의 관계에 대한 설명으로 가장 적절하지 않은 것은?

① 현재 ERP는 기업 내 각 영역의 업무프로세스를 지원하여 독립적으로 단위별 업무처리를 추구하는 시스템으로 발전하고 있다.
② 제조업에서는 빅데이터 분석기술을 기반으로 생산자동화를 구현하고 ERP와 연계하여 생산계획의 선제적 예측과 실시간 의사결정이 가능하다.
③ ERP에서 생성되고 축적된 빅데이터를 활용하여 기업의 새로운 업무개척이 가능해지고, 비즈니스 간 융합을 지원하는 시스템으로 확대가 가능하다.
④ 현재 ERP는 인공지능 및 빅데이터 분석기술과의 융합으로 전략경영 등의 분석도구를 추가하여 상위계층의 의사결정을 지원할 수 있는 지능형시스템으로 발전하고 있다.

03 ERP도입 기업의 사원들을 위한 ERP교육을 계획할 때, 고려사항으로 가장 적절하지 않은 것은?

① 지속적인 교육이 필요함을 강조한다.
② 전사적인 참여가 필요함을 강조한다.
③ 최대한 ERP커스터마이징이 필요함을 강조한다.
④ 자료의 정확성을 위한 철저한 관리가 필요함을 강조한다.

04 ERP와 전통적인 정보시스템(MIS) 특성 간의 차이점에 대한 설명으로 가장 적절하지 않은 것은?

① 전통적인 정보시스템의 시스템구조는 폐쇄형이나 ERP는 개방성을 갖는다.
② 전통적인 정보시스템의 업무범위는 단위업무이고, ERP는 통합업무를 처리한다.
③ 전통적인 정보시스템의 업무처리 대상은 Process 중심이나 ERP는 Task 중심이다.
④ 전통적인 정보시스템의 저장구조는 파일시스템을 이용하나 ERP는 관계형 데이터베이스시스템(RDBMS) 등을 이용한다.

[과목: 재무회계 이론]

05 기업의 외부회계정보이용자들이 합리적인 의사결정을 하는데 도움이 되는 정보를 제공하는 회계 분야는?

① 재무회계　　② 세무회계
③ 관리회계　　④ 재정회계

06 [보기]의 (　　)안에 들어갈 내용으로 옳은 것은?

보기
(　　)은(는) 순자산으로써 기업실체의 자산에 대한 소유주의 잔여청구권이다.

① 부채　　② 자본
③ 자산　　④ 당기순이익

07 [보기]의 오류가 당기 손익계산서에 미치는 영향으로 옳은 것은?

보기
정확한 기말재고금액은 200,000원이지만, 180,000원으로 잘못 계상하였다.

① 매출원가 : 과대 / 당기순이익 : 과대
② 매출원가 : 과대 / 당기순이익 : 과소
③ 매출원가 : 과소 / 당기순이익 : 과소
④ 매출원가 : 과소 / 당기순이익 : 과대

08 차변과 대변에 기록될 계정과목으로 가장 적절하지 않은 것은?

① (차변) 선수금　　(대변) 선급금
② (차변) 미수금　　(대변) 미지급금
③ (차변) 대여금　　(대변) 차입금
④ (차변) 임차보증금　　(대변) 임대보증금

09 [보기]의 거래내용을 나타내는 계정과목으로 적절한 것은?

보기
(a) 당좌예금 잔액을 초과하여 발행한 수표 금액(사전약정 체결) (b) 제3자로부터 무상으로 받은 금액

① (a) 당좌차월 (b) 자산수증이익
② (a) 배당금수익 (b) 기부금
③ (a) 매출환입 (b) 잡이익
④ (a) 주식매수선택권 (b) 수수료 수익

10 [보기]의 결합관계로 이루어진 거래로 옳은 것은?

보기	
(차변) 부채의 감소	(대변) 자산의 감소

① 은행에서 현금 5,000,000원을 차입하다.
② 외상매입금 300,000원을 현금으로 지급하다.
③ 종업원의 급여 2,000,000원을 현금으로 지급하다.
④ 대여금 300,000원과 그에 대한 이자 20,000원을 현금으로 받다.

11 [보기]에서 현금 및 현금성자산을 계산하면 총 얼마인가?

보기			
- 현금	9,000,000원	- 우표	60,000원
- 타인발행수표	200,000원	- 송금환	100,000원
- 미수금	850,000원	- 수입인지	150,000원
- 받을어음	4,000,000원		

① 9,200,000원 ② 9,300,000원
③ 13,300,000원 ④ 13,510,000원

12 시장성 있는 (주)생산성의 주식 10주를 단기매매차익의 목적으로 1주당 50,000원에 구입하고, 거래 수수료 5,000원을 포함하여 보통예금계좌에서 결제하였다. 일반기업회계기준에 따라 회계처리하는 경우 발생하는 계정과목으로 적절하지 않은 것은?

① 보통예금 ② 수수료비용
③ 단기매매증권 ④ 매도가능증권

13 대손충당금 설정 대상 자산으로 적합한 것은?

① 예수금 ② 선수금
③ 미수금 ④ 전환사채

14 유형자산의 취득원가에 포함되는 부대비용에 해당되지 않는 것은?

① 시운전비 ② 운반비용
③ 설치장소를 위한 설치비용 ④ 거래처 직원에 대한 접대비

15 상품 400,000원을 매입하고 대금은 현금 200,000원과 약속어음 200,000원을 발행하여 지급할 경우 발생할 내용으로 적절한 것은?

① 총자산과 총부채가 증가한다.
② 총자산과 총자본이 증가한다.
③ 총자산이 감소하고, 총자본은 감소한다.
④ 총자산이 감소하고, 총부채가 증가한다.

16 [보기]의 자료에서 결산일 현재 재무상태표에 나타난 자본 총액을 계산하면 얼마인가?

보기

- 보통주 자본금	300,000원	- 우선주 자본금	200,000원
- 주식발행초과금	70,000원	- 자기주식	30,000원
- 주식할인발행차금	80,000원		

① 270,000원 ② 300,000원
③ 380,000원 ④ 460,000원

17 (주)생산기업은 결산시 회사자본의 구성내용이 자본금 50,000,000원, 자본잉여금 3,000,000원, 이익준비금 800,000원이었고, 당해연도의 당기순이익은 600,000원이었다. 현금배당을 400,000원을 할 경우 이익준비금으로 적립해야 할 최소 금액은 얼마인가?단, 이익준비금 적립액은 없다.

① 40,000원 ② 50,000원
③ 60,000원 ④ 80,000원

18 수익의 인식에 대한 설명으로 옳은 것은?

① 시용판매의 경우 수익의 인식은 구매자가 시용한 날이다.
② 할부판매의 경우 수익의 인식은 항상 구매자에게 대금을 회수하는 시점이다.
③ 위탁판매는 위탁자가 수탁자에게 해당 재화를 판매한 시점에 수익을 인식한다.
④ 예약판매계약의 경우 공사결과를 신뢰성 있게 추정할 수 있을 때에 진행기준을 적용하여 공사수익을 인식한다.

19 [보기]의 자료를 토대로 상품의 11월 매출총이익은 얼마인가?([보기]는 이미지를 참고하시오.)

보기

- 재고자산평가방법: 선입선출법

날짜	적요	수량	단가
11/1	전월이월	250개	30,000원
11/15	매입	100개	30,000원
11/20	매출	300개	50,000원

① 2,500,000원
② 6,000,000원
③ 9,000,000원
④ 15,000,000원

20 당기순손익에 영향을 미치는 계정과목에 해당하지 않는 것은?

① 재해손실
② 자산수증이익
③ 채무면제이익
④ 매도가능증권평가손익

실무문제는 [실기메뉴]를 활용하여 답하시오.
웹하드(http://www.webhard.co.kr)에서 Guest(ID: samil3489, PASSWORD: samil3489)로 로그인하여 백데이터를 다운받아 설치 후 회계 2급 2024년 3회 김은찬으로 로그인한다.

[과목: ERP 회계 기본정보관리]

01 **당사의 시스템환경설정에 대한 설명으로 옳지 않은 것을 고르시오. (단, 시스템환경설정은 추가 변경하지 않는다.)**

① 처분자산은 월할상각 한다.
② 재무제표를 영어로 조회할 수 있다.
③ 전표의 관리항목인 결의부서별로 예산을 통제한다.
④ 전표를 출력할 때 4번 양식을 기본양식으로 사용한다.

02 **다음 중 당사의 계정과목에 대한 설명으로 옳지 않은 것을 고르시오.**

① [10900.대손충당금]은 [11000.받을어음]의 차감계정이다.
② [12000.미수금] 계정은 거래처별로 이월하도록 설정하였다.
③ [81100.복리후생비]계정은 세목으로 세분화하여 관리하고 있다.
④ [82600.도서인쇄비]계정은 전표입력 시 증빙을 차변필수 입력하도록 설정하였다.

03 **다음 중 당사의 부서등록과 사원등록에 대한 설명으로 옳지 않은 것을 고르시오.**

① ERP를 운용할 수 없는 사원은 총 2명이다.
② 재경부서에 속하는 사원은 모두 관리부문에 소속되어 있다.
③ 전윤호 사원은 승인전표를 승인해제 한 뒤에 금액 수정이 가능하다.
④ 김은찬 사원은 회계입력방식이 수정 이므로 대차차액 전표입력시 자동 승인처리된다.

[과목: ERP 재무회계 프로세스의 이해]

04 **2024년 3월 한달 현금 입금액과 출금액은 얼마인지 고르시오.**

① 입금액 : 5,000,000원, 출금액 : 2,610,000원
② 입금액 : 5,000,000원, 출금액 : 4,610,000원
③ 입금액 : 7,000,000원, 출금액 : 2,610,000원
④ 입금액 : 7,000,000원, 출금액 : 4,610,000원

05 (주)유명 본점에서 지출증빙서류검토표를 작성하던 중 핵심ERP의 증빙을 연결하는 작업에서 '30.세금계산서'와 '40계산서' 증빙연결이 누락된 것을 확인하였다. 아래 [적격증빙별 전표증빙]과 같이 누락된 증빙 연결후 2024년 한 해 동안 지출될 세금계산서증빙과 계산서증빙의 합계금액은 얼미인가?

> **적격증빙별 전표증빙**
>
> - 30.세금계산서 - 1.세금계산서
> - 40.계산서 - 2.계산서

① 456,000원
② 1,049,450,000원
③ 1,049,906,000원
④ 1,054,206,000원

06 (주)유명 본점의 2024년 상반기 중 외상매입금 발생 금액이 가장 큰 달은 언제인지 고르시오.

① 1월
② 2월
③ 3월
④ 4월

07 (주)유명 본점은 사용부서와 프로젝트로 복리후생비(판매관리비)를 관리하고 있다. 2024년 1분기 동안 [1001.재경부]부서에서 복리후생비(판매관리비)가 가장 많이 증가한 프로젝트를 고르시오.

① 1000.서울공장
② 1001.광주공장
③ 1002.부산공장
④ 1003.울산공장

08 (주)유명 본점의 업무용승용차 [12가 0102.티볼리] 차량에 대하여 운행기록부를 작성하였다. 2024년 1월 한 달 동안 해당 차량의 업무사용비율을 고르시오.

① 77%
② 87%
③ 91%
④ 93%

09 (주)유명 본점은 외상매출금에 대하여 선입선출법 기준으로 채권을 관리하고 있다. 2024년 6월말 기준으로 3개월 전까지의 채권년령을 확인하여 조회기간 이전 채권잔액이 가장 큰 거래처를 고르시오.

① (주)성호기업
② (주)주안실업
③ (주)한동테크
④ ㈜형광공업

10 당사는 반기 결산을 하는데 2024년 6월 말 결산 시 소모품 기말 재고액은 5,000,000원 이다. 장부의 금액을 확인한 후 결산분개를 입력한다고 할 때, 6월 말 결산 수정 분개로 옳은 분개를 고르시오. (단 소모품 취득은 자산으로 처리하고 사용은 판관비로 처리했다.)

① (차)소 모 품 5,000,000원 (대)소모품비 5,000,000원
② (차)소 모 품 5,500,000원 (대)소모품비 5,500,000원
③ (차)소모품비 5,000,000원 (대)소 모 품 5,000,000원
④ (차)소모품비 5,500,000원 (대)소 모 품 5,500,000원

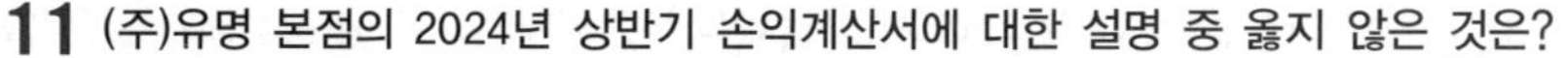

11 (주)유명 본점의 2024년 상반기 손익계산서에 대한 설명 중 옳지 않은 것은?

① 상품매출액은 897,500,000원이다.
② 당기상품매입액은 321,300,000원이다.
③ 판매관리비가 증가하면 당기순이익은 감소한다.
④ 이자수익이 영업외 비용으로 100,000원 발생하였다.

12 다음 [보기]를 참고하여 고정자산등록 메뉴에 입력한 후 비품 자산의 당기 감가상각비 금액을 조회하면 얼마인지 고르시오.

보기
(주)유명 본점은 2024년 4월 15일에 비품자산 [21200009.팩스기]를 취득부대비용 포함하여 4,000,000원에 신규 취득하였다. (상각방법 정액법, 내용연수 4년)

① 750,000　② 768,104
③ 919,104　④ 1,518,104

13 (주)유명 본점은 계정을 프로젝트별로 관리하고 있다. 2024년 1분기에 외상매출금이 가장 많이 증가한 프로젝트는 무엇인가?

① 1000.서울공장　② 1001.광주공장
③ 1004.대전공장　④ 1005.춘천공장

14 2024년 5월 한 달 간 (주)유명 본점에서 현금 지출이 가장 많았던 판매관리비 계정과목은 무엇인가?

① 81100.복리후생비　② 81200.여비교통비
③ 82200.차량유지비　④ 82900.사무용품비

15 (주)유명 본점은 2024년 1기 부가가치세 예정신고 기간에 고정자산을 매입하고 신용카드로 결제한 거래가 발생하였다. 해당 거래의 세액 합계로 올바른 것을 고르시오.

① 100,000원　② 200,000원
③ 300,000원　④ 400,000원

16 (주)유명 본점의 2024년 1기 부가가치세 예정 신고시 '매입처별 세금계산서합계표'에 반영될 세무구분은 몇 개인지 고르시오.

① 1개　② 2개
③ 3개　④ 4개

17 (주)유명 본점의 2024년 1기 부가가치세 확정신고시 매입세액 불공제내역 서식에 작성되지 않은 불공제 사유구분을 고르시오.

① 접대비관련매입세액　② 필요적 기재사항 누락
③ 토지의 자본적 지출 관련　④ 비영업용소형승용차구입 및 유지

18 (주)유명 본점의 2기 부가가치세 예정 신고에 대한 설명으로 옳지 않은 것은 무엇인가?

① 고정자산 매입분은 세금계산서 수취분만 존재한다.
② 신고 업태는 도소매업 이며, 종목은 소프트웨어 이다.
③ 관할세무서인 서초 세무서에 부가가치세 신고를 한다.
④ 매출세액이 매입세액보다 많으므로 부가세 납부를 해야 한다.

19 (주)유명 본점의 부가가치세 신고유형에 대한 설명으로 옳은 것을 고르시오.

① 각 사업장별로 신고 및 납부한다.
② 사업자 단위과세자로 신고 및 납부를 주사업장에서 모두 한다.
③ 총괄납부 사업자로 주사업장에서 모두 총괄하여 신고 및 납부한다.
④ 총괄납부 사업자로 각 사업장별로 부가세 신고후 납부는 주사업장에서 총괄하여 납부한다.

20 (주)유명 본점은 부동산임대업을 겸업하고 있어 부가가치세 신고시 간주임대료를 포함하여 신고하려고 한다. 2024년 2기 부가가치세 예정 신고 시 다음 [부동산임대내역]의 자료를 입력한 후 보증금이자(간주임대료)를 계산하면 얼마인지 고르시오. 단, 보증금이자(간주임대료) 계산시 소수점 이하는 절사한다.(이자율은 2.9%로 계산한다.)

부동산임대내역

- 동 : 1111065000.서울특별시 종로구 혜화동　- 층 / 호수 : 지상 5층 / 504호
- 상호(성명) : 도민실업(주)　- 면적 / 용도 : 300㎡ / 사무실
- 임대기간 : 2024/07/01 ~ 2025/06/30　- 보증금 : 350,000,000원
- 월세 : 4,000,000원　- 관리비 : 300,000원

① 2,551,366원　② 2,771,458원
③ 2,942,141원　④ 3,011,470원

회계 2급 2024년 2회 (2024년 03월 23일 시행)

[과목: 경영혁신과 ERP]

01 차세대 ERP의 비즈니스 애널리틱스(Business Analytics)에 관한 설명으로 가장 적절하지 않은 것은?

① 비즈니스 애널리틱스는 구조화된 데이터(structured data)만 분석대상으로 한다.
② ERP시스템의 방대한 데이터 분석을 위해 비즈니스 애널리틱스가 차세대 ERP의 핵심요소가 되고 있다.
③ 비즈니스 애널리틱스는 리포트, 쿼리, 대시보드, 스코어카드뿐만 아니라 예측모델링과 같은 진보된 형태의 분석기능도 제공한다.
④ 비즈니스 애널리틱스는 질의 및 보고와 같은 기본적 분석기술과 예측 모델링과 같은 수학적으로 정교한 수준의 분석을 지원한다.

02 클라우드 서비스 기반 ERP와 관련된 설명으로 가장 적절하지 않은 것은?

① PaaS에는 데이터베이스 클라우드 서비스와 스토리지 클라우드 서비스가 있다.
② ERP 소프트웨어 개발을 위한 플랫폼을 클라우드 서비스로 제공받는 것을 PaaS라고 한다.
③ ERP 구축에 필요한 IT인프라 자원을 클라우드 서비스로 빌려 쓰는 형태를 IaaS라고 한다.
④ 기업의 핵심 애플리케이션인 ERP, CRM 솔루션 등의 소프트웨어를 클라우드 서비스를 통해 제공받는 것을 SaaS라고 한다.

03 [보기]에서 설명하는 경영혁신 전략기법으로 가장 적절한 것은?

보기
정보기술을 이용하여 기업 업무프로세스를 근본적으로 재설계하여 경영혁신을 통한 경영성과를 향상시키려는 경영전략기법이다.

① 지식경영　　② 벤치마킹
③ 리스트럭처링　　④ 리엔지니어링

기출문제

04 ERP패키지의 효과적인 도입을 위한 고려사항으로 가장 적절하지 않은 것은?

① 경영진의 확고한 의지가 있어야 한다.
② 경험 있는 유능한 컨설턴트를 활용해야 한다.
③ 전사적으로 전 임직원의 참여를 유도해야 한다.
④ 현업을 반영하도록 최대한의 커스터마이징을 실행한다.

05 기업의 이해관계자는 내/외부로 구분할 수 있다. 성격이 다른 하나를 고르시오.

① 고객　② 경영자
③ 금융기관　④ 정부기관

[과목: 재무회계 이론]

06 재무상태표에 대한 설명으로 적절하지 않은 것은?

① 유동성 배열법에 의해 작성한다.
② 채권자 및 소유주 청구권을 표시한다.
③ '자산+부채=자본'을 재무상태표 등식이라고 한다.
④ 일정시점 현재 기업의 재무상태를 보여주는 재무보고서이다.

07 [보기]의 상황에서 자산, 부채, 자본에 미치는 영향을 고르시오.

보기
결산시에 미지급된 급여 2,500,000원을 계상하지 않았다.

① 자산: 과소계상, 부채: 과소계상, 자본: 과소계상
② 자산: 과대계상, 부채: 과소계상, 자본: 과대계상
③ 자산: 영향없음, 부채: 과소계상, 자본: 과대계상
④ 자산: 영향없음, 부채: 과대계상, 자본: 과소계상

08 일정기간의 경영성과를 나타내는 재무제표의 계정과목으로만 짝지어진 것을 고르시오.

① 임대료, 이자비용　② 선급금, 외상매입금
③ 보통예금, 미지급금　④ 외상매출금, 임대보증금

09 [보기]는 무엇에 대한 설명인가?

| 보기 |

- 회계거래 시에 발생한 거래는 각 계정과목별로 기록한다.
- 이것은 거래의 내용을 분개장에 기입한 후 전기하는 장부이다.

① 시산표　② 정산표
③ 총계정원장　④ 매출처원장

10 [보기]는 회사 직원들에게 선물할 명절 선물을 구입하고 받은 신용카드 영수증이다. 차변과 대변에 기재할 계정과목을 고르시오. [보기]는 이미지를 참고하시오.

| 보기 |

카드종류	신용카드
카드번호	1234-5678-9101-1121
거래일자	2024.01.15. 17:20:59
일시불/할부	일시불
승인번호	248532
[상품명]	[금액]
명절선물세트	2,200,000원
합 계 액	**2,200,000원**
받은금액	**2,200,000원**
가맹점정보	
가맹점명	새해기업
사업자등록번호	123-45-678
가맹점번호	56789123
대표자명	갑진연
전화번호	02-300-7777

① 차변) 접대비　대변) 외상매입금　② 차변) 접대비　대변) 미지급금
③ 차변) 복리후생비　대변) 외상매입금　④ 차변) 복리후생비　대변) 미지급금

11 [보기]의 거래요소 결합관계를 나타내는 거래로 옳은 것은?

| 보기 |

(차변) 자산의 증가　(대변) 부채의 증가

① 미지급한 퇴직금을 지급하다.
② 외상매출금을 어음으로 회수하다.
③ 외상매입금을 현금으로 지급하다.
④ 상품을 구매하고 대금은 2개월 후에 지급하기로 하다.

12 자산 항목 중 유동성이 높은 순서대로 나열한 것을 고르시오.

① 제품 > 토지 > 미수금 ② 제품 > 미수금 > 토지
③ 당좌예금 > 토지 > 제품 ④ 당좌예금 > 제품 > 기계장치

13 [보기]의 거래 자료를 기반으로 한 분개로 옳은 것은?

보기

6월 1일 미수금 150,000원이 회수불능 미수금으로 확정되었다.
(대손충당금 잔액은 150,000원 있음)

① (차변) 대손충당금 150,000원 (대변) 미수금 150,000원
② (차변) 대손상각비 100,000원 (대변) 미수금 100,000원
③ (차변) 대손충당금 100,000원 (대변) 미수금 100,000원
④ (차변) 대손충당금 50,000원 (대변) 미수금 150,000원
대손상각비 150,000원

14 [보기] (주)생산성의 매출관련 자료이다. 순매출액은 얼마인가?

보기

- 기초상품재고액	80,000원	- 총매입액	400,000원
- 총매출액	550,000원	- 매입에누리액	25,000원
- 매출환입액	50,000원	- 매입환출액	30,000원
- 매출에누리액	30,000원	- 기말상품재고액	50,000원

① 420,000원 ② 440,000원
③ 460,000원 ④ 470,000원

15 일반기업회계기준상 유형자산의 감가상각방법에 해당하지 않는 것은?

① 정액법 ② 정률법
③ 총평균법 ④ 연수합계법

16 일반기업회계기준상 무형자산의 상각에 관한 내용으로 적절하지 않은 것은?

① 무형자산의 잔존가치는 없는 것을 원칙으로 하나, 예외도 존재한다.
② 내부적으로 창출한 영업권은 무형자산으로 인정되어 정액법으로 상각된다.
③ 무형자산의 상각기간은 예외적인 경우를 제외하고는 20년을 초과할 수 없다.
④ 무형자산의 상각방법은 정액법, 체감잔액법 등 합리적인 방법을 적용할 수 있다.

17 자본의 구성요소에 관한 설명으로 적절하지 않은 것은?

① 자본금은 발행주식 액면금액의 합계액이다.
② 자본잉여금은 주식발행초과금, 감자차익 등이 있다.
③ 자본조정에는 주식할인발행차금, 이익준비금 등이 있다.
④ 이익잉여금은 손익거래에서 벌어들인 이익 중 배당 등으로 유출되지 않고 사내에 남아 있는 것이다.

18 [보기]의 자료만을 참고하여 기말자본은 구하시오.

보기

- 기초자본	100,000원	- 총수익	300,000원
- 총비용	80,000원	- 기말자본	( )원

① 220,000원　　② 300,000원
③ 320,000원　　④ 400,000원

19 회사의 재무상태가 [보기]와 같은 경우 순자산(자본)의 총계는 얼마인가?

보기

- 현 금	30,000원	- 매입채무	25,000원
- 매출채권	40,000원	- 비 품	60,000원
- 차입금	55,000원	- 재고자산	55,000원

① 105,000원　　② 110,000원
③ 115,000원　　④ 120,000원

20 [보기]의 자료를 근거로 회계처리를 할 경우 감자차익은 얼마인가?

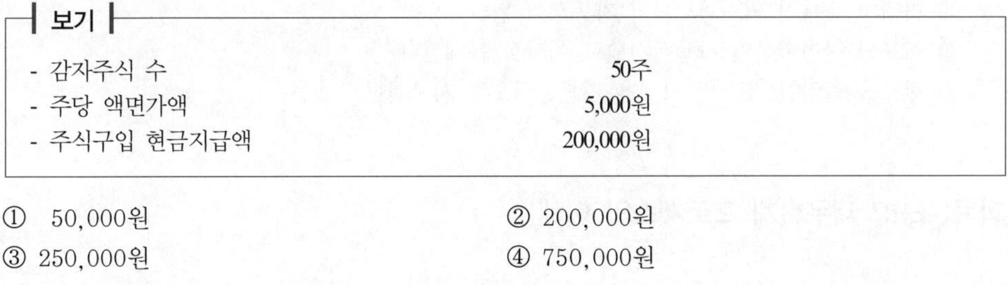

보기

- 감자주식 수	50주
- 주당 액면가액	5,000원
- 주식구입 현금지급액	200,000원

① 50,000원　　② 200,000원
③ 250,000원　　④ 750,000원

[실무]

실무문제는 [실기메뉴]를 활용하여 답하시오.
웹하드(http://www.webhard.co.kr)에서 Guest(ID: samil3489, PASSWORD: samil3489)로 로그인하여 백데이터를 다운받아 설치 후 회계 2급 2024년 2회 김은찬으로 로그인한다.

[과목: ERP 회계 기본정보관리]

01 당사의 계정과목에 대한 설명 중 옳지 않은 것을 고르시오.

① [20100.토지] 계정은 비상각 계정과목이다.
② [81300.접대비] 계정은 세목으로 세분화하여 관리하고 있다.
③ [83700.건물관리비] 계정은 거래처별로 이월 처리하도록 관리하고 있다.
④ [84800.잡비] 계정은 전표입력 시 증빙을 필수 입력하지 않도록 설정하였다.

02 당사의 사원등록에 대한 설명으로 옳지 않은 것을 고르시오.

① 한번 입력된 사원코드는 변경할 수 없다.
② 퇴사일은 시스템관리자만 입력할 수 있다.
③ ERP13A02.김은찬 사원은 회계입력방식이 '수정'권한이므로 대차차액 전표입력시 자동 승인된다.
④ ERP13A02.김은찬 사원은 회계입력방식이 '수정'권한이므로 전표승인해제 없이 전표 수정이 가능하다.

03 당사의 시스템환경설정에 대한 설명으로 옳지 않은 것을 고르시오.

① 처분자산은 월할상각한다.
② 거래처 등록시 거래처코드가 자동부여 된다.
③ 전표의 관리항목인 사용부서별로 예산을 통제한다.
④ 전표를 출력할 때 3번 양식을 기본양식으로 사용한다.

[과목: ERP 재무회계 프로세스의 이해]

04 (주)큐브는 외상매출금에 대하여 선입선출법 기준으로 채권을 관리하고 있다. 2024년 3월말 기준으로 2개월 전까지의 채권년령을 확인하여 조회기간 이전 채권잔액이 가장 큰 거래처를 고르시오.

① (주)주안실업　　② (주)한동테크
③ (주)형광공업　　④ ㈜나라상사

05 (주)큐브는 외상매출금 계정을 프로젝트별로 관리하고 있다. 2024년 1분기에 외상매출금이 가장 많이 증가한 프로젝트는 무엇인가?

① 1000.그룹웨어 ② 1003.알피에이
③ 1004.클라우드 ④ 1005.온라인팩스

06 2024년 1월 한 달 동안 (주)큐브에서 판매관리비로 지출된 금액 중 현금으로 지출한 금액이 가장 큰 계정과목을 고르시오.

① 접대비 ② 소모품비
③ 차량유지비 ④ 여비교통비

07 (주)큐브의 고정자산 중 차량운반구[20800003.QM6(12B0316)]에 2024년 1월 1일 1,000,000원 자본적 지출이 발생하였다. 해당 자본적지출을 입력 후 (주)큐브의 차량운반구 자산 중 당해년도 감가상각비가 가장 큰 부서를 고르시오.

① 1001.재경부 ② 2001.영업부
③ 3001.생산부 ④ 4001.총무부

08 (주)큐브는 프로젝트로 손익계산서를 산출한다. 2024년 3분기(7월~9월) 중 사무용품비(판매관리비)가 가장 많이 발생한 프로젝트를 고르시오.

① 1000.그룹웨어 ② 1003.알피에이
③ 1004.클라우드 ④ 1005.온라인팩스

09 (주)큐브는 2024년 4월 6일 도민실업(주) 거래처에 상품매출 후 받을어음(자가202404060001)을 받았다. 해당 어음의 만기일은 언제인가?

① 2024년 04월 30일 ② 2024년 05월 30일
③ 2024년 06월 30일 ④ 2024년 07월 30일

10 (주)큐브는 매월 고정적으로 지출되는 자금을 관리하고 있다. 2024년 1월 자금계획을 작성하여 고정자금으로 반영되는 [2310.일반경비]의 합계 금액은 얼마인지 고르시오.

① 800,000원 ② 1,400,000원
③ 3,400,000원 ④ 32,800,000원

11 (주)큐브의 2024년 1분기 손익계산서에 대한 설명 중 옳지 않은 것은 무엇인가?

① 제품매출액은 12,000,000원이다.
② 상품매출원가는 523,650,000원이다.
③ 2023년에서 이월된 상품이 497,650,000원 존재한다.
④ 판매관리비 중 가장 적은 비용이 지출된 계정은 [수도광열비]계정이다.

12 (주)큐브의 손익계산서에서 2024년 한 해 동안 복리후생비(판매관리비)를 가장 많이 사용한 분기를 순서대로 나열한 것을 고르시오.

① 1분기 〉 2분기 〉 3분기 〉 4분기
② 2분기 〉 1분기 〉 4분기 〉 3분기
③ 3분기 〉 4분기 〉 2분기 〉 1분기
④ 4분기 〉 3분기 〉 2분기 〉 1분기

13 (주)큐브의 2024년 9월 30일 기준 재무상태표에 대한 설명으로 옳은 것은 무엇인가?

① 재고자산 총합계 금액은 408,650,000원 이다.
② 부채의 총합계 금액은 3,048,768,000원 이다.
③ 매출채권의 대손충당금 합계액은 11,965,817원이다.
④ 현금 및 현금성자산의 합계액은 1,121,489,900원이다.

14 (주)큐브의 2024년 12월 말 결산 시 소모품의 기말 재고액은 2,000,000원이다. 장부의 금액을 확인 후 이와 관련된 2024년 12월말 결산 수정분개로 가장 옳은 것을 고르시오.(단, 소모품은 취득 시 자산처리 하였다.)

① 차변) 소모품 2,000,000원 대변) 소모품비 2,000,000원
② 차변) 소모품 6,000,000원 대변) 소모품비 6,000,000원
③ 차변) 소모품비 2,000,000원 대변) 소모품 2,000,000원
④ 차변) 소모품비 6,000,000원 대변) 소모품 6,000,000원

15 (주)큐브의 부가가치세 신고유형에 대한 설명으로 옳은 것을 고르시오.

① 각 사업장별로 신고 및 납부한다.
② 사업자 단위과세자로 신고 및 납부를 주사업장에서 모두 한다.
③ 총괄납부 사업자로 주사업장에서 모두 총괄하여 신고 및 납부한다.
④ 총괄납부 사업자로 각 사업장별로 부가세 신고 후 납부는 주사업장에서 총괄하여 납부한다.

16 (주)큐브의 2024년 1기 부가가치세 확정 신고 시 '매입처별 세금계산서합계표'에 반영될 세무구분은 몇 개인지 고르시오.

① 1개
② 2개
③ 3개
④ 4개

17 (주)큐브는 부동산임대업을 겸업하고 있어 부가가치세 신고 시 간주임대료를 포함하여 신고하여야 한다. 2024년 2기 부가가치세 확정 신고 시 [부동산임대내역]을 확인하여 간주임대료를 12월 말 분개 처리 후 2024년 2기 확정 부가세신고서를 작성시 기타(정규영수증외매출분)매출로 반영되는 세액은 얼마인가? 단, 보증금이자(간주임대료) 분개처리시 소수점 이하는 절사한다.

① 60,327원
② 603,278원
③ 6,250,000원
④ 6,310,327원

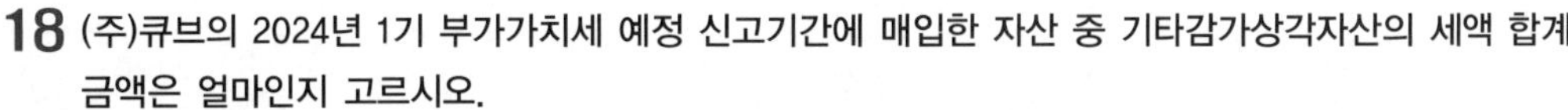

18 (주)큐브의 2024년 1기 부가가치세 예정 신고기간에 매입한 자산 중 기타감가상각자산의 세액 합계 금액은 얼마인지 고르시오.

① 400,000원
② 2,500,000원
③ 3,000,000원
④ 5,900,000원

19 (주)큐브의 2024년 1기 부가가치세 확정 신고기간에 발생한 신용카드 매출전표 중 세금계산서가 발급된 금액은 얼마인가?

① 25,000,000원
② 30,000,000원
③ 35,000,000원
④ 40,000,000원

20 (주)큐브의 2024년 1기 부가가치세 예정 신고에 대한 설명으로 옳지 않은 것은 무엇인가?

① 관할세무서인 송파세무서에 부가가치세 신고를 한다.
② 신고 업태는 서비스업 이며, 종목은 소프트웨어 이다.
③ 고정자산 매입분 중 신용카드 매입분은 존재하지 않는다.
④ 매출세액이 매입세액보다 많으므로 부가세 납부를 해야 한다.

기출문제

국가공인 ERP® 정보관리사 합격지름길 수험서

삼일아이닷컴 www.samili.com에서 유용한 정보 확인!
ERP 전체모듈 자료는 웹하드(http://www.webhard.co.kr)에서 다운로드!

- 교재의 실무예제(수행내용) 입력이 완성된 각 부문별 백데이터 제공
- 출제경향을 완벽히 분석한 유형별 연습문제와 해설 수록
- 최신 기출문제 수록 및 통합DB 제공
- 저자들의 빠른 Q&A

정가 20,000원

ISBN 979-11-6784-364-7

NCS 국가직무능력표준적용
National Competency Standards

iCUBE-핵심 ERP

2025

ERP 정보관리사 회계

답안 및 풀이

2급

김혜숙 · 김진우 · 임상종 지음

SAMIL | 삼일회계법인
삼일인포마인

합격문제 답안

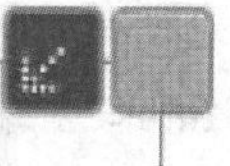

회계 2급 유형별 연습문제

01 ERP 시스템의 이해

1.1 ERP 개념과 등장

1	2	3	4	5	6	7	8	9	10
②	③	③	③	④	②	①	①	③	③

[풀이]

01 ② ERP는 개별시스템이 아니라 통합시스템에 해당한다.

02 ③ ERP는 다양한 보안정책으로 인해 접근이 인가된 사용자만 ERP 시스템에 접근할 수 있다.

03 ③ 전산시스템은 회계, 인사, 생산 및 영업·물류관리 등의 시스템을 통합하여 개발 및 운영된다.

04 ③ 기업 내 각 영역의 업무프로세스를 지원하고 통합 업무처리의 강화를 추구하는 시스템이다.

05 ④ ERP 시스템은 주요 기능별로 최적화된 시스템이 아니라 프로세스 중심적이며 전체 업무의 최적화를 목표로 한다.

06 ② ERP 도입으로 관리의 중복을 배제할 수 있다.

07 ① 기존 방식의 고수는 BPR(업무 재설계)의 필요성이라고 볼 수 없다.

08 ① 자사의 업무를 ERP에 내장되어 있는 Best Practice에 맞추어야 한다.

09 ③ 기존 정보시스템(MIS)은 수직적으로 업무를 처리하고, ERP는 수평적으로 업무를 처리한다.

10 ③ 프로세스 혁신(PI, Process Innovation)에 대한 설명이다.

1.2 ERP 발전과정과 특징

1	2	3	4	5	6	7	8	9	10
②	②	①	②	④	④	①	②	③	①

[풀이]

01 ② ERP 발전과정: MRP → MRP Ⅱ → ERP → 확장형 ERP

02 ② MRP Ⅱ의 주요 관리범위는 제조자원관리이며, 원가절감이 주된 목표이다.

03 ① MRP Ⅱ, 확장 ERP, 자재수급관리, 전사적 자원관리

04 ② 보기의 내용은 MRP Ⅱ에 대한 설명이다.

05 ④ 조직의 분권화 및 상호견제와 내부통제제도를 강화하여 투명 경영의 수단으로 활용가능하다.

06 ④ 조직의 변경이나 프로세스의 변경에 대한 대응이 가능하고 기존 하드웨어와의 연계에 있어서도 개방적이다.

07 ① 다국적, 다통화, 다언어 지원은 기술적 특징이 아닌 기능적 특징에 해당된다.

08 ② 객체지향기술 사용은 기술적 특징에 해당되며, 나머지 내용은 기능적 특징에 해당된다.

09 ③ Open Multi-Vendor: 특정 H/W 업체에 의존하지 않는 Open 형태를 채택, C/S형의 시스템 구축이 가능하다.

10 ① 파라미터(Parameter)에 대한 설명이다.

1.3 ERP 도입과 구축

1	2	3	4	5	6	7	8	9	10
①	③	④	④	②	①	②	②	④	④
11	12	13	14	15	16	17	18	19	20
①	④	②	③	①	④	①	①	③	①

[풀이]

01 ① ERP 도입의 궁극적인 효과는 비즈니스 프로세스 혁신 추구에 있다.

02 ③ 결산작업의 시간이 단축된다.

03 ④ 업무의 시작에서 종료까지의 시간을 의미하는 리드타임(Lead Time)이 감소된다.

04 ④ 의사결정의 신속성으로 인한 정보 공유의 공간적, 시간적 한계가 없다.

05 ② ERP 도입과 사업의 다각화는 직접적인 관련이 없다.

06 ① 선진 업무프로세스(Best Practice) 도입을 목적으로 ERP 패키지를 도입하였는데, 기존 업무처리에 따라 ERP 패키지를 수정한다면 BPR은 전혀 이루어지지 않는다.

07 ② 일반적으로 ERP 시스템이 구축되기 전에 BPR(업무재설계)을 수행해야 ERP 구축성과가 극대화될 수 있다.

08 ② ERP 시스템의 유지비용은 초기 ERP 시스템 구축 초기 단계보다 감소하게 된다.

09 ④ ERP 시스템에 대한 투자비용에 관한 개념으로 시스템의 전체 라이프사이클을 통해 발생하는 전체 비용을 계량화하는 것을 총소유비용(Total Cost of Ownership)이라 한다.

10 ④ 지속적인 교육과 훈련이 필요하다.

11 ① 업무 단위별 추진은 실패의 지름길이므로 통합적으로 추진하여야 한다.

12 ④ 자사의 규모, 업종 등 특성을 고려하여 자사에 맞는 패키지를 선정하여야 한다.

13 ② 상용화 패키지에 의한 ERP 시스템 구축에는 자체 개발인력을 보유할 필요가 없다.

14 ③ ERP의 구축단계: 분석 → 설계 → 구축 → 구현

15 ① 전 직원을 상대로 요구분석을 실시하는 단계는 분석단계에 해당한다.

16 ④ 구축단계에 해당된다.

17 ① 모듈 조합화는 구축단계에 해당하고, GAP분석은 설계단계에 해당한다.

18 ① BPR(Business Process Re-Engineering)은 급진적으로 비즈니스 프로세스를 개선하는 방식을 의미하며, BPI(Business Process Improvement)는 단계적으로 시간의 흐름에 따라 비즈니스 프로세스를 개선하는 점증적 방법론을 의미한다.

19 ③ ERP를 패키지가 아닌 자체개발 방식을 사용할 경우 사용자의 요구사항을 충실하게 반영하여 시스템의 수정과 유지보수가 주기적이고 지속적으로 단시간에 가능하다.

20 ① ERP 구축 시 유능한 컨설턴트를 통해 최적의 패키지를 선정하는데 도움을 주는 역할을 하며, 프로젝트 주도권이 넘어가지는 않는다.

1.4 확장형 ERP

1	2	3	4	5	6	7	8		
④	②	④	④	②	③	④	④		

[풀이]

01 ④ 확장형 ERP에는 기본기능 이외에 고유기능이 추가되어야 한다.

02 ② 생산자원관리(MRP Ⅱ)시스템은 E-ERP라 불리우는 확장형 ERP의 과거모델이다.

03 ④ 전략적 기업경영(SEM) 시스템에는 성과측정관리(BSC), 가치중심경영(VBM), 전략계획수립 및 시뮬레이션(SFS), 활동기준경영(ABM) 등이 포함된다.

04 ④ 마케팅(marketing), 판매(sales) 및 고객서비스(customer service)를 자동화하는 것은 고객관계관리(CRM)에 대한 설명이다.

05 ② 공급망관리(SCM: Supply Chain Management)에 대한 설명이다.

06 ③ IT아웃소싱을 하더라도 아웃소싱 업체에 전적으로 의존하거나 종속되는 것은 아니고 협력관계에 있다.

07 ④ 지식관리시스템(KMS)은 조직 내의 인적자원들이 축적하고 있는 개별적인 지식을 체계화하고 공유하기 위한 정보시스템으로 ERP시스템의 비즈니스 프로세스를 지원한다.

08 ④ 마케팅(marketing), 판매(sales) 및 고객서비스(customer service)를 자동화함으로써 현재 및 미래 고객들과 상호작용할 수 있도록 지원하는 것은 CRM 모듈의 실행 효과이다.

4차 산업혁명과 스마트 ERP

1	2	3	4	5	6	7	8	9	10
①	③	③	①	③	①	③	②	③	③
11	12	13	14	15	16	17	18	19	20
②	④	④	①	③	②	①	④	①	②
21	22	23							
④	④	①							

[풀이]

01 ① 클라우드를 통해 ERP 도입에 관한 진입장벽을 낮출 수 있다.

02 ③ 데이터베이스 클라우드 서비스와 스토리지 클라우드 서비스는 IaaS에 속한다.

03 ③ SaaS(Software as a Service)는 클라우드 컴퓨팅 서비스 사업자가 클라우드 컴퓨팅 서버에 소프트웨어를 제공하고, 사용자가 원격으로 접속해 해당 소프트웨어를 활용하는 모델이다.

04 ① ERP는 4차 산업혁명의 핵심기술인 인공지능(Artificial Intelligence, AI), 빅데이터(Big Data), 사물인터넷(Internet of Things, IoT), 블록체인(Blockchain) 등의 신기술과 융합하여 보다 지능화된 기업경영이 가능한 통합시스템으로 발전된다.

05 ③ 비즈니스 애널리틱스는 ERP 시스템 내의 데이터 분석 솔루션으로 구조화된 데이터(structured data)와 비구조화된 데이터(unstructured data)를 동시에 이용하여 과거 데이터에 대한 분석뿐만 아니라, 이를 통한 새로운 통찰력 제안과 미래 사업을 위한 시나리오를 제공한다.

06 ① 비즈니스 애널리틱스는 구조화된 데이터(structured data)와 비구조화된 데이터(unstructured data)를 동시에 이용한다.

07 ③

[스마트팩토리의 구성역영과 기술요소]

구 분	주 요 기 술 요 소
제품개발	제품수명주기관리(PLM: Product Lifecycle Management)시스템을 이용하여 제품의 개발, 생산, 유지보수, 폐기까지의 전 과정을 체계적으로 관리
현장자동화	인간과 협업하거나 독자적으로 제조작업을 수행하는 시스템으로 공정자동화, IoT, 설비제어장치(PLC), 산업로봇, 머신비전 등의 기술이 이용
공장운영관리	자동화된 생산설비로부터 실시간으로 가동정보를 수집하여 효율적으로 공장운영에 필요한 생산계획 수립, 재고관리, 제조자원관리, 품질관리, 공정관리, 설비제어 등을 담당하며, 제조실행시스템(MES), 창고관리시스템(WMS), 품질관리시스템(QMS) 등의 기술이 이용
기업자원관리	고객주문, 생산실적정보 등을 실시간으로 수집하여 효율적인 기업운영에 필요한 원가, 재무, 영업, 생산, 구매, 물류관리 등을 담당하며, ERP 등의 기술이 이용
공급사슬관리	제품생산에 필요한 원자재 조달에서부터 고객에게 제품을 전달하는 전체 과정의 정보를 실시간으로 수집하여 효율적인 물류시스템 운영, 고객만족을 목적으로 하며, 공급망관리(SCM) 등의 기술이 이용

08 ② 폐쇄형 클라우드는 데이터의 소유권 확보와 프라이버시 보장이 필요한 경우 사용된다.

09 ③ 연결주의 시대는 막대한 컴퓨팅 성능과 방대한 학습데이터가 필수적이나 학습에 필요한 빅데이터와 컴퓨팅 파워의 부족이라는 한계를 극복하지 못해 비즈니스 활용 측면에서 제약이 있었다.

10 ③ 인공지능이 개인, 가족, 지역 사회의 데이터 권리 또는 개인정보를 감소시켜서는 안 된다.

11 ② 텍스트 마이닝은 자연어 형태로 구성된 비정형 또는 반정형 텍스트 데이터에서 패턴 또는 관계를 추출하여 의미 있는 정보를 찾아내는 기법이다.

12 ④ 빅데이터의 주요 특성(5V)은 규모(volume), 속도(velocity), 다양성(variety), 정확성(veracity), 가치(value) 등이 해당된다.

13 ④ 제품 및 서비스의 일원화
스마트팩토리의 주요 구축 목적은 생산성 향상, 유연성 향상을 위하여 생산시스템의 지능화, 유연화, 최적화, 효율화 구현에 있다.

14 ①

[RPA(Robotic Process Automation) 적용단계]

- 기초프로세스 자동화(1단계): 정형화된 데이터 기반의 자료 작성, 단순 반복 업무처리, 고정된 프로세스 단위 업무 수행
- 데이터 기반의 머신러닝 활용(2단계): 이미지에서 텍스트 데이터 추출, 자연어 처리로 정확도와 기능성을 향상시키는 단계
- 인지자동화(3단계): RPA가 업무 프로세스를 스스로 학습하면서 자동화하는 단계이며, 빅데이터 분석을 통해 사람이 수행하는 더 복잡한 작업과 의사결정을 내리는 수준

15 ③

- 제조실행시스템(MES): 제조공정의 효율적인 자원관리를 위한 시스템으로 공장운영관리에 필요
- 사이버물리시스템(CPS): 실제의 물리적인 제품, 생산설비, 공정, 공장을 사이버 공간에 그대로 구현하고 서로 긴밀하게 통합되어 동작하는 통합시스템
- 제품수명주기관리(PLM)시스템: 제품의 개발, 생산, 유지보수, 폐기까지의 전 과정을 관리하기 위한 시스템

16 ②

17 ①

[기계학습(머신러닝) 워크플로우 6단계]

- 데이터 수집(1단계): 인공지능 구현을 위해서는 머신러닝·딥러닝 등의 학습방법과 이것을 학습할 수 있는 방대한 양의 데이터와 컴퓨팅 파워가 필요
- 점검 및 탐색(2단계): 데이터의 구조와 결측치 및 극단적 데이터를 정제하는 방법을 탐색하며, 변수들 간 데이터 유형 등 데이터의 특징을 파악
- 전처리 및 정제(3단계): 다양한 소스로부터 획득한 데이터 중 분석하기에 부적합하거나 수정이 필요한 경우, 데이터를 전처리하거나 정제하는 과정
- 모델링 및 훈련(4단계): 머신러닝에 대한 코드를 작성하는 모델링 단계로 적절한 알고리즘을 선택하여 모델링을 수행하고, 알고리즘에 전처리가 완료된 데이터를 학습(훈련)하는 단계
- 평가(5단계): 머신러닝 기법을 이용한 분석모델(연구모형)을 실행하고 성능(예측정확도)을 평가하는 단계
- 배포(6단계): 평가 단계에서 머신러닝 기법을 이용한 분석모델(연구모형)이 성공적으로 학습된 것으로 판단되면 완성된 모델을 배포

18 ④ 기계학습(머신러닝)은 지도학습, 비지도학습, 강화학습 으로 구분된다.

- 지도학습(Supervised Learning): 학습 데이터로부터 하나의 함수를 유추하기 위한 방법으로 학습 데이터로부터 주어진 데이터의 예측 값을 추측하는 방법
- 비지도학습(Unsupervised Learning): 데이터가 어떻게 구성되었는지를 알아내는 문제의 범주 속함
- 강화학습(Reinforcement Learning): 선택 가능한 행동 중 보상을 최대화하는 행동 혹은 순서를 선택하는 방법

19 ①

[인공지능 비즈니스 적용 프로세스]

비즈니스 영역 탐색 → 비즈니스 목표 수립 → 데이터 수집 및 적재 → 인공지능 모델 개발 → 인공지능 배포 및 프로세스 정비

20 ②

- 챗봇(Chatbot): 채팅(Chatting)과 로봇(Robot)의 합성어, 로봇의 인공지능을 대화형 인터페이스에 접목한 기술로 인공지능을 기반으로 사람과 상호작용하는 대화형 시스템
- 블록체인(Blockchain): 분산형 데이터베이스(distributed database)의 형태로 데이터를 저장하는 연결구조체로 모든 구성원이 네트워크를 통해 데이터를 검증 및 저장하여 특정인의 임의적인 조작이 어렵도록 설계된 저장플랫폼
- 메타버스(Metaverse): 가공, 추상을 의미하는 메타(Meta)와 현실 세계를 의미하는 유니버스(Universe)가 합쳐진 말로 3차원 가상현실 세계를 뜻함
- RPA(Robotic Process Automation): 소프트웨어 프로그램이 사람을 대신해 반복적인 업무를 자동 처리하는 기술

21 ④

22 ④

[인공지능 규범(AI CODE)의 5대 원칙]

- Code 1: 인공지능은 인류의 공동 이익과 이익을 위해 개발되어야 한다.
- Code 2: 인공지능은 투명성과 공정성의 원칙에 따라 작동해야 한다.
- Code 3: 인공지능이 개인, 가족, 지역 사회의 데이터 권리 또는 개인정보를 감소시켜서는 안 된다.
- Code 4: 모든 시민은 인공지능을 통해서 정신적, 정서적, 경제적 번영을 누리도록 교육받을 권리를 가져야 한다.
- Code 5: 인간을 해치거나 파괴하거나 속이는 자율적 힘을 인공지능에 절대로 부여하지 않는다.

23 ① 비지도학습 방법에는 군집분석, 오토인코더, 생성적 적대신경망(GAN) 등이 있다.

02 재무회계 이론

2.1 회계의 기본개념

1	2	3	4	5	6	7	8	9	
③	③	②	④	③	②	①	④	③	

[풀이]

01 ③ 외부 이해관계자: 투자자, 채권자, 정부기관, 고객, 금융기관
내부 이해관계자: 경영자, 종업원

02 ③ 경영자는 기업의 대표적인 내부 이해관계자에 해당한다.

03 ② 재무제표의 작성과 표시에 대한 책임은 경영자에게 있다.

04 ④ 회계정보의 질적특성 중 목적적합성에 대한 설명이며, 예측가치와 피드백가치, 적시성 등의 하위특성이 있다.

05 ③ 보수주의에 대한 설명이며, 건물의 수리 등에 대하여 자본적지출(자산의 증가 - 건물) 대신 수익적 지출(비용의 발생 - 수선비)로 처리하는 것이 대표적인 예이다.

06 ② 소모품을 구입시점에 자산처리 또는 비용처리 하는 것은 중요성에 입각한 회계처리이다. 중요성이란 정보이용자의 판단이나 의사결정에 영향을 미칠 수 있는지에 대한 기준이 된다.

07 ① 미지급비용의 비용인식은 발생주의에 해당된다.

08 ④ 회계정보의 질적특성은 신뢰성과 목적적합성으로 구분된다.
"신뢰성"의 하위요소: 중립성, 검증가능성, 표현의 충실성
"목적적합성"의 하위요소: 적시성, 예측가치, 피드백가치

09 ③ 회계의 기본가정은 기업실체의 가정, 계속기업의 가정, 기간별 보고의 가정 등이 있다.
기업실체의 가정: 기업을 소주와는 독립적으로 존재하는 회계단위로 간주
계속기업의 가정: 일반적으로 기업이 예상 가능한 기간동안 영업을 계속할 것이라는 가정
기간별 보고의 가정: 기업실체의 존속기간을 일정한 기간 단위로 분할하여 재무제표를 작성

2.2 재무제표의 이해

1	2	3	4	5	6	7	8	9	10
①	③	③	②	③	①	③	③	③	②
11	12	13	14	15	16	17			
②	②	②	①	③	②	①			

[풀이]

01 ① 일반기업회계기준의 재무제표는 재무상태표, 손익계산서, 현금흐름표, 자본변동표로 구성되며, 주석이 포함된다.

02 ③ 현금흐름표는 일정기간 동안 기업의 현금유입과 현금유출에 대한 정보를 영업활동, 투자활동, 재무활동으로 구분하여 제공하는 동태적 보고서이다.

03 ③ 일반기업회계기준의 재무제표는 재무상태표, 손익계산서, 현금흐름표, 자본변동표로 구성되며, 주석이 포함된다.

04 ② 경영활동 성과에 대한 분석정보는 손익계산서를 통해 제공받을 수 있다.

05 ③ 유동성이란 자산, 부채의 배열을 현금화가 빠른 것부터 먼저 표시하는 것이다. 재무상태표는 유동자산(당좌자산, 재고자산), 비유동자산(투자자산, 유형자산, 무형자산, 기타비유동자산) 순으로 배열한다. 외상매출금은 당좌자산에 속한다.

06 ① 손익계산서는 일정 기간 동안 경영성과(비용, 수익)에 대한 정보를 제공해주는 재무제표이다.
수익은 실현주의, 비용은 발생주의를 적용하며, 미실현손익은 당기의 손익계산서에 포함시키지 않는다.
수익과 비용은 총액주의에 의하여 기록한다.

07 ③ 미실현수익은 당기의 손익계산에 산입하지 않는다.

08 ③ 현금흐름표는 발생주의로 기록된 기업의 각 계정들을 현금기준으로 변환하는 방법을 통해 작성한다.

09 ③ 현금흐름표는 영업활동, 투자활동, 재무활동에 의한 현금의 변화를 설명하는 동태적 보고서이다.

10 ② 수익은 실현주의에 따라 인식하고 비용은 관련 수익이 보고되는 당해 기간에 인식하는 수익비용 대응의 원칙에 따라 인식한다.

11 ② 장기차입금(비유동부채)은 결산일 현재 상환기일이 1년이내가 도래하는 경우 유동성장기부채 계정을 통해 유동부채로 관리한다.

12 ② 손익계산서에서 수익과 비용은 각각 총액으로 보고하는 것을 원칙으로 한다.

13 ② 당기순이익: 기말자본(******) − 기초자본(******)
기초자본: 기초자산(5,000,000원) − 기초부채(3,000,000원) = 2,000,000원
기말자본: 기말자산(6,000,000원) − 기말부채(2,000,000원) = 4,000,000원
당기순이익 = 2,000,000원

14 ① 기초자본(4,700,000원) = 기초자산(8,400,000원) − 기초부채(3,700,000원)
기말자본(8,000,000원) = 기말자산(13,000,000원) − 기말부채(5,000,000원)
기말자본(8,000,000원) = 기초자본(4,700,000원) + 당기순이익 (******)
➡ 당기순이익은 3,300,000원
총수익(4,720,000원) − 총비용(******) = 순손익(3,300,000원) ➡ 총비용은 1,420,000원

15 ③ 가: 매출원가, 나: 영업이익, 다: 판매비와관리비, 라: 영업이익, 마: 영업외수익
매출총이익 = 매출액 − 매출원가
영업이익 = 매출총이익 − 판매비와관리비
법인세차감전순이익 = 영업이익 + 영업외수익 − 영업외비용
당기순이익 = 법인세차감전순이익 − 법인세비용

16 ② 회계적 수치로 나타낼 수 있어야 투자자로부터 신뢰를 받을 수 있다.

17 ① 재무제표정보는 계량화된 정보만 제공되기 때문에 그 분석에 한계가 있다.

회계의 순환과정

1	2	3	4	5	6	7	8	9	10
④	③	①	③	①	④	④	④	④	③
11									
④									

[풀이]

01 ④ 일반적인 의미에서의 거래 중 주문, 계약 등은 자산, 부채, 자본의 변동이 없으므로 회계상 거래로 인식하지 않는다.

02 ③ 근로계약 또는 구매 및 판매계약 등의 행위는 회계상 거래에 속하지 않는다.

03 ① 부채의 증가는 거래의 결합관계 중 대변요소에 해당한다.

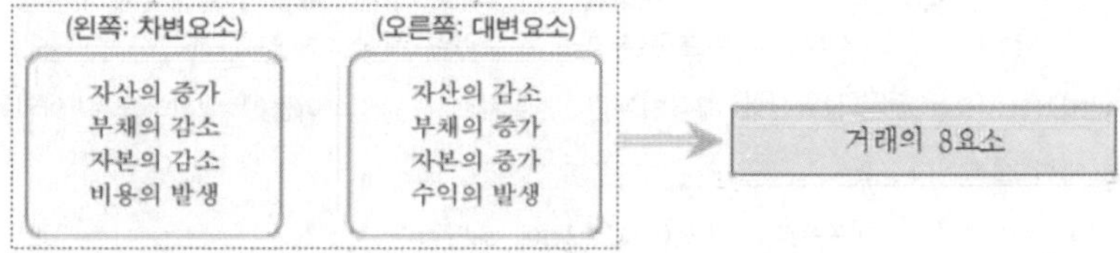

04 ③ 수익의 발생은 대변에, 비용의 발생은 차변에 기록된다.

05 ① 회계순환과정은 모든 업종에서 이루어진다.

06 ④ 하나의 거래가 차변과 대변에 동일한 금액이 기록되는 복식부기의 기본원리는 거래의 이중성이며, 모든 거래들에 대한 차변합계와 대변합계가 동일한 것은 대차평균의 원리이다.

07 ④ 차변은 왼쪽, 대변은 오른쪽이다.

08 ④

① 자산의 감소와 부채의 증가는 둘 다 대변요소이므로 서로 결합될 수 없다.
② 일정 시점의 재무상태를 나타내는 것이 재무상태표이다.
③ 보관 중이던 상품이 화재로 소실되는 경우는 재해손실로 회계처리 한다.

09 ④ 시산표는 전기의 오류를 차변과 대변의 금액차이로 발견한다.

10 ③ 손익거래: 비용 혹은 수익이 독립적으로 차변이나 대변 한쪽에만 발생하는 거래
교환거래: 비용 혹은 수익이 발생하지 않아 당기순이익에 영향을 주지 않는 거래
혼합거래: 하나의 거래에서 손익거래와 교환거래가 동시에 발생하는 거래

11 ④ 회계상 주요부에는 분개장과 총계정원장이 해당된다.
분개장: 거래내용을 차변요소와 대변요소로 구분하여 정리하는 장부
총계정원장: 분개장에 분개된 내용을 각각의 장부에 전기하는 장부

2.4 당좌자산

1	2	3	4	5	6	7	8	9	10
③	③	③	④	②	①	②	④	①	②
11	12	13	14	15					
②	③	①	②	①					

[풀이]

01 ③ 당점발행수표, 즉 우리 회사가 발행한 수표는 당좌거래에 의해서 발행되는 수표이기 때문에 당좌예금으로 처리한다.

02 ③ 통화대용증권에는 타인발행의 수표, 자기앞수표, 송금수표, 우편환증서, 대체저금출급증서, 공사채의 만기이자표 등 언제나 현금과 교환할 수 있는 것을 포함한다.
선일자수표는 실제 발행한 날 이후의 일자를 수표상의 발행일자로 하여 수표상의 발행일에 지급할 것을 약속하는 증서이며, 약속어음으로 인식하여 받을어음 혹은 지급어음 계정으로 처리한다.

03 ③ 지폐와 배당금지급통지표는 현금성자산에 해당하지만, 선일자수표는 약속어음에 해당되므로 제외된다.

04 ④ 현금성자산에 대한 설명이다.

05 ② 가지급금에 대한 설명이며, 가지급금은 가계정(임시계정)에 해당한다.

06 ①

① (차)	매출채권	***	(대) 상품매출	***
② (차)	미수금	***	(대) 차량운반구	***
③ (차)	미수금	***	(대) 투자부동산	***
④ (차)	현금	***	(대) 건물	***
	미수금	***		

※ 일반적인 상거래가 아닌 경우 약속어음을 수취하였더라도 미수금으로 처리한다.

07 ② 가지급금과 가수금에 대한 설명이다.

08 ④ 받을어음 차변: 받을어음의 수취
받을어음 대변: 받을어음의 만기회수, 할인, 부도, 배서양도
지급어음 차변: 지급어음의 만기 지급
지급어음 대변: 지급어음의 발생

09 ① 받을어음의 만기 시 지급되는 수수료 등은 수수료비용으로 처리하지만, 만기 전 할인 시 지급되는 수수료 및 할인료는 매출채권처분손실 계정으로 처리하여야 한다.

10 ② 유형자산의 구입 등 일반적인 상거래 이외의 거래에 대한 외상대금은 미지급금(미수금) 계정으로 처리하여야 한다.

11 ② 외상매출금 1,500,000원이 회수불능되어 대손충당금 1,000,000원을 차감하고 부족분 500,000원은 대손상각비(비용)로 처리하였다.

12 ③ 12월 31일 대손충당금 잔액: 500,000,000원 × 1% = 5,000,000원
결산일에 대손충당금 1,000,000원을 추가 설정했기에 결산 이전까지의 대손충당금 잔액은 4,000,000원이다.

13 ① 대손충당금 잔액 500,000원을 차변에 기입하고 부족분 200,000원을 대손상각비로 처리한다.

14 ② (차) 대손충당금 5,000,000원 (대) 외상매출금 5,000,000원
외상매출금(자산)이 감소하면서 외상매출금에 대한 대손충당금(자산의 차감계정)까지 감소하므로 재무상태표상 자산총액에는 변화가 없다.

15 ① 기말에 계상될 대손충당금 설정액 계산

경과기간	금 액	대손추정률	대손충당금 설정액
01~30일 경과	1,000,000원	0.02	20,000원
31~90일 경과	3,000,000원	0.03	90,000원
91일 이상 경과	1,000,000원	0.05	50,000원
합계	5,000,000원		160,000원

대손추산액은 160,000원이지만 대손충당금 잔액이 60,000원이므로, 추가 설정액은 100,000원이다.

2.5 재고자산

1	2	3	4	5	6	7	8	9	10
③	①	①	②	④	④	①	②	③	①
11	12	13	14	15	16	17	18	19	20
①	③	③	③	④	①	②	①	④	③
21	22	23	24	25	26	27	28		
②	②	④	②	④	②	④	②		

[풀이]

01 ③ 판매를 목적으로 보유하는 자산: 상품, 제품
판매할 제품의 생산에 사용되거나 소비될 자산: 원재료, 재공품

02 ① 도착지인도조건인 미착상품은 판매자의 재고자산이다.
선적지인도조건인 미착상품은 구매자의 재고자산이다.

03 ① 매입환출, 매입할인, 매입에누리는 매입액에서 차감하며, 매출환입, 매출할인, 매출에누리는 매출에서 차감하여 순매입액과 순매출액을 계산한다.

04 ② 순매입액: 총매입액 + 매입운임 − 매입할인 − 매입에누리 − 매입환출
10,000,000원 + 100,000원 − 500,000원 − 200,000원 − 100,000원 = 9,300,000원
자산의 매입시에 발생하는 운임등의 제비용은 취득원가에 가산하지만 매출시에는 별도 비용으로 처리한다.

05 ④ 매출원가: 기초재고액(70,000원) + 순매입액(******) − 기말재고액(50,000원)
순매입액: 총매입액(400,000원) − 매입환출액(30,000원) − 매입에누리액(25,000원)
순매입액 = 345,000원, 매출원가 = 365,000원

06 ④ 판매가능한 재고자산: 기초상품재고액(600,000원) + 당기상품매입액(2,000,000원)

07 ① 매출원가(600,000원): 기초재고(100,000원) + 순매입액 (******) − 기말재고(******)
순매입액: 총매입액(900,000원) − 매입에누리(50,000원) − 매입할인(10,000원)
순매입액 = 840,000원, 기말재고액 = 340,000원

08 ② 순매출액: 총매출액(500,000원) – 매출환입(40,000원) – 매출에누리(20,000원)

09 ③ 매출총이익: 매출액(12,000,000원) – 매출원가(******)
매출원가: 기초재고(700,000원) + 당기매입액(8,800,000원) – 기말재고(800,000원)
※ 정상적 감모손실 및 재고자산평가손실은 매출원가에 가산함
위 산식에서 계산된 매출원가 8,700,000원 + 정상감모 및 재고자산평가손실 600,000원
최종적인 매출원가는 9,300,000원, 매출총이익은 2,700,000원

10 ① 매출원가(350,000원): 기초상품재고액(******) + 순매입액(300,000원) – 기말상품재고액(50,000원)
매출총이익(******): 순매출액(450,000원) – 매출원가(350,000원)
기초상품재고액 = 100,000원, 매출총이익 = 100,000원

11 ① 결산시 기말재고액의 과소계상할 경우 매출원가가 과다계상되며, 매출총이익은 과소계상된다.
결산시 기말재고액의 과다계상할 경우 매출원가가 과소계상되며, 매출총이익은 과다계상된다.

12 ③ 기초재고 + 순매입액 – 기말재고(과대) = 매출원가(과소)
기말재고액이 과다계상되면 매출원가는 과소계상되고 매출총이익은 과다계상된다.

13 ③ 재고자산 평가(단가결정)방법: 선입선출법, 후입선출법, 평균법(이동평균법, 총평균법)

14 ③ 기말재고자산의 수량 결정방법으로는 계속기록법, 실지재고 조사법, 혼합법이 있다.

15 ④ 일반적인 물량흐름과 일치하지 않지만, 수익비용대응의 원칙에 가까운 평가방법은 후입선출법이다.
선입선출법: 실제 물량흐름과 일치하며, 재고자산의 금액이 현재의 공정가치를 나타냄
개별법: 개별상품 개별 단가를 적용하며, 실제 물량흐름과 동일하고, 수익비용대응의 원칙에 가장 가까움

16 ① 매입가격 상승(인플레이션) 시 단가비교
매출원가: 선입선출법 〈 이동평균법 ≤ 총평균법 〈 후입선출법
기말재고액 및 매출총이익: 선입선출법 〉 이동평균법 ≥ 총평균법 〉 후입선출법

17 ② 후입선출법은 나중에 들어온 것을 먼저 판매하는 것으로, 매출원가는 최근에 구입한 가격으로 계산되고 기말재고액은 과거에 구입한 것으로 계산된다.

18 ① 선입선출법인 경우의 매출원가: (300개 × @820원) + (100개 × @1,020원) = 348,000원
후입선출법인 경우의 매출원가: (300개 × @1,020원) + (100개 × @820원) = 388,000원
이동평균법인 경우의 매출원가: (246,000원 + 306,000원) / 600개 × 400개 = 368,000원
(선입선출법 이외에 후입선출법과 이동평균법에서의 매출원가 계산도 학습하여야 합니다)

19 ④ 재고자산평가손실은 매출원가에 가산한다.

20 ③ 재고자산은 유동자산으로 분류되고, 취득과 관련된 원가는 자산화한다.

21 ② (100개 – 90개) × 200원 = 2,000원

22 ② 재고자산평가손실: 재고자산의 시가와 장부금액의 차이
재고자산감모손실: 재고자산의 장부상 수량과 실제 수량과의 차이

23 ④ 재고자산감모손실: (200,000개 – 140,000개) × 1,500원 × 30% = 27,000,000원
재고자산평가손실: (1,500원 – 1,100원) × 140,000개 = 56,000,000원

24 ②

2월 1일	(차) 소모품비	300,000원	(대) 현금	300,000원
12월 31일	(차) 소모품	100,000원	(대) 소모품비	100,000원

구입 시 비용처리한 경우, 결산 시 미사용액을 소모품으로 회계처리 한다.

25 ④

7월 1일	(차) 소모품	100,000원	(대) 현금	100,000원
12월 31일	(차) 소모품비	80,000원	(대) 소모품	80,000원

구입 시 자산처리한 경우, 결산 시 사용액을 소모품비로 회계처리 한다.

26 ② 손익의 이연: 선급비용, 선수수익 (당기 손익이 차기까지 연결되어 있음을 의미한다)
손익의 예상: 미수수익, 미지급비용 (결산 시까지 손익의 내용이 계상되지 않았음을 의미한다)

27 ④ 선급비용(비용의 이연) (차) 선급비용 *** (대) 비　　용 *** ⇒ 자산계정(비용을 감소)
선수수익(수익의 이연) (차) 수　　익 *** (대) 선 수 수 익 *** ⇒ 부채계정(수익을 감소)
미수수익(수익의 예상) (차) 미수수익 *** (대) 수　　익 *** ⇒ 자산계정(수익을 증가)
미지급비용(비용의 예상) (차) 비　　용 *** (대) 미지급비용 *** ⇒ 부채계정(비용을 증가)

28 ② 외상매출 후 20일 이내에 대금 회수 시 5%를 할인해 주기로 하였고, 15일만에 회수 하였으므로, 매출액의 5%인 50,000원을 매출할인액으로 인식하여 매출액에서 차감하여야 한다.
순매출액: 총매출(1,000,000원) - 매출할인(50,000원) = 950,000원

2.6 투자자산

1	2	3	4	5	6	7	8		
①	④	④	①	②	③	②	①		

[풀이]

01 ① 단기매매증권 취득 시 수수료 및 제세는 취득원가에 포함하지 않으나 매도가능증권 및 만기보유증권 취득 시에는 취득원가에 포함한다(단기매매증권: 5,000,000원, 매도가능증권: 5,500,000원).

02 ④ 만기까지 보유할 적극적 의도와 능력이 있는 경우에는 만기보유증권으로 분류한다.

03 ④ 매도가능증권평가손실은 자본(기타포괄손익누계액)으로 분류되어 당기손익에는 영향을 미치지 않으며, 나머지 보기는 영업외손익에 해당한다.

04 ① 단기매매증권: 단기간 내의 매매차익을 목적으로 취득한 유가증권으로서 매수와 매도가 적극적이고 빈번하게 이루어지는 것을 말한다.

05 ② 취득일로부터 1년 이내에 매각할 예정이고, 상장주식인 경우 단기매매증권으로, 비상장주식의 경우에는 매도가능증권으로 처리한다.

06 ③ 지분증권은 기업의 자본에 투자를 하는 것을 말한다. 기업을 소유하거나 지배하는 것이 아니라 일시적으로 소유하여 주식매매에 의한 주가차익이나 분배금을 얻기 위해 투자하는 것이다. 따라서 지분증권은 증권상의 만기일이 존재하지 않으므로, 만기보유증권은 지분증권의 분류에 해당하지 않는다.

07 ② 장부금액 1,200,000원 - 처분금액 1,100,000원 = 100,000원 손실

08 ①

일자	차변	금액	대변	금액
2024년 8월 25일	(차) 매도가능증권	2,000,000원	(대) 현금	2,000,000원
2024년 12월 31일	(차) 매도가능증권	200,000원	(대) 매도가능증권평가이익	200,000원
2025년 12월 31일	(차) 매도가능증권평가이익	200,000원	(대) 매도가능증권	600,000원
	매도가능증권평가손실	400,000원		

2.7 유형자산

1	2	3	4	5	6	7	8	9	10
①	②	①	②	③	④	②	③	②	④
11	12	13	14	15	16	17	18	19	
④	①	③	③	④	①	③	③	①	

[풀이]

01 ① 판매 목적으로 보유하고 있는 것은 재고자산이다.

02 ② (가)는 구축물에 대한 설명이며, (나)는 건설중인 자산에 대한 설명이다.

03 ① [보기]의 내용은 유형자산에 대한 설명이며, [보기]의 내용 중 유형자산은 비품만 해당한다.

04 ② 자본적지출: 발생한 지출이 내용연수의 증가, 생산능력의 증대, 원가절감, 품질향상 등의 경우로 미래의 경제적 효익을 증가시켜야 한다.
수익적지출: 발생한 지출이 원상회복, 능률유지 등 수선유지를 위한 성격이다.

05 ③ 자본적지출: ①, ②, ④, 수익적지출: ③

06 ④ 감가상각의 주된 목적은 취득원가의 내용연수에 대한 원가배분 과정이다.

07 ② 감가상각대상금액은 취득원가에서 잔존가치를 차감한 금액이다.

08 ③ 설치 후 자산에 대한 보험료는 비용으로 처리한다.

09 ② 부동산의 보유세인 재산세와 자동차세는 세금과공과(비용)로 처리한다.

10 ④ 유형자산 중 토지와 건설중인 자산은 감가상각 대상이 아니다.

11 ④ 유형자산의 감가상각액에 대한 간접법 회계처리는 (차) 감가상각비 *** (대) 감가상각누계액 *** 이며, 보기의 경우처럼 자산의 직접적 차감은 무형자산의 직접법에 대한 설명이다.

12 ① 1,700,000원 + 100,000원 = 1,800,000원

13 ③ 정률법에 의한 감가상각비는 초기에 많고 내용연수가 많아질수록 금액이 적어진다.

14 ③ 연수합계법은 잔존가치를 고려한다.
연수합계법 감가상각비 = (취득원가 − 잔존가치) × (잔존내용연수 ÷ 내용연수의 합계)

15 ④ 유효이자율법은 사채이자를 계산하는 방법이다.

16 ① (1,000,000원 − 100,000원) ÷ 10년 × 6/12 = 45,000원
기계장치를 7월 1일에 취득하였으므로 6개월분에 상각액을 적용하여야 한다.

17 ③ 처분시점의 장부금액: 취득원가(10,000,000원) − 처분시점 감가상각누계액(2,500,000원)
처분시 감가상각누계액: 전기분 감가상각누계액(2,000,000원) + 당기 6개월분 감가상각액(500,000원)

18 ③ 토지의 취득원가: 350,000원 + 25,000원 + 50,000원 = 425,000원
건물의 취득원가: 85,000원 + 1,750,000원 = 1,835,000원
1,835,000원(건물의 취득원가) ÷ 10년 = 183,500원
토지는 감가상각을 하지 않음.

19 ① (차) 현금 700,000원 (대) 기계장치 1,200,000원
감가상각누계액 (******) 유형자산처분이익 200,000원
처분 시 감가상각누계액(700,000원) = 전년도 감가상각누계액(600,000원) = 당기 감가상각비(******)
당기에 반영된 감가상각비: 100,000원

2.8 무형자산

1	2	3	4	5	6				
①	②	④	①	②	①				

[풀이]

01 ① 임차보증금은 기타비유동자산 항목이며, 산업재산권은 특허권 실용신안권, 상표권 등을 통합표시하는 무형자산이다.

02 ② (차) 무형자산상각비 *** (대) 영업권 ***
무형자산의 감가상각은 직접법으로 회계처리한다.

03 ④
① 무형자산의 상각방법은 합리적인 방법을 선택하도록 하고 있으나, 합리적인 상각방법을 정할 수 없는 경우에는 정액법을 사용한다.
② 무형자산은 미래효익의 유입이 기대되는 자원이다.
③ 무형자산의 회수가능액은 순공정가치와 사용가치 중 큰 금액으로 결정한다.

04 ① 무형자산은 비화폐성 자산이어야 한다.

05 ② 영업권에 대한 설명이다.

06 ① 인수합병 시 지불한 대가와 자산의 공정가치에서 부채의 공정가치를 차감한 금액과의 차액을 영업권으로 인식한다. 따라서 5억 원 − (7억 원 − 3억 원) = 1억 원을 영업권으로 인식한다.

2.9 유동부채

1	2	3	4	5	6	7	8	9	10
①	②	①	①	①	③	①	③	④	④
11									
②									

[풀이]

01 ① 예수금, 선수수익, 미지급비용은 유동부채 항목에 속하며, 사채는 비유동부채에 속한다.

02 ② 선수금, 미지급금, 예수금은 유동부채, 사채는 비유동부채이다.

03 ① 미지급금에 대한 내용이다.

04 ① 선급보험료, 미수수익, 매출채권은 자산항목이다.

05 ① 대손충당금은 매출채권의 차감적 평가계정이다.

06 ③ 타인발행 당좌수표는 현금으로 처리한다.

07 ①

1월 5일	(차) 급여	5,000,000원	(대) 예수금	450,000원
			현금	4,550,000원
1월 6일	(차) 예수금	450,000원	(대) 현금	600,000원
	복리후생비	150,000원		

08 ③ 당좌차월은 가계정으로 결산 시 재무상태표에 단기차입금으로 보고된다.

09 ④ 일반적인 매입채무는 유동부채로 분류하지만, 장기 매입채무는 비유동부채로 분류한다.

10 ④ ①은 매출채권(받을어음), ②는 매입채무(외상매입금), ③은 매입채무(지급어음)로 처리한다.

11 ②

당좌예금 계정

기초	10,000,000원	당좌수표 발행액	20,000,000원
상품매출 입금액	4,000,000원		
당좌차월 예상액	6,000,000원		
	20,000,000원		20,000,000원

2.10 비유동부채

1	2	3	4	5	6	7	8	9	
②	②	①	①	③	②	④	③	④	

[풀이]

01 ② 유동성장기부채는 유동부채에 해당한다.

02 ② 액면이자율보다 시장이자율이 높으면 할인발행, 액면이자율보다 시장이자율이 낮으면 할증발행이다.

03 ① 사채이자 지급 시 액면금액을 기준으로 계산한다.

04 ① 사채할인발행차금은 사채의 차감항목으로 차변에 계상된다.

05 ③ 사채할인발행차금의 상각을 누락하면 이자비용 과소계상, 당기순이익 과대계상, 사채 장부금액 과소계상, 사채할인발행차금 과대계상의 영향을 미친다.

06 ②

구분	장부금액	유효이자	액면이자	사채할인발행차금 상각액
할인발행	증가	증가	일정	증가
할증발행	감소	감소	일정	증가

07 ④ 사채발행비는 비용으로 인정되지 않으므로 사채할증발행차금에서 차감한다.

08 ③ 기말 퇴직급여 추가설정액:
기말 퇴직금 추계액(7,500,000원) − (기초잔액 5,000,000원 − 지급액 3,500,000원) = 6,000,000원

09 ④ 충당부채는 과거사건이나 거래의 결과에 의한 현재의무로서, 지출의 시기 또는 금액이 불확실하지만 그 의무를 이행하기 위하여 자원이 유출될 가능성이 매우 높고 또한 당해 금액을 신뢰성 있게 추정할 수 있는 의무를 말한다. 또한 보고기간 말 현재 의무에는 법적의무 또는 의제의무가 포함된다.

2.11 자본

1	2	3	4	5	6	7	8	9	
④	①	③	②	②	④	①	②	④	

[풀이]

01 ④

①, ②, ③은 자본조정 항목이며, 주식발행초과금은 자본잉여금 항목이다.

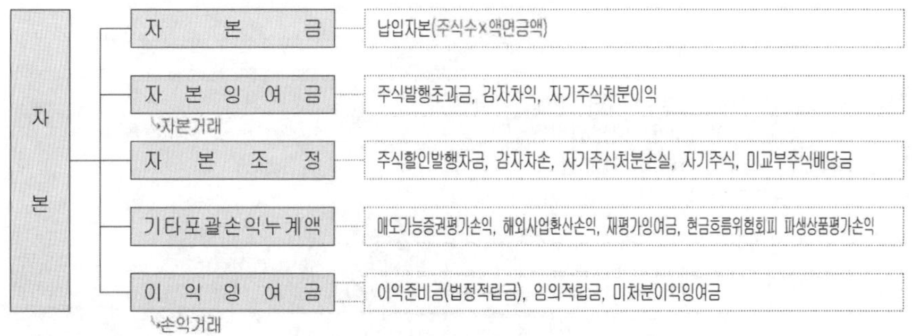

02 ① 감자차손은 자본조정, 자기주식처분이익은 자본잉여금, 감자차익은 자본잉여금에 해당한다.

03 ③ 자기주식, 감자차손, 주식할인발행차금은 자본조정 항목이다.

04 ② 배당은 주주총회의 결의에 의해 이루어진다.

05 ② 기초자본금(주식발행 수 × 액면단가): 1,000주 × 5,000원 = 5,000,000원
기말자본금: 기초자본금 100,000,000원 + 증자 5,000,000원 = 105,000,000원

06 ④ 주식의 할인발행 시 주식발행초과금(자본잉여금) 잔액이 있으면 먼저 상계처리한 후, 초과금액은 주식할인발행차금(자본조정)으로 처리한다.

07 ①

(차) 이익잉여금	106,000원	(대) 이익준비금	60,000원*
		미지급배당금(현금배당)	600,000원
		미교부배당금(주식배당)	400,000원

* 이익준비금: 현금배당금 600,000원 × 10% = 60,000원

08 ②

(차) 자본금	500,000원	(대) 현금	400,000원
		감자차익	100,000원

09 ④ 이월결손금을 보전하기 위해 주식을 감자하는 경우는 형식적 감자라고 한다. 이는 자산의 감소를 일으키지 않으면서 자본계정 간 금액의 대체만을 가져오는 것에 불과하다.
감소된 자본금은 5,000원 × 1,000 = 5,000,000원이며, 결손금은 2,000,000원이므로 차액 500,000원은 감자차익으로 처리된다.

2.12 수익과 비용

1	2	3	4	5	6	7	8	9	10
②	②	①	①	②	③	③	③	②	②
11	12	13	14	15	16	17	18	19	20
②	④	②	②	①	④	②	③	③	②
21	22	23	24	25	26				
②	①	②	①	①	④				

[풀이]

01 ② 주주에 대한 배당금 지급은 이익잉여금 처분 항목이다.

02 ② 임대료는 수익항목이다.

03 ① 임차료는 판매비와관리비에 해당한다.

04 ① 제품 판매장의 임차료는 판매비와관리비로 인식한다.
② 은행차입금 관련 이자비용: 영업외비용
③ 원재료 매입 거래처 접대비: 제조경비
④ 생산부 사용 기계장치 감가상각비: 제조경비

05 ② 감자차익은 자본잉여금 항목이다.

06 ③ 매도가능증권평가손익은 자본의 기타포괄손익누계액 항목이다.

07 ③ 현금이 지출될 때 결산에 반영하는 것은 현금주의에 대한 설명이다.

08 ③ 매출총이익: 매출액(20,000,000원) - 매출원가(12,000,000원) = 8,000,000원
영업이익: 매출총이익(8,000,000원) - 판매비와관리비(******)
판매비와관리비 = 복리후생비(2,000,000원) + 보험료(1,000,000원) + 여비교통비(500,000원)
판매비와관리비 = 3,500,000원, 영업이익 = 4,500,000원
외환차익, 외화환산이익은 영업외수익에 해당하며, 이자비용은 영업외비용에 해당한다.

09 ② 단기매매증권처분이익은 영업외수익이므로 영업이익에는 영향을 주지 않는다.

(차) 현금	12,000원	(대) 단기매매증권	10,000원
		단기매매증권처분이익	2,000원

10 ② 800,000원 + 200,000원 - 50,000원 = 950,000원
4대보험은 개인 부담분이 증가한 것이므로, 회사 영업이익에는 영향을 미치지 않는다.

11 ② 매출총이익: 매출액(20,000,000원) - 매출원가(******)
매출원가: 기초상품(200,000원) + 매입(7,000,000원) - 기말상품(500,000원) = 6,700,000원
영업이익: 매출총이익(13,300,000원) - 판매비와관리비(******)
판매관리비: 급여 + 감가상각비 + 접대비 + 대손상각비 = 1,150,000원
매출총이익 = 13,300,000원, 영업이익 = 12,150,000원

12 ④ 수익비용의 대응원칙에 대한 설명이다.

13 ② 발생주의에 대한 설명이다.

14 ② 예약매출은 재화의 생산이 완료된 시점이나 인도할 준비가 완료된 시점에 수익을 인식한다.

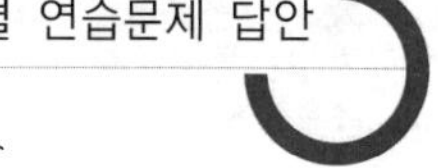

15 ① 의자의 소유권에 대한 변동이 없으므로 회계상 거래가 아니다.
② (차) 소프트웨어 *** (대) 자산수증이익 ***
③ (차) 외상매입금 *** (대) 채무면제이익 ***
④ (차) 이자비용 *** (대) 잡이익 ***

16 ④ 개발비는 무형자산으로 처리한다.

17 ② 대손충당금의 설정은 결산분개에 해당하지만, 대손충당금의 회수는 결산수정분개와 무관하다.

18 ③ 결산절차: 수정전시산표 작성 → 결산수정분개 → 수정후시산표 작성 → 손익계산서 계정의 마감 → 재무상태표 계정의 마감 → 손익계산서 및 재무상태표 작성

19 ③ 보험료의 당기 귀속분은 3개월(10월~12월)이므로 월할계산하여야 한다.
당기보험료 = 12,000원 × 3/12 = 3,000원
결산일기준 미경과 보험료(2023년분)를 선급보험료로 계상하여야 함.

20 ②

3월 1일	(차) 현금	2,400,000원	(대) 임대료	2,400,000원
12월 31일	(차) 임대료	400,000원	(대) 선수수익	400,000원

21 ② 결산시 현금보유액이 장부금액보다 부족하면 잡손실로, 장부금액을 초과하면 잡이익으로 처리한다.

22 ① (차) 미수수익 *** (대) 임대료 ***
미수수익 계상의 누락으로 자산, 순이익, 자본이 과소계상 된다.

23 ② 분개장에 분개된 내용을 전기 후 전기의 오류를 검사하기 위해 작성하는 시산표에는 합계시산표, 잔액시산표, 합계잔액시산표 등이 있다.

24 ① 당기순이익 증가: 보험료 선급분, 수수료 미수분
당기순이익 감소: 이자비용 미지급분, 임대료 선수분

25 ① 수수료미수분에 대한 다음의 회계처리가 누락되므로 인해, 자산(미수수익)과 수익(수수료수익)이 과소계상되며, 자본과 당기순이익까지 과소계상 된다.
(차) 미수수익 200,000원 (대) 수수료수익 200,000원

26 ④ 보험료지급액: 당기 보험료(60,000원) + 선급보험료 증가액(8,000원) + 미지급보험료 감소액(2,000원)
= 70,000원

합격문제 답안

최신 기출문제

회계 2급 2025년 1회(2025년 1월 25일 시행)

[이론 답안]

1	2	3	4	5	6	7	8	9	10
③	④	③	①	③	④	③	①	②	②
11	12	13	14	15	16	17	18	19	20
④	④	③	①	③	②	①	①	④	③

[풀이]

01 ③ 빅데이터 주요 특성은 규모(volume), 속도(velocity), 다양성(variety), 정확성(veracity), 가치(value)이다.

02 ④ 분산형 데이터베이스의 형태로 데이터를 저장하는 연결구조체는 블록체인을 의미한다.

03 ③ 기존 정보시스템은 수직적으로 업무를 처리하고, ERP는 수평적으로 업무를 처리한다.

04 ① 파일이나 스프레드시트와 데이터베이스를 포함하는 구조화된 데이터와 전자메일, 문서, 소셜미디어 포스트, 영상자료 등의 비구조화된 데이터를 동시에 활용이 가능하다.

05 ③ 기업실체의 가정은 기업을 소요주와는 독립적으로 존재하는 회계단위로 간주하여 하나의 기업을 하나의 회계단위(본점, 지점) 관점에서 재무정보를 측정, 보고한다는 것이다.

06 ④ 표현의 충실성은 신뢰성의 하위개념으로 회계정보가 신뢰성을 갖기 위해서는 그 정보가 기업의 경제적 자원과 의무 그리고 이들의 변동을 초래하는 거래나 사건을 충실하게 표현해야 한다는 것이다.

07 ③ 기말 재고자산이 과대 계상되면 매출원가가 과소 계상되므로 당기순이익은 과대 계상된다.

08 ① 차기분에 해당하는 임차료 선급액은 '360,000원 × 7개월/12개월 = 210,000원'이다.

09 ② 복리후생비는 거래처 선물대금 300,000원과 총무팀 직원의 피복비 250,000원으로 총 750,000원이다. 거래처 선물대금은 접대비, 회사의 인터넷통신 요금은 통신비, 출장사원 고속도로 통행료는 여비교통비이다.

10 ② 매출환입은 매출한 물품 중 불량, 하자, 파손등의 이유로 반송된 경우를 말한다.

11 ④ (차변) 기계장치등(자산의 증가) (대변) 미지급금(부채의 증가)
- ① (차변) 미지급금(부채의 감소) (대변) 현금등(자산의 감소)
- ② (차변) 받을어음(자산의 증가) (대변) 외상매출금(자산의 감소)
- ③ (차변) 외상매입금(부채의 감소) (대변) 현금(자산의 감소)

12 ④ 건물임대수익은 대변요소이고 건물임대수익을 누락하고 과거에 대변에 '현금과부족'을 기록했으므로 '(차변) 현금과부족 20,000원 (대변) 임대료 20,000원'으로 회계처리를 한다.

13 ③ 물가 지속적으로 상승(인플레이션) 시 가격비교
- 기말재고액 및 매출총이익: 선입선출법 〉 이동평균법 ≥ 총평균법 〉 후입선출법
- 매출원가: 선입선출법 〈 이동평균법 ≤ 총평균법 〈 후입선출법

14 ① 정액법 감가상각비 = (취득원가 − 잔존가액) ÷ 내용연수
- 감가상각비 = (40,000,000원 − 8,000,000원) ÷ 20 = 1,600,000원

15 ③ 무형자산의 상각기간은 예외적인 경우를 제외하고는 20년을 초과할 수 없다.

16 ② 순매출액(480,000원) = 총매출액(600,000원) − 매출환입(70,000원) − 매출에누리(50,000원)

17 ① • 기말자산(480,000원) = 기초자산(300,000원) + 당기자산증가분(180,000원)
- 기말부채(60,000원) = 기초부채(120,000원) − 당기부채감소분(60,000원)
- 기말자본금(420,000원) = 기말자산(480,000원) − 기말부채(60,000원)

18 ① 배당금을 현금으로 받으면 '(차변) 현금 900,000원 (대변) 배당금수익 900,000원'으로 회계처리한다.

19 ④ 전기요금을 보통예금으로 납부하면 '(차변)수도광열비 300,000원 (대변) 보통예금 300,000원'으로 회계처리한다.

20 ③ 매출에누리는 매출한 상품, 제품 중 감량, 변질, 파손, 하자 등의 이유로 값을 깍아 주는 것을 말한다.

[실무 답안]

1	2	3	4	5	6	7	8	9	10
③	④	②	③	④	②	①	②	④	③
11	12	13	14	15	16	17	18	19	20
③	③	②	④	③	②	④	③	①	④

[풀이]

01 ③ [시스템관리] → [회사등록정보] → [시스템환경설정] 구분(전체), 34.전표복사사용여부 확인(1.사용)

02 ④ [회계관리] → [기초정보관리] → [계정과목등록] 84800.잡비, 증빙필수입력여부 확인(2.차/대변 선택)

03 ② [시스템관리] → [회사등록정보] → [부서등록] 부문등록 확인(1001.관리부문, 2001.영업부문, 3001.제조부문, 4001.구매자재부문)

04 ③ [회계관리] → [전표/장부관리] → [총계정원장] 월별 탭, 기간(2025/01~2025/04), 계정과목(1.계정별, 40100.상품매출) 월별 대변 금액 확인(3월 195,000,000원)

05 ④ [회계관리] → [업무용승용차관리] → [업무용승용차 차량등록] 김은찬 관리 차량번호 확인(경비구분 0.800번대)

06 ② [회계관리] → [결산/재무제표관리] → [기간별손익계산서] 분기별 탭, 기간(1/4분기~4/4분기), 판매관리비의 복리후생비 분기별 금액 확인(2/4분기 15,210,000원)

07 ① [회계관리] → [전표/장부관리] → [현금출납장] 전체 탭, 기간(2025/04/01~2025/04/30), 입금 월계(5,000,000원), 출금 월계(3,440,000원) 확인

08 ② [회계관리] → [전표/장부관리] → [외화명세서] 잔액 탭, 기간(2025/01/01~2025/12/31), (발생금액 2,825,000원) - (기말평가금액 USD 2,500 × 1,100 = 2,750,000원) = 외화환산손실 75,000원

09 ④ [회계관리] → [전표/장부관리] → [관리내역현황] 잔액 탭, 관리항목1(C1.사용부서), 관리내역(1001.재경부), 관리항목2(D1.프로젝트), 관리내역(1000.서울공장~1005.춘천공장), 기표기간(2025/01/01~2025/06/30), 계정과목(1.계정별, 81100.복리후생비비), 당기증가 금액 확인

10 ③ [회계관리] → [업무용승용차관리] → [업무용승용차 운행기록부] 사용기간(2025/01/01~2025/01/31) 업무용승용차(차량번호: 12가 0102)의 업무사용비율(%) 확인

11 ③ [회계관리] → [결산/재무제표관리] → [재무상태표] 기간(2025/06/30), 관리용 탭, 자산 처리한 소모품(10,500,000원) 확인

- 소모품 구입 시 회계처리 가정: (차) 소모품 10,500,000원 (대) 현금 10,500,000원
- 결산 시 소모품 사용액 회계처리: (차) 소모품비 4,000,000원 (대) 소모품 4,000,000원

(소모품 10,500,000원 - 기말 재고 6,500,000원 = 사용액 4,000,000원)

12 ③ [회계관리] → [결산/재무제표관리] → [손익계산서] 기간(2025/06/30). 관리용 탭, 관련 금액 확인(판매관리비가 감소하면 당기순이익은 증가한다.)

13 ② [회계관리] → [전표/장부관리] → [일월계표] 월계표 탭, 기간(2025/01~2025/03), 판매관리비 계정과목별 차변 현금 금액 확인(여비교통비 2,240,000원)

14 ④ 1) [회계관리] → [고정자산관리] → [고정자산등록] 자산유형(21200.비품), 자산코드(21200009), 자산명(팩스기), 취득일(2025/05/01), 처리여부(진행), 취득원가(3,000,000원), 상각방법(1.정액법), 내용연수(5) 입력
2) [회계관리] → [고정자산관리] → [감가상각비현황] 총괄 탭, 기간(2025/01~2025/12), 당기감가상각비 합계 금액 확인

15 ③ 1) [시스템관리] → [회사등록정보] → [사업장등록] 업태/종목/관할세무서 확인, 상단 주(총괄납부)사업장등록 클릭하여 확인(주(총괄납부)사업장등록: 1000.(주) 유명 본점)
2) [시스템관리] → [회사등록정보] → [시스템환경설정] 구분(회계), 31.부가가치세 신고유형 확인(0.사업장별 신고)

16 ② [회계관리] → [부가가치세관리] → [세금계산서합계표] 신고방식(0.사업장별), 사업장(1000.(주)유명 본점), 기간(2025/10~2025/12), 구분(2.매입), 신고구분(1.정기), 상단 불러오기 후 내용 확인(정우실업(유) 전자세금계산서분 8매, 전자세금계산서외 1매, 총 9매)

17 ④ [회계관리] → [부가가치세관리] → [신용카드발행집계표/수취명세서] 신용카드발행집계표 탭, 신고구분(0.사업장별), 사업장(1000.(주)유명 본점), 기간(2025/01~2025/03), 상단 [불러오기] 후 하단 ⑨세금계산서 발급금액 확인

18 ③ [회계관리] → [부가가치세관리] → [부가세신고서] 사업장(1000.(주)유명 본점), 기간 (2025/04/01~2025/06/30), 상단 [불러오기] 후 부가세신고서 관련 내용 확인(과세표준 매출세액 9란 세액 34,700,000원)

19 ① [회계관리] → [부가가치세관리] → [부동산임대공급가액명세서] 신고구분(0.사업장별), 사업장(1000.(주)유명 본점), 과세기간(2025/10~2025/12), 이자율(2.9%) 부동산임대관련 자료 입력 후 보증금이자 간주임대료 확인

20 ④ [회계관리] → [전표/장부관리] → [매입매출장] 세무구분별 탭, 사업장(1000.(주)유명 본점), 조회기간(신고기준일 2025/07/01~2025/09/30), 전표상태(전체), 출력구분(전체), 세무구분 확인(11.과세매출, 12.영세매출, 13.면세매출, 14.건별매출, 17.카드매출, 21.과세매입, 25.수입, 27.카드매입)

회계 2급 2024년 6회(2024년 11월 23일 시행)

[이론 답안]

1	2	3	4	5	6	7	8	9	10
②	①	③	②	③	②	②	②	①	③
11	12	13	14	15	16	17	18	19	20
③	③	①	②	②	③	④	③	②	④

[풀이]

01 ② 텍스트마이닝(text mining)은 자연어로 구성된 '비정형 데이터'에서 패턴 또는 관계를 추출하여 의미 있는 정보를 찾아내는 기법이다.

02 ① RPA의 인지자동화는 빅데이터분석과 예측분석으로 복잡한 의사결정을 내리는 수준에 이르며, 업무 프로세스를 스스로 학습하면서 더 효율적인 프로세스를 찾아 자동화한다.

03 ③ 회계, 인사, 생산 및 영업·물류관리 등의 시스템을 통합하여 업무처리한다.

04 ② BPI는 단계적인 시간의 흐름에 따라 비즈니스 프로세스를 개선하는 방식이다.

05 ③ 기간별 보고의 가정은 기업실체의 존속기간을 일정한 기간 단위로 분할하여 재무제표를 작성한다는 것이다.

06 ② 영업이익은 증가하였는데 당기순이익이 감소한 원인은 이자비용(영업외비용)이 증가하였기 때문이다.

07 ② 분개장이란 모든 거래 내용을 발생한 순서대로 분개하는 장부로서 총계정원장에 전기하는데 기초가 된다.

08 ② 미수수익을 장부에 기장하는 것을 누락하면 수익의 발생을 누락하는 것이므로 수익이 과소계상된다.

09 ① 명절선물세트를 우리회사 직원에게 제공하면 '복리후생비', 거래처 직원에게 제공하면 '접대비'로 회계처리한다.

10 ③
- 출장 시 7월 2일: (차변) 가지급금 400,000원 (대변) 현금등 400,000원
- 정산 시 7월 31일: (차변) 여비교통비 310,000원 (대변) 가지급금 400,000원
  현금 90,000원

11 ③ ($20,000 × 1,100원) − ($20,000 × 1,000원) = 외화환산이익 2,000,000원

12 ③ 단기매매증권 취득 시 수수료는 비용(영업외비용)으로 회계처리하고, 유형자산(건물) 취득 시 취득세는 취득원가에 포함한다.

13 ① 물가 지속적으로 상승(인플레이션) 시 가격비교
- 기말재고액, 매출총이익, 당기순이익: 선입선출법 〉 이동평균법 ≥ 총평균법 〉 후입선출법
- 매출원가: 선입선출법 〈 이동평균법 ≤ 총평균법 〈 후입선출법

14 ② 만기보유증권은 만기가 확정된 채무증권으로 상환금액이 확정되거나 확정이 가능하며 만기까지 보유할 적극적인 의도와 능력이 있는 경우이며, 지분법적용투자주식은 타 기업을 지배, 통제할 목적으로 타사 발행 의결권이 있는 주식의 20% 이상을 취득하는 경우이다.

15 ② 유형자산(건물) 취득 시 취득세는 취득원가에 포함한다.

16 ③ 상표권 구입과 특허권 취득 비용은 무형자산으로 회계처리하며, 신제품 연구단계에서 발생한 재료 구입 비용은 연구개발비로 비용으로 회계처리한다.

17 ④ 사채는 발행 시 액면금액으로 회계처리하므로 '(차변) 당좌예금 200,000원 (대변) 사채 200,000원'이다.

18 ③ 순자산(145,000원) = 총자산(현금 50,000원 + 매출채권 30,000원 + 비품 80,000원 + 재고자산 65,000원) – 총부채(매입채무 35,000원 + 차입금 45,000원)

19 ② '(차변) 상품 500,000원 (대변) 현금 250,000원, 지급어음 250,000원'이므로 총자산은 '상품 500,000원 - 현금 250,000원'으로 250,000원 증가하고, 총부채는 '지급어음 250,000원' 증가한다.

20 ④ 자본에 가산되는 계정과목은 '신주청약증거금, 주식매수선택권, 미교부주식배당금'이며, 자본에 차감되는 계정과목은 '자기주식처분손실'이다.

[실무 답안]

1	2	3	4	5	6	7	8	9	10
②	②	④	①	①	②	③	③	②	④
11	12	13	14	15	16	17	18	19	20
④	①	③	④	②	④	①	②	②	③

[풀이]

01 ② [시스템관리] → [회사등록정보] → [사원등록] 부서(빈란), 사원별 확인(박선우 부서 영업부)

02 ② [시스템관리] → [회사등록정보] → [시스템환경설정] 구분(회계), 20.예산통제구분 확인(1.사용부서)

03 ④ [시스템관리] → [회사등록정보] → [사용자권한설정] 모듈구분(A.회계관리) 김종민 메뉴권한 확인 ([자금관리]의 일자별자금계획입력 사용가능)

04 ① [회계관리] → [전표/장부관리] → [전표승인해제] 전표상태(미결), 결의기간(2024/11/01~2024/11/30) 조회되는 미결전표 건수 확인

05 ① [회계관리] → [전표/장부관리] → [총계정원장] 월별 탭, 기간(2024/07~2024/12), 계정과목(1.계정별, 40100.상품매출) 월별 대변 금액 확인(9월 310,800,000원)

06 ② [회계관리] → [업무용승용차관리] → [업무용승용차 차량등록] 김은찬 관리 차량번호 확인

07 ③ [시스템관리] → [초기이월관리] → [회계초기이월등록] 구분(1.재무상태표), 12000.미수금, 거래처별 금액 확인((주)나라상사 0원)

08 ③ [회계관리] → [결산/재무제표관리] → [재무상태표] 기간(2024/08/31), 관리용 탭, 외상매출금의 대손충당금(11,965,817원) 확인

09 ② [회계관리] → [전표/장부관리] → [관리항목원장] 잔액 탭, 관리항목(C1.사용부서), 기표기간(2024/07/01~2024/12/31), 계정과목(1.계정별, 82200.차량유지비~82200.차량유지비)으로 조회하여 부서별 실적 비교 확인(영업부 4,920,000원)

10 ④ [회계관리] → [고정자산관리] → [고정자산등록] 자산유형(20600.차량운반구), 자산명(쏘렌토(12A8087)), 추가등록사항 탭, 자산변동처리(2024/08/02, 양도) 확인
또는
[회계관리] → [고정자산관리] → [고정자산변동현황] 기간(2024/01~2024/12), 자산명(쏘렌토(12A8087) 변동구분(양도) 확인

11 ④ [회계관리] → [예산관리] → [예산초과현황] 조회기간(2024/04~2024/06), 과목구분(1.예산과목), 집행방식(2.승인집행), 관리항목(0.부서별, 1001.재경부), 집행율 확인(82200.차량유지비 144%)

12 ① [회계관리] → [자금관리] → [받을어음명세서] 어음조회 탭, 조회기준(2.만기일, 2024/07/20~2024/07 20), 어음번호 확인

13 ③ [회계관리] → [결산/재무제표관리] → [기간별손익계산서] 분기별 탭, 기간(1/4분기~4/4분기), 판매관리비의 상여금 분기별 금액 확인(3/4분기 142,500,000원)

14 ④ [회계관리] → [결산/재무제표관리] → [재무상태표] 기간(2024/12/31), 관리용 탭, 자산 처리한 소모품 (8,000,000원) 확인

- 소모품 구입 시 회계처리 가정: (차) 소모품 8,000,000원 (대) 현금 8,000,000원
- 결산 시 소모품 사용액 회계처리: (차) 소모품비 6,000,000원 (대) 소모품 6,000,000원

(소모품 8,000,000원 - 기말 재고 2,000,000원 = 사용액 6,000,000원)

15 ② [회계관리] → [부가가치세관리] → [세금계산서합계표] 신고방식(0.사업장별), 사업장(1000.(주)큐브), 기간 (2024/10~2024/12), 구분(1.매출, 2.매입 각 각 조회 확인), 신고구분(1.정기), 상단 불러오기 후 내용 확인 ((주)성호기업 세금계산서 발급 총 3매)

16 ④ [회계관리] → [전표/장부관리] → [매입매출장] 세무구분별 탭, 사업장(1000.(주)큐브), 조회기간(신고기준일 2024/10/01~2024/12/31), 전표상태(전체), 출력구분(2.매입), 세무구분(24.매입불공제), 사유구분 확인

17 ① 1) [회계관리] → [전표/장부관리] → [전표입력] 회계단위(1000.(주)큐브) 9월 13일 전표입력 구분(6.매출부가세) 선택 / 거래처(TOYOTA), 전표유형(1000.매출전표), 사업장(1000.(주)큐브), 세무구분(16.수출), 신고기준일(2024/09/13), 환종(JYP.일본엔화), 환율(900), 외화금액(12,000), 수출신고번호(1234-85-121212-X), 공급가액(10,800,000원), 세액(0원), 미수금(10,800,000원) 입력 후 적용

(차) 외상매출금	10,800,000원	(대) 해외매출액	10,800,000원
		부가세예수금	0원

2) [회계관리] → [부가가치세관리] → [수출실적명세서] 신고구분(0.사업장별), 사업장(1000.(주)큐브), 기간 (2024/07~2024/09) [불러오기] 후 원화금액의 합계 확인

18 ② [회계관리] → [부가가치세관리] → [부가세신고서] 사업장(1000.(주)큐브), 기간 (2024/10/01~ 2024/12/31), 상단 [불러오기] 후 부가세신고서 관련 내용 확인(매입세액 12란 세액 1,100,000원)

19 ② [시스템관리] → [회사등록정보] → [사업장등록] 사업장(1000.(주)큐브), 기본등록사항 탭, 관할세무서 확인

20 ③ [회계관리] → [부가가치세관리] → [신용카드발행집계표/수취명세서] 신용카드/현금영수증수취명세서 탭, 신고구분(0.사업장별), 사업장(1000.(주)큐브), 기간(2024/10~2024/12), 상단 [불러오기] 후 하단 신용카드 수취명세서 탭 확인(신용카드 매입이 발생한 거래처 총 3개)

합격문제 답안

회계 2급 2024년 5회(2024년 9월 28일 시행)

[이론 답안]

1	2	3	4	5	6	7	8	9	10
①	②	④	③	①	①	④	①	③	④
11	12	13	14	15	16	17	18	19	20
③	③	③	③	④	②	②	①	②	③

[풀이]

01 ① 비즈니스 애널리틱스는 ERP 시스템 내의 데이터 분석 솔루션으로 구조화된 데이터(structured data)와 비구조화된 데이터(unstructured data)를 동시에 이용하여 과거 데이터에 대한 분석뿐만 아니라, 이를 통한 새로운 통찰력 제안과 미래 사업을 위한 시나리오를 제공한다.

02 ② SaaS(Software as a Service)는 클라우드 컴퓨팅 서비스 사업자가 클라우드 컴퓨팅 서버에 소프트웨어를 제공하고, 사용자가 원격으로 접속해 해당 소프트웨어를 활용하는 모델이다.

03 ④ IT아웃소싱을 하더라도 아웃소싱 업체에 전적으로 종속되거나, 독립적인 것은 아니고 협력관계에 있다.

04 ③ ERP의 성공적 구축 및 실행을 위해서는 현재 업무방식을 고수하지 않아야 하고, IT 중심의 프로젝트로 추진하지 않아야 하며, Top - Down(하향식)의사결정을 배제하면 안 된다.

05 ① 기업의 외부 이해관계자는 채권자, 투자자, 정부기관, 고객, 금융기관, 거래처 등이며, 내부 이해관계자는 경영자, 종업원이다.

06 ① 재무회계는 외부 정보이용자에게 재무정보를 제공하는 것으로 일반적으로 인정된 회계 원칙에 따라 재무보고서를 작성하는 것이며 경영자의 경영의사결정만을 중요시하지는 않는다.

07 ④
- 기초자본(170,000원) = 기초자산(300,000원) − 기초부채(130,000원)
- 당기순이익(60,000원) = 기말자본(230,000원) − 기초자본(170,000원)
- 비용총액(80,000원) = 수익총액(140,000원) − 당기순이익(60,000원)

08 ① 일정기간의 경영성과를 나타내는 재무제표는 손익계산서이며, 손익계산서는 수익과 비용으로 구성된다. '접대비와 지급수수료'는 비용이며, '선급금, 보통예금, 외상매출금'은 자산, '외상매입금, 미지급금, 임대보증금'은 부채이다.

09 ③ 가지급금은 현금지출이 발생했지만 거래내용이 불명확하여 임시로 처리한 가계정으로 계정과목과 금액이 확정되면 즉시 확정계정으로 대체하여 정리하여야 한다.

10 ④ 기계기구 구입과 관련하여 대금을 지급하면 대변에 '현금, 보통예금 등'의 자산이 감소하거나, 대금을 지급하지 않으면 '미지급금' 부채가 증가한다. '외상매입금'은 상품이나 원재료를 외상으로 매입 시 회계처리하는 계정과목이다.

11 ③ 대여금과 이자수익 T계정 대변에 상대계정으로 '현금'이 기록되어 있으므로 회계처리는 '(차변) 현금 53,000원 (대변) 대여금 50,000원, 이자수익 3,000원'이며, 대여금과 이자를 현금으로 받은 거래이다.

12 ③ '현금, 보통예금, 당좌예금'은 현금및현금성자산이며, 받을어음은 '매출채권'이며, 단기투자자산은 '단기매매증권 200,000원 + 단기대여금 220,000원 = 420,000원'이다.

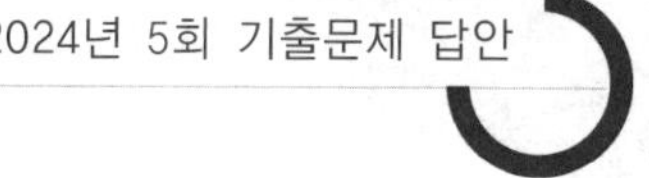

13 ③ 기말 결산시 '임대료 선수분 계상 전 당기순이익 200,000원'에서 '임대료 선수분 6,000원'이 회계처리 되면 당기순이익은 6,000원 감소된다.
- 12월 31일: (차변) 임대료 6,000원 (대변) 선수수익 6,000원

14 ③ 단기매매증권 취득 시 수수료와 증권거래세는 비용(영업외비용)으로 회계처리하므로 취득원가는 ' 3,000주 × 5,000원 = 15,000,000원'이다.

15 ④ 정액법 감가상각비(연) = (취득원가 − 잔존가액) ÷ 내용연수
- 감가상각비 = {(4,000,000원 − 400,000원) ÷ 10} × 5/12 = 150,000원

16 ② 유형자산처분이익(450,000원) = 처분가액(650,000원) − {취득가액(650,000원) − 감가상각누계액(A)} 따라서 감가상각누계액 A는 450,000원이다.

17 ② 신제품과 신기술 등의 개발활동과 관련하여 발생한 지출로서 미래경제적 효익의 유입가능성이 높으며, 취득원가를 신뢰성 있게 측정할 수 있으면 '개발비(자산)'으로 회계처리한다.

18 ① 순매출액(300,000원) = 총매출액(500,000원) − 매출할인(50,000원) − 매출에누리(150,000원)

19 ② '(차변) 현금 500,000원 (대변) 단기차입금 500,000원'으로 회계처리한다.

20 ③ 자본에 가산되는 계정과목은 '미교부주식배당금, 감자차익, 자기주식처분이익'이며, 자본에 차감되는 계정과목은 '감자차손, 자기주식, 자기주식처분손실'이다.

[실무 답안]

1	2	3	4	5	6	7	8	9	10
②	③	④	①	①	②	①	①	③	④
11	12	13	14	15	16	17	18	19	20
①	③	②	④	③	③	④	①	②	②

[풀이]

01 ② [시스템관리] → [회사등록정보] → [시스템환경설정] 구분(회계), 39.고정자산 비망가액 존재여부 확인(1.여)

02 ③ [회계관리] → [기초정보관리] → [계정과목등록] 계정과목별 내용 확인(83700.건물관리비 프로젝트별 이월항목 선택되지 않음)

03 ④ [시스템관리] → [기초정보관리] → [프로젝트등록] 원가구분(1.제조), 조회구분(1.진행), 프로젝트명의 프로젝트유형(2.공통) 확인(1003.울산공장)

04 ① [회계관리] → [전표/장부관리] → [총계정원장] 월별 탭, 기간(2024/01~2024/04), 계정과목(1.계정별, 82200.차량유지비) 월별 차변 금액 확인(1월 1,470,000원)

05 ① [회계관리] → [예산관리] → [예산초과현황] 조회기간(2024/01~2024/03), 과목구분(1.예산과목), 집행방식(2.승인집행), 관리항목(0.부서별, 1001.재경부), 집행실적이 가장 큰 계정과목 확인(80200.직원급여 60,000,000원)

06 ② [회계관리] → [전표/장부관리] → [현금출납장] 전체 탭, 기간(2024/03/01~2024/03/31), 입금 월계(5,000,000원), 출금 월계(4,610,000원) 확인

07 ① [회계관리] → [전표/장부관리] → [채권년령분석] 채권잔액일자(2024/06/30), 전개월수(3), 계정과목(10800.외상매출금), 채권잔액 확인(00001.(주)성호기업 388,866,000원)

합격문제 답안

08 ① [회계관리] → [전표/장부관리] → [일월계표] 월계표 탭, 기간(2024/08~2024/08), 판매관리비 계정과목별 차변 현금 금액 확인(복리후생비 3,080,000원)

09 ③ [회계관리] → [전표/장부관리] → [지출증빙서류검토표(관리용)], 상단 [증빙설정], 적격증빙명별 증빙 설정, 집계 탭 증빙별 하단 합계 확인(신용카드 법인 1,630,000원 + 신용카드 개인 1,670,000원 = 3,300,000원)

10 ④ [회계관리] → [자금관리] → [일자별자금계획입력] 상단 고정자금 클릭, 기간만료가 2024년 4월에 도래하는 자금과목명 확인(사무실 전화요금 400,000원, 기간 만료 2024/04/30)

11 ① [회계관리] → [결산/재무제표관리] → [기간별손익계산서] 분기별 탭, 기간(1/4분기~4/4분기), 판매관리비의 수도광열비 분기별 금액 확인(1/4분기 1,118,000원)

12 ③ [회계관리] → [결산/재무제표관리] → [재무상태표] 기간(2024/07/31), 제출용 탭, 매출채권의 대손충당금(5,271,310원) 확인

13 ② [회계관리] → [결산/재무제표관리] → [손익계산서] 기간(2024/06/30), 관리용 탭, 관련 금액 확인(판매관리비가 증가하면 당기순이익은 감소한다.)

14 ④ 1) [회계관리] → [고정자산관리] → [고정자산등록] 자산유형(21200.비품), 자산코드(21200009), 자산명(팩스기), 취득일(2024/06/01), 처리여부(진행), 취득원가(2,400,000원), 상각방법(1.정액법), 내용연수(5) 입력
2) [회계관리] → [고정자산관리] → [감가상각비현황] 총괄 탭, 기간(2024/01~2024/12), 비품 당기감가상각비 금액 확인

15 ③ 1) [시스템관리] → [회사등록정보] → [사업장등록] 사업장(1000.(주)유명 본점), 기본등록사항 탭, 업태/종목/관할세무서 확인, 상단 주(총괄납부)사업장 등록 클릭하여 확인(주(총괄납부)사업장등록: 1000.(주) 유명 본점)
2) [시스템관리] → [회사등록정보] → [시스템환경설정] 구분(회계), 31.부가가치세 신고유형 확인 (0.사업장별 신고)

16 ③ [회계관리] → [부가가치세관리] → [세금계산서합계표] 신고방식(0.사업장별), 사업장(1000.(주)유명 본점), 기간(2024/07~2024/09), 구분(2.매입), 신고구분(1.정기), 상단 불러오기 후 내용 확인(민호빌딩(주) 전자세금계산서분 1매, 전자세금계산서외 1매, 총 2매)

17 ④ [회계관리] → [부가가치세관리] → [매입세액불공제내역] 신고구분(0.사업장별), 사업장(1000.(주)유명 본점), 기간(2024/04~2024/06), 상단 불러오기 후 매입세액 불공제 사유 확인

18 ① [회계관리] → [전표/장부관리] → [매입매출장] 세무구분별 탭, 사업장(1000.(주)유명 본점), 조회기간(신고기준일 2024/01/01~2024/03/31), 전표상태(1.승인), 출력구분(2.매입), 세무구분의 27.카드매입, 고정자산매입액이 있는 거래처명 확인

19 ② [회계관리] → [부가가치세관리] → [부동산임대공급가액명세서] 신고구분(0.사업장별), 사업장(1000.(주)유명 본점), 과세기간(2024/10~2024/12), 이자율(2.9%) 부동산임대관련 자료 입력 후 보증금이자 간주임대료 확인

20 ② [회계관리] → [부가가치세관리] → [신용카드발행집계표/수취명세서] 신용카드발행집계표 탭, 신고구분(0.사업장별), 사업장(1000.(주)유명 본점), 기간(2024/01~2024/03), 상단 [불러오기] 후 하단 ⑨세금계산서 발급금액 확인

회계 2급 2024년 4회(2024년 7월 27일 시행)

[이론 답안]

1	2	3	4	5	6	7	8	9	10
④	①	③	③	②	③	①	④	①	④
11	12	13	14	15	16	17	18	19	20
③	③	①	③	①	④	③	④	①	③

[풀이]

01 ④ 마케킹(marketing), 판매(sales) 및 고객서비스(customer service)를 자동화함으로써 현재 및 미래 고객들과 상호작용할 수 있는 것은 고객관계관리(CRM)에 해당한다.

02 ① 오픈(Open) 멀티벤더(Multi-vendor) 시스템은 특정 하드웨어나 운영체제에만 의존하지 않고 다양한 애플리케이션과 연계가 가능한 개방형 시스템이다.

03 ③ 총소유비용(Total Cost of Ownership)은 ERP 시스템에 대한 투자비용에 관한 개념으로 시스템의 전체 라이프사이클(life-cycle)을 통해 발생하는 전체 비용을 계량화하는 것을 말한다.

04 ③ ERP 구축 순서는 분석 → 설계 → 구축 → 구현이다.

05 ② 자본은 '자본금, 이익잉여금', 유형자산은 '건물', 유동자산은 '현금및현금성자산, 매출채권, 상품', 비유동부채는 '장기차입금, 퇴직급여충당부채'이다.

06 ③ 재무상태표는 기업의 일정시점의 재무상태를 나타내는 재무제표이다.

07 ① '감가상각비'는 판매비와관리비이며 '외화환산손실, 사채상환손실, 단기투자자산처분손실'은 영업외비용이다.

08 ④ 기초잔액이 대변에 기록되는 항목은 부채와 자본계정이다. '상품, 미수금, 받을어음'은 자산계정, '미지급금'은 부채계정이다.

09 ① 일반기업회계기준은 단식부기가 아닌 복식부기로 기록한다.

10 ④ 비품 구입과 관련하여 대금을 지급하면 대변에 '현금, 보통예금 등'의 자산이 감소하거나, 대금을 지급하지 않으면 '미지급금' 부채가 증가한다. '외상매입금'은 상품이나 원재료를 외상으로 매입 시 회계처리하는 계정과목이다.

11 ③ 당좌차월은 당좌수표 발행시 당좌예금 잔액을 초과하여 발행하는 경우로 계약에 의해 일정 한도까지는 부도처리 되지 않고 정상적으로 수표가 발행된다. 이러한 당좌차월 금액은 기말에 단기차입금으로 대체하여 회계처리한다.

12 ③ 상품을 500,000원에 판매하고 300,000원은 약속어음을 받았으므로 '받을어음'이고, 남은 잔액 200,000원은 현금으로 받기로 약속한 것이므로 판매 시점에서는 받지 못한 '외상매출금'이다. 따라서 매출채권은 500,000원이다.

13 ① 정액법 감가상각비(연) = (취득원가 − 잔존가액) ÷ 내용연수
- 감가상각비 = {(2,000,000원 − 200,000원) ÷ 10} × 5/12 =75,000원

14 ③ 매입채무 잔액(340,000원) = 기초 매입채무 잔액(50,000원) + 외상매입액(500,000원) − 외상대금 현금상환액(200,000원) − 외상대금 조기상환에 따른 할인액(10,000원)

합격문제 답안

15 ① 보통주를 신규발생하면 '(차변) 자산증가 (대변) 자본증가'거래로 자본의 증가에 영향을 미친다.

16 ④ • 당기순이익(350,000원) = 총수익(1,900,000원) − 총비용(1,550,000원)
• 기초자본(350,000원) = 기말자본(700,000원) − 당기순이익(350,000원)

17 ③ 수익은 기업의 통상적인 경영활동에서 발생하는 경제적 효익의 총유입을 의미한다.

18 ④ '기부금, 이자비용, 외환차손'은 영업외비용이며, '교육훈련비'는 판매비와관리비이다.

19 ① '(차변) 자본금 800,000원 (대변) 현금 500,000원, 감자차익 300,000원'으로 감자차익은 300,000원이다.

20 ③ '접대비, 교육훈련비, 수도광열비'는 판매비와관리비, '기부금, 이자비용, 기타의 대손상각비'는 영업외비용, '선급비용'은 자산이다.

[실무 답안]

1	2	3	4	5	6	7	8	9	10
③	②	④	②	④	①	①	①	②	①
11	12	13	14	15	16	17	18	19	20
①	③	②	③	②	①	③	②	④	④

[풀이]

01 ③ [시스템관리] → [기초정보관리] → [일반거래처등록] 상단 조건검색, 거래처구분(1.일반), 거래처분류(1000.강남구) 검색, 거래처 개수 확인((주)형광공업, (주)신흥전자, 유신상사(주))

02 ② [회계관리] → [기초정보관리] → [계정과목등록] 계정과목별 내용 확인(10800.외상매출금 거래처 이월항목 선택 됨)

03 ④ [시스템관리] → [회사등록정보] → [사용자권한설정] 박혜수의 사용가능한메뉴 확인(전표승인해제는 불가능)

04 ② [회계관리] → [전표/장부관리] → [기간비용현황] 기간비용현황 탭, 계약기간(2024/01~2024/12), 조회기간비용 확인

05 ④ 1) [시스템관리] → [회사등록정보] → [부서등록] 4001.총무부의 부문코드를 2001.영업부문에서 1001.관리부문으로 수정
2) [회계관리] → [결산/재무제표관리] → [관리항목별손익계산서] 부문별 탭, 부문(1001.관리부문), 기간(2024/04/01~2024/06 /30), 판매관리비의 차량유지비 금액 확인

06 ① [회계관리] → [결산/재무제표관리] → [재무상태표] 기간(2024/06/30), 받을어음과 대손충당금 금액 확인
• 대손 추산액 = 받을어음(295,000,000원) × 1% = 2,950,000원
• 대손추가계상액 = 대손추산액 − 대손충당금잔액 = 2,950,000원 − 1,500,000원 = 1,450,000원
• 대손충당금 회계처리 (차) 대손상각비 1,450,000원 (대) 대손충당금 1,450,000원

07 ① [회계관리] → [자금관리] → [일자별자금계획입력] 상단 고정자금 클릭, 기간만료가 2024년 3월에 도래하는 자금과목명 확인(보안용역 600,000원, 기간 만료 2024/03/20)

08 ① [회계관리] → [업무용승용차관리] → [업무용승용차 운행기록부] 사용기간(2024/01/01~2024/01/31) 업무용승용차(차량번호: 12A 8087)의 업무사용비율(%) 확인

09 ② [회계관리] → [전표/장부관리] → [지출증빙서류검토표(관리용)], 상단 [증빙설정], 적격증빙명별 증빙설정, 집계 탭 증빙별 하단 합계 확인(현금영수증 850,000원)

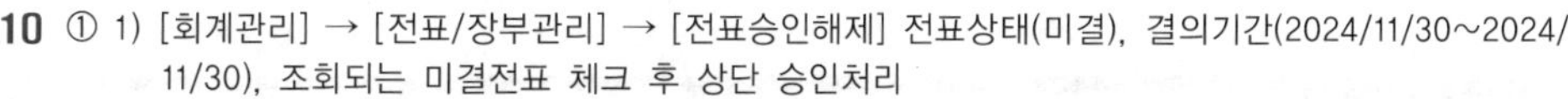

10 ① 1) [회계관리] → [전표/장부관리] → [전표승인해제] 전표상태(미결), 결의기간(2024/11/30~2024/11/30), 조회되는 미결전표 체크 후 상단 승인처리
2) [회계관리] → [전표/장부관리] → [현금출납장] 기표기간(2024/11/30~2024/11/30), 잔액 확인

11 ① 1) [회계관리] → [결산/재무제표관리] → [재무상태표] 기간(2024/01/31), 관리용 탭, 재고자산의 상품과 원재료 더블클릭하여 원장조회 확인(상품 1월 매입금액 52,000,000원)
2) [회계관리] → [결산/재무제표관리] → [재무상태표] 기간(2024/12/31), 관리용 탭, 재고자산의 상품, 원재료, 저장품 잔액 확인(상품 12월 잔액 485,650,000원)

12 ③ [회계관리] → [결산/재무제표관리] → [기간별손익계산서] 반기별 탭, 기간(상반기~하반기), 판매관리비의 복리후생비 증감율 확인

13 ② [회계관리] → [고정자산관리] → [고정자산명세] 취득기간(2024/03~2024/03), 자산명 확인

14 ③ [회계관리] → [전표/장부관리] → [거래처원장] 잔액 탭, 계정과목(1.계정별, 82900.사무용품비), 기표기간(2024/01/01~2024/01/31), 거래처(1.거래처, 빈 란), [코드없음]의 증가금액 확인

15 ② [회계관리] → [부가가치세관리] → [신용카드발행집계표/수취명세서] 신용카드발행집계표 탭, 신고구분(0.사업장별), 사업장(1000.(주)큐브), 기간(2024/04~2024/06), 상단 [불러오기] 후 하단 ⑨세금계산서 발급금액 확인

16 ① [회계관리] → [부가가치세관리] → [건물등감가상각자산취득명세서] 신고구분(0.사업장별), 사업장(1000.(주)큐브), 기간(2024/01~2024/03), 정기/수정구분(0. 정기), 상단 [불러오기] 실행 후 차량운반구 세액 확인

17 ③ [회계관리] → [부가가치세관리] → [매입세액불공제내역] 신고구분(0.사업장별), 사업장(1000.(주)큐브), 기간(2024/01~2024/03), 상단 불러오기 후 매입세액 불공제 사유 확인

18 ② [회계관리] → [전표/장부관리] → [매입매출장] 거래처별 탭, 사업장(1000.(주)큐브), 조회기간(신고기준일 2024/01/01~2024/03/31), 전표상태(1.승인), 출력구분(2.매입), 전자세금구분(4.종이발행), 거래처(00004.(주)형광공업) 확인

19 ④ [회계관리] → [부가가치세관리] → [부가가치세신고서] 신고방식(0.사업장별), 사업장(1000.(주)큐브), 기간(2024/10/01~2024/12/31), 구분(0.정기신고), 상단 불러오기, 예정누락분(12번 란) 더블클릭(또는 탭), 세액 확인

20 ④ [시스템관리] → [회사등록정보] → [사업장등록] 사업장(1000.(주)큐브), 신고관련사항 탭, 주업종코드 확인

회계 2급 2024년 3회(2024년 5월 25일 시행)

[이론 답안]

1	2	3	4	5	6	7	8	9	10
②	①	③	③	①	②	②	①	①	②
11	12	13	14	15	16	17	18	19	20
②	④	③	④	①	④	①	④	②	④

[풀이]

01 ② SaaS(Software as a Service)는 클라우드 컴퓨팅 서비스 사업자가 클라우드 컴퓨팅 서버에 소프트웨어를 제공하고, 사용자가 원격으로 접속해 해당 소프트웨어를 활용하는 모델이다.

02 ① ERP는 기업 내 각 영역의 업무프로세스를 지원하여 통합 업무처리의 강화를 추구하는 시스템이다.

03 ③ 커스터마이징은 가급적 최소화 한다.

04 ③ 전통적인 정보시스템(MIS)의 업무처리 대상은 Task 중심이나 ERP는 Process 중심이다.

05 ① 재무회계는 외부 정보이용자들이 합리적인 의사결정을 하는데 도움이 되는 재무정보를 제공하는 분야이다.

06 ② 자본은 기업실체의 총자산에서 총부채를 차감한 잔여액 또는 순자산으로서 기업실체의 자산에 대한 소유주의 잔여청구권이다.

07 ② 기말 재고자산이 20,000원 과소계상 되었으므로 매출원가는 과대계상, 당기순이익은 과소계상된다.

08 ① '선수금'은 부채이므로 대변에, '선급금'은 자산이므로 차변에 기록한다.

09 ① 당좌예금 잔액을 초과하여 발행한 당좌수표의 금액은 '당좌차월', 제3자로부터 무상으로 받은 금액은 '자산수증이익'으로 회계처리한다.

10 ② (차변) 외상매입금(부채의 감소) 300,000원 (대변) 현금(자산의 감소) 300,000원
- ① (차변) 현금(자산의 증가) 5,000,000원 (대변) 차입금(부채의 증가) 5,000,000원
- ③ (차변) 급여(비용의 발생) 2,000,000원 (대변) 현금(자산의 증가) 2,000,000원
- ④ (차변) 현금(자산의 증가) 320,000원 (대변) 대여금(자산의 감소) 300,000원
  이자수익(수익의 발생) 20,000원

11 ② 현금및현금성자산(9,300,000원) = 현금(9,000,000원) + 타인발행수표(200,000원) + 송금환(100,000원)

12 ④ (차변) 단기매매증권 500,000원, 수수료비용 5,000원 (대변) 보통예금 505,000원

13 ③ 대손충당금은 받을 권리가 있는 자산 계정과목 '외상매출금, 받을어음, 미수금' 등에 설정한다.

14 ④ 유형자산의 취득원가는 그 취득으로부터 사용가능한 상태가 되기까지의 매입 부대비용인 '시운전비, 운반비용, 설치장소를 위한 설치비용'등을 포함한다. 거래처 직원에 대한 접대비는 판매비와관리비인 '접대비'로 회계처리한다.

15 ① '(차변) 상품 400,000원 (대변) 현금 200,000원, 지급어음 200,000원'이므로 총자산은 200,000원, 총부채는 200,000원 증가한다.

16 ④ 자본 총액(460,000원) = 보통주 자본금(300,000원) + 우선주 자본금(200,000원) + 주식발행초과금(70,000원) − 자기주식(30,000원) − 주식할인발행차금(80,000원)

17 ① 회사는 자본금의 2분의 1에 달할때까지 현금배당에 의한 이익배당액의 10분의 1이상의 금액을 이익준비금으로 적립해야 한다. 현금배당 400,000원의 10분의 1에 해당하는 40,000원이 최소 적립 금액이다.

18 ④ 예약판매계약의 경우 공사결과를 신뢰성 있게 추정할 수 있을 때에 진행기준으로 공사수익을 인식한다.
- ① 시용판매의 경우 구매자의 구매의사 표시일에 수익을 인식한다.
- ② 할부판매의 경우 판매시점에 수익을 인식한다.
- ③ 위탁판매의 경우 수탁자가 판매한 시점에 수익을 인식한다.

19 ② 매출총이익(6,000,000원) = 매출액(300개 × 50,000원=15,000,000원) − 매출원가{(250개 × 30,000원) + (50개 × 30,000원) = 9,000,000원}

20 ③ '재해손실'은 영업외비용, '자산수증이익, 채무면제이익'은 영업외수익으로 당기순손익에 영향을 미치는 계정과목이며 '매도가능증권평가손익'은 자본의 기타포괄손익누계액으로 당기순손익에 영향을 미치지 않는다.

[실무 답안]

1	2	3	4	5	6	7	8	9	10
③	①	④	②	③	③	③	②	①	④
11	12	13	14	15	16	17	18	19	20
④	④	②	①	③	④	③	①	④	①

[풀이]

01 ③ [시스템관리] → [회사등록정보] → [시스템환경설정] 구분(회계), 20.예산통제구분 확인(1.사용부서)

02 ① [회계관리] → [기초정보관리] → [계정과목등록] 계정과목별 내용 확인(10900.대손충당금은 10800.외상매출금의 차감계정임)

03 ④ 1) [시스템관리] → [회사등록정보] → [사원등록] 부서(빈란), 사원별 확인(김은찬 회계입력방식이 수정이어도 대차차액 전표는 미결전표임)
2) [시스템관리] → [회사등록정보] → [부서등록] 부서명별 부문명확인(재경부는 관리부분임)

04 ② [회계관리] → [전표/장부관리] → [현금출납장] 전체 탭, 기간(2024/03/01~2024/03/31), 입금 월계(5,000,000원), 출금 월계(4,610,000원) 확인

05 ③ [회계관리] → [전표/장부관리] → [지출증빙서류검토표(관리용)], 상단 [증빙설정], 적격증빙명별 증빙설정, 집계 탭 증빙별 하단 합계 확인(세금계산서 1,049,450,000원 + 계산서 456,000원 = 1,049,906,000원)

06 ③ [회계관리] → [전표/장부관리] → [총계정원장] 월별 탭, 기간(2024/01~2024/06), 계정과목(1.계정별, 25100.외상매입금) 월별 대변 금액 확인(3월 160,600,000원)

07 ③ [회계관리] → [전표/장부관리] → [관리내역현황] 잔액 탭, 관리항목1(C1.사용부서), 관리내역(1001.재경부), 관리항목2(D1.프로젝트), 관리내역(1000.서울공장~1005.춘천공장), 기표기간(2024/01/01~2024/03/31), 계정과목(1.계정별, 81100.복리후생비), 당기증가 금액이 가장 큰 공장 확인(1002.부산공장 1,135,000원)

08 ② [회계관리] → [업무용승용차관리] → [업무용승용차 운행기록부] 사용기간(2024/01/01~2024/01/31) 업무용승용차(차량번호: 12가 0102)의 업무사용비율(%) 확인

09 ① [회계관리] → [전표/장부관리] → [채권년령분석] 채권잔액일자(2024/06/30), 전개월수(3), 계정과목(10800.외상매출금), 채권잔액 확인(00001.(주)성호기업 388,866,000원)

10 ④ [회계관리] → [결산/재무제표관리] → [재무상태표] 기간(2024/06/30), 관리용 탭, 자산 처리한 소모품(10,500,000원) 확인
- 소모품 구입 시 회계처리 가정: (차) 소모품 10,500,000원 (대) 현금 10,500,000원
- 결산 시 소모품 사용액 회계처리: (차) 소모품비 5,500,000원 (대) 소모품 5,500,000원
  (소모품 10,500,000원 − 기말 재고 5,000,000원 = 사용액 5,500,000원)

11 ④ [회계관리] → [결산/재무제표관리] → [손익계산서] 기간(2024/06/30). 관리용 탭, 관련 금액 확인(이자수익은 영업외수익)

12 ④ 1) [회계관리] → [고정자산관리] → [고정자산등록] 자산유형(21200.비품), 자산코드(21200009), 자산명(팩스기), 취득일(2024/04/15), 처리여부(진행), 취득원가(4,000,000원), 상각방법(1.정액법), 내용연수(4) 입력
2) [회계관리] → [고정자산관리] → [감가상각비현황] 총괄 탭, 기간(2024/01~2024/12), 비품 당기감가상각비 금액 확인

13 ② [회계관리] → [전표/장부관리] → [관리항목원장] 잔액 탭, 관리항목(D1.프로젝트), 기표기간(2024/01/01~2024/03/31), 계정과목(1.계정별, 10800.외상매출금~10800.외상매출금), 당기증가 금액이 가장 큰 공장 확인(1001.광주공장 123,750,000원)

14 ① [회계관리] → [전표/장부관리] → [일월계표] 월계표 탭, 기간(2024/05~2024/05), 판매관리비 계정과목의 차변 현금 금액 비교 확인(복리후생비 2,560,000원)

15 ③ [회계관리] → [부가가치세관리] → [신용카드발행집계표/수취명세서] 신용카드/현금영수증수취명세서 탭, 신고구분(0.사업장별), 사업장(1000.(주)유명 본점), 기간(2024/01~2024/03), 신용카드등수취명세서 탭, 고정자산 매입분의 세액 확인

16 ④ [회계관리] → [전표/장부관리] → [매입매출장] 세무구분별 탭, 사업장(1000.(주)유명 본점), 조회기간(신고기준일 2024/01/01~2024/03/31), 전표상태(1.승인), 출력구분(2.매입), 세무구분의 21.과세매입, 22.영세매입, 24.매입불공제, 25.수입은 매입처별세금계산서합계표에 반영됨(4개)

17 ③ [회계관리] → [부가가치세관리] → [매입세액불공제내역] 신고구분(0.사업장별), 사업장(1000.(주)유명 본점), 기간(2024/04~2024/06), 상단 불러오기 후 매입세액 불공제 사유 확인

18 ① 1) [시스템관리] → [회사등록정보] → [사업장등록] 사업장(1000.(주)유명 본점), 기본등록사항 탭, 업태/종목/관할세무서 확인
2) [회계관리] → [부가가치세관리] → [부가가치세신고서] 신고방식(0.사업장별), 사업장(1000.(주)유명 본점), 기간(2024/07/01~2024/09/30), 구분(0.정기신고), 상단 불러오기, 고정자산 매입분은 세금계산서수취분(11번 란)과 그밖의 공제매입세액(14번 란, 더블클릭 또는 탭) 신용카드매출전표등수취명세서 제출분의 고정자산매입(42번 란) 있음

19 ④ 1) [시스템관리] → [회사등록정보] → [사업장등록] 상단 주(총괄납부)사업장 등록 클릭하여 확인(주(총괄납부)사업장등록: 1000.(주) 유명 본점)
2) [시스템관리] → [회사등록정보] → [시스템환경설정] 구분(회계), 31.부가가치세 신고유형 확인 (0.사업장별 신고)

20 ① [회계관리] → [부가가치세관리] → [부동산임대공급가액명세서] 신고구분(0.사업장별), 사업장(1000.(주)유명 본점), 과세기간(2024/07~2024/06), 이자율(2.9%) 부동산임대관련 자료 입력 후 보증금이자 간주임대료 확인

회계 2급 2024년 2회(2024년 3월 23일 시행)

[이론 답안]

1	2	3	4	5	6	7	8	9	10
①	①	④	④	②	③	③	①	③	④
11	12	13	14	15	16	17	18	19	20
④	④	①	④	③	②	③	③	①	①

[풀이]

01 ① 비즈니스 애널리틱스는 ERP 시스템 내의 데이터 분석 솔루션으로 구조화된 데이터(structured data)와 비구조화된 데이터(unstructured data)를 동시에 이용하여 과거 데이터에 대한 분석뿐만 아니라, 이를 통한 새로운 통찰력 제안과 미래 사업을 위한 시나리오를 제공한다.

02 ① laas에는 데이터베이스 클라우드 서비스와 스토리지 클라우드 서비스가 있다.

03 ④ 리엔지니어링은 정보기술을 이용하여 기업의 업무프로세스를 근복적으로 재설계하여 경영혁신을 통한 경영성과를 향상시키려는 경영전략기법이다.

04 ④ 커스터마이징은 가급적 최소화 한다.

05 ② 기업의 외부 이해관계자는 채권자, 투자자, 정부기관, 고객, 금융기관, 거래처 등이며, 내부 이해관계자는 경영자, 종업원이다.

06 ③ 재무상태표 등식은 '자산 = 부채 + 자본'이다.

07 ③ 결산 시 '(차변) 급여 2,500,000원 (대변) 미지급비용 2,500,000원'을 계상하지 않았으므로 비용과 부채의 과소계상, 자본의 과대계상이며 자산에는 영향이 없다.

08 ① 일정기간의 경영성과를 나타내는 재무제표는 손익계산서이며, 손익계산서는 수익과 비용으로 구성된다. '임대료'는 수익이며, '이자비용'은 비용이다. '선급금, 보통예금, 외상매출금'은 자산, '외상매입금, 미지급금, 임대보증금'은 부채이다.

09 ③ 회계상 거래의 내용을 분개하여 '분개장'에 기@입한 후 각 계정과목별로 전기하는 장부는 '총계정원장'이다.

10 ④ 우리회사 직원에게 선물할 명절 선물을 신용카드로 구입하면 '(차변) 복리후생비 (대변) 미지급금'으로 회계처리한다.

11 ④ (차변) 상품(자산의 증가) (대변) 외상매입금(부채의 증가)
- ① (차변) 미지급금(부채의 감소) (대변) 현금 등(자산의 감소)
- ② (차변) 받을어음(자산의 증가) (대변) 외상매출금(자산의 감소)
- ③ (차변) 외상매입금(부채의 감소) (대변) 현금(자산의 감소)

12 ④ 유동성이 높은 자산은 당좌자산(당좌예금), 재고자산(제품), 투자자산, 유형자산(토지, 기계장치), 무형자산, 기타비유동자산 순이다.

13 ① 대손충당금 잔액이 150,000원이므로 '(차변) 대손충당금 150,000원 (대변) 미수금 150,000원'으로 회계처리한다.

14 ④ 순매출액(470,000원) = 총매출액(550,000원) − 매출환입(50,000원) − 매출에누리(30,000원)

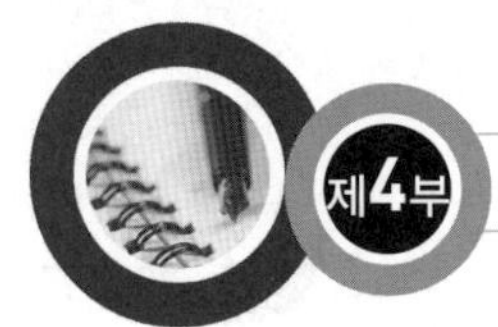

15 ③ 유형자산의 감가상각방법에는 정액법, 정률법, 연수합계법, 생산량비례법 등이 있으며, 총평균법은 재고자산의 평가방법 중 하나이다.

16 ② 내부적으로 창출한 영업권은 원가이 신뢰성 문제로 자산으로 인정되지 않는다.

17 ③ 자본조정 항목에는 '주식할인발행차금, 감자차손, 자기주식, 자기주식처분손실'등이 있으며, 이익준비금은 이익잉여금 항목이다.

18 ③ • 당기순이익(220,000원) = 총수익(300,000원) – 총비용(80,000원)
• 기말자본(320,000원) = 기초자본(100,000원) + 당기순이익(220,000원)

19 ① 순자산(자본)(105,000원) = 총자산{(현금 30,000원 + 매출채권 40,000원 + 비품 60,000원 + 재고자산 55,000원)=185,000원} – 총부채{(매입채무 25,000원 + 차입금 55,000원)=80,000원}

20 ① '(차변) 자본금 250,000원 (대변) 현금 200,000원, 감자차익 50,000원'으로 감자차익은 50,000원이다.

[실무 답안]

1	2	3	4	5	6	7	8	9	10
④	③	②	①	③	②	③	①	④	①
11	12	13	14	15	16	17	18	19	20
④	③	④	④	①	②	④	①	②	③

[풀이]

01 ④ [회계관리] → [기초정보관리] → [계정과목등록] 84800.잡비, 증빙필수입력여부 확인(1.차/대변 필수)

02 ③ [시스템관리] → [회사등록정보] → [사원등록] 부서(빈란), 사원별 확인(김은찬 회계입력방식이 수정이어도 대차차액 전표는 미결전표임)

03 ② [시스템관리] → [회사등록정보] → [시스템환경설정] 구분(회계), 25.거래처코드자종부여 확인(0.사용않함)

04 ① [회계관리] → [전표/장부관리] → [채권년령분석] 채권잔액일자(2024/03/31), 전개월수(2), 계정과목(10800.외상매출금), 채권잔액 확인(00002.(주)주안실업 325,519,700원)

05 ③ [회계관리] → [전표/장부관리] → [관리항목원장] 잔액 탭, 관리항목(D1.프로젝트), 기표기간(2024/01/01 ~2024/03/31), 계정과목(1.계정별, 10800.외상매출금~10800.외상매출금), 당기증가 금액이 가장 관리내역명 확인(1004.클라우드 192,500,000원)

06 ② [회계관리] → [전표/장부관리] → [일월계표] 월계표 탭, 기간(2024/01~2024/01), 판매관리비 계정과목별 차변 현금 금액 확인(소모품비 1,900,000원)

07 ③ 1) [회계관리] → [고정자산관리] → [고정자산등록] 자산유형(20600.차량운반구), 자산코드(20800003), 추가등록사항 탭, 내자본적지출 1,000,000원 입력
2) [회계관리] → [고정자산관리] → [감가상각비현황] 부서별 탭, 계정과목(20800.차량운반구), 기간(2024/01~2024/12), 당기감가상각비 금액이 큰 부서 확인

08 ① [회계관리] → [결산/재무제표관리] → [관리항목별손익계산서] PJT별 탭, 기간(2024/07/01~2024/09 /30), 판매관리비의 사무용품비 금액 큰 프로젝트 확인

09 ④ [회계관리] → [자금관리] → [받을어음명세서] 어음조회 탭, 조회기준(1.수금일, 2024/04/06~2024/04 06), 해당 어음번호의 만기일자 확인

10 ① [회계관리] → [자금관리] → [일자별자금계획입력] 상단 자금반영 클릭, 적용년월과 전표조회기간(202401/01~2024/01/31) 입력 후 적용, 자금계획입력 탭, 자금과목 일반경비 확인(01/10 200,000원 + 01/15 500,000원 + 01/17 100,000원 = 800,000원)

11 ④ [회계관리] → [결산/재무제표관리] → [손익계산서] 기간(2024/03/31), 관리용 탭, 관련 금액 확인(판매관리비 중 가장 적은 비용은 통신비 405,000원)

12 ③ [회계관리] → [결산/재무제표관리] → [기간별손익계산서] 분기별 탭, 기간(1/4분기~4/4분기), 판매관리비의 복리후생비 분기별 금액 확인(3/4분기 14,430,000원 〉 4/4분기 13,530,000원 〉 2/4분기 13,060,000원 〉 1/4분기 9,735,000원)

13 ④ [회계관리] → [결산/재무제표관리] → [재무상태표] 기간(2024/09/30), 제출용 탭, 항목별 금액 확인(재고자산 414,650,000원, 부채 3,084,268,000원, 매출채권 대손충당금 13,465,817원, 현금및현금성자산 1,121,489,900원)

14 ④ [회계관리] → [결산/재무제표관리] → [재무상태표] 기간(2024/12/31), 관리용 탭, 자산 처리한 소모품(8,000,000원) 확인

- 소모품 구입 시 회계처리 가정: (차) 소모품 8,000,000원 (대) 현금 8,000,000원
- 결산 시 소모품 사용액 회계처리: (차) 소모품비 6,000,000원 (대) 소모품 6,000,000원

(소모품 8,000,000원 − 기말 재고 2,000,000원 = 사용액 6,000,000원)

15 ① 1) [시스템관리] → [회사등록정보] → [사업장등록] 상단 주(총괄납부)사업장 등록 클릭하여 확인(주(총괄납부)사업장등록 없음)

2) [시스템관리] → [회사등록정보] → [시스템환경설정] 구분(회계), 31.부가가치세 신고유형 확인(0.사업장별 신고)

16 ② [회계관리] → [전표/장부관리] → [매입매출장] 세무구분별 탭, 사업장(1000.(주)큐브), 조회기간(신고기준일 2024/04/01~2024/06/30), 전표상태(1.승인), 출력구분(2.매입), 세무구분의 21.과세매입, 24.매입불공제는 매입처별세금계산서합계표에 반영됨(2개)

17 ④ 1) [회계관리] → [부가가치세관리] → [부동산임대공급가액명세서] 신고구분(0.사업장별), 사업장(1000.(주)큐브), 과세기간(2024/10~2024/12), 이자율 1.2% 수정입력, 보증금 200,000,000원 재입력, 보증금이자(간주임대료 = 603,278원) 확인

2) [회계관리] → [전표/장부관리] → [전표입력] 회계단위(1000.(주)큐브), 2024/12/31 거래자료(간주임대료) 입력(14.건별매출, 공급가액 603,278원, 세액 60,327원)

(차) 81700.세금과공과 60,327원 (대) 25500.부가세예수금 60,327원

3) [회계관리] → [부가가치세관리] → [부가가치세신고서] 신고방식(0.사업장별), 사업장(1000.(주)큐브), 기간(2024/10/01~2024/12/31), 구분(0.정기신고), 상단 불러오기, 과세표준 매출세액 기타(정규영수증외매출분)(4번 란) 세액 확인

18 ① [회계관리] → [부가가치세관리] → [건물등감가상각자산취득명세서] 신고구분(0.사업장별), 사업장(1000.(주)큐브), 기간(2024/01~2024/03), 정기/수정구분(0. 정기), 상단 [불러오기], ⑨ 기타감가상각자산 세액 확인

19 ② [회계관리] → [부가가치세관리] → [신용카드발행집계표/수취명세서] 신용카드발행집계표 탭, 신고구분(0.사업장별), 사업장(1000.(주)큐브), 기간(2024/04~2024/06), 상단 불러오기, 하단 ⑨세금계산서 발급금액 확인

20 ③ [회계관리] → [부가가치세관리] → [부가가치세신고서] 신고방식(0.사업장별), 사업장(1000.(주)큐브), 기간(2024/01/01~2024/03/31), 구분(0.정기신고), 상단 불러오기, 고정자산 매입분은 세금계산서수취분(11번 란)과 그밖의 공제매입세액(14번 란, 더블클릭 또는 탭) 신용카드매출전표등수취명세서 제출분의 고정자산매입(42번 란) 있음

저자 약력

김혜숙

- 홍익대학교 교육대학원 석사 졸업(상업교육)
- 홍익대학교 일반대학원 박사 수료(세무학)
- 홍익대학교 외래교수
- 한국공인회계사회AT(TAT·FAT)연수강사
- 한국생산성본부 ERP연수강사
- (현) (주)더존에듀캠 전임교수
- (현) 해커스 TAT(세무실무) 1급, 2급 전임교수
- (현) 서울사이버대학교 세무회계과 겸임교수
- (현) 안양대학교 글로벌경영학과 겸임교수
- ERP정보관리사 회계 1급, 2급 (「삼일인포마인」, 2025)
- ERP정보관리사 인사 1급, 2급 (「삼일인포마인」, 2025)
- ERP정보관리사 물류·생산 1급, 2급 (「삼일인포마인」, 2025)
- I CAN FAT 회계실무 2급 (「삼일인포마인」, 2023)
- I CAN FAT 회계실무 1급 (「삼일인포마인」, 2023)
- I CAN TAT 세무실무 2급 (「삼일인포마인」, 2023)
- I CAN TAT 세무실무 1급 (「삼일인포마인」, 2023)
- SAMIL전산세무2급 (「삼일인포마인」, 2011)
- SAMIL전산회계1급 (「삼일인포마인」, 2011)
- SAMIL전산회계2급 (「삼일인포마인」, 2011)

김진우

- 경남대학교 경영학석사(회계전문가 과정)
- 경남대학교 경영학박사(회계전공)
- 한국생산성본부 ERP 공인강사
- 영남사이버대학교 외래교수
- 영진전문대학교 외래교수
- 창원문성대학교 외래교수
- 경남도립거창대학 세무회계유통과 초빙교수
- 거창세무서 국세심사위원회 위원
- 한국공인회계사회 AT연수강사
- (현) YBM원격평생교육원 운영교수
- (현) (주)더존에듀캠 전임교수
- (현) 울산과학대학교 세무회계학과 겸임교수
- (현) 경남대학교 경영학부 겸임교수
- (현) 서원대학교 경영학부 겸임교수
- ERP정보관리사 회계 1급, 2급 (「삼일인포마인」, 2025)
- ERP정보관리사 인사 1급, 2급 (「삼일인포마인」, 2025)
- ERP정보관리사 물류·생산 1급, 2급 (「삼일인포마인」, 2025)
- I CAN 전산세무 2급 (「삼일인포마인」, 2025)
- I CAN 전산회계 1급 (「삼일인포마인」, 2025)
- I CAN 전산회계 2급 (「삼일인포마인」, 2025)
- 바이블 원가회계 (「도서출판 배움」, 2021)
- 바이블 회계원리 (「도서출판 배움」, 2023)

임상종

- 계명대학교 경영학박사(회계학)
- (주)더존비즈온 근무
- 한국생산성본부 ERP 공인강사
- 대구지방국세청 납세자보호위원회 위원
- 중소기업청 정책자문위원
- (현) 계명대학교 경영대학 회계세무학과 교수
- ERP정보관리사 회계 1급, 2급 (「삼일인포마인」, 2025)
- ERP정보관리사 인사 1급, 2급 (「삼일인포마인」, 2025)
- ERP정보관리사 물류·생산 1급, 2급 (「삼일인포마인」, 2025)

2025 국가공인 ERP **정보관리사 회계 2급**

발　　행	2025년 4월 2일 발행(2025년판)
저　　자	김혜숙·김진우·임상종
발 행 인	이 희 태
발 행 처	**삼일피더블유씨솔루션**
주　　소	서울특별시 한강대로 273 용산빌딩 4층
등　　록	1995. 6. 26 제3-633호
전　　화	(02) 3489-3100
팩　　스	(02) 3489-3141
정　　가	20,000원
I S B N	979-11-6784-364-7 13320

저자와의 협의하에 인지생략